U0790616

水土保持科技示范园探索与实践

乔殿新　著

黄河水利出版社
·郑　州·

图书在版编目(CIP)数据

水土保持科技示范园探索与实践 / 乔殿新著 .
郑州 :黄河水利出版社, 2025. 7. -- ISBN 978-7-5509-4236-3

Ⅰ. S157

中国国家版本馆 CIP 数据核字第 2025BS7470 号

责任编辑：高军彦　　　　责任校对：王单飞
封面设计：黄瑞宁　　　　责任监制：常红昕
出版发行：黄河水利出版社
地址：河南省郑州市顺河路 49 号　　邮政编码：450003
网址：www. yrcp. com　　E-mail：hhslcbs@ 126. com
发行部电话：0371-66020550、66028024
承印单位：河南博之雅印务有限公司
开本：787 mm×1 092 mm　1/16
印张：15.75
字数：380 千字
版次：2025 年 7 月第 1 版　　　　印次：2025 年 7 月第 1 次印刷

定价：68.00 元

前　言

水土保持科技示范园，桃李年华。历经20年，遍及全国东西南北，点缀城市乡村，在祖国大地流光溢彩，成为水土保持的一张亮丽名片，成为生态文明建设的成功实践基地和户外传播平台。回望征途千山远，翘首前路万木春。

因为相信，所以看见。20年前，水土保持科技示范园萌芽律动之时，看好其发展和未来的人可以首肯心折。以近知远，以微知明。20年后，水土保持科技示范园如火如荼、方兴未艾，硕果累累、广受欢迎，验证了相信的力量。

因为实践，所以创新。20年前，水土保持科技示范园还是概念，鲜有问津。实践出真知，创新圆梦想。20年后，水土保持科技示范园由梦想变为现实，闻名遐迩，独树一帜，在华夏大地星罗棋布、熠熠生辉，成为水土保持的一面金字招牌。

因为坚持，所以有成。20年前，水土保持科技示范园还是筚路蓝缕，蹒跚起步，全国尚在探索。坚持创造未来。20年后，水土保持科技示范园欣欣向荣，百花齐放，由“星星之火”发展为“星火燎原”，社会耳熟能详，成为水土保持的“网红”。

水土保持科技示范园，水土保持高质量发展的新赛道。166个国家水土保持示范园，125个省级水土保持科技示范园，宛如一颗颗璀璨的明珠，闪耀着生态文明理念的光芒，为生态文明厚植水土保持底色，为美丽中国描绘水土保持成色。历尽天华成此景，人间万事出艰辛。简单数字的背后，是20年的风雨征程，是无数人的接续前行，是众人划桨开大船，是不为人知的酸甜苦辣。志不求易者成，事不避难者进。水土保持科技示范园，从无到有，从有到优；从少到多，从多到强；从一花独放，到春色满园。星光不问赶路人，荣光眷顾奋斗者。历经20年的探索和发展，水土保持科技示范园精彩纷呈，成为生态文明建设的中坚力量，成为科普宣教的新生力量，成为开拓创新的促进力量，成为水土保持高质量发展的主导力量。示范园的发展历程，一如既往展现了水土保持“不用扬鞭自奋蹄”的担当；示范园的发展成就，管中窥豹体现了水土保持“梅花香自苦寒来”的奋斗；示范园的发展经验，润物无声弘扬了水土保持“天工人巧日争新”的追求；示范园的梦想成功，有声有色阐释了水土保持“星光不问赶路人”的自信。花自向阳开，园区向前走。20年勤耕不辍，夯实了水土保持科技示范园的发展基础，积蓄了水土保持科技示范园的发展力量，增强了水土保持科技示范园的发展后劲，为水土保持科技示范园走向远方创造了条件、提供了动能。没有比脚更长的路，没有比人更高的山……

历史垂青，时光眷顾，本人有幸参与了水土保持科技示范园的发动，同行了水土保持科技示范园的道路，见证了水土保持科技示范园的发展，领略了水土保持科技示范园的精彩。感动于水土保持科技示范园的成功，感染于水土保持科技示范园的风采，感触于水土保持科技示范园的峥嵘，有心成文。基于水土保持科技示范园建设背景、发展回眸、园区属性、发展方略、建设方向、实现路径、百花齐放、典型风采、走向远方等要素和角度，记录了水土保持科技示范园 20 年风雨征程和春华秋实，阐述了自己的理解，呈现了自己的思考。但水平所限，言不尽意，敬请读者批评指正。

作　者

2025 年 1 月 1 日

目　录

引子　星火燎原

因为相信,所以看见。

70 多年前,新中国成立之初,生机盎然,发展在即。全国最早的水土保持试验站——福建长汀和甘肃天水试验站:在山坡上,在沟道里,在设备前,在设施间,水土保持工作人员搓掉手上的泥土,抹去脸边的汗水,面朝黄土背朝天,认真观测仪器,仔细记录数据。日复一日,周而复始,他们进行着例常的水土保持试验和研究等工作。工作之余,他们抬起头,遥望远方,眼里充满坚毅,心里激荡梦想。因为相信,所以看见！他们,看到了中国水土保持的美好明天;他们,看到了水土保持科研的灿烂前景……

20 多年前,21 世纪打开大门,世界进入新纪元。全国最早的水土保持科技示范园——江西水土保持科学研究院试验基地和福建农林大学校园:依托水土保持科研试验工作,都开展了以科研为主的水土保持科技示范园探索建设。当他们填土筑埂,建设水土保持径流小区、布设集流桶,坡改梯种下百喜草、栽上橘子树,安装人工降雨水土流失演示设施,布设水土保持科普、宣传、导视和标识等设施,展示水土流失和水土保持措施,他们热血沸腾,心潮澎湃,激动不已,心生自豪。因为相信,所以看见！他们知道,他们正在做中国水土保持历史上具有里程碑意义的一件事,他们正在成为中国水土保持科技示范园的先驱者,他们正在用智慧和双手推动中国水土保持进入一个新时代。是的,他们的开创之举成了全国水土保持科技示范园的燎原星火。

创新,就是敢为天下先,就是在没有路的地方披荆斩棘,走出一条新路。

创新,就是想别人未想,不怕做不到就怕想不到,思想超前自然行动领先。

创新,就是高瞻远瞩,看到事情发展的未来和趋势,提前付诸行动。

20 年前,水土保持科技示范园工作正式走到台前。2004 年,水利部印发了《关于开展水土保持科技示范园区建设的通知》(办水保〔2004〕50 号),在全国拉开了水土保持科技示范园建设的帷幕。一石激起千层浪。长城内外,大江南北,全国掀起了建设水土保持科技示范园的热潮,科技示范园进入蓬勃发展的创建时期。2006 年,水利部印发了《关于开展水土保持科技示范园区申报工作的通知》(办水保〔2006〕63 号)。2007 年,经严格评审,水利部命名了第一批 25 个国家水土保持科技示范园。万事开头难,开头就不难。接下来,如雨后春笋,科技示范园一个个、一批批争先恐后,争相亮相。截至 2024 年底,国家水土保持科技示范园从无到有,从少到多,从“星星之火”到“星火燎原”,达到了 166 个。科技示范园,已成为水土保持的一张亮丽名片和金字招牌,成为新时代水土保持高质量发展的典范和样板。

捷克前总统哈维尔说过:我们坚持一件事情,并不是因为这样做了会有效果,而是坚信,这样做是对的。

水土保持科技示范园一路走来，在于创新，在于敢为人先，在于勇于创造新事物；在于坚定，在于百折不挠地坚持，在于持之以恒地坚守；在于坚信，在于对发展的预判，在于对未来的相信。

壮志与毅力是事业的双翼。

第一章　路在何方

> 人类的使命在于自强不息地追求完美。
>
> ——列夫·托尔斯泰

发展是一个不断解决问题的过程。人类社会是在不断解决矛盾和问题中向前发展的，是在顺应发展需求中不断前进的。水土保持科技示范园的产生，也是在水土保持发展到一定阶段和程度，社会和时代对水土保持提出的新要求。每个时代有每个时代的使命，每一代人有每一代人的追求。

一、水土流失严重

据2023年《中国水土保持公报》，我国水土流失面积262.56万km^2，占土地总面积的27.44%，是世界上水土流失最严重的国家之一。中国国土总面积约占世界土地总面积的6.4%，而水土流失总面积约占世界水土流失总面积的15.91%。水土流失面积大、分布广、类型多、危害重、治理难，成为我国重大生态环境问题。中国科学院资深院士孙鸿烈说：水土流失是各种生态退化的集中反映。1996年，时任全国人民代表大会环境与资源保护委员会主任委员曲格平提出，水土流失是中国的头号环境问题。2001年，亚洲开发银行《中国水土保持发展战略研究》表明，中国水土流失造成的年度损失约4 000亿元，占当时中国GDP的4.17%。据2006年全国水土保持科学考察，严重的水土流失，导致全国每年流失土壤约45亿t，约占全世界土壤流失量的17.3%，产生巨大深远的危害。

一是流失土壤，损毁耕地，影响耕地安全和粮食安全。新中国成立50年，全国因水土流失累计损毁耕地约5 000万亩❶，平均每年100万亩，年减少粮食约3亿kg；黑土地已由最初的70~100 cm厚减少为20~30 cm，年均流失0.3~1 cm厚黑土，而形成1 cm厚黑土最少需要200年。目前，东北黑土区共有侵蚀沟66.67万多条，严重侵占、破坏耕地。据中国科学院、中国工程院的专家推算，黑土区近50年来由于侵蚀沟侵占或毁坏耕地面积达近900万亩，每年损失粮食7亿~9亿kg。如果任由目前的水土流失继续发展下去，50年后东北黑土区1 400万亩耕地的黑土层将彻底丧失，全区粮食产量将降低40%左右；西南石漠化地区，若任由水土流失肆虐，35年后石漠化面积将翻一番，80年后西南岩溶区有可能全部石漠化，届时将有近1亿人失去生存的条件。

二是流失水分，加剧径流形成和导致淤积，影响水安全和防洪安全。水土流失降低水资源使用效益，泥沙淤积在江河湖库，削弱其调蓄洪水和行洪能力；加速径流形成，导致小

---

❶ 1亩=1/15 hm^2，全书同。

洪水高水位，加剧洪涝灾害。据统计，新中国成立以来，全国淤积水库库容 200 多亿 m^3，相当于损失 200 座大型水库。长江流域原有 22 个较大的通江湖泊，因泥沙淤积和不合理的开发现已减少容积 567 亿 m^3。鄱阳湖每年入湖泥沙量达到 2 400 多万 t，湖区面积由 20 世纪 50 年代初期的 5 100 km^2，缩小到现在的 3 150 km^2。1998 年长江洪峰流量低于 1954 年的历史最高纪录，但洪水水位却高于 1954 年，从而造成了更大的险情。由于水土流失，仅 1950—2004 年，黄河下游段淤积泥沙 150 亿～200 亿 m^3。小浪底水利枢纽工程调水调沙之前，黄河河床普遍高出背河地面 4～6 m，局部达 10～20 m，"地上悬河"长达 800 km，严重威胁着黄淮海平原 25 万 km^2、1 亿多人民的生命财产安全。1996 年 8 月，黄河花园口水文站仅 7 860 m^3/s 的洪峰流量，相应水位却达 94.73 m，超过历史最高水位，比 1958 年 22 300 m^3/s 的洪峰水位还高出 0.91 m。2002 年起小浪底水利枢纽工程开始调水调沙，截至 2023 年，累计输沙入海 32.5 亿 t，黄河下游主河槽平均下切已达 3 m 多。调查表明，松花江哈尔滨段的河床比 20 世纪 50 年代抬高 30～50 cm。特别是滨州桥下淤积的沙滩长达3 400 m，淤积量达 490 万 m^3，沙滩高度比 50 年代提高 4 m 多，几十年来连续的泥沙淤积使第二松花江主河道向对面移动了 200 多 m，河床抬高了约 2 m，洪水的安全泄洪量也由原来的 7 300 m^3/s 降低到 3 500 m^3/s。

三是破坏国土，恶化环境，影响生态安全和美丽中国建设。水土流失导致千沟万壑，植被减少，土地退化、沙化、石化、荒漠化，沙尘暴频发，恶化生态环境。据 2013 年《第一次全国水利普查水土保持情况公报》，全国侵蚀沟道有 96 万多条，割裂土地，水土流失量约占全国水土流失总量的 40%左右。水土流失导致土壤调节水分的功能下降，进而导致水旱灾害加剧。水土流失又是面源污染的主要载体，在输送大量泥沙的同时，也输送了大量化肥、农药、除草剂和生活垃圾等面源污染物，成为加剧水源污染的重要原因。据潘家口水库面源污染典型调查，水库上游水土流失产生的泥沙及泥沙所挟带的污染物是造成潘大水库（潘家口水库、大黑汀水库）淤积及面源污染的主要因素，泥沙污染物含量占水土流失面源污染物总量的 98%以上。水土流失加剧了我国北方地区因过度放牧导致的草场退化、植被覆盖减少、生态系统防风固沙能力减弱，为沙尘暴提供了尘源。水土流失还导致自然植被破坏、河流湖泊消失，使野生动物的栖息地大量消失，生物多样性大大降低。

四是降低生产力，减少收入，影响乡村振兴和脱贫致富。水土流失破坏生活、生产条件，减少人口环境容量，降低土地生产力，制约产业发展，加剧贫困和人口、资源、环境矛盾。初步测算，2000 年我国耕地因水土流失损失的有机质达 1.63 亿 t，损失的氮、磷、钾达 1.18 亿 t；黑土地有机质含量平均由开垦初期的 12%下降到 2%～3%。水土流失极大地制约山丘区农业和农村经济的发展，使得生活在地理位置偏远、交通不便、主要依赖土地维系生计的人们收入进一步减少，贫困程度加剧。2006 年，水利部组织的水土保持科学考察发现，我国 76%的贫困县和 74%的贫困人口分布在水土流失区，特别是西部的许多贫困地区往往为水土流失的重灾区。

五是破坏基础资源，降低使用效益，影响可持续发展战略。水生万物，土养众生，水土资源是人类生存和发展的根本，是可持续发展不可或缺的基础。形成 1 cm 厚土壤，需 200～400 年，而流失 1 cm 厚土壤，往往不需要一年。据调查，黄土高原地区坡耕地每生产 1 kg 粮食，流失土壤 40～60 kg。土壤一旦流失，几乎不可再生，"土之不存，人将焉附"，人们也就失去了赖以生存和发展的基础。中国宝贵的黑土地,“破皮黄”(黑土层流失殆尽)面积已占黑土总面积的12.4%。据《南方崩岗防治规划(2008—2020年)》,全国崩岗总数23.91万个。崩岗土壤侵蚀模数一般在3万t/(km^2·a)左右,掩埋耕地、破坏设施、恶化生态,制约可持续发展。许多水土流失严重地区耕地的耕作层已大量流失,母质岩石裸露,土地石漠化。部分生产建设活动没能做到保护与发展同步,未有效落实水土保持措施,2023年全国人为水土流失面积3.4万多km^2,加剧生态破坏,破坏生产生活环境,影响可持续发展。

二、防治任务艰巨

新中国成立以来,国家高度重视水土保持工作,大力加强水土保持法规建设,成立水土保持机构,加强组织发动,积极开展监督执法、综合治理、监测评价等各项工作。70多年来,全国水土保持工作蓬勃发展,取得显著成效和积极进展。截至2023年底,全国共有80多万个生产建设项目依法编制水土保持方案,累计治理水土流失162.72万多km^2,治理小流域2.92万多条,黄土高原建成淤地坝5.9万多座,水土流失面积从1985年的367万km^2减少为263万km^2,减幅超过1/4。

按照国务院2015年批复的《全国水土保持规划(2015—2030年)》,到2030年,全国新增治理水土流失94万km^2,年均需治理约5.875万km^2。

2022年12月,中共中央办公厅、国务院办公厅印发《关于加强新时代水土保持工作的意见》(中办发〔2022〕68号),要求:到2025年,水土保持体制机制和工作体系更加完善,管理效能进一步提升,人为水土流失得到有效管控,重点地区水土流失得到有效治理,水土流失状况持续改善,全国水土保持率达到73%。到2035年,系统完备、协同高效的水土保持体制机制全面形成,人为水土流失得到全面控制,重点地区水土流失得到全面治理,全国水土保持率达到75%,生态系统水土保持功能显著增强。

根据水利部发布的《中国水土保持公报》,2018—2023年,全国年均综合治理水土流失面积约6.56万km^2。治理实质为初步治理,即治理标准低,大部分只是减轻水土流失强度,只有小部分是彻底治理(愈)水土流失。通俗地讲,地球患了“水土流失皮肤病”,通过水土保持工作者(医生)开展水土流失综合治理,局部“治愈”,大部分只是降低了“病情”,尚未“康复”,还是“病患”。另外,老病未愈,新病又添。据统计,全国在建生产建设项目因未及时做好水土保持防护工作,导致近年来每年新增水土流失约5 000 km^2。通过水利部2011年全国水土流失普查、2018年和2023年水土流失动态监测结果分析,2011—2018年,全国实施水土流失治理面积49.69万km^2,全国水土流失面积减少21.22万km^2,推算治理(愈)度为42.7%左右;2018—2023年,全国实施水土流失治理面积39.34万km^2,全国水土流失面积减少10.93万km^2,推算治理(愈)度为27.78%左右。分析可知,按照目前水土流失治理速度,全国适宜治理水土流失面积(约140万km^2)初步治理一遍约需21年;至于全部治愈,保守估算需要70年左右。这个速度,与全国生态文明建设、美丽中国建设、人民对优美生态环境的需求和期盼,都有不小的差距。

三、试点示范建设

1983年,我国第一个国家水土保持重点工程——八片国家水土流失重点治理工程启动实施。自此,水土保持进入国家安排专项资金、有计划有组织实施重点治理的新阶段。40余年来,为做好水土流失综合防治,水利部实施了一批试点和示范项目建设,积极探索经验,开展示范推广。

(一)试点

1.试点小流域

1980年,水利部和财政部启动实施试点小流域工作。1981年,水利部印发《关于进一步搞好水土保持小流域治理试点的通知》。1999年,试点工作结束。20年来,全国共开展试点小流域319条,范围涵盖28个省(自治区、直辖市)。

试点小流域工作成绩巨大,效益显著。特别是在水土保持大力推进的关键时期,探索出了一条具有中国特色的水土保持路子,总结出了“以小流域为单元开展山水林田路综合治理的技术路线”,丰富了水土保持内涵和外延,探索了不同水土流失类型区的治理模式和成功技术,起到了重要的示范带动作用,极大地促进了我国水土保持工作的全面发展,在我国水土保持发展历程中具有重要地位,发挥了不可替代的重要作用。(《浅析我国水土保持试点小流域的效益与作用》,鲁胜力)

2.淮河流域水土保持综合治理试点县

淮河流域水土保持综合治理试点县共实施二期,每期5年,时间为1992—2001年。

1992年,淮河水利委员会启动实施淮河流域水土保持综合治理试点县一期工程,实施期5年,时间为1992—1996年。项目区为河南鲁山县、新县,安徽金寨县、霍山县以及山东费县共5个县58条小流域。1997年通过淮河水利委员会验收。

1997年,淮河水利委员会启动实施淮河流域水土保持综合治理试点县二期工程,实施期5年,时间为1997—2001年。项目区为河南鲁山县、新县,安徽金寨县、霍山县以及山东费县共5个县58条小流域。2002年通过淮河水利委员会验收。

在试点成功的基础上,2004年始,在河南、山东、安徽和江苏4省21个县实施治淮骨干工程水土保持重点工程。

3.监督执法试点

1993—1995年,为推动《中华人民共和国水土保持法》贯彻落实,水利部实施了水土保持监督执法试点工作。试点共实施两批,实施期均为一年。第一批为1993年实施,1994年验收;第二批为1994年实施,1995年验收。试点范围共包括全国343个县(市、区)。

4.城市水土保持试点

城市水土保持试点工作开始于1997年,共开展两批,在40个城市开展试点工作。1997年,水利部印发《关于开展城市水土保持试点工作的通知》(水保〔1997〕374号),要求深圳等10个城市3年基本完成示范工程建设。2000年,水利部印发《关于开展全国第二批城市水土保持试点工作的通知》(水保〔2000〕525号),在30个城市开展示范建设。

5.生态修复试点工程

2001年,中央水利基建投资在长江和黄河流域,安排实施22个试点县开展水土保持生态修复试点,2005年分别通过长江水利委员会和黄河水利委员会组织的竣工验收。

2002年,水利部印发《关于实施全国水土保持生态修复试点工程的通知》(水保

〔2002〕365号），在全国范围启动实施了第一批水土保持生态修复试点工程，共涉及全国106个县，项目实施期5年，时间为2002—2006年。2005年，由各流域机构组织开展了竣工验收。

2006年，水利部实施第二批全国水土保持生态修复试点工程，范围为28个省（自治区、直辖市）95个试点县，工程实施期3年，时间为2006—2008年。

试点工程建设取得明显成效，初步探索出了在不同自然与社会经济条件下，依靠生态自我修复能力防治水土流失的成功路子，促进了生态修复区植被的快速恢复，加快了水土流失防治步伐，为各地和相关部门开展封禁保护、生态修复工作发挥了重要的示范作用，推动了全国生态建设和环境保护工作。截至2007年底，全国出台生态修复政策的省区达到6个，实施封禁的县达到1 200多个，封禁范围近72万km^2，其中39万km^2的生态得到了初步修复。

6.珠治试点工程

珠江上游南北盘江石灰岩地区水土保持综合治理试点工程（简称珠治试点工程），实施期3年，时间为2003—2005年。范围包括云南省、贵州省和广西壮族自治区，涉及云南省的沾益、马龙、罗平、宣威、江川、澄江、华宁，贵州省的盘州、兴义、晴隆、贞丰、兴仁、册亨、安龙、关岭，广西壮族自治区的隆林、西林等17个县（市）的138条小流域。完成水土流失治理面积1 417.9 km^2，到位资金16 488.5万元，其中中央专项资金15 231.0万元，地方配套1 257.5万元，群众投劳968.6万个工日。

珠治试点工程明显改善了项目区生态环境，提高了农业生产条件，有效促进了新农村建设，形成了一套水土保持管理制度，培养锻炼了队伍和人才。探索出了一条成功的水土保持技术路线，即以水为主线，以抢救土地资源为目标，以坡耕地整治为重点，以小型水利水土保持工程为手段，理顺水系，充分利用和合理配置水资源，建设基本农田，促进坡耕地退耕还林还果还草，推进四荒地营造水土保持林果。同时，利用生态自我修复能力，对土地石漠化严重地区和水土流失较轻地区加强封育治理，重建良好生态系统，注意治理措施与调整土地利用结构和农村产业结构有机结合起来，大力发展特色产业，增加农民收入，为建设社会主义新农村和小康社会奠定基础。这条技术路线是一条符合当地实际情况、事半功倍的成功之路，为大面积治理石漠化地区水土流失提供了技术支撑。

在珠治试点工程取得成功的基础上，自2006年起，扩大规模，改为实施珠江上游南北盘江石灰岩地区水土保持重点工程。

7.黑土区试点工程

东北黑土区水土流失综合防治试点工程（简称黑土区试点工程），实施期3年，时间为2003—2005年。范围涉及内蒙古、黑龙江、吉林和辽宁四省（自治区），共8个项目区，主要为乌裕尔河、松花江干流、榆树大沟、辉发河、雅鲁河、霍林河、柳河和绕阳河项目区，共226条小流域。治理水土流失面积1 804 km^2。工程估算总投资19 979.8万元，其中中央投资16 214.80万元，地方配套3 765万元。

在黑土区试点工程取得成功的基础上，自2006年起，扩大规模，改为实施东北黑土区水土流失综合防治工程。

8.淤地坝试点工程

2003 年 11 月，水利部、国家发展和改革委员会启动实施黄土高原淤地坝建设试点工程，时间为 2003—2007 年。项目区涉及山西、内蒙古、陕西、甘肃、宁夏、青海 6 省（自治区）100 余个县市，开展小流域坝系工程建设。2003 年以来，国家发展和改革委员会、水利部每年安排中央投资 2 亿元左右，2008 年开始不再安排试点。截至 2007 年底，累计安排中央投资 10.47 亿元，完成淤地坝 3 541 座。

9.防治面源污染水土保持试点

为保护水资源，保障饮水安全，探索开展水土保持生态建设、防治面源污染的有效途径，科学反映水土保持在防治面源污染方面的重要作用，2005 年，水利部启动实施了防治面源污染水土保持试点工程。项目范围为一批重要水源型水库库区（水源区），包括 9 省（市）的 11 个水库（水源区），分别是：北京市密云水库；河北省岗黄水库、王快水库和西大洋水库；山西省汾河水库；辽宁省大伙房水库；浙江省汤铺水库；江西省东江源区；湖北省丹江口水库；重庆市关门山水库；云南省松华坝水库。

10.生态清洁型小流域试点

2006 年 12 月，水利部印发《关于开展生态清洁型小流域试点工程建设的通知》（水保〔2006〕613 号），在 30 个省（区、市）的 81 条小流域开展生态清洁型小流域试点工程建设，建设时间为 3 年。

开展生态清洁型小流域试点工程建设，是小流域综合治理的发展和完善，其技术路线是以农村“生产发展、村容整洁”为切入点，以小流域综合治理为重点，全面开展流域治理、生态修复、水系整治和人居环境改善等工作。坚持水土保持措施与环境治理和新农村建设、人工治理与自然修复、水利水土保持措施与其他措施相结合；坚持统筹规划，突出重点，协调推进；坚持示范引导、政策扶持的方法，用好“一事一议”等民主议事的机制，调动农民积极性，使小流域达到景观优美、自然和谐、卫生清洁、人居舒适，促进地方经济快速发展。

在总结试点小流域治理经验的基础上，全国推动开展生态清洁型小流域建设。截至 2023 年底，全国已建成生态清洁小流域 4 500 多条。

11.坡耕地治理试点工程

2010 年 5 月，国家发展和改革委员会、水利部启动了全国坡耕地水土流失综合治理试点工程。试点时间 3 年，时间为 2010—2012 年。试点工程先后在甘肃、陕西、山西、青海、宁夏、云南、贵州、四川、重庆、广西、湖南、湖北、江西、福建、安徽、河南、河北、山东、内蒙古、黑龙江、辽宁、吉林等 22 个省（自治区、直辖市）的 100 个县 310 个项目区开展。试点总投资 44.95 亿元，其中，中央投资 31 亿元，完成坡改梯建设任务 330 万亩。

在试点工程取得显著成效的基础上，自 2013 年起，开始实施全国坡耕地水土流失综合治理工程。

12.以奖代补试点

2018 年 2 月，水利部、财政部联合印发《关于开展水土保持工程建设以奖代补试点工作的指导意见》（水财务〔2018〕28 号），启动以奖代补试点工作。试点期 3 年，时间为 2018—2020 年。试点范围为山西、福建、江西、广西、重庆、贵州、云南、陕西、宁夏 9 个省

（自治区、直辖市），每个省（自治区、直辖市）选择2个试点县，共计18个试点县。

试点旨在探索水土保持多元化投入机制，增强建设主体参与意愿，加快地区水土流失治理步伐，提高财政资金使用效益，提升群众满意度。形成一批可复制、易推广的成功经验，实现水土保持工程建设管理、资金投入、建后管护机制改革创新。

13.全国水土保持高质量发展先行区

2021年7月26日，水利部办公厅印发《关于开展全国水土保持高质量发展先行区建设的通知》（办水保〔2021〕225号），要求着力深化体制机制改革，加强理论实践创新，加快形成科学推进水土流失综合治理的新路径、新模式、新机制，为全国水土保持高质量发展提供可借鉴、可复制、可推广的经验。实施期为3~5年。先行区范围为赣州市、延安市、长汀县、右玉县、拜泉县等5个市（县）。

（二）示范

1.水土保持综合治理开发试验示范县

1991年，经水利部同意，黄河水利委员会批准陕西长武和甘肃泾川两县为全国水土保持综合治理开发试验示范县。经过5年建设，1996年9月，两县通过黄河水利委员会验收，黄河水利委员会予以命名。

2.梯田示范县

1993年，水利部批准庄浪试点县建设项目，项目实施期为5年。1998年，庄浪梯田化建设试点县项目通过水利部与甘肃省人民政府联合验收，水利部印发《关于表彰甘肃省庄浪县梯田化建设的决定》（水保〔1998〕281号），授予庄浪县“全国梯田化模范县”荣誉称号。庄浪县成为水利部命名的第一个梯田化县。

2005年，水利部办公厅印发《关于开展“全国梯田建设模范县”验收命名的通知》（办水保〔2005〕137号），在黄土高原地区开展全国梯田建设模范县验收命名工作。2005年，水利部对宁夏隆德县梯田建设进行了全面验收，将隆德县命名为“全国梯田建设模范县”。2009年，水利部印发《关于新增陕西省志丹县等为黄土高原梯田化县的通知》（水保〔2009〕487号），新增陕西省志丹县，甘肃省西峰区、安定区、宁县为黄土高原梯田化县。

3.全国沙棘生态建设示范县

1999年11月8日，水利部印发《关于命名“全国沙棘生态建设示范县”的决定》（水保〔1999〕608号），命名在沙棘资源建设开发方面成效突出的河北省丰宁县等11个县（旗、市）为“全国沙棘生态建设示范县”。目的在于进一步加快治理水土流失、改善生态环境，推动全国沙棘资源建设和开发工作。

4.全国水土保持生态建设示范城市和开发建设项目水土保持示范工程

从2002年开始，水利部开展了全国水土保持生态建设示范城市和开发建设项目水土保持示范工程建设活动，2011年结束。共开展五批命名，命名56个水土保持示范城市、214个生产建设项目水土保持示范工程。

2003年，水利部命名全国第一批水土保持生态环境建设示范城市。2004年，水利部印发《关于命名全国水土保持生态环境建设示范城市和开发建设项目水土保持示范工程的决定》（水保〔2004〕42号），命名26个示范城市、30个示范工程。2006年，水利部印发《关于命名第三批全国水土保持生态环境建设示范城市和开发建设项目水土保持示范工程的通知》(水保〔2006〕183 号),命名(第三批)18 个示范城市、34 个示范工程。2008 年,水利部印发《关于公布 2008 年全国生产建设项目水土保持示范工程的通知》(水保〔2008〕117 号),命名(第四批)59 个示范工程。2011 年,水利部印发《关于公布 2011 年全国生产建设项目水土保持示范工程的通知》(水保〔2011〕67 号),命名(第五批)91 个示范工程。

5."十百千"示范工程

1999 年,水利部和财政部联合印发《关于实施全国水土保持生态环境建设"十百千"示范工程的通知》(水保〔1999〕85 号)和《全国水土保持生态环境建设"十百千"示范工程实施管理办法》(水保〔1999〕297 号),启动实施了"十百千"示范工程建设。最初在全国选择了 10 个城市、100 个县、1 000 条小流域作为全国水土保持生态环境建设的示范工程。自 2000 年开始,水利部和财政部每年命名一批。截至 2003 年,《水利部、财政部关于对全国水土保持生态环境建设"十百千"第四批示范工程命名的决定》(水保〔2003〕362 号),共命名四批"十百千"示范工程。累计命名 10 个城市、190 个县、1 394 条小流域。

"十百千"示范工程建设,对大规模促进水土保持生态建设、增强地方政府对水土保持工作的认识和重视、提升水土保持的社会影响力发挥了重要作用,有力加快了全国水土流失防治的步伐,充分发挥了示范工程的辐射带动作用,推动全国水土保持生态环境建设上升新高度。

6.中国–加拿大水土保持生态建设科技合作示范项目

中国–加拿大水土保持生态建设科技合作示范项目,实施时间为 2002—2004 年。利用中国、加拿大两国的技术和经验,依托 10 个水土保持科研方面有经验的单位开展水土保持科技示范建设。项目涉及陕西、山西、甘肃、内蒙古、四川、重庆、云南 7 省(区、市)的 10 个县的 10 条小流域,总面积 268.35 km^2。项目总投资 2 600 万元。2004 年,水利部办公厅印发《关于中国–加拿大水土保持生态建设科技合作项目竣工验收的通知》,所有项目分别于 2004 年和 2005 年通过水利部组织的竣工验收。

通过项目的实施,研究总结出适合我国不同生态环境、经济基础和社会条件下示范推广的水土保持生态建设模式,为全国生态环境建设提供典型模式和示范。

7.水土保持生态建设示范区

2004 年,水利部印发了《关于开展水土保持生态建设示范区建设的通知》(水保〔2004〕23 号)和《关于印发〈第一批水土保持生态建设示范区名单〉的通知》(保生〔2004〕11 号),在全国开展第一批 62 个示范区建设。项目区涉及 27 个省,面积 5.89 万 km^2。计划用 2~3 年,治理水土流失 1.91 万 km^2,成为全国生态建设的示范样板。2007 年,水利部印发《关于开展水土保持生态建设示范区验收工作的通知》(办水保〔2007〕161 号),开始组织验收。经县级水利部门初验、省级水利部门复验和流域机构验收,水利部 2009 年印发《关于对第一批全国水土保持生态建设示范区命名的决定》(水保〔2009〕344 号),命名北京市门头沟清水河上游水土保持生态建设示范区等 34 个示范区为"全国水土保持生态建设示范区"。

水土保持示范区基本涵盖了全国不同类型水土流失区以及不同的治理开发模式,体现了示范的广泛性、全面性及影响力。示范区的范围一般都在 200 km^2 以上,最大的达

3 000多 km^2，突出了规模治理及规模效应。

8.全国中小学水土保持教育社会实践基地

2011 年，教育部、水利部、全国节约用水办公室联合印发了《关于建立中小学节水教育社会实践基地和水土保持教育社会实践基地　开展节水教育、水土保持教育的通知》（教基一函〔2011〕9 号），开展全国中小学水土保持教育社会实践基地创建工作。2012 年，教育部和水利部根据评定办法，组织专家开展了评定工作，以《教育部　水利部关于公布首批全国中小学水土保持教育社会实践基地名单的通知》（教基一函〔2012〕1 号）文件，联合命名首批 24 个全国中小学水土保持教育社会实践基地。

全国中小学水土保持教育社会实践基地，是在国家水土保持科技示范园的基础上，突出中小学教育特色和功能，就专项方面的提升和发展。截至目前，只开展一批命名工作。

9.水土保持生态文明示范工程

2011 年，水利部印发《关于开展国家水土保持生态文明工程创建活动的通知》（水保〔2011〕504 号），启动实施国家水土保持生态文明工程创建工作，包括水土保持生态文明城市、水土保持生态文明县、生产建设项目水土保持生态文明工程三类。2014 年，水利部办公厅印发《关于进一步做好国家水土保持生态文明工程创建工作的通知》（办水保〔2014〕143 号），把类型调整为国家水土保持生态文明综合治理工程（包括文明城市和县）、国家水土保持生态文明清洁小流域建设工程、生产建设项目国家水土保持生态文明工程三类。

2013 年 2 月，水利部印发《关于命名 2012 年度国家水土保持生态文明工程的决定》，命名了 2 个国家水土保持生态文明城市、11 个国家水土保持生态文明县、6 个国家水土保持生态文明工程。截至 2019 年底，水利部共命名国家水土保持生态文明工程 113 个，分布在 29 个省（区、市），其中：国家水土保持生态文明综合治理工程 43 个、国家水土保持生态文明清洁小流域建设工程 12 个、生产建设项目国家水土保持生态文明工程 58 个。

10.国家水土保持示范创建

2021 年，水利部印发《关于开展国家水土保持示范创建工作的通知》（水保〔2021〕11 号），启动实施国家水土保持示范创建工作，包括国家水土保持示范县、国家水土保持科技示范园、国家水土保持示范工程三类，其中国家水土保持示范工程又分为生态清洁小流域和生产建设项目水土保持示范工程两类。示范创建每年开展一次，当年申报当年公布。山东省自 2023 年始实施省级水土保持示范创建工作，首创水土保持示范乡镇。2023 年，山东省认定省级水土保持示范 39 个，其中示范县 10 个，示范乡镇 15 个，示范园 4 个，示范工程 10 个。

截至 2023 年底，水利部公布国家水土保持示范三批共 315 个，其中，示范县 131 个，示范园 33 个，示范生态清洁小流域 93 个，示范生产建设项目 58 个。

11.提质增效示范

2023 年 4 月，水利部办公厅印发《关于 2023 年重点推进小流域综合治理提质增效工作的通知》（办水保〔2023〕109 号），要求以山青、水净、村美、民富为目标，实施水土流失综合治理，培育和发展乡村特色产业，打造一批小流域综合治理提质增效示范样板，全面提升水土保持功能和生态产品供给能力，助力乡村旅游和美丽中国建设。实施期一年。实施范围为北京、河北、山西、浙江、安徽、江西、福建、湖南、广东、重庆、四川、贵州、云南和陕西等14个省(市),每省2个县。

四、走向何方

水土流失严重,防治任务艰巨。试点有周期,示范有局限。应走出困境,开创水土保持工作新格局,闯出水土保持发展新局面,实现水土保持发展与经济社会发展相匹配。水土保持作为一项综合性很强的系统工程,属于国家公益事业,离不开全社会的关注和参与,离不开相关行业的支持和行动。对症下药,精准施策,需要解决社会和行业两个关键对象,调动社会和行业两方面的积极性,充分发挥社会和行业的力量,形成合力,共同谱写治理水土流失、建设生态文明的壮丽篇章,实现保土清流、美丽中国的宏伟目标。

单丝不成线,独木不成林。水土保持涉及领域多、行业多、部门多。《中华人民共和国水土保持法》要求,县级以上人民政府林业、农业、国土资源等有关部门按照各自职责,做好有关的水土流失预防和治理工作。水利部门作为水土保持的主管部门,最重要的就是摸清家底、做好规划、加强协调,为各行各业做好示范引领,为社会公众做好宣传教育,让公众了解水土保持,让社会重视水土保持,让参与者践行水土保持,让大家有模学样有章可循,实现众人划桨开大船。

试点和示范工作,局限于思路和投资等,往往局限于单一事项,而且缺乏有效管理,没能长期运行,难以持续发挥宣传示范作用。对社会公众来说,水土流失很抽象,平时看不见,摸不着,委实难理解。特别是城市市民,感觉离自己很遥远。对行业部门来讲,水土保持建设项目大多坐落在远山深沟,路途遥远,交通不便,而且类型众多,地点分散。要现场考察学习,往往A地看坡改梯、B地看淤地坝、C地看生态清洁小流域、D地看监测设施、E地看科普教育、F地看公路护坡……费力耗时,零星杂碎,难以形成山水田林路村的系统思维、整体概念。大家期待,能有一个好的解决方案,建设一个长期存在的示范园,把水土保持各项工作,诸如规划、预防、监督、治理、监测、信息化,还有宣传、科普、文化、科研试验、技术推广、产业发展、生态休闲等,由单一到综合,由分散到系统,一股脑大拼盘予以展示示范,整一园水土保持"满汉全席",做到"一园打尽"。如此,对所有人而言,就可以不必劳神费心东奔西跑,尽可"春风得意马蹄疾,一园看尽水保花"。

时代是出卷人,我们是答卷人。

第二章　他山之玉

> 我只有一盏灯，正是它照亮了我脚下的道路，它就是经验之灯。
>
> ——帕特里克·亨利(美国著名政治家和演说家)

他山之石，可以攻玉。水土保持科技示范园的起步和发展，一张白纸，筚路蓝缕。所谓操千曲而后晓声，观千剑而后识器。现代社会，发展不是闭门造车，而是文明成果的互鉴共享。在水土保持科技示范园这张白纸上，如何做画，如何画出五彩缤纷的未来？需要充分借鉴国内外相关成果，汲取成功经验，站在别人的肩膀上高瞻远瞩。不需要从零做起，而是高点起步、高位嫁接、高端发展，争取从跟跑、并跑到领跑，从而实现弯道超车、后来居上。

一、国外

世界上很多国家和地区，按照法律规定和政策要求，设有开展水土保持或生态示范与宣传科普等功能的场所，形式多样，内容不同，名称不一，如示范区、户外教室、科技(普)馆、博物馆、主题公园、培训基地等。这些场所，面向社会开放，开展示范、科普、宣传、教育、培训、科研、试验、推广等工作和活动，发挥着对社会和公众进行科学普及、宣传教育、示范培训等综合功能和作用。

(一)法律规定

1.纳米比亚土壤保护法(1970年)

第一部分第八条规定：基于示范或研究目的，部长可以在任何土地上实行土壤保护工程。

2.澳大利亚水土保持法(1975年)

法律规定启动、安排实地考察及示范。

3.委内瑞拉环境法(1976年)

第一章第三条规定：各级政府及个人加强对环境活动的教育和协调。促进环境研究调查的宣传工作。加强环境意识。

4.澳大利亚昆士兰土壤保护法(1986年)

第二部分第七条规定：宣传有关土壤保护的信息。

5.《阿尔卑斯公约》的议定书《土壤保护议定书》(1991年)

第三章第22条规定：缔约方应推广教育和培训，并使公众了解关于本议定书目标、措施及实施情况的信息。

6.巴西有关环境问题的总体政策(1995年)

要求在各级教育中推广环境教育。

7.美国弗吉尼亚水土保持法(2000 年)

第 540 条规定:水土保持区有权在州或代理人所有或水土保持区的土地上,进行示范工程。示范工程的目的是用实例证明可用于保护水与土壤资源的手段和方法、土壤侵蚀可以被预防和控制。

8.世界自然保护联盟土壤保护与可持续利用议定(2005 年)

要求各缔约方应确保能够采取行动以增强公众保护土壤和环境生态的意识,促进和推动公众意识与教育,使公众参与到土壤保护与可持续利用中。

第 20 条规定:在野外进行实地示范。

(二)主要行动

1.澳大利亚

(1)水土保持

澳大利亚自 200 年前欧洲人定居以来,毁林垦荒致使澳大利亚的森林资源遭到严重破坏,目前每年仍以约 50 万 hm^2 的速度消失。澳大利亚沙漠化面积占其国土总面积的 40%~50%,土壤盐渍化还在发展,全澳均存在着水土流失的潜在危险,情况相当严重。澳大利亚联邦政府清楚地认识到再这样继续下去,将会给国家带来严重灾害。为使民众充分认识到水土流失的危害性和保护生态的紧迫性,各州都相应立法,并用各种媒介对公众进行宣传,特别是对农民进行宣传。建立教育基地,加强全民教育,从青少年和入学儿童抓起,强化水土资源保护意识。并且,联邦政府还决定每年 10 月为水土资源保护月,利用一切宣传工具,在全国展开大规模的宣传教育活动。

(2)生态环境教育

澳大利亚政府在 20 世纪 70 年代后,将生态环境保护和建设提高到国家意志的层面,认识到国民生态意识的培养是实现环境保护的前提条件,自此澳大利亚的环境教育得到了高度重视,并取得了良好的成效。澳大利亚政府非常重视对公众特别是青少年进行热爱和保护自然环境的宣传教育。国家规定,中小学生每年要到国家公园、自然保护区的教育中心活动 1~2 个星期。教育中心拥有丰富的资源和设施,通过电影、电视、幻灯、标本、模型、挂图、讲课及现场参观、野营等形式,对青少年进行自然保护方面的教育。在社会上的宣传也很广泛,几乎到处都有保护大自然和动植物的宣传画与印刷精致的宣传资料。澳大利亚上下对自然环境保护有一致的看法,即现代化的国家不能没有现代化的环境。

(3)库灵盖切斯国家公园

澳大利亚库灵盖切斯国家公园建立于 1894 年,园区有一个名为库灵盖的自然体验中心,在这里可以跟澳大利亚野生动植物近距离接触,并且可以体验到各种类型的解说设施。体验中心从步道设施到解说牌示都很简单,看不到大规模的人工痕迹,充分体现了其自然特征。解说牌的内容以生物观点为基础,加上拟人化的解说口吻,让游客觉得好像是生物本身与人对话一样,从细节角度体现着其对于游客环境意识的传递。景区内有七个定点观察站,每个观察站都有特殊的主题,反映了环境科学知识宣传的不同角度。第一站鸟类喂食区。设置有一个喂食台,旁边有一个大型鸟类图鉴。游客在亲近鸟类的同时,可以根据当时的状况对照大型图鉴来了解鸟的名字及相关信息,并且还传达了一个重要信息“生物出现是随机的”。第二站池塘区。这里主要是让游客了解池塘生态,和水鸟、水鸭近距离接触。通过解说员的讲解更全面科学地了解这种生态系统的具体情况。第三站草原区。这里是专门设置用来观赏袋鼠的，一个有趣的解说牌上面写着“不要踩在灰袋鼠的晚餐上”。第四站观景台。第五站森林区。通过自然体验原始森林的方式让游客感受大自然的魅力，同时这里还保留了森林火灾的遗址，通过眼见为实的方式向公众进行环境教育，同时也让游客了解保护自然环境的重要性。第六站沼泽区。这个半人工化的沼泽湿地是鸭科的栖息地，向游人展示湿地生态系统的具体情况。第七站鸟展示区。这里有澳大利亚独有的世界第二大且不会飞行的鸟类——鸸鹋。公园通过向游人展示各种珍稀濒危的野生动植物让游客感受到自然保护的重要性，从自己的亲身感受来激发游客保护自然的愿望。（国家公园内容摘自《澳大利亚自然保护区管理和环境科普教育情况介绍》，史海珍等，《地理教育》2012 年第 10 期）

2.加拿大

（1）蒙特利尔水文馆

蒙特利尔水文馆位于蒙特利尔东南的 Sainte-Hélène 岛上，是一座圆形钢筋构架的建筑。原本是配合 1967 年蒙特利尔世界博览会而修建的美国馆。蒙特利尔世界博览会结束后，1995 年改建成介绍和展览水利资源知识的博物馆——蒙特利尔水文馆。从远处看，蒙特利尔水文馆就是一座似透明的钢筋圆球，隐隐约约显现在岛上的绿林中，毫无特别之处。但是走近一看，这座钢筋圆球建筑构造却又特别错综复杂，好似一个球形天网将中间似悬空般的建筑笼罩其中。水文馆内部主要是向人们介绍世界上特别是五大湖——圣劳伦斯河流域关于水资源方面的知识，例如，如何在不破坏生态环境的情况下利用水资源，如何利用阿基米德的理论进行水上行走？同时也教育人们要合理利用水资源，保护我们生活的环境。此外，水文馆门前常年都会有一些关于自然资源、关于人类生活的地球的图片展览。

（2）国家公园

加拿大国家公园的工作职责是“保护生态学完整性、教育与宣传、研究与科研、适宜的旅游活动、公众参与及合作”。公众的环境教育是国家公园建立和管理的核心功能之一。各个国家公园和自然保护区都成为向公众进行生态环境知识教育的重要基地。首先，在设施建设中，公众环境教育设施占十分重要的位置。游客中心、信息中心在公园内以及邻近的社区和城镇很容易找到，而且通常不止一处。公园的标牌、展示系统等随处可见。同时，建立了比较完善的信息管理体系，例如，大量的出版物、宣传手册、宣传海报等。其次，十分强调公众的参与性，让游客在娱乐中受到教育。标牌、展示系统在尽量给人们更多有趣信息的同时，充分考虑人们对知识的需求品位，以通俗有趣且非常具体的方式展示给人们。游客中心及信息中心不是传统的展览馆或标本馆，而是充分利用现代科技手段，让人们融入其中。最后，强调依靠当地社区及其他外部力量共同为人们提供环境教育方面的服务。大量的非政府组织成为游客中心或信息中心的建设者或服务者。许多公园均设有博物馆、展览室，配备了图片、幻灯、录像、光盘、标本及各种旅游纪念品，并在不同地段设置了精美自然的宣传标牌，使广大公众受到潜移默化的生态知识教育。（国家公园内容摘自《美国、加拿大自然保护区管理和环境科普教育情况介绍》，史海珍等，《地理教育》2012 年第 9 期）

3.芬兰

芬兰洛士托（LUSTO）森林博物馆位于北卡累利州，坐落在森林深处，身处美丽的湖区,集展示、科研、科普、文化和休闲于一身,是芬兰六大科学中心之一,也是芬兰最大的森林博物馆。LUSTO,芬兰语是年轮之意。博物馆于 1994 年起开放,2005 年完成扩建,全年向社会公众进行森林宣传和知识普及,年游客达 35 000 多人次。

博物馆分野外和室内两部分。野外部分主要有森林、苗圃、木雕和体验区,公众可以动手参与,亲身体验森林里的生活和工作;室内为展示馆,内容丰富,展示手段现代化,方法多样化,集声、光、电于一体。博物馆内设有"森林之晨体验屋",可以感受森林美丽之晨:宽大的穹形幕壁投影,展现的是一座完整的森林生态系统,林水相映,万类霜天竞自由,一幅动感的自然图景在这里徐徐展开。静坐椅上,可以倾听小鸟晨唱、水声淙淙、风过树梢、鱼跃湖面,可以欣赏鹿回头、天鹅展翅、蜻蜓点水、啄木鸟救死扶伤;一只只白鹤翩翩起舞,云雾缭绕,宛若仙境。在晨曦里,云蒸霞蔚,气象万千,森林开始了新的一天,美好呈现在观众面前。幽美、清闲,融入、放松,不知不觉,人与森林和谐相融。每年五到六月,博物馆举办学生特别活动周,学生在学校统一组织下来博物馆参观,可以去看、去听、去学、去体验、去参加野外各种活动,去感受自然、认知森林,在休闲娱乐中普及森林知识。

4.法国

水课堂是法国进行水知识普及的一项活动,旨在帮助公众更多地了解水和环境方面的知识。水课堂由塞纳—诺曼底流域水务署于 1987 年开始举办,其目的是使学生、市民认识水的重要性,增强保护和节约水的意识,承担起未来管理水的责任。水课堂是公民教育的一部分,欧盟已认可水课堂的做法,正在加以推广。

水课堂目前主要是针对小学高年级学生,为教育对象编写了不同的教材范本,准备了学习材料。学习完成后,认真总结,提出成果报告报流域水务署。流域水务署评估水课堂的效果,并跟踪了解水课堂对学生的影响,根据教师的反馈意见,修订教材,供今后水课堂使用。水课堂的学习时间为连续 5 d,根据教学计划,邀请专业人员到学校讲课,参观相关的单位,再回到学校,将水的有关知识与课程结合起来,完成水课堂的学习任务。

塞纳—诺曼底流域每年举办水课堂。流域内水课堂的分布:塞纳河上游 46 个、曼纳河 56 个、巴黎大区 500 个、瓦尔河 117 个、塞纳河河口区 30 个、诺曼底地区 200 个。水课堂活动使公众对水有了基本认识:应当对水资源采取有效的保护、节约和管理。通过这种教育及交流,可以使学生真正解决一些认识问题。水课堂不但可以分享知识,而且有利于树立对水、对自然环境新的认识和态度。

5.德国

德国 1969 年开始设立国家公园,第一个是巴伐利亚森林国家公园,迄今建有与自然公园平行的国家公园 16 处。德国的自然保护法规定,国家公园和自然公园同属一个大系统。目前,自然公园体系的规模更大,在德国更有影响力。全国共建自然公园 98 处,覆盖 1/4 的国土面积。吕讷堡石楠自然公园设立于 1921 年,历史最为悠久;而中北部黑森林自然公园占地 3 750 km^2,是德国最大的自然公园。德国境内的自然公园大多被纳入"欧洲公园"网络体系。

德国国家公园管理机构中,专门设立有游憩宣教部。公园将公众休憩和环境教育视为最重要的工作之一,管理局有近半员工直接参与此项工作。每月通过媒体告知公众公园组织的休憩活动,如由护林员带领的夜间步行活动,公众可通过网络或电话方式报名参加。拟到公园参加休憩的团组也可以通过网络或电话方式，向公共关系和游憩宣传部预约护林员作为参观向导。若所有护林员都被预约，游客只能自行参观。游客可以在信息中心免费参观野生动植物标本，了解野生动植物和生态系统知识。针对学生团体，护林员会通过游戏、讲解等方式，让学生通过听、看、闻、摸等多种途径全面了解自然保护知识。公园沿步道布设解说牌，向游客传播环境保护知识。公园内建立的一些教育设施如信息中心，也为人们提供了广泛的信息和受教育的机会。（摘自《德国、英国自然保护区管理和环境科普情况介绍》，王民等，《地理教育》2012 年第 7 期）

6.希腊

世界水博物馆位于希腊雅典，是一个多学科、互动性、艺术性和无限扩展的水展示项目。该项目把在全球的河流和湖泊中采集来的水样作为展示品，让参观者了解水质、污染物等参数，让参观者亲身体会水这一珍贵资源的稀缺性。

7.印度

（1）水土保持

印度水土保持工作由隶属于农业与合作部的中央水土保持委员会负责，该委员会的一项职责就是负责水土保持研究、示范和推广工作，并建立了一系列水土保持研究、示范和培训中心。印度政府重视建立水土保持治理示范区和培训中心，直接向农民推广治理技术。

（2）活水博物馆

活水博物馆（数字博物馆）位于印度艾哈迈达巴德，是一座基于网络平台的虚拟博物馆，通过展示艺术学院学生创作的以水为主题的艺术散文来唤醒人们的节水意识。同时，该博物馆也针对不同的主题，在不同场合，策划小型的临时展览。该馆网络平台 2017 年正式建成，建成以后，和多家当地博物馆进行过合作，合作内容涉及展示水在人们工作生活中所发挥的重要作用。

8.意大利

（1）Martesana 生态博物馆

Martesana 生态博物馆位于意大利米兰，严格意义上来说更像是一个集合体。博物馆成立于 2016 年 5 月 6 日，依托 24 家市政府、20 家协会以及多所学校建立。生态博物馆以见证和传承该地区航道历史文化身份为己任，和当地的运河命运紧紧相连。博物馆的展品并不是展示在博物馆的围墙内，而是展示在人们工作生活的地方。通过此举，博物馆期望能够引起当地官方的重视，积极行动起来，保护当地运河这一重要的水利景观。

（2）航道博物馆

巴塔哥利亚航道博物馆展示了巴塔哥利亚地区悠久的运河历史。几个世纪以来，这里都是一个重要的商业交通枢纽，货船载满了粮食，运往威尼斯及邻近的泄湖地区。巴塔哥利亚航道博物馆将那些失传已久的航道文化特征向世界展示出来。1979 年，在热心老船员的倡议下，收集了大量的展品和文件资料，在一座废弃的屠宰场上建立了这座博物馆。由于铁路和公路的修建，当地的运河在 1800 年前后开始衰落，现在很多运河已经废弃。只有在这里，观众才能走进已经湮没在历史进程中的那段辉煌岁月。

9.日本

日本降雨充沛，气候温润，原来植被较好，由于奈良时代（710—793 年）大兴土木，破坏严重，荒山秃岭较多，加之地质结构不稳，土砂灾害频发。日本全国有土砂灾害危险区19万多处，其中泥石流沟约8万条，滑坡危险区约1.1万处，崩塌危险区8.7万处，雪崩危险区1.5万处。

日本的砂防治理由国土交通省和农林水产省分工负责。日本在砂防建设中充分发挥工程活性，增加景观、休闲、娱乐、学习、宣传、纪念等功能，重大工程基本都设有工程展室，宣传介绍砂防工程，使居民更加关注和支持砂防工程。

（1）土砂灾害纪念公园

云仙普贤岳火山从1990年11月7日开始爆发，到1995年总计发生灾害9 400多次，产生熔岩2.01亿 m^3，抬高河床130 m，人员伤亡55人，毁坏房屋2 511栋，烧毁森林1 600 hm^2，公路中止817 d，铁道中止1 698 d，造成经济损失达2 300亿日元。1993年，日本启动云仙复兴工程，治理火山灾害。工程与自然协调，导流堤外覆泥土，上面恢复植被，就地取材，利用火山喷发的溶岩做护岸工程。工程建设中，充分考虑居民参与和社区环境，提高工程的社会性。将施工区内需要砍伐的树木统一移栽，建立纪念林，居民参与植树活动，并负责管理。建立植被复原研究基地和绿色公园，成为休闲健身场所。建立砂防学习基地，为居民提供户外课堂。建立云仙火山资料馆，专人讲解土砂灾害及其防治。建立灾害纪念公园，警示灾害危害，不忘土砂危害。同时，保留了火山爆发中受害的一所学校，作为历史见证（见下图）。

灾害纪念公园

（2）地震体验馆

日本各地建有地震防灾体验馆，专门向居民尤其是中小学生普及地震防灾知识。馆内大多设有地震体验区、灭火体验区、防震介绍区、海啸放映厅、防灾用品展示区等主要展区，重点对未成年人进行灾前预防训练，每天都吸引不少民众前来参观和体验。海啸放映厅通过直径400 cm的球形屏幕，再现了海啸到来时的情景，同时用模型告诉人们海啸给沿岸地区造成的危害，增强人们的防范意识；地震体验车是孩子们的最爱，剧烈的摇晃如同坐上了“海盗船”。而且，地震车上模拟了家庭环境，这种训练要求在剧烈的摇晃中完成一系列规定动作：断电、断气、断水、开门等，让体验者身临其境，铭记在心；还有体验馆设有地震 40 s 模拟体验。对于没有经历过地震的人来说，也许地震展览都属于“别人的地震”。但是，地震体验馆里的 40 s，则把地震带到了每个人身边，身临其境。体验馆内布置了一个 10 m^2 左右的客厅，一张餐桌，6 把椅子，外加一个茶几，2 个沙发，看起来普通得不能再普通。刚一坐到椅子上，“噩梦”开始了……这里再现了 7 级地震的情景。前 20 s 是主震，先上下、前后、左右剧烈地摇晃，伴随着物品稀里哗啦跌落的巨响。主震刚过，就在大家以为平安无事时，4 级余震又来了。虽然整个过程只有短短的 40 s，但却感觉有几分钟那么长。体验结束时，有人脸色已经变得惨白。不少体验者感慨道：“幸亏只是试验，活着真好。”

(3)降雨体验屋

日本非常注重生态体验，亲身参与，增强感受，提高素养。日本有的地方建有降雨体验屋，免费对社会开放，实行自助式体验。降雨体验屋一般是木屋结构，占地面积几十平方米左右，室内设有人工模拟降雨，模拟不同级别的下雨。雨水循环利用，节约资源。降雨屋备有雨衣、雨鞋、雨伞，供体验者使用。体验者穿好雨衣、雨鞋，打上雨伞，进入屋内。通过室内开关，调节小雨、中雨、大雨、暴雨等不同模式，亲身感受不同强度的降雨，对不同的降雨会有切身的体会，寓教于乐。

降雨体验屋

10.韩国

韩国非常重视生态教育，特别注重教育方式，以增强教育效果。以自然、生态、环境为主题的教育场所形式多样，如自然学习馆、环境研究所、自然学校、生态体验中心、绿色生活体验村等。根据 2017 年韩国环境部相关调查结果显示，以自然体验为主的环境教育中心、自然学校及展示机构在韩国有 300 多家。

据韩国国家环境教育中心 2016 年调查结果显示，在韩国环境部注册的非营利民间团体中，环境教育活动团体共有 163 个，社团法人 71 个，非营利民间团体 92 个。(摘自韩国仁允贞《韩国民间环境教育发展史和社会环境教育指导师制度》，盛江华译)

2014 年，韩国投资 3 400 亿韩元(约合人民币 20 亿元)，在忠清南道舒川郡，建成韩国国立生态园，内设生态教育馆。生态园总计有 240 多类共 4 200 多头动物，分别安排在五大气候调控温室和野外空间。植物方面有 5 000 多类共 114.2 万余株，其中野外空间分布有 540 多类 109.73 万株，生态园有 4 500 类共 4.48 万株。生态教育馆是展示热带、沙漠、地中海、温带、极地等多样生态环境的室内展览馆，并担任韩半岛森林、高山、梅花鹿展示馆的展览及教育工作。生态园不仅做研究，还承担着展示和教育的功能，面向全国开展多种多样的生态体验和生态教育。

11.摩洛哥

摩洛哥穆罕默德六世水文明博物馆坐落在摩洛哥马拉喀什，是非洲最大的水博物馆，其宗旨是保存记忆并展示摩洛哥的水利遗产。博物馆占地 3 hm^2，提供以水为主题的独特沉浸体验，尤其是得益于壮观的声光场景设计。展览展示了民族收藏品和摩洛哥各地具有重大遗产价值的重要手稿。观众可以通过虚拟的摩洛哥水利工程旅程，了解水的价值和用途，水的治理和管理以及现代技术、水利政策。

12.尼泊尔

尼泊尔山地发展中心设有水土保持示范基地。基地崇尚绿色节能，旨在不使用外部能源的条件下，用当地资源实现可持续发展。流域内有一条小溪，在小溪的中游安装了一个小型水利发电机，能发出几百瓦的电，解决了夜间照明问题。基地用太阳能锅灶做饭（夜间烧柴做饭）。基地布设了多种水土保持措施，包括水土保持植物措施和梯田及区田等工程措施。基地还研究舍饲山羊和养殖蜜蜂。

13.荷兰

（1）荷兰水博物馆

荷兰水博物馆是一个现代化、互动式博物馆，展示各方面的淡水知识，不仅涉及荷兰，还包括世界其他国家。联合国宣布 21 世纪是淡水世纪，这是宣传的一个亮点。博物馆强烈地认为每个人都应该意识到淡水资源的宝贵、面临问题的严峻性和解决问题的迫切性。如果不采取足够有力的措施和行动，水可能会越来越脏，可用水资源会越来越少。通过综合办法提升广大公众的水保护意识很有必要。博物馆通过一种互动方式，给予所有年龄的大众和家庭一个愉快的教育体验。

（2）比斯博施（Biesbosch）湿地博物馆

Biesbosch 湿地博物馆于 2012 年开馆，提升改造后于 2015 年夏天重新向公众开放。博物馆分室外和室内两部分。室外可以乘船游览湿地，考察供水水源，欣赏蓝天、白云、清水、绿地、花香、散步的奶牛、游泳的野鸭，领略荷兰环境的优美，感受天人合一的意境。室内为湿地博物馆，展示当地居民的生活、生产、工艺，以及湿地规划、湿地产品等。博物馆周围环境优美，内部包括一个餐厅和一个临时的当代艺术展厅。一座大型的 Biesbosch 水上模型，淡水潮汐公园也在博物馆岛的规划之中。现有建筑内包括永久展厅、图书馆、多功能剧场以及接待处和博物馆商店。常规展厅全面展示了 Biesbosch 丰富的历史、文化以及博物馆藏品。Biesbosch 的发展历程分散在 7 个展厅内，从 1421 年 Elizabeth 洪水到如今成为休闲放松的新场所。展览的内容涵盖原住民、经济、工艺和自然环境，通过多媒体方式向公众进行全方位的展示。原始的影像资料、访谈和工具提供了对该区域和原住民内容丰富、形式多样的展示。“Biesbosch 体验”在 2016 年春天完成，通过比例模型展示当地的圩田、堤坝和溪流，来阐释控制水的原理和重要性，以及海平面上升会带来怎样的影响。在半小时的循环周期内，水位从极低变为极高。大人和小孩可以通过操作各种闸门来改变水流的过程，参与性、互动性和趣味性强。

比斯博施湿地博物馆室内

(3)西南三角洲工程

泽兰省的西南三角洲工程位于海边，是滨海公园。园内建有一座博物馆，以及儿童喜欢的游乐设施，还有景观设施等，发挥着很好的科普教育和旅游观光功能。博物馆内展示内容丰富，有挡潮闸模型、帆船模型、航海设施、摄影展，还有3D影院等。馆内通过电视、书籍、模型等多种介质，从不同角度、不同重点介绍三角洲工程，普及水利工程。室外有植物固沙等措施，配有海滩沙景，辅以鸟类科普介绍，可在碧海蓝天下欣赏风景，感受知识。三角洲工程一块闸墩质量达15万t左右，蔚为壮观，公众可进入挡潮闸内部参观，现场感受工程的浩大。挡潮工程社会化、活性化、科普化，成了主题科普乐园。

西南三角洲工程

(4)世界土壤博物馆

世界土壤博物馆设在荷兰瓦赫宁根大学，是世界上规模最大的土壤博物馆，拥有8 000多个土壤样品。博物馆面积不大，大约80 m^2。麻雀虽小，五脏俱全。按照土壤学的五大成土因素，展馆内的墙上依次展示了气候、地形、母质、生物以及时间因素主导下所形成的各种土壤。除此之外，荷兰的土壤、人与土壤、土地利用与土壤，以及土链、土壤颜色等也作为单独的主题展示。既然是世界土壤博物馆，自然少不了来自中国的土壤标本。我国青藏高原的高山土、西北内陆的干旱土、亚热带的红土以及历史悠久的水稻土，均在展示之列。根据 *Reference of Soil Profiles of the People's Republic of China*，国际土壤参比和信息中心（ISRIC）收集的中国原状土壤整段标本达 51 个。

博物馆用信息化技术进行展示，并提供土壤信息化产品。初始产品是 soilgrids 1 000 m 的数据，目前的产品是 soilgrids 250 m，将来可能还会有 soilgrids 100 m 的产品。世界土壤博物馆将 250 m 的产品用于土壤剖面的展示，详细记载了数据库中土壤样品的样品信息（地理坐标、理化性质等）和环境信息（地形、土地利用等）。（摘自杨顺华科学网博客）

14.卡塔尔

卡塔尔水意识公园于 2017 年 4 月正式开放。公园整体建设是在“卡塔尔 2030 节能计划”指导下进行的，由卡塔尔电力水利集团管理。公园以绿色环保为理念，通过最前沿的科技来教育下一代。参观者在这里可以了解到水电的生产、增强节约能源的意识、智能电网水网建设等内容，让所有人自觉融入国家可持续发展战略中。

15.俄罗斯

（1）贝加尔湖博物馆

贝加尔湖博物馆位于俄罗斯联邦布里亚特共和国的首府乌兰乌德，是世界上少有且专门为某个湖泊而建的水生生物博物馆。贝加尔湖是个狭长的弯月形湖泊，是世界上最深的湖泊，其历史超过 2 500 万年，生活着 3 500 种动植物。博物馆集中展览了植物 600 种，水生动物 1 200 种，其中野生鱼类 50 多种。此外，博物馆里有间展室，里面一人一个显微镜，可以观察湖底的小虾米和细砂，它们是湖中整个生物链的基础。博物馆还设有一间模拟水下潜艇观察室，可以观看湖里不同水深层的实际景象。

贝加尔湖沿岸国家公园是贝加尔湖周边最大的国家公园。公园沿着贝加尔湖西岸蔓延，有漂亮石岛、风景如画的海滩和海湾，还有著名的奥利洪岛，岛上长满了原始云杉林。这里是安加拉河的发源地，奇异的萨满石也位于此处，萨满石周围弥漫着神秘的气息，流传着许多古老的传说。不远处就是独一无二的水鸟过冬地，冬天会有 15 000 只禽鸟在此栖息。秋天在园区可以欣赏热闹的候鸟迁徙。令人神往的还有“鸟市”悬崖，悬崖峭壁上筑满了海鸥窝。公园的文化名胜古迹也很令人惊奇，有 2 500 多年历史的岩画和至今还被当地居民敬仰的小庙宇。当地的工程艺术纪念碑（环贝加尔湖铁路）也有很深远的历史意义。

（2）圣彼得堡水博物馆

圣彼得堡水博物馆原来是圣彼得堡城市供给水的地方，因为城市扩大，人口增多，满足不了需要，就改修成了博物馆。博物馆建筑很漂亮，古代和现代结合极具美感。博物馆里的大厅是多媒体大厅，装修现代豪华。博物馆配有专门讲解员，分不同的主题专业讲解，如：水是生命之源、水是有记忆力的、圣彼得堡的供水工程管道，与水有关的圣彼得堡的历史。博物馆在不同的楼层展示不同的主题和内容。既有古代城市用水，也有现代用水设备；既有来自马耳他的井盖，也有俄罗斯的关于水的先进设备；观景区的大屏幕循环播放供水系统专题片，屏幕正下方是圣彼得堡市电子沙盘。人们还可以进入全尺寸的输水管道，想象与水一起在管道里流淌，增强切身体验感受。

16.西班牙

在西班牙阿利坎特，欧盟资助建设了水土保持试验及科普基地——西班牙瓦伦西亚大学生态培训中心，集研究、示范、培训和科普于一体。中心布设了几十个不同坡度、不同水土保持措施的径流小区，建设了橄榄和脐橙试验园，用来监测不同下垫面的土壤侵蚀量，以及不同种植模式下土壤有机质含量的变化及对土壤肥力的影响。该中心不仅为水土保持专业人员和大学生提供培训服务，还为中小学生和社会公众参观、普及水土保持等生态知识提供平台。

17.英国

英国在全国建立了200多个游人中心，对游人进行生态环境宣传教育，提高游人对保护自然重要性的认识，从而自觉地保护自然环境。全国有数百名自然保护工作者，义务在保护区内轮流值班。英国开展环境教育的特点之一是多方位，即利用一切可利用的资源，在不同环境下渗透环境教育，增强公众的环境意识。英国国家公园具有广阔的空间、多样化的资源，因此英国广泛利用这一资源来开展环境教育，每一个公园内均设有几个环境教育中心，向游客宣传环境教育，展示各类照片与实物。英国最大的野外环境教育机构为FSC(Field Sindiea Council)，在所有国家公园内设有环境教育培训基地，基地设有专门从事环境教育的人员及良好的培训设备，各类人员(主要是中小学生)可以在基地内活动1~7 d。在活动期间，FSC利用当地的资源、自编的教材对旅游者进行环境教育，以增强公众的环境意识。此外，FSC还在世界各地(主要是欧洲和亚洲)开展环境教育的培训及有关项目活动。(摘自《德国、英国自然保护区管理和环境科普情况介绍》，王民等，《地理教育》2012年第7期)

18.美国

(1)水土保持

美国负责水土保持工作的为农业部自然资源保护局，该局的一项重要职责，就是开展水土保持试验、示范和宣传。1937年，罗斯福总统在写给各州州长的信中指出："毁坏自己土壤的国家，最终必然要毁掉自己。"要求在全国范围建立水土保持协作区和水土保持示范区，开展水土保持工作。很快，土壤侵蚀试验站由10个发展到46个，分布于26个州。有关高等院校也纷纷建立了一批土壤侵蚀试验站。各试验站均按统一规范和计划进行观测，积累了大量实测资料。1956年，在大量前期研究和实测资料的基础上，首次提出了"通用土壤流失方程式"。此外，该局还在美国东、中、西部设立了3处国家级自然资源保护技术推广中心。

美国水土保持知识的宣传普及活动深得人心。美国人珍惜土壤这一宝贵资源，自觉参与水土保持的意识也很强。例如，由水土保持爱好者参加的小区协会，定期开展活动，并印发大量的小册子，宣传普及水土保持知识和水土保持措施，组织学生开展短期水土保持活动，培养他们对水土保持的兴趣并学习有关知识。在美国的住宅前后、公共场所，甚至大多数农场，几乎看不到裸露的土壤。每一小块必须施工开挖的土地，在工程完成后，都会铺上草坪。即使在冬天，也会覆盖上麦秆或锯木屑等。这是一种自觉行动。管中窥豹，美国对水土保持宣传活动的重视和深入人心可见一斑。

(2)国家公园

美国充分利用国家公园和森林公园，广泛开展环境科普教育。黄石公园1872年建立，是世界上最早建立的国家公园。美国国家公园由国家公园管理局具体负责管理，全美有国家公园390多处，工作人员约2万人，总面积超过33.6万 km^2，每年仍然有新的公园在建。美国《国家公园管理条例》明确要求各种介绍(包括游览标示)，既要有对景观的人文解释，又要有相关的科学普及。美国的国家公园是进行科学探索的基地，也是对民众普及科学知识、进行启智教育的最好课堂。国家公园的管理者都特别重视其承载的教育功能，在管理构架中大都有专门的教育部门。教育部门不仅要印刷公园简介的小册子，更重要的是要跟科学家和教育家合作，开发针对不同年龄段孩子的教程或是旅游项目，让孩子们在旅游的过程中寓教于乐。

黄石国家公园，有来自各地的志愿者参加到专业的环保科普宣传教育队伍中进行相关科学普及工作。除稳定的专业环保科普人员解说系统外，公园还有各种通俗易懂的非人员解说系统。此外，黄石公园还有着系统的环境教育活动，针对儿童、成人等不同的人群，每年举行固定环境教育活动。一是初级护林员。针对5~12岁的孩子开展的一项名为"初级护林员"的官方项目，向孩子们介绍大自然赋予黄石公园的神奇以及他们在保护这一人类宝贵财富中所扮演的角色。二是"探险"黄石。针对4~8年级学生的旅游项目。为学生提供4~5 d的野外课程，由多种知识背景的护林员作为教师为学生教授公园的自然、文化历史，指导学生进行野外调查、讨论问题、编排戏剧、撰写旅行日记等，学生通过与护林员及父母一起参加活动获得各种野外知识及体验。三是野生动物教育探险。在黄石公园协会一名有经验的生物学家带领下，探寻黄石公园内珍稀的野生动物。四是寄宿和学习。白天，参与者在黄石公园研究会自然学家的带领下饶有兴趣地探寻黄石的有趣之处；夜晚，他们返回住处享受美味佳肴和舒适的住宿设施，并且在有历史性的公园饭店内体验丰富多彩的夜生活。五是现场研讨会。活动为游客提供一段相对比较集中的近距离的教育经历，主要涉及一些专门领域，如野生动物、地质学、生态学、历史、植物、艺术以及户外活动的技巧。(国家公园内容摘自《美国、加拿大自然保护区管理和环境科普教育情况介绍》，史海珍等，《地理教育》2012年第9期)

二、国内

(一)公园类

2019年，中共中央办公厅、国务院办公厅印发《关于建立以国家公园为主体的自然保护地体系的指导意见》，构建了我国现有的"以国家公园为主体"的自然保护地体系。该体系将自然保护地按生态价值和保护强度高低依次分为3类：国家公园、自然保护区、自然公园。截至2024年10月，全国共有自然保护地6 736处，总面积18 523.61万 hm^2。其中，国家公园5处，面积2 322.54万 hm^2；原国家公园试点区5处，面积532.84万 hm^2；自然保护区1 527处，面积12 030.13万 hm^2；风景名胜区883处，面积1 374.20万 hm^2；森林公园2 395处，面积1 409.39万 hm^2；地质公园312处，面积261.41万 hm^2；湿地公园1 443

处,面积 481.44 万 hm^2;海洋公园 60 处,面积 75.97 万 hm^2;沙漠(石漠)公园 106 处,面积 35.69 万 hm^2。

1.自然保护区

1956 年,我国第一个自然保护区鼎湖山保护区建立。截至 2024 年 10 月,全国拥有自然保护区 1 527 处,面积 12 030.13 万 hm^2。其中,国家级自然保护区 478 处(包括国家级海洋自然保护区 35 处)。国家级自然保护区由国务院办公厅命名。

自然保护区是生态系统的天然“本底”,是天然的科学试验基地,是宣传教育的活的自然博物馆,对保护自然界生态平衡、促进生产、开展科学研究、发展旅游等都有十分重大的作用。

2.森林公园

由国家林业和草原局批准设立。1982 年,我国第一处森林公园——湖南张家界国家森林公园批准建立。截至 2024 年 10 月,全国共建立森林公园 2 395 处,面积 1 409.39 万 hm^2。其中,国家森林公园 904 处。

森林公园是以森林风景资源为依托,开展游憩、娱乐、科研和文化教育等活动的森林区域。国家级森林公园是我国自然保护地体系中的重要组成部分,是普及自然知识、传播生态文明理念的重要阵地,也是森林生态旅游的重要载体。据初步测算,2018 年国家级森林公园接待游客量超过 10 亿人次,旅游收入近 1 000 亿元,其中近 1/3 的森林公园免费向公众开放,服务游客近 3 亿人次。2019 年,全国森林旅游游客量达到 18 亿人次,占国内年旅游人数的近 30%。2021 年,我国各类自然保护地、林草专类园、国有林场、国有林区等区域共接待游客超 20 亿人次,同比增长超过 11.5%。

3.地质公园和海洋公园

第一批国家地质公园资格名单(11 家)于 2001 年 4 月公布。截至 2024 年 10 月,全国地质公园 312 处,面积 261.41 万 hm^2;海洋公园 60 处,面积 75.97 万 hm^2。其中,世界地质公园 47 处,数量居全球第一(世界地质公园共 213 个)。国家林业和草原局及原国土资源部共命名 10 多批国家地质公园,批准建立省级地质公园 300 多处。开展地质科普基地建设,建有可以独立开展土地资源、矿产资源、海洋资源、基础地质、地质环境、地质灾害、测绘科技等国土资源领域国情教育和科学技术普及活动的场所 83 个,其中科技场馆类 25 个、科研实验类 16 个、资源保护类 42 个。

国家地质公园的建立是以保护地质遗迹资源、促进社会经济的可持续发展为宗旨,为宣传地质知识、保护地质遗迹景观和生态景观起到非常重要的作用。

4.国家水利风景区

国家水利风景区工作始于 2001 年,由水利部评定命名。2001 年,经水利部水利风景区评审委员会讨论通过,批准北京十三陵水库等 18 个单位(景区)为首批国家水利风景区。截至 2024 年底,水利部公布了 21 批国家水利风景区名单,全国共有国家水利风景区 938 个,省级水利风景区 2 000 多个。

国家水利风景区,以水域(水体)或水利工程为依托,按照水利风景资源即水域(水体)及相关联的岸地、岛屿、林草、建筑等能对人产生吸引力的自然景观和人文景观的观赏、文化、科学价值和水资源生态环境保护质量及景区利用、管理条件分级,开展观光、娱乐、休闲、度假或科学、文化、教育活动的区域。国家级水利风景区分水库型、湿地型、自然河湖型、城市河湖型、灌区型、水土保持型等6种类型。

5.湿地公园

国家湿地公园由国家林业和草原局批准设立。2004年6月,国务院办公厅印发《关于加强湿地保护管理的通知》(国办发〔2004〕50号)。2005年,西溪湿地公园被批准为首个国家湿地公园。截至2024年10月,全国湿地公园1 443处,面积481.44万 hm^2。其中,国家湿地公园903处。

湿地公园具有湿地保护与利用、科普教育、湿地研究、生态观光、休闲娱乐等多种功能。目前,全国共有湿地面积5 360万 hm^2,湿地保护率达52%,累计接待游客超过2.3亿人次。

6.矿山公园

国家矿山公园由原国土资源部审定并公布,2019年后改为由国家林业和草原局批准设立。2007年4月,位于湖北省黄石市铁山区境内的黄石国家矿山公园,成为中国首座国家矿山公园。截至2019年,国家矿山公园增至34处。

矿山公园是促进矿业遗迹保护的重要手段,是展示人类矿业文明的重要窗口,对改善矿区生态地质环境、推进矿区经济可持续发展具有重大的积极意义。

7.国家公园

我国国家公园2008年才起步。2008年10月8日,环境保护部和国家旅游局批准建设中国第一个国家公园试点——黑龙江汤旺河国家公园。

2015年,我国启动国家公园体制试点,目前,我国已经开展了三江源、东北虎豹、大熊猫、祁连山、海南热带雨林、神农架、武夷山、钱江源、南山、普达措10个国家公园试点,总面积22.29万 km^2,涉及吉林、黑龙江、浙江、福建、湖北、湖南、海南、四川、云南、陕西、甘肃、青海12个省份。2017年,中共中央办公厅、国务院办公厅印发《建立国家公园体制总体方案》。2019年,中共中央办公厅、国务院办公厅印发《关于建立以国家公园为主体的自然保护地体系的指导意见》。2020年,建成我国第一个国家公园——三江源国家公园。在保护的基础上,发挥国家公园科研、教育、游憩、社区发展等功能。2021年10月,国家主席习近平以视频方式出席《生物多样性公约》第十五次缔约方大会领导人峰会并发表主旨讲话,在讲话中宣布,中国正式设立三江源、大熊猫、东北虎豹、海南热带雨林、武夷山等第一批国家公园。截至2024年10月,我国有国家公园5处,面积2 322.54万 hm^2。

8.国家沙漠(石漠)公园

国家沙漠(石漠)公园由国家林业和草原局批准设立。2013年,首次建立宁夏沙坡头国家沙漠公园试点。截至2024年10月,我国有沙漠(石漠)公园106处,面积35.69万 hm^2。

沙漠公园以沙漠景观为主体,以保护荒漠生态系统为目的,在促进防沙治沙和保护生态功能的基础上,合理利用沙区资源,开展公众游憩、旅游休闲和进行丰富多彩的科学、文化、宣传与教育活动。

9.国家文化公园

国家文化公园建设,就是要整合具有突出意义、重要影响、重大主题的文物和文化资源，实施公园化管理运营，实现保护传承利用、文化教育、公共服务、旅游观光、休闲娱乐、科学研究功能，形成具有特定开放空间的公共文化载体，集中打造中华文化重要标志。2019 年 12 月，中共中央办公厅、国务院办公厅印发《长城、大运河、长征国家文化公园建设方案》。2022 年，国家文化公园建设工作领导小组印发通知，部署启动长江和黄河国家文化公园建设。

（二）示范园区类

1.国家生态示范区

1996—1999 年，国家环境保护总局在全国先后分四批开展了 154 个国家级生态示范区建设试点。1999 年，完成了对第一批 33 个试点的考核验收。2000 年，国家环境保护总局印发《关于命名第一批国家级生态示范区及表彰先进的决定》（环发〔2000〕49 号），命名第一批 33 个国家级生态示范区。目前，生态环境部共命名 7 批 528 个国家生态示范区。

2.国家农业科技园区

2001 年，科学技术部启动第一批 21 个国家农业科技园区试点建设工作。2008 年，科学技术部根据《国家农业科技园区综合评价指标体系》和《国家农业科技园区评价验收规范》，对第一、第二批的 36 个国家农业科技园区试点进行了验收，并正式授牌；2023 年，科学技术部公布第九批国家农业科技园区验收结果，参与验收的 25 家园区全部通过验收。截至 2023 年底，科学技术部已公布了 9 批国家农业科技园区名单，园区累计达 238 个。2018 年 2 月，科学技术部、农业部、水利部、国家林业局、中国科学院和中国农业银行等六部门，联合印发了《国家农业科技园区发展规划（2018—2025 年）》，制定了《国家农业科技园区管理办法》（国科发农〔2018〕31 号）。

国家农业科技园区是产学研结合的农业科技创新与成果转化孵化基地、促进农民增收的科技创业服务基地、培育现代农业企业的产业发展基地、体制机制创新的科学发展试验基地和发展现代农业的综合创新示范基地。

3.国家现代农业示范区

2009 年，农业部发布《关于创建国家现代农业示范区的意见》（农计发〔2009〕33 号）。2010 年，农业部印发《关于认定第一批国家现代农业示范区的通知》，认定北京市顺义区等 50 个县（区、市、垦区）为第一批国家现代农业示范区。2015 年，农业部印发了《关于认定第三批国家现代农业示范区的通知》，认定北京市等 157 个直辖市、地（市、州）、县（区、旗、场）为第三批国家现代农业示范区。与前两批示范区已认定的部分重合县市合并后，国家现代农业示范区总数达到 283 个。

国家现代农业示范区是以现代产业发展理念为指导，以新型农民为主体，以现代科学技术和物质装备为支撑，采用现代经营管理方式的可持续发展的现代农业示范区域，具有产业布局合理、组织方式先进、资源利用高效、供给保障安全、综合效益显著的特征。目的是建设成为我国现代农业发展“排头兵”和农业改革“试验田”，示范引领中国特色农业现代化建设。

4.国家生态文明先行示范区

根据《国务院关于加快发展节能环保产业的意见》（国发〔2013〕30 号），在全国范围内选择有代表性的100个地区开展国家生态文明先行示范区建设、探索符合我国国情的生态文明建设模式的要求，国家发展和改革委员会联合财政部、国土资源部、水利部、农业部、国家林业局制定了《国家生态文明先行示范区建设方案（试行）》。2014年7月，国家发展和改革委员会等部门组织开展了第一批57个生态文明先行示范区建设，包括5个省（福建、江西、贵州、青海、海南）、8个跨流域（区域）地区、31个市、13个县（区）。2015年，公布第二批45个生态文明先行示范区建设名单。

5.国家林业科技示范园区

国家林业科技示范园区是林业科技成果集中展示、产学研紧密结合、技术推广和培训以及科普教育等综合性科技示范平台，是国家林业科技创新体系的重要组成部分。建立国家林业科技示范园区对促进林业科技成果转化、支撑林业生态建设和产业发展、提高林业行业科技水平具有重要意义。按照科学技术部发布的《农业科技园区指南》与《农业科技园区管理办法（试行）》，根据《林业科学和技术"十二五"发展规划》以及国家林业局下发的《关于加快科技创新促进现代林业发展的意见》等文件精神，2013年，国家林业科技示范园区建设工作正式开展，力争通过整合科技资源、科学规划、政府推动、企业参与等，把科技示范园区建设成为林业科技创新的平台、市场与用户连接的纽带、人才培养和技术培训的基地。2014年11月，国家林业科技示范园区为4个，分别是黑龙江哈尔滨国家林业科技示范园区、山东临沂国家林产工业科技示范园区、湖南长沙国家林业科技示范园区和中国南方（赣州）林业科技生态文化示范园。2017年6月，增至6家。截至2024年10月底，国家林业科技示范园区数量为30多个。

6.国家生态文明试验区

2016年，中共中央办公厅、国务院办公厅印发《关于设立统一规范的国家生态文明试验区的意见》，并印发《国家生态文明试验区（福建）实施方案》，福建、江西和贵州三省被确定为第一批国家生态文明试验区。2017年，中共中央办公厅、国务院办公厅印发了《国家生态文明试验区（江西）实施方案》和《国家生态文明试验区（贵州）实施方案》。我国首批3个生态文明试验区实施方案全部获批，标志着试验区建设进入全面铺开和加速推进阶段。2019年，中共中央办公厅、国务院办公厅印发了《国家生态文明试验区（海南）实施方案》，确定海南为国家生态文明试验区。目前，国家生态文明试验区为4省。

7.国家生态文明建设示范区

国家生态文明建设示范区包括生态文明建设示范省、生态文明建设示范市、生态文明建设示范县、生态文明建设示范乡镇、生态文明建设示范村、生态工业示范园区。2016年，环境保护部印发了《国家生态文明建设示范区管理规程（试行）》和《国家生态文明建设示范县、市指标（试行）》。2017年，环境保护部公布第一批国家生态文明建设示范市县名单，命名浙江省安吉县等13个地区为第一批"绿水青山就是金山银山"实践创新基地，北京市延庆区等46个地区为第一批国家生态文明建设示范市县。2018年，生态环境部命名山西省芮城县等45个市县为第二批国家生态文明建设示范市县称号。2019年，生态环境部办公厅印发《第三批国家生态文明建设示范市县名单》，授予84个市县为第三批国家生态文明建设示范市县称号。2020年11月，生态环境部公布了第四批国家生态文明建设示范市县和“绿水青山就是金山银山”实践创新基地名单,共有87个国家生态文明建设示范市县和35个“两山”实践创新基地入选。2023年12月,生态环境部授予104个市区县第七批国家生态文明建设示范区称号。截至2023年12月,全国共建设572个国家生态文明建设示范区、187个“绿水青山就是金山银山”实践创新基地。

8.国家现代农业产业园

2017年,农业部和财政部联合印发《关于开展国家现代农业产业园创建工作的通知》,启动国家现代农业产业园创建工作。2017年,农业部和财政部批准创建41个国家现代农业产业园。2018年12月,农业农村部和财政部公布四川省眉山市东坡区等20个现代农业产业园被认定为首批国家现代农业产业园;2019年和2020年,农业农村部和财政部认定第二批29个、第三批38个现代农业产业园;2022年1月21日,农业农村部和财政部印发《关于认定第四批国家现代农业产业园的通知》(农规发〔2022〕12号),2019年创建的新疆维吾尔自治区博乐市等25个国家现代农业产业园、2020年创建的江苏省苏州市吴江区等18个国家现代农业产业园予以认定。截至2022年初,已认定四批,共认定国家现代农业产业园130个。

国家现代农业产业园,目标是做大做强优势特色主导产业,促进全产业链开发,聚集现代生产要素,创新农民增收利益联结机制,打造新农民创新创业孵化平台,示范带动省、市、县梯次建设现代农业产业园,形成以产业园为主要抓手推进乡村产业振兴的工作局面。

(三)基地类

1.全国青少年教育基地

全国青少年教育基地的评选命名由共青团中央负责。1991年命名首批5个全国青少年教育基地以来,团中央先后命名了四批共238个全国青少年教育基地。

全国青少年教育基地是对青少年进行爱国主义、集体主义、社会主义教育,帮助青少年树立正确的世界观、人生观、价值观的重要载体。基地坚持面向广大青少年,充分发挥自身优势,在青少年思想道德建设中发挥了重要作用。

2.爱国主义教育基地

1995年3月,民政部确定了第一批100处爱国主义教育基地。1995年5月,中共中央宣传部、国家教育委员会、文化部、新闻出版署和共青团中央发出《关于向全国中小学推荐百种爱国主义教育图书的通知》(教基〔1995〕11号)。1996年11月,国家教育委员会、民政部、文化部、国家文物局、共青团中央、解放军总政治部发出《关于命名和向全国中小学生推荐百个爱国主义教育基地的通知》(教基〔1996〕20号)。

1997年7月,中宣部向社会公布了首批100个爱国主义教育示范基地名单,并以此影响和带动全国爱国主义教育基地的建设。2001年6月,中宣部公布了以反映党的光辉历史为主要内容的第二批100个爱国主义教育示范基地名单。2005年11月,中宣部公布了第三批66个全国爱国主义教育示范基地名单。2009年5月,中宣部公布第四批87个全国爱国主义教育示范基地名单。目前,中宣部共公布四批353个全国爱国主义教育示范基地。

3.全国中小学节水教育社会实践基地

全国中小学节水教育社会实践基地由教育部和水利部联合评定命名。2011年,教育部、水利部、全国节约用水办公室联合印发了《关于建立中小学节水教育社会实践基地和水土保持教育社会实践基地开展节水教育、水土保持教育的通知》(教基一函〔2011〕9号),决定依托现有节水科技展馆、水库、水电站、自来水厂、污水处理厂等公共资源,建立中小学节水教育社会实践基地,普遍开展节水教育活动。2013年,教育部、水利部、全国节约用水办公室联合印发《水利部　教育部　全国节约用水办公室关于公布首批全国中小学节水教育社会实践基地名单的通知》(水资源〔2013〕8号),确定北京节水展馆等11家单位为全国中小学节水教育社会实践基地。

4.国家水情教育基地

国家水情教育基地由水利部认定,是依托已有设施及场所面向社会公众开展水情教育、具有显著教育功能和示范引领作用的教育平台。基地设立、监督考核、水情教育专家库组建等工作由水利部水情教育中心归口管理。

2015年6月,水利部、中宣部、教育部、共青团中央联合印发了《全国水情教育规划(2015—2020年)》。2015年12月,水利部正式启动国家水情教育基地遴选工作。2018年10月,水利部办公厅、共青团中央办公厅、中国科学技术协会办公厅联合印发《国家水情教育基地管理办法》。分别于2016年、2017年、2019年、2021年命名四批国家水情教育基地。截至2021年2月,国家水情教育基地共有63家,主要包括工程设施类和场所类两种类型,覆盖除西藏之外的30个省(自治区、直辖市)。从第三批开始,由水利部一家命名改为水利部、共青团中央和中国科学技术协会三家联合命名。

5.全国中小学研学实践教育基地(营地)

全国中小学研学实践教育基地(营地)由教育部评定命名。2017年,根据《教育部办公厅关于商请推荐“全国中小学生研学实践教育基地”的函》(教基厅函〔2017〕24号)、《教育部办公厅关于开展2017年度中央专项彩票公益金支持中小学生研学实践教育项目推荐工作的通知》(教基厅函〔2017〕25号),在中央有关部门和各省级教育行政部门推荐的基础上,经专家评议、营地实地核查及综合评定,教育部命名中国人民革命军事博物馆等204个单位为第一批“全国中小学生研学实践教育基地”,河北石家庄市青少年社会综合实践学校等14个单位为第一批“全国中小学生研学实践教育营地”。2018年,教育部命名377个单位为“全国中小学生研学实践教育基地”,26个单位为“全国中小学生研学实践教育营地”。目前,教育部共命名581个“全国中小学生研学实践教育基地”、40个“全国中小学生研学实践教育营地”。

6.全国科普教育基地

全国科普教育基地主要是指由科技、教育、文化、卫生、农业、安全、自然资源、旅游等领域机构兴办,面向社会和公众开放,具有科普和教育功能的示范性场所。为贯彻落实《全民科学素质行动规划纲要(2021—2035年)》,加强科普基础设施建设,推进全国科普教育基地发展,根据《全国科普教育基地创建与认定管理办法》,中国科学技术协会开展全国科普教育基地认定工作。2021年10月,中国科学技术协会办公厅印发《关于开展2021—2025年度全国科普教育基地创建工作的通知》。2022年4月,中国科学技术协会以科协发普字〔2022〕12 号文件，认定了 800 个单位为 2021—2025 年度第一批全国科普教育基地。2022 年 11 月，按照《中国科协办公厅关于开展 2021—2025 年度第一批全国科普教育基地补充认定工作的通知》要求，中国科学技术协会公布了 2021—2025 年第一批补充认定的 474 个全国科普教育基地名单。

2022 年，14 个水利单位入选中国科学技术协会 2021—2025 年第一批全国科普教育基地名单。14 个基地依托科技场馆、科研院所、高等学校、水文站、重大水利工程、湿地公园等资源条件建设，主题涵盖防洪减灾、节约用水、河湖治理等人民群众关切的水利重点领域，通过接待公众参观、举办科普活动、创作科普作品等多种方式，向社会普及水科学知识，广泛宣传科技成果，具有较好的科普公共服务能力。

截至 2022 年底，全国共有科技馆和科学技术类博物馆 1 683 个。其中，科技馆 694 个，科学技术类博物馆 989 个。全国范围内城市社区科普（技）专用活动室 4.87 万个、农村科普（技）活动场地 16.69 万个。

7.国家林草科普基地

国家林草科普基地是国家特色科普基地的重要组成部分，是依托森林、草原、湿地、荒漠、野生动植物等林草资源开展自然教育和生态体验活动、展示林草科技成果和生态文明实践成就、进行科普作品创作的重要场所，由国家林业和草原局、科学技术部共同命名和管理。按照国家林业和草原局、科学技术部要求，各科普基地依托单位将整合科普资源、保障科普投入、加强队伍建设、发挥自身特色，不断提升林草科普服务能力，充分发挥科普基地作用，积极加以培育建设，提升科普工作水平。

2020 年 3 月 5 日，国家林业和草原局、科学技术部联合印发《关于加强林业和草原科普工作的意见》（林科发〔2020〕29 号）（简称《意见》）。《意见》明确，到 2025 年命名国家林草科普基地超过 100 家，打造 5～10 个全国性林草科普知名活动品牌，建设一支超过20 万人的高素质科普专业人才队伍，建立一支超过 10 万人的相对稳定的科普志愿者队伍。《意见》提出，要推动科研机构、高等院校、企业集团的开放实验室、野外台站、试验基地、科普场馆，以及国有林（牧）场和各级各类自然保护地等林草科普基地定期向公众开放。重点支持原创性林草科普图书、译著、文章，推动制作科普专题片、微视频、纪录片及公益广告。组建林草科普高端人才队伍，提高自然体验师、自然解说员的科普水平。开展国家林草科普基地建设工作，大力推进网络展馆、虚拟场馆和科普场馆数字化服务平台、移动科普场馆及网络直播平台建设。

2023 年 5 月，全国林草科技活动周启动仪式在北京中国林业科学研究院举行。活动仪式上，三江源国家公园、河北省塞罕坝机械林场、中国林业科学研究院木工所木材科普中心等 57 个单位被授予首批国家林草科普基地，其中，有场馆类 23 个、教育科研类 12 个、自然保护地类 22 个。

8.国家水利科普基地

2021 年 4 月，《水利部、共青团中央、中国科协关于加强水利科普工作的指导意见》（水国科〔2021〕128 号）印发，要求到 2025 年，认定 50 个水利科普基地。截至 2023 年底，全国已认定 20 多个水利科普基地。

9.全国水土保持科普教育基地

全国水土保持科普教育基地是面向社会和公众开放的、能够宣传普及水土保持科学知识、开展参与水土保持科普体验活动的场所,是为公众提供科普服务的重要平台,是科普工作的重要载体。由中国水土保持学会负责评审和认定,从国家水土保持科技示范园中选取。2017 年,中国水土保持学会认定第一批全国水土保持科普教育基地。截至 2024 年底,共认定 8 批 44 个全国水土保持科普教育基地。

博观而约取,厚积而薄发。

(四)水土保持户外教室

台湾省是世界水土保持户外教室的发源地。台湾省水土保持户外教室工作始于 1989 年。户外教室发挥着试验、示范、普及和宣传教育等功能与作用,并为教学活动和旅游参观提供平台和场所,加强户外体验,增强感性认知,培育“水土保持,人人有责”理念。目前,全台共有 19 个(见下表)水土保持户外教室,基本上每县一个。苗栗县大湖四分是台湾第一个水土保持户外教室。2012 年起,台湾省开始推动“水土保持与农村再生教育系列活动”,通过科普分享、交流体验、学习引导、创意激发、成果整合等策略,普及水土保持知识,培育尊重自然理念。

台湾省水土保持户外教室一览表

大湖四分	北投贵子坑	木栅猫空	杨梅茶改场	东势林场
龙潭三水	双溪后番子坑	花坛湾雅	草屯风水坪	古坑剑湖
马公菜园	农试所嘉义分所	牛埔泥岩	玉井沙田	古坑华山
屏东科技大学	农试所凤山分所	卑南宝朗	瑞穗舞鹤	

台湾省水土保持户外教室注重配套建设公众参观学习和科普教育设施,大多建有播放宣传短片的展室,建设模拟不同下垫面情况水土流失的人工降雨试验小区。同时,具备相当完善的解说和标识系统。每个户外教室都配备了解说人员,免费讲解。户外教室内各项措施和设施均有标牌说明,便于公众自行参观学习,并印发图文并茂的宣传册。台湾省水土保持户外教室把治理水土流失与美化生活环境相结合,加强了治理区的景观建设。同时,科学设计参观路线,充分考虑游人休憩设施,如观景台、凉亭、居住地文化、民俗等,增强了水土保持户外教室的亲和力、感染力和吸引力。

1.屏东科技大学水土保持户外教室

屏东科技大学水土保持户外教室位于屏东科技大学院内,是校园型户外教室,建于 1989 年。该户外教室以水土保持教学和科研试验为主。区内设有陡坡地冲蚀试验区,包括 13 个径流小区,主要研究陡坡地开发农牧用地后可能产生的水土流失量,通过裸露区与不同水土保持措施对比,寻找出陡坡地最适合的水土保持技术和方法。户外教室采用中英文对照说明。

屏东科技大学水土保持户外教室

2.台南县牛埔泥岩水土保持户外教室

牛埔泥岩水土保持户外教室位于台南县龙崎乡，是治理开发的典型，以生态观光和科普教育为主。经过综合治理，原来严重的水土流失区摇身一变为著名旅游区。园区建设与乡土文化和旅游休闲相结合，内容丰富多彩。有水土流失演示设施，有民俗文化，有休憩亭台楼阁，有游人服务处。特别是还有义工负责水土保持讲解和宣传，他们自己编词作曲，唱歌宣传水土保持，热爱水土保持，服务大众，充满活力，令人印象深刻。

牛埔泥岩水土保持户外教室

3.花坛湾雅水土保持户外教室

湾雅水土保持户外教室位于彰化县花坛乡东北侧之湾雅村古井坑中游地区，设立于1999年。

花坛湾雅水土保持户外教室位于台湾民俗村游乐区入口约1 km处的西施柚观光果园内，属于园中园，有借景之优势。区内面积约2.93 hm^2，主要特色在于户外生态普及和观摩研习。借由生动活泼的活动，详细介绍区内各项水土保持设施之功用，使参访民众了解水土保持的重要性，诸如不同挡土墙的类型、山坡地排水系统、植物根系观察箱、降雨模拟设施、植生栽培、生态池等，不仅可以加强参访者对水土保护、防灾减灾的观念，也能促进亲子活动，达到寓教于乐的效果。参访人数逐年增加，已成为台湾中部地区机关学校知名户外生态学习的最佳园区。

4.瑞穗舞鹤水土保持户外教室

舞鹤水土保持户外教室位于台湾省花莲县瑞穗乡，面积75 hm^2，以其独特的环境教育和自然景观而闻名。户外教室向游客倡导水土保育的观念，展示坡地保育利用示范，科普设施包括茶叶品种观察区、草类观察区、土壤冲蚀观察区、地表水利用设施观察区等。户外教室建立在一个风景如画的山谷中，相关建筑巧妙地融入周围自然环境，还提供了丰富的户外活动，如徒步、观鸟、摄影等，让人们在亲近自然、科普水土保持的同时，也能感受到自然的魅力。舞鹤水土保持户外教室是一处结合生态、地质、游憩和水土保持教育等功能于一体的生态教室。

瑞穗舞鹤水土保持户外教室

第三章　发展回眸

向后是历史，向前是未来。

大鹏一日同风起，扶摇直上九万里。水土保持科技示范园，从无到有，从少到多，从单一到多样，质量和数量，内涵和外延，一步一个脚印，不断突破创新。一分耕耘，一分收获。科技示范园从“星星之火”到全国“燎原”，道路越走越宽，步伐越来越坚，身影遍及大江南北、长城内外，取得了长足发展，留下了奋进足迹。截至 2024 年底，水利部共命名国家水土保持科技示范园 175 个，覆盖 30 个省（自治区、直辖市）。保留数量为 166 个，其余 9 个被撤销。

水利部命名国家水土保持科技示范园情况（2007—2023 年）

批次	年份	数量/个	备注	批次	年份	数量/个	备注
第一批	2007	25		第九批	2017	8	
第二批	2009	24	撤销 3 个	第十批	2018	5	
第三批	2011	18	撤销 1 个	第十一批	2019	6	
第四批	2012	17	撤销 2 个	第十二批	2021	16	
第五批	2014	21	撤销 3 个	第十三批	2022	8	
第六批	2015	2		第十四批	2023	9	
第七批	2016	9		共命名数量		175	
第八批	2017	7		全国保留数量		166	撤销 9 个

一、发展现状

2004 年，水利部正式启动水土保持科技示范园创建工作。历经 20 年持续推进和不断发展，截至 2024 年底，全国共有国家水土保持科技示范园 166 个，园区总面积约 828 km^2，分布在除上海外的 30 个省（自治区、直辖市）（具体名单见下表）。20 年来，示范园从最初的探索创新到后来的蓬勃发展，不断发展壮大，成为水土保持的重要板块和优秀范式；20 年来，示范园砥砺前行一路耕耘，积极探索不断创新，积累了宝贵经验，总结提炼了成功模式，锻炼培养了一批人才，建立发展了一支队伍，取得了显著成效，成为生态文明建设的生力军。

国家水土保持科技示范园名单表

省(自治区、直辖市)	数量/个	国家水土保持科技示范园名称	批准时间(年-月-日)
全国	166		
北京市	5	北京市门头沟区龙凤岭水土保持科技示范园	2007-03-05
		北京市密云区石匣水土保持科技示范园	2007-03-05
		北京市延庆县上辛庄水土保持科技示范园	2007-03-05
		北京市海淀区鹫峰水土保持科技示范园	2016-06-22
		北京市房山区云居寺水土保持科技示范园	2017-02-15
天津市	1	天津市蓟县黄土梁子水土保持科技示范园	2012-02-22
河北省	4	河北省邢台县前南峪水土保持科技示范园	2007-03-05
		河北省易县清西陵水土保持科技示范园	2012-02-08
		河北省迁安市黄台湖科技园	2019-11-18
		河北省涉县后池国家水土保持科技示范园	2021-12-22
山西省	4	山西省柳林县昌盛农场	2012-02-08
		山西省阳曲县阳坡水土保持科技示范园	2012-02-08
		山西省宁武县暖泉沟水土保持科技示范园	2012-02-08
		山西省阳高县大泉山水土保持科技示范园	2023-12-28
内蒙古自治区	1	水利部牧区水科所草地水土保持生态技术试验基地(内蒙古达茂旗)	2007-03-05
辽宁省	8	辽宁省朝阳市东大道水土保持科技示范园	2007-03-05
		辽宁省海城市八里河水土保持科技示范园	2007-03-05
		辽宁省彰武县阿尔乡沙漠生态水土保持科技示范园	2011-02-22
		辽宁省朝阳市双塔区骆驼山子水土保持科技示范园	2011-02-22
		辽宁省凌海市吴楚庄园水土保持科技示范园	2012-02-08
		辽宁省抚顺县大河峪水土保持科技示范园	2014-02-13
		辽宁省兴城市头道沟水土保持科技示范园	2016-06-22
		辽宁省建昌县天香源水土保持科技示范园	2023-12-28
吉林省	2	吉林省东辽县杏木水土保持科技示范园	2014-02-13
		吉林省通榆县鸿兴水土保持科技示范园	2021-12-22
黑龙江省	3	黑龙江省宾县二龙山水土保持科技示范园	2009-03-13
		黑龙江省海林市石头沟水土保持科技示范园	2009-03-13
		黑龙江省克山县水土保持科技示范园	2022-12-26

续表

省(自治区、直辖市)	数量/个	国家水土保持科技示范园名称	批准时间(年-月-日)
江苏省	5	江苏省苏州市吴中区旺山水土保持科技示范园	2011-02-22
		江苏省淮安市樱花园水土保持科技示范园	2011-02-22
		江苏省无锡市滨湖区龙寺水土保持科技示范园	2014-02-13
		江苏省南京市江宁区汤山水土保持科技示范园	2021-12-22
		江苏省南京市浦口区象山湖水土保持科技示范园	2023-12-28
浙江省	3	浙江省安吉县水土保持科技示范园	2009-03-13
		浙江省德清县东苕溪水土保持科技示范园	2021-12-22
		浙江省淳安县千岛鲁能胜地水土保持科技示范园	2022-12-26
安徽省	3	安徽省潜山县查冲水土保持科技示范园	2011-02-22
		安徽省凤台县茨淮新河八一林牧场水土保持科技示范园	2011-02-22
		安徽省广德市水土保持科技示范园	2023-12-28
福建省	8	福建省建瓯市闽北国家水土保持科教园	2007-03-05
		福建省漳浦县水土保持科技示范园	2009-03-13
		福建省福州市金山水土保持科技示范园	2009-03-13
		福建省长汀县水土保持科技示范园	2012-02-08
		福建省宁化县水土保持科技示范园	2016-06-22
		福建省宁德市九都水土保持科技示范园	2019-11-18
		福建省南平市(武夷学院)生态茶园水土保持科技示范园	2021-12-22
		福建省德化县云龙湖水土保持科技示范园	2023-12-28
江西省	11	江西水土保持生态科技园(九江市德安县)	2007-03-05
		江西省吉安市井冈山水土保持科技示范园	2007-03-05
		中国科学院红壤生态实验站(江西余江区)	2007-03-05
		江西省安义县水土保持科技示范园	2009-03-13
		江西省上饶县远泉水土保持科技示范园	2012-02-22
		江西省宁都县水土保持科技示范园	2016-06-22
		江西省龙南县虔心小镇水土保持科技示范园	2018-02-27
		江西省兴国县塘背水土保持科技示范园	2018-02-27
		江西省石城县麒麟山水土保持科技示范园	2019-11-18
		江西省赣州市赣县区金钩形水土保持科技示范园	2022-12-26
		江西省寻乌县稀土矿区水土保持科技示范园	2023-12-28

续表

省(自治区、直辖市)	数量/个	国家水土保持科技示范园名称	批准时间(年-月-日)
山东省	21	山东省广饶县孙武湖水土保持科技示范园	2009-03-13
		山东省滨州市邹平县鹤伴水土保持科技示范园	2011-02-22
		山东省聊城市冠县黄河故道水土保持科技示范园	2011-02-22
		山东省莱芜市栖龙湾水土保持科技示范园	2012-02-08
		山东省平邑县沂蒙山水土保持科技示范园	2014-02-13
		山东省泗水县万紫千红水土保持科技示范园	2014-02-13
		山东省济南市小清河湿地水土保持科技示范园	2016-06-22
		山东省乐陵市碧霞湖水土保持科技示范园	2016-06-22
		山东省淄博市玉带湖水土保持科技示范园	2016-06-22
		山东省淄博市博山区天佛山水土保持科技示范园	2016-06-22
		山东省临邑县红坛寺水土保持科技示范园	2017-02-15
		山东省青岛市崂山区九水沟生态园	2007-03-05
		山东省青岛市即墨市钱谷山水土保持科技示范园	2011-02-22
		山东省诸城市大源生态农业示范基地	2018-02-27
		山东省安丘市柘山水土保持科技示范园	2018-02-27
		山东省邹城市五康轩水土保持科技示范园	2021-12-22
		山东省新泰市泰山百合水土保持科技示范园	2021-12-22
		山东省沂水县彩虹谷水土保持科技示范园	2021-12-22
		山东省淄博市淄川区镶月湖水土保持科技示范园	2022-12-26
		山东省泰安市泰山区安家庄国家水土保持科技示范园	2022-12-26
		山东省青岛市永昌水土保持科技示范园	2023-12-23
河南省	14	河南省孟津县生态水土保持科技示范园	2007-03-05
		河南省郑州市邙山科技园	2011-02-22
		河南省三门峡市二仙坡水土保持科技示范园	2011-02-22
		河南省安阳市保泰盈水土保持科技示范园	2011-02-22
		河南省新乡市世利水土保持科技示范园	2012-02-08
		河南省信阳市平桥区永祥林果水土保持科技示范园	2012-02-08
		河南省遂平县嵖岈山温泉小镇水土保持科技示范园	2012-02-08
		河南省洛阳市银杏仙庄嘉年华水土保持科技示范园	2014-02-13
		河南省鲁山县林丰水土保持科技示范园	2014-02-13
		河南省沁阳市紫陵水土保持科技示范园	2014-02-13
		河南省洛阳市龙门东山楚天水土保持科技示范园	2017-02-15
		河南省信阳市浉河区广义有机茶种植基地	2017-02-15
		河南省灵宝市高山水土保持科技示范园	2021-12-22
		河南省淅川县南水北调中线工程渠首水土保持科技示范园	2022-12-26

续表

省(自治区、直辖市)	数量/个	国家水土保持科技示范园名称	批准时间(年-月-日)
湖北省	6	湖北省武汉市新洲区磨盘山水土保持科技示范园	2009-03-13
		湖北省广水市大贵寺水土保持科技示范园	2009-03-13
		湖北省大冶市金牛国家水土保持科技示范园	2009-03-13
		湖北省襄阳市三道河水库水土保持科技示范园	2011-02-22
		湖北省武汉市蔡甸区西湖流域水土保持科技示范园	2011-02-22
		湖北省竹山县霍河水土保持科技示范园	2014-02-13
湖南省	5	湖南省攸县水土保持科技示范园	2007-03-05
		中国科学院长沙农业环境研究基地(湖南省长沙县)	2012-02-08
		湖南省茶陵县慧科生态园	2012-02-08
		湖南省邵阳市水土保持科技示范园	2017-02-15
		湖南省涟源市南芙水土保持科技示范园	2017-02-15
广东省	4	广东省茂名市小良水土保持科技示范园	2007-03-05
		广东省梅州市五华县水土保持科技示范园	2007-03-05
		广东省梅县华银雁鸣湖水土保持科技示范园	2014-02-13
		广东省深圳市水土保持科技示范园	2009-03-13
广西壮族自治区	2	广西南宁市木棉麓水土保持科技示范园	2014-02-13
		中国科学院环江喀斯特农业生态试验站(广西环江县)	2009-03-13
海南省	2	海南省呀诺达水土保持科技示范园(保亭县)	2016-06-22
		海南省儋州市水土保持科技示范园	2022-12-26
重庆市	2	重庆市万盛水土保持科技示范园	2009-03-13
		中国科学院忠县成都所生态试验站(重庆市忠县)	2012-02-08
四川省	6	中国科学院盐亭紫色土农业生态试验站(四川省盐亭县)	2007-03-05
		四川省简阳市南冲堰水土保持科技示范园	2018-02-27
		四川省泸州市纳溪区太山水土保持科技示范园	2021-12-22
		四川省广元市旺苍县木门水土保持科技示范园	2021-12-22
		四川省青神县天河沟水土保持科技示范园	2022-12-26
		四川省九寨沟水土保持科技示范园	2023-12-28
贵州省	3	贵州省龙里县羊鸡冲水土保持科技示范园	2007-03-05
		贵州省贵定县雪芽茶水土保持科技示范园	2009-03-13
		贵州省普定县喀斯特石漠化区水土保持科技示范园	2017-02-15

续表

省(自治区、直辖市)	数量/个	国家水土保持科技示范园名称	批准时间(年-月-日)
云南省	4	云南省晋宁县大春河水土保持科技示范园	2007-03-05
		中国科学院东川泥石流观测站(云南省东川区)	2009-03-13
		云南省昆明市百草园水土保持科技示范园	2021-12-22
		云南省元谋县金雷水土保持科技示范园	2021-12-22
西藏自治区	1	西藏自治区曲水县水土保持科技示范园	2014-02-13
陕西省	24	中国科学院长武黄土高原农业生态试验站(陕西省长武县)	2007-03-05
		中国科学院安塞水土保持综合试验站(陕西省安塞区)	2007-03-05
		中国科学院神木侵蚀与环境试验站(陕西省神木市)	2009-03-13
		陕西省西安市汉城湖国家水土保持科技示范园	2014-02-13
		陕西省咸阳市泾阳麦秸沟水土保持科技示范园	2014-02-13
		陕西省咸阳市三原县东沟水土保持科技示范园	2014-02-13
		陕西省商洛市丹凤县桃花谷水土保持科技示范园	2014-02-13
		陕西省汉中市西乡县樱桃沟水土保持科技示范园	2014-02-13
		陕西省延川县梁家河水土保持科技示范园	2015-02-28
		陕西省米脂县高西沟水土保持科技示范园	2015-02-28
		神东煤炭集团大柳塔煤矿(陕西省神木市)国家水土保持科技示范园	2017-02-15
		陕西省铜川市桃曲坡水土保持科技示范园	2017-02-15
		陕西省宝鸡市金台区代家湾水土保持科技示范园	2017-02-15
		陕西省渭南市槐园水土保持科技示范园	2017-02-15
		陕西省渭南市临渭区鸿鹤谷水土保持科技示范园	2017-02-15
		陕西省榆林市榆阳区黄家圪崂水土保持科技示范园	2017-02-15
		陕西省安康市石泉县杨柳水土保持科技示范园	2017-02-15
		陕西省安康市平利县长安河水土保持科技示范园	2017-02-15
		陕西省白河县天宝水土保持科技示范园	2019-11-18
		陕西省安康市汉滨区龙须沟水土保持科技示范园	2019-11-18
		陕西省澄城县吴坡水土保持科技示范园	2019-11-18
		陕西省绥德县辛店沟水土保持科技示范园	2021-12-22
		陕西省太白县翠矶山水土保持科技示范园	2021-12-22
		陕西省永寿县云集水土保持科技示范园	2023-12-23

续表

省(自治区、直辖市)	数量/个	国家水土保持科技示范园名称	批准时间(年-月-日)
甘肃省	8	甘肃省泾川县田家沟科技园水土保持科技示范园	2007-03-05
		中国科学院临泽内陆河流域研究站(甘肃省临泽县)	2007-03-05
		甘肃省庆阳市南小河沟水土保持科技示范园	2012-02-08
		甘肃省安定区大坪水土保持科技示范园	2012-02-08
		甘肃省临夏州永靖县芦子沟水土保持科技示范园	2014-02-13
		甘肃省平凉市庄浪县榆林沟科技园水土保持科技示范园	2014-02-13
		甘肃省兰州市小青山水土保持科技示范园	2014-02-13
		甘肃省张掖市甘州区石岗墩滩水土保持科技示范园	2014-02-13
青海省	2	青海省西宁市长岭沟水土保持科技示范园	2007-03-05
		青海省互助县下沙沟水土保持科技示范园	2009-03-13
宁夏回族自治区	3	中国科学院宁夏固原生态试验站(宁夏原州区)	2009-03-13
		宁夏彭阳县王洼水土保持科技示范园	2011-02-22
		北京林业大学盐池荒漠生态系统定位研究站	2012-02-08
新疆维吾尔自治区	1	新疆乌鲁木齐市西白杨沟水土保持科技示范园	2021-12-22

(一)制度建设

没有规矩,不成方圆。制度,是水土保持科技示范园健康发展的重要保障和基石。20年来,水土保持科技示范园基本形成了创建、评定、评估、激励、规划和标准等基本制度,推动示范园有序健康发展。

1.创建制度

2004年,水利部印发《关于开展水土保持科技示范园区建设的通知》(办水保〔2004〕50号),在全国启动了水土保持科技园创建工作。2021年,水利部印发《关于开展国家水土保持示范创建工作的通知》(水保〔2021〕11号),废止办水保〔2004〕50号文件,启动实施国家水土保持示范创建工作。国家水土保持示范创建分为水土保持示范县、水土保持科技示范园和水土保持示范工程三类,国家水土保持科技示范园位列其中。建立了水土保持科技示范园创建制度,实行自主创建、自行申报、自我运行的“三自”原则。

2.评定制度

2006年,水利部制定了《水利部水土保持科技示范园区评定办法(试行)》(办水保〔2006〕63号);2016年,水利部办公厅印发《水利部办公厅关于印发〈国家水土保持科技示范园区评定办法〉的通知》(办水保〔2016〕223号),对2006年《水利部水土保持科技园区评定办法(试行)》予以修订;2021年,水利部印发《水利部办公厅关于印发〈国家水土保持示范创建管理办法〉的通知》(办水保〔2021〕171 号),废止办水保〔2016〕223 号文件。水土保持科技示范园建立了评定制度,明确了示范园申报、省级初审、水利部审查、结果审核、公示的评定程序。

3.评估制度

水利部建立国家水土保持科技示范园定期评估制度,每 5 年对示范园开展评估,未通过评估予以退出。2010 年,水利部办公厅印发《关于开展水土保持科技示范园区中期评估的通知》(办水保函〔2010〕350 号),首次对水土保持科技示范园区进行中期评估。2010—2019 年,水利部共组织开展 5 次水土保持科技示范园评估工作,评估了 2007—2014 年命名的第一、二、三、四、五共 5 批国家水土保持科技示范园区,累计评估 151 个,共有 9 个园区未通过评估被撤销。

水利部评估国家水土保持科技示范园情况(2010—2019 年)

批次	评估年份	被评估园区命名年份	评估数量/个	通过数量/个	未通过数量/个
第一次	2010	2007	25	25	0
第二次	2012	2009	24	21	3
第三次	2016	2011	18	17	1
第四次	2017	2007 和 2012	42	40	2
第五次	2019	2009 和 2014	42	39	3
合计			151	142	9

4.激励机制

2021 年,水利部印发《国家水土保持示范创建管理办法》(办水保〔2021〕171 号),要求各级水行政主管部门应当建立激励机制。一是对国家示范创建工作成绩突出的地区,上级水行政主管部门可在水土保持相关考核评估中给予加分鼓励;二是对认定为示范县和有生态清洁小流域示范工程的县,省级水行政主管部门应在安排水土保持资金时重点倾斜支持;三是对认定的科技示范园,各级水行政主管部门应结合实际,在水土保持监测、科研、技术示范和宣传教育等方面予以支持;四是对承建的工程认定为示范工程的生产建设单位,对其承建的其他生产建设项目,各级水行政主管部门可免水土保持现场监督检查 1 年。陕西省制定了水土保持科技示范园政策激励机制,对获得省级、国家级水土保持科技示范园的单位,分别给予 500 万元、1 000 万元的奖励。

5.规划制度

部分省积极开展了水土保持科技示范园规划工作。2003 年,福建省第 20 次省水土保持委成员会议通过了水土保持科教园建设总体思路和初步规划,规划建设 10 个水土保持科教园;2014 年,陕西省制定了全省水土保持科技示范园建设规划;2020 年,贵州省水利厅批复实施《贵州省水土保持科技示范园发展规划(2020—2030 年)》。

6.标准规范

部分省加强水土保持科技示范园标准建设,制定发布了地方标准。2022 年,陕西省市场监督管理局以地标公告 2022 年第 12 号文件发布了《水土保持科技示范园创建规范》(DB61/T 1543—2022),自 2022 年 5 月 19 日起实施;2024 年,福建省市场监督管理局发布了《海峡两岸共通　水土保持科教园评估准则》(DB35/T 2185—2024),自 2024 年 10 月 3 日起实施。

（二）园区建设

建设是水土保持科技示范园的主板，贯穿于示范园全生命周期。即使创建成功后，在运行阶段，示范园依然可有运行维护和提质升级等方面的建设，永无止境。各地完成规定动作，创新自选动作，积极建设各具特色的水土保持科技示范园。

1.协作建设

水土保持科技示范园由建设单位自行决定开展创建工作，增强了地方及社会的自主权和能动性，有利于调动一切积极因素参与园区建设。水土保持科技示范园面向全社会开放，吸引了水利系统外其他部门、科研机构、高等学校、民营资本、国有企业、村集体等多方力量的积极参与，拓宽了示范园的建设、运行和维护主体，加快了科技示范园创建速度，增强了园区多样化，扩大了影响范围。水土保持科技示范园建设主体多元化，体现出国家和社会两手发力、形成合力的良好态势。总体来看，建设主体主要有国家、集体和民营几种类型。国家方面主要包括水利部门、科研机构、高等学校等单位。如北京龙凤岭等园区属于水利部门建设运行；中国科学院安塞水土保持综合试验站等园区为中国科学院水土保持研究所负责；北京林业大学盐池荒漠生态系统定位研究站和福建省金山水土保持科教园等园区分别属于北京林业大学和福建农林大学；山东冠县黄河故道、甘肃安定区大坪村、陕西省米脂县高西沟等园区为村集体负责；山西省柳林县昌盛农场和山东省青岛市永昌水土保持科技示范园等园区为民营企业负责。

2.分级建设

地方积极出台水土保持科技示范园建设文件，加强政策推动和引导，促进示范园建设和发展。目前，主要有山西、山东、河南、湖北、湖南、四川、贵州、广西和陕西等 9 省（自治区）开展省级水土保持科技示范园创建工作。2007 年起，地方陆续开展省级水土保持科技示范园建设。山西省水利厅印发了《关于加速我省水土保持科技示范园区建设的通知》（晋水保〔2009〕894 号），从三个方面对加速全省水土保持科技示范园区建设提出要求；湖南省水利厅印发《关于推进我省水土保持科技示范园建设的通知》（湘水保〔2012〕1 号），加强推动创建工作，明确了水利厅对省级和国家级示范园区将给予一次性建设资金支持，并每年补贴运营费用。截至 2024 年底，全国省级水土保持科技示范园数量为 125 个；2016 年，赣州市制定印发《关于大力推进水土保持生态园区建设的实施方案》和《赣州市水土保持生态示范园区评定办法（试行）的通知》，在全市启动了市级水土保持生态园区建设工作。截至 2019 年底，赣州市共命名市级水土保持生态示范园 58 个。

3.分类建设

目前，国家水土保持科技示范园分为科学研究型、科普教育型、技术推广型等三大类型。各地在水土保持科技示范园创建中，因地制宜，确定园区定位，选择合适类型，突出重点进行打造，也可以一专多能、兼顾全面。总体来看，科研机构和高等院校建设的示范园以科学研究型为主；民营企业和村集体建设的示范园以技术推广型为主；水利等部门和国企建设的示范园以科普教育型和技术推广型为主。166 个国家水土保持科技示范园，其中科学研究型 20 多个，科普教育型 30 多个，技术推广型 110 多个。

（三）园区管理

1.质量管理

质量是水土保持科技示范园的根基和灵魂。为保证示范园质量，切实发挥典型示范、引领带动效果，水利部严格评定，加强评估，强化检查和指导。首先严格评审，把紧入门关。通过省级初评、水利部资格审查、现场评审、研究审核、向社会公示等环节，层层把关，确保水土保持科技示范园优质达标。同时，示范园实行退出机制，开展定期考核评估，对不再符合条件或不能继续发挥示范作用的，坚决予以摘牌。目前，已经有9个园区未通过评估被摘牌。

2.经验交流

水土保持科技示范园在管理中不断创新，各有特色，经验丰富。水利部通过召开专题座谈会和典型交流等多种方式，开展示范园管理经验介绍和交流研讨，取长补短，共同提高，提升园区管理能力和水平，促进园区社会效益和经济效益的发挥。2011年和2018年，水利部水土保持司分别在辽宁鞍山和江西德安召开了全国水土保持科技示范园区工作座谈会和国家水土保持科技示范园区技术交流会，开展了示范园管理座谈交流。

3.管理队伍

水土保持科技示范园从建设到管理，面向全社会开放，充分调动社会资源和力量，园区管理队伍形式多样，呈现出百花齐放的良好局面。2003年，贵州省编办印发《关于建立龙里水土保持科技示范园区管理处的批复》（省编〔2003〕124号），成立了全国第一个也是唯一一个水土保持科技示范园区省级管理机构；广西木棉麓水土保持科技示范园由广西水利厅水土保持监测总站负责管理。2016年，经广西机构编制委员会批复同意，水土保持监测站增挂广西木棉麓水土保持科技示范园牌子，新增编制2人；目前，水利部门建设的水土保持科技示范园，基本由水利部门负责管理；高校和科研机构建设的示范园，基本由大学和科研部门管理；民企和国企建设的示范园，基本由企业自行管理；同时还有村集体管理、乡镇政府管理、县政府管理、联合管理、购买服务管理等各种形式。

4.管理经费

地方积极创新，出台政策，广泛吸引各方资源，集聚各种要素，促进水土保持示范园的发展。各地通过水土保持补偿费等资金渠道，补助水土保持科技示范园运行管理，强化落实管护责任，推动示范园健康运行，保障效益持续发挥。深圳市财政每年安排水土保持科技示范园380万运营管理费，江苏苏州吴中水土保持科技示范园财政每年安排60万元运行管理经费。福建和河南等省每年为水土保持科技示范园安排水土保持补偿费项目用于运行管理。北京密云石匣水土保持科技示范园按照立足自我、吸引“外资”的原则，形成了多元化、多渠道、多层次资金筹措机制，基本保障建设及运行资金。运行资金主要来源于以下几方面：①上级水土保持部门专项支持；②利用优势条件，吸引科研院所、高等院校的科研资金；③建立横向联系，争取同级部门如县科学技术委员会、农业局等单位的资金投入；④争取建设项目资金；⑤充分利用现有资源，如林果业，增强造血功能，力争自我经营维系。

（四）园区运行

正常运行、开门服务，是水土保持科技示范园的工作之本、存在之基。各园区不断健全运管制度，加强部门协作，开展升级改造，不断提升园区运行管护水平，为社会和公众提供优质服务，增强公众在园区的美好体验，充分发挥园区的综合效益。

1.运行制度

做好运行制度顶层设计，建章立制，有规可依，保障水土保持科技示范园正常运行、有序运行、规范运行、可持续运行，发挥园区的各项功能和效益。所有国家水土保持科技示范园，都制定了相关运行管理制度，形成了制度体系。主要制度有：示范园综合管理制度、档案管理制度、财务管理制度、科普工作制度、参观讲解规定、安全生产制度、固定资产管理、环境卫生管理、应急预案，以及相关试验制度等。

2.部门协作

水土保持科技示范园的宗旨在于开门服务，服务社会公众，服务各行各业，弘扬生态文明，促进美丽中国建设。落实中共中央办公厅、国务院办公厅《关于加强新时代水土保持工作的意见》（中办发〔2022〕68 号）“将水土保持纳入国民教育体系和党政领导干部培训体系，强化以案释法、以案示警，引导全社会强化水土保持意识”的要求，示范园积极加强与教育等部门的协作，扩大服务对象，提高服务效益。如与教育等部门合作，同中小学等学校建立协作机制，将水土保持科技示范园作为学校的户外教室，作为中小学生普及水土保持与生态文明知识的“第二课堂”，作为中小学生开展研学和社会实践的平台，作为中小学生开展科研实验的实验室。2012 年，教育部和水利部联合发文确定北京市延庆县上辛庄水土保持科技示范园等 24 个国家水土保持科技示范园为首批全国中小学水土保持教育社会实践基地。很多示范园都成为中小学户外教室和研学实践教育基地；示范园积极与党校协作，不少水土保持科技示范园成为党校教学的实践基地和考察现场。

3.升级改造

水土保持科技示范园建设要与时俱进，适时适情进行升级改造、补充完善、提档增效。国家水土保持科技示范园自命名以来，很多园区都进行了优化建设。北京市安排资金3 000 多万元，对门头沟区龙凤岭、密云区石匣、延庆县上辛庄和房山区云居寺等 4 个国家水土保持科技示范园进行了升级提档，特别是新增了多媒体投影、虚拟现实（VR）、智能科普导览系统等高新技术。2024 年 10 月，北京市密云区水土保持工作站发布密云区石匣水土保持科技示范园改造提升工程招标公告，拟投资 1 100 万元，完善水土保持示范和水土保持监测设施、建设多媒体展示系统等；山西省阳高县大泉山国家水土保持科技示范园 2023 年刚命名，2024 年就进行了升级建设。除对水土保持展览馆进行优化完善外，为凸显展馆的研学教育功能，新增了水土保持科普馆，以知识性、体验性、趣味性的展陈手法，满足了广大观众，特别是青少年增长知识、接受教育的需要；湖北省大冶市金牛国家水土保持科技示范园于 2009 年命名之后，分别于 2012 年和 2017 年等，多次开展提升建设，在园区实施了坡改梯示范区和坡面径流小区建设等提质工程；江西水土保持生态科技园（九江市德安县）2007 年命名后，2015 年开始二期工程建设，于 2022 年完成布展面积 1 200 m^2 的水土保持科普馆。

二、园区分布

国家水土保持科技示范园 166 个，分布在全国大江南北、长城内外，遍及祖国东西南北、四面八方。七大流域都有示范园，其中长江流域最多；示范园分布在 30 个省份、114 个地市、163 个县（区、旗、市）；示范园在西部地区分布最多，东北地区分布最少；全国水土保持区划中,示范园分布在8个一级区、30个二级区、62个三级区;示范园主要分布于水力侵蚀和风力侵蚀区,其中水力侵蚀最多;40个国家级水土流失重点防治区中,30个分布有示范园;城市和乡村均分布有国家水土保持科技示范园,但主要分布在乡村。其中,城市(行政区)有15个,乡村有151个;分布有示范园的大学有2个,分布有示范园的中学和小学各有1个。

1.按流域分布

全国共分为长江流域(片)、黄河流域(片)、淮河流域(片)、海河流域、珠江流域(片)、松辽流域(片)和太湖流域(片)七大流域片区。各流域(片)国家水土保持科技示范园分布数量分别为47个、46个、21个、16个、11个、13个、12个。其中,长江流域(片)分布最多,珠江流域(片)分布最少。具体见下表。

国家水土保持科技示范园流域分布

流域(片)	长江	黄河	淮河	海河	珠江	松辽	太湖	合计
数量/个	47	46	21	16	11	13	12	166

2.按行政区分布

(1)从省份来看,国家水土保持科技示范园分布在30个省份。其中,陕西省最多,24个;山东省次之,21个;第三名是河南省,14个。

(2)从地市来看,国家水土保持科技示范园分布在114个地市。其中,赣州市最多,6个;榆林市次之,5个;第三名是安康市和咸阳市,各4个。

(3)从县级来看,国家水土保持科技示范园分布在163个县。除即墨区(山东省青岛市)、洛龙区(河南省洛阳市)、神木市(陕西省榆林市)各有2个外,其他均为一县1个。

具体见下表。

国家水土保持科技示范园行政区分布

省(自治区、直辖市)	市(州)	县(区、旗、市)	数量/个
北京市	北京市	房山区	1
		门头沟区	1
		海淀区	1
		延庆区	1
		密云区	1
	小计		5
天津市	天津市	蓟州区	1
	小计		1
河北省	邯郸市	涉县	1
	邢台市	邢台县	1
	保定市	易县	1
	唐山市	迁安市	1
	小计		4

续表

省(自治区、直辖市)	市(州)	县(区、旗、市)	数量/个
山西省	吕梁市	柳林县	1
	太原市	阳曲县	1
	忻州市	宁武县	1
	大同市	阳高县	1
	小计		4
内蒙古自治区	包头市	达尔罕茂明安联合旗	1
	小计		1
辽宁省	葫芦岛市	兴城市	1
		建昌县	1
	鞍山市	海城市	1
	锦州市	凌海市	1
	朝阳市	朝阳县	1
		双塔区	1
	抚顺市	抚顺县	1
	阜新市	彰武县	1
	小计		8
吉林省	辽源市	东辽县	1
	白城市	通榆县	1
	小计		2
黑龙江省	牡丹江市	西安区	1
	哈尔滨市	宾县	1
	齐齐哈尔市	克山县	1
	小计		3
江苏省	苏州市	吴中区	1
	无锡市	滨湖区	1
	南京市	江宁区	1
		浦口区	1
	淮安市	淮阴区	1
	小计		5

续表

省(自治区、直辖市)	市(州)	县(区、旗、市)	数量/个
浙江省	杭州市	淳安县	1
	湖州市	安吉县	1
		德清县	1
	小计		3
安徽省	安庆市	潜山市	1
	宣城市	广德市	1
	淮南市	凤台县	1
	小计		3
福建省	漳州市	漳浦县	1
	龙岩市	长汀县	1
	泉州市	德化县	1
	三明市	宁化县	1
	福州市	仓山区	1
	宁德市	蕉城区	1
	南平市	建瓯市	1
		武夷山市	1
	小计		8
江西省	赣州市	龙南县	1
		寻乌县	1
		赣县区	1
		兴国县	1
		石城县	1
		宁都县	1
	鹰潭市	余江区	1
	吉安市	井冈山市	1
	上饶县	广信区	1
	南昌市	安义县	1
	九江市	德安县	1
	小计		11

续表

省(自治区、直辖市)	市(州)	县(区、旗、市)	数量/个
山东省	济宁市	邹城市	1
		泗水县	1
	临沂市	平邑县	1
		沂水县	1
	泰安市	新泰市	1
		泰山区	1
	聊城市	冠县	1
	潍坊市	诸城市	1
		安丘市	1
	淄博市	博山区	1
		淄川区	1
		张店区	1
	济南市	莱芜区	1
		长清区	1
	青岛市	即墨区	2
		崂山区	1
	滨州市	邹平市	1
	东营市	广饶县	1
	德州市	临邑县	1
		乐陵市	1
	小计		21
河南省	信阳市	浉河区	1
		平桥区	1
	南阳市	淅川县	1
	驻马店市	遂平县	1
	平顶山市	鲁山县	1
	三门峡市	灵宝市	1
		陕州区	1
	洛阳市	洛龙区	2
		孟津县	1
	郑州市	惠济区	1
	焦作市	沁阳市	1
	新乡市	凤泉区	1
	安阳市	殷都区	1
	小计		14
湖北省	黄石市	大冶市	1
	武汉市	蔡甸区	1
		新洲区	1
	襄阳市	南漳县	1
	随州市	广水市	1
	十堰市	竹山县	1
	小计		6

续表

省(自治区、直辖市)	市(州)	县(区、旗、市)	数量/个
湖南省	株洲市	茶陵县	1
		攸县	1
	邵阳市	双清区	1
	娄底市	涟源市	1
	长沙市	长沙县	1
	小计		5
广东省	茂名市	电白区	1
	深圳市	深圳市南山区	1
	梅州市	五华县	1
		梅县区	1
	小计		4
广西壮族自治区	南宁市	良庆区	1
	河池市	环江毛南族自治县	1
	小计		2
海南省	保亭黎族苗族自治县	保亭黎族苗族自治县	1
	儋州市	儋州市	1
	小计		2
重庆市	重庆市	綦江区	1
		忠县	1
	小计		2
四川省	泸州市	纳溪区	1
	眉山市	青神县	1
	成都市	简阳市	1
	绵阳市	盐亭县	1
	广元市	旺苍县	1
	阿坝藏族羌族自治州	九寨沟县	1
	小计		6
贵州省	黔南布依族苗族自治州	贵定县	1
		龙里县	1
	安顺市	普定县	1
	小计		3

续表

省(自治区、直辖市)	市(州)	县(区、旗、市)	数量/个
云南省	昆明市	晋宁区	1
		官渡区	1
		东川区	1
	楚雄彝族自治州	元谋县	1
	小计		4
西藏自治区	拉萨市	曲水县	1
	小计		1
陕西省	安康市	平利县	1
		汉滨区	1
		白河县	1
		石泉县	1
	商洛市	丹凤县	1
	宝鸡市	金台区	1
		太白县	1
	渭南市	临渭区	1
		大荔县	1
		澄城县	1
	咸阳市	长武县	1
		泾阳县	1
		三原县	1
		永寿县	1
	铜川市	耀州区	1
	西安市	未央区	1
	汉中市	西乡县	1
	延安市	安塞区	1
		延川县	1
	榆林市	绥德县	1
		米脂县	1
		榆阳区	1
		神木市	2
	小计		24

续表

省(自治区、直辖市)	市(州)	县(区、旗、市)	数量/个
甘肃省	平凉市	庄浪县	1
		泾川县	1
	定西市	安定区	1
	庆阳市	西峰区	1
	临夏回族自治州	永靖县	1
	兰州市	榆中县	1
	张掖市	甘州区	1
		临泽县	1
	小计		8
青海省	海东市	互助土族自治县	1
	西宁市	城西区	1
	小计		2
宁夏回族自治区	固原市	原州区	1
		彭阳县	1
	吴忠市	盐池县	1
	小计		3
新疆维吾尔自治区	乌鲁木齐市	乌鲁木齐县	1
	小计		1
合计			166

3.按地域分布

全国共分为东部地区、东北地区、中部地区和西部地区四大区域。国家水土保持科技示范园位于东部地区 53 个、东北地区 13 个、中部地区 43 个、西部地区 57 个。其中,西部地区最多,东北地区最少。具体见下表。

国家水土保持科技示范园地域分布

地域	东部地区	东北地区	中部地区	西部地区	合计
数量/个	53	13	43	57	166

4.按水土保持区划分布

根据水利部办公厅《关于印发〈全国水土保持区划(试行)〉的通知》(办水保〔2012〕512 号),全国(不含港澳台)水土保持区划共划分为 8 个一级区、40 个二级区、115 个三级区。国家水土保持科技示范园分布在 8 个一级区、30 个二级区、62 个三级区。

一级区划中,北方土石山区分布最多,为 53 个;南方红壤区次之,为 46 个;西北黄土高原区第三,为 30 个;青藏高原区最少,为 1 个。二级区划中,江南山地丘陵区分布最多,为 18 个;泰沂及胶东山地丘陵区分布次之,为 17 个;秦巴山山地区第三,为 12 个。三级区划中,鲁中南低山丘陵土壤保持区分布最多,为 14 个。具体见下表。

国家水土保持科技示范园水土保持区划分布

一级区划	二级区划	三级区划	数量/个
东北黑土区	东北漫川漫岗区	东北漫川漫岗土壤保持区	2
	松辽平原风沙区	松辽平原防沙农田防护区	1
	长白山-完达山山地丘陵区	长白山山地丘陵水质维护保土区	3
	小计		6
北方风沙区	河西走廊及阿拉善高原区	河西走廊农田防护防沙区	2
	内蒙古中部高原丘陵区	阴山北麓山地高原保土蓄水区	1
	北疆山地盆地区	天山北坡人居环境农田防护区	1
	小计		4
北方土石山区	华北平原区	京津冀城市群人居环境维护农田防护区	1
		淮北平原岗地农田防护保土区	2
		黄泛平原防沙农田防护区	6
		津冀鲁渤海湾生态维护区	1
	辽宁环渤海山地丘陵区	辽宁西部丘陵保土拦沙区	3
		辽河平原人居环境维护农田防护区	1
	太行山山地丘陵区	太行山东部山地丘陵水源涵养保土区	6
		太行山西北部山地丘陵防沙水源涵养区	2
	泰沂及胶东山地丘陵区	鲁中南低山丘陵土壤保持区	14
		胶东半岛丘陵蓄水保土区	3
	燕山及辽西山地丘陵区	燕山山地丘陵水源涵养生态维护区	4
		辽西山地丘陵保土蓄水区	3
	豫西南山地丘陵区	伏牛山山地丘陵保土水源涵养区	2
		豫西黄土丘陵保土蓄水区	5
	小计		53
西北黄土高原区	汾渭及晋城丘陵阶地区	汾河中游丘陵沟壑保土蓄水区	1
		秦岭北麓-渭河中低山阶地保土蓄水区	6
	甘宁青山地丘陵沟壑区	宁南陇东丘陵沟壑蓄水保土区	3
		陇中丘陵沟壑蓄水保土区	3
		青东甘南丘陵沟壑蓄水保土区	2
	晋陕甘高塬沟壑区	晋陕甘高塬沟壑保土蓄水区	4
		晋陕甘高塬沟壑蓄水保土区	2
	晋陕蒙丘陵沟壑区	晋西北黄土丘陵沟壑拦沙保土区	1
		延安中部丘陵沟壑拦沙保土区	1
		陕北黄土丘陵沟壑拦沙保土区	3
		陕北盖沙丘陵沟壑拦沙防沙区	3
	宁蒙覆沙黄土丘陵区	宁中北丘陵平原防沙生态维护区	1
	小计		30

续表

一级区划	二级区划	三级区划	数量/个
南方红壤区	大别山-桐柏山山地丘陵区	桐柏大别山山地丘陵水源涵养保土区	5
	海南及南海诸岛丘陵台地区	琼中山地水源涵养区	1
		海南沿海丘陵台地人居环境维护区	1
	华南沿海丘陵台地区	华南沿海丘陵台地人居环境维护区	3
	江淮丘陵及下游平原区	太湖丘陵平原水质维护人居环境维护区	2
		沿江丘陵岗地农田防护人居环境维护区	2
	江南山地丘陵区	赣南山地土壤保持区	4
		幕阜山九岭山山地丘陵保土生态维护区	1
		鄱阳湖丘岗平原农田防护水质维护区	3
		湘中低山丘陵保土人居环境维护区	5
		浙赣低山丘陵人居环境维护保土区	1
		浙皖低山丘陵生态维护水质维护区	4
	南岭山地丘陵区	岭南山地丘陵保土水源涵养区	5
	长江中游丘陵平原区	江汉平原及周边丘陵农田防护人居环境维护区	1
	浙闽山地丘陵区	闽东北山地保土水质维护区	1
		闽东南沿海丘陵平原人居环境维护水质维护区	2
		闽西北山地丘陵生态维护减灾区	2
		闽西南山地丘陵保土生态维护区	3
	小计		46
西南紫色土区	川渝山地丘陵区	川渝平行岭谷山地保土人居环境维护区	2
		四川盆地南部中低丘土壤保持区	3
		四川盆地北中部山地丘陵保土人居环境维护区	1
	秦巴山山地区	大巴山山地保土生态维护区	4
		丹江口水库周边山地丘陵水质维护保土区	2
		陇南山地保土减灾区	1
		秦岭南麓水源涵养保土区	5
	小计		18

续表

一级区划	二级区划	三级区划	数量/个
西南岩溶区	滇北及川西南高山峡谷区	滇东高原保土人居环境维护区	2
		滇北中低山蓄水拦沙区	2
	滇黔桂山地丘陵区	滇黔桂峰丛洼地蓄水保土区	1
		黔中山地土壤保持区	3
	小计		8
青藏高原区	雅鲁藏布河谷及藏南山地区	西藏高原中部高山河谷农田防护区	1
	小计		1
合计			166

5.按水土流失重点防治区分布

根据《水利部办公厅关于印发〈全国水土保持规划国家级水土流失重点预防区和重点治理区复核划分成果〉的通知》(办水保〔2013〕188号),全国共划分23个国家级水土流失重点预防区和17个水土流失重点治理区,共涉及1 091个县级行政单位。国家水土保持科技示范园,有96个分布在29个国家级水土流失重点防治区。其中,13个国家级水土流失重点预防区分布示范园27个,16个国家级水土流失重点治理区分布示范园69个。具体见下表。

国家水土保持科技示范园水土流失重点防治区分布

国家水土流失重点防治区	名称	数量/个
重点预防区	丹江口库区及上游国家级水土流失重点预防区	9
	东江上中游国家级水土流失重点预防区	1
	海南岛中部山区国家级水土流失重点预防区	1
	黄泛平原风沙国家级水土流失重点预防区	1
	嘉陵江上游国家级水土流失重点预防区	1
	金沙江岷江上游及三江并流国家级水土流失重点预防区	1
	祁连山-黑河国家级水土流失重点预防区	2
	天山北坡国家级水土流失重点预防区	1
	桐柏山大别山国家级水土流失重点预防区	3
	新安江国家级水土流失重点预防区	1
	燕山国家级水土流失重点预防区	4
	阴山北麓国家级水土流失重点预防区	1
	长白山国家级水土流失重点预防区	1
	小计	27

续表

国家水土流失重点防治区	名称	数量/个
重点治理区	子午岭–六盘山国家级水土流失重点预防区	2
	滇黔桂岩溶石漠化国家级水土流失重点治理区	2
	东北漫川漫岗国家级水土流失重点治理区	4
	伏牛山中条山国家级水土流失重点治理区	6
	甘青宁黄土丘陵国家级水土流失重点治理区	8
	黄河多沙粗沙国家级水土流失重点治理区	11
	嘉陵江及沱江中下游国家级水土流失重点治理区	2
	金沙江下游国家级水土流失重点治理区	2
	三峡库区国家级水土流失重点治理区	1
	太行山国家级水土流失重点治理区	4
	乌江赤水河上中游国家级水土流失重点治理区	1
	西辽河大凌河中上游国家级水土流失重点治理区	4
	湘资沅中游国家级水土流失重点治理区	1
	沂蒙山泰山国家级水土流失重点治理区	11
	永定河上游国家级水土流失重点治理区	2
	粤闽赣红壤国家级水土流失重点治理区	8
	小计	69
合计		96

重点预防区中，丹江口库区及上游国家级水土流失重点预防区分布示范园数量最多，为9个；重点治理区中，黄河多沙粗沙国家级水土流失重点治理区、沂蒙山泰山国家级水土流失重点治理区分布示范园数量最多，均为11个。

6.按水土流失类型分布

从水土流失类型来看，水力侵蚀、风力侵蚀类型都有国家水土保持科技示范园分布。其中，水力侵蚀类型有156个，风力侵蚀类型有10个。

国家水土保持科技示范园水土流失类型分布

水土流失类型	水力侵蚀	风力侵蚀	合计
数量/个	156	10	166

7.按城乡分布

从城市和乡村来看，城市和乡村均分布有国家水土保持科技示范园，但主要分布在乡村。其中，城市(行政区)有15个，乡村有151个。城市中，分布在城市建成区的有7个；分布在大学的有2个，分别是福建农林大学和武夷学院。乡村中，分布在中学和小学的各有1个,分别是福建省南平市建瓯一中和四川省青神县白果乡学道街小学。

省会城市中,北京市、太原市、哈尔滨市、南京市、杭州市、福州市、南昌市、济南市、郑州市、武汉市、长沙市、南宁市、成都市、昆明市、拉萨市、西安市、兰州市、西宁市、乌鲁木齐市等19个省会城市分布有国家水土保持科技示范园,共有24个(昆明市3个,南京市、济南市和武汉市各2个,其他省会城市各1个)。其中,北京市、福州市、济南市、郑州市、昆明市、西安市、西宁市等7个省会城市有7个示范园分布在主城区(行政区或建成区)。

计划单列市中,只有青岛市和深圳市2个计划单列市分布有国家水土保持科技示范园,共有示范园4个,其中青岛市3个,深圳市1个。

所有城市中,国家水土保持示范园分布在主城区(建成区)的有福建省福州市、福建省南平市、山东省广饶县、河南省孟津县、广东省深圳市、陕西省西安市、陕西省宝鸡市等7个城市,共分布有7个国家水土保持科技示范园。

国家水土保持科技示范园城市建成区分布

省	县(区、市)	示范园名称
福建省	仓山区	福建省福州市金山水土保持科技示范园
	武夷山市	福建省南平市(武夷学院)生态茶园水土保持科技示范园
山东省	广饶县	山东省广饶县孙武湖水土保持科技示范园
河南省	孟津县	河南省孟津县生态水土保持科技示范园
广东省	南山区	广东省深圳市水土保持科技示范园
陕西省	未央区	陕西省西安市汉城湖国家水土保持科技示范园
	金台区	陕西省宝鸡市金台区代家湾水土保持科技示范园

三、发展历程

从20世纪末的破土萌芽到现在的方兴未艾,水土保持科技示范园在20年左右时间里,经历了探索发动、建设推动、分类建设、示范创建四个发展阶段。在不同阶段和时期,科技示范园聚焦不同内容,不断提升,不断完善,不断精益求精,不断创新发展,实现从“有”到“优”。

(一)探索发动(1999—2003年)

1.探索实践

20世纪末,国内一些水土保持研究机构,依托水土保持科研基地,开始探索拓展科研基地基本功能,增加科研基地教育、科普、示范等功能。

2.政策引导

2000年12月,水利部在福建省泉州市召开了全国水土保持科技工作会议。时任副部长翟浩辉在会上提出:要在全国建立一批集科研、试验、推广三位一体的、科技含量高的示范工程。

2001年3月,水利部印发了《关于加强当前水土保持科技工作的通知》(保规〔2001〕5号),要求各省(区、市)开展科研、示范、科技推广三合一示范基地(科技示范园)建设,作为水土保持的宣传窗口和户外教室,展示水土流失综合防治水平,提供可持续发展的流域治理模式和样板。各地积极开展了水土保持科技园探索工作,相继涌现出江西德安、广东小良、贵州龙里、福建金山、云南大春河、青海长岭沟等一批“三合一”水土保持科技示范基地。

2002 年 4 月,水利部副部长陈雷考察福建金山水土保持科教园,给予充分肯定,指出水土保持科教园是一项新生事物,应积极支持并加以推广。

3.地方创新

2003 年,福建省第 20 次省水土保持委成员会议通过了水土保持科教园建设总体思路和初步规划,该规划成为全国第一个省级水土保持科技示范园区规划。2004 年,福建省委、省政府作出建设生态省的决定,其生态省建设总体规划纲要中包括建设 10 个水土保持科教园的建设任务。2004 年 10 月,福建召开全省水土保持科教园建设座谈会,进一步统一思想,提高认识,确定目标任务,落实责任。

2003 年,贵州省编办印发《关于建立龙里水土保持科技示范园区管理处的批复》(省编〔2003〕124 号),成立了全国第一个也是唯一一个水土保持科技示范园区省级管理机构。

(二)建设推动(2004—2015 年)

1.推动创建

印发创建文件。2004 年 4 月,水利部印发《关于开展水土保持科技示范园区建设的通知》(办水保〔2004〕50 号),在全国正式启动了水土保持科技示范园区创建工作。

深入研讨,大力推进。2004 年 6 月,水利部在广东省茂名市召开了全国水土保持科技示范园区建设工作座谈会,来自 17 个省(区、市)的 50 余位代表参加了会议,讨论推动园区建设工作。2005 年 3 月,水利部在福建省福清市召开了全国水土保持科技示范园区研讨会,来自 9 省(区、市)的 20 余位代表出席了会议,就园区建设情况、存在困难和问题及今后的发展总体思路进行了交流、研究和讨论。2006 年 3 月,水利部在江西南昌召开了全国水土保持科技示范园区评定标准研讨会。2011 年 9 月,水利部在辽宁省鞍山市召开了全国水土保持科技示范园区工作座谈会,总结交流各地水土保持科技示范园区建设经验,指导和推动园区建设加快开展。

2006 年 5 月 25 日,全国水土保持工作会议在宁夏银川召开。水利部副部长鄂竟平在讲话中要求“十一五”期间,全国建成 100 个水土保持科技示范园区。

2.评定命名

2006 年 4 月,水利部办公厅印发《关于开展水土保持科技示范园区申报工作的通知》(办水保〔2006〕63 号),附《水利部水土保持科技示范园区评定办法(试行)》。评定办法明确了统一标准、自主创建、自行申报、省里初评、部里评定、集中命名的建设和评定程序。

水利部分别于 2007 年、2009 年、2011 年、2012 年、2014 年、2015 年命名了 6 批国家水土保持科技示范园。2007—2011 年命名的前三批,名称为“水利部水土保持科技示范园区”;从 2012 年第四批开始,“水利部水土保持科技示范园区”更名为“国家水土保持科技示范园区”。

(1)第一批

2006 年 11 月,水利部印发《关于开展第一批水土保持科技示范园区申报活动的通知》(水保函〔2006〕28 号),开展第一批国家水土保持科技示范园区申报和评定命名工作,拉开了国家水土保持科技示范园评定的帷幕。

2007 年 3 月,水利部印发《关于命名第一批水利部水土保持科技示范园区的决定》(水保〔2007〕73 号),命名了首批 25 个水利部水土保持科技示范园区。

(2)第二批

2007 年 11 月,水利部印发《关于开展第二批水土保持科技示范园区申报活动的通知》(水保函〔2007〕28 号),要求开展第二批水土保持科技示范园区的创建工作。

2009 年 3 月,水利部印发《关于命名第二批水利部水土保持科技示范园区的决定》(水保〔2009〕157 号),命名了第二批 24 个水利部水土保持科技示范园区。

(3)第三批

2010 年 2 月,水利部印发《关于开展第三批水土保持科技示范园区申报活动的通知》(水保规函〔2010〕2 号)。

2011 年 2 月,水利部印发《关于命名第三批水利部水土保持科技示范园区的决定》(水保〔2011〕64 号),命名了第三批 18 个水利部水土保持科技示范园区。

(4)第四批

2011 年 3 月,水利部印发《关于开展第四批水土保持科技示范园区申报活动的通知》(水保函〔2011〕4 号)。

2012 年 2 月,水利部印发《关于命名第四批国家水土保持科技示范园区的决定》(水保〔2012〕46 号),命名第四批 17 个国家水土保持科技示范园区。

(5)第五批

2013 年 1 月,水利部水土保持司印发《水利部水土保持司关于开展第五批水土保持科技示范园区申报活动的通知》(水保监测函〔2013〕2 号)。

2014 年 2 月,水利部印发《关于命名第五批国家水土保持科技示范园区的决定》(水保〔2014〕65 号),命名第五批 21 个国家水土保持科技示范园区。

(6)第六批

2015 年 2 月,水利部印发《关于公布国家水土保持科技示范园区的通知》(水保〔2015〕104 号),批准陕西省延川县梁家河和米脂县高西沟为国家水土保持科技示范园。

从 2015 年开始,水利部不再印发国家水土保持科技示范园区申报文件、不再分批命名。

3.考核评估

水土保持科技示范园实行动态管理,建立了定期评估机制,明确退出机制,每五年(前两次评估为三年)对已命名的国家水土保持科技示范园开展评估,根据评估结果确定保留还是撤销,保障科技示范园的质量和可持续发展。

截至 2015 年底,水利部共开展 2 次国家水土保持科技示范园评估,评估了 2007—2009 年命名的第一、二批国家水土保持科技示范园区。共评估园区 49 个,46 个通过评估,3 个未通过评估被撤销。

(1)第一次评估

2010 年 5 月,水利部办公厅印发《关于开展水土保持科技示范园区中期评估的通知》

(办水保函〔2010〕350号),对第一批25个水土保持科技示范园区进行中期考核评估。25个园区全部通过评估。

(2)第二次评估

2013年3月,水利部办公厅印发《关于开展第二批水土保持科技示范园区中期评估的通知》(办水保函〔2013〕153号),对第二批24个水土保持科技示范园区进行中期评估。

2014年2月,水利部办公厅印发《关于公布第二批水土保持科技示范园区中期评估的通知》(办水保〔2014〕63号)。21个园区通过评估,中国地质科学院岩溶地质研究所果化岩溶生态研究站(广西平果市)和中国地质科学院岩溶地质研究所弄拉岩溶生态研究站(广西马山县)2个园区未通过评估被撤销,福建省厦门市集美水土保持科教示范园自动退出被撤销。

4.分级建设

水土保持科技示范园开展分级建设,主要分为国家级和省级两级,个别市(江西省赣州市)开展了市级建设。国家级由水利部负责评定命名,省级和市级分别由省里和市里负责。2007年起,地方陆续开展省级水土保持科技示范园建设,主要有山西、山东、河南、湖北、湖南、四川、贵州、广西和陕西等9省(自治区)。截至2024年底,全国省级水土保持科技示范园数量为125个。2016年,赣州市制定印发《关于大力推进水土保持生态园区建设的实施方案》和《赣州市水土保持生态示范园区评定办法(试行)的通知》,在全市启动了市级水土保持生态园区建设工作。截至2019年底,赣州市共命名市级水土保持生态示范园58个。

(三)分类建设(2016—2020年)

1.制度引领

2016年,《水利部办公厅关于印发〈国家水土保持科技示范园区评定办法〉的通知》(办水保〔2016〕223号),对2006年《水利部水土保持科技园区评定办法(试行)》予以修订。新的评定办法,把国家水土保持科技示范园按主体功能不同分为综合防治型、科学研究型、科普教育型、生态产业型、特色展示型等五大类型。国家水土保持科技示范园进入分类建设新时期。

2.分类创建

各地根据《国家水土保持科技示范园区评定办法》,明确定位,突出特色,积极开展分类创建工作。2016—2019年,水利部命名了5批(2017年一年命名两批)共35个不同类型国家水土保持科技示范园。

(1)第七批

2016年6月22日,水利部印发《水利部关于公布国家水土保持科技示范园区的通知》(水保〔2016〕228号),批准9个园区为国家水土保持科技示范园。

(2)第八批

2017年2月15日,水利部印发《水利部关于公布国家水土保持科技示范园区的通知》(水保〔2017〕70号),批准8个园区为国家水土保持科技示范园。

(3)第九批

2017年2月15日,水利部印发《水利部关于公布国家水土保持科技示范园区的通知》(水保〔2017〕93号),批准陕西省7个园区为国家水土保持科技示范园。

(4)第十批

2018年2月27日,水利部印发《水利部关于公布国家水土保持科技示范园的通知》(水保〔2018〕58号),批准5个园区为国家水土保持科技示范园。

(5)第十一批

2019年11月18日,水利部印发《水利部关于公布2019年度国家水土保持科技示范园的通知》(水保〔2019〕302号),批准6个园区为国家水土保持科技示范园。

3.分类评估

根据《国家水土保持科技示范园区评定办法》,水利部于2016年、2017年和2019年,三次共对102个国家水土保持科技示范园,按照不同类型开展了定期评估。96个园区通过评估,6个园区未通过评估被撤销。

(1)第三次评估

2016年10月10日,水利部办公厅印发《水利部办公厅关于开展第三批水土保持科技示范园区中期评估的通知》(办水保函〔2016〕1227号),对第三批18个国家水土保持科技示范园进行中期评估。

2016年12月22日,水利部办公厅印发《水利部办公厅关于公布第三批水土保持科技示范园区中期评估结果的通知》(办水保〔2016〕226号),17个园区通过评估,河南省洛阳市龙门西山春华秋实水土保持科技示范园1个园区未通过评估被撤销。

自2016年开始,中期评估从3年一次改为5年一次。

(2)第四次评估

2017年2月24日,水利部办公厅印发《水利部办公厅关于开展国家水土保持科技示范园区定期评估的通知》(办水保函〔2017〕192号),对第一批(2007年)25个和第四批(2012年)17个共42个园区开展定期评估。

2018年2月27日,水利部办公厅印发《水利部办公厅关于公布国家水土保持科技示范园定期评估结果的通知》(办水保〔2018〕30号),40个园区通过定期评估,青岛市莱西市梅花山和湖南省宁乡县博林科技园2个园区未通过评估被撤销。

自2017年开始,中期评估改为定期评估,时间还是5年一次。

(3)第五次评估

2019年9月,水利部办公厅印发《水利部办公厅关于开展国家水土保持科技示范园定期评估的通知》(办水保函〔2019〕1058号),对第二批(2009年)21个和第五批(2014年)21个共42个国家水土保持科技示范园开展定期评估。

2020年1月,水利部办公厅印发《关于公布2019年度国家水土保持科技示范园定期评估结果的通知》(办水保〔2020〕5号),39个园区通过评估,山西省阳高县晋西北、湖北省红安县李西河和湖南省永顺县3个水土保持科技示范园未通过评估被撤销。

(四)示范创建(2021年至今)

2021年,水利部印发《关于开展国家水土保持示范创建工作的通知》(水保〔2021〕11号)和《国家水土保持示范创建管理办法》(办水保〔2021〕171号),启动实施国家水土保持示范创建工作。国家水土保持示范创建分为水土保持示范县、水土保持科技示范园和水土保持示范工程三类,国家水土保持科技示范园位列其中。自2021年开始,“国家水土保持科技示范园区”更名为“国家水土保持科技示范园”。

1.国家示范

2021—2023年,水利部每年公布国家水土保持示范创建名单,三年共认定国家水土保持科技示范园33个。其中,2021年16个,2022年8个,2023年9个。国家水土保持科技示范园数量增加到166个,覆盖全国30个省(区、市)。

(1)第一批(累计第十二批)

2021年12月22日,《水利部关于公布2021年度国家水土保持示范名单的通知》(水保〔2021〕11号),认定16个国家水土保持科技示范园。

(2)第二批(累计第十三批)

2022年12月16日,《水利部关于公布2022年度国家水土保持示范名单的通知》(水保〔2022〕443号),认定8个国家水土保持科技示范园。

(3)第三批(累计第十四批)

2023年12月28日,《水利部关于公布2023年度国家水土保持示范名单的通知》(水保〔2023〕371号),认定9个国家水土保持科技示范园。

2.省级示范

2023年,山东省启动实施省级水土保持示范创建工作,为全国首创,并首创水土保持示范乡镇。2023年6月,《山东省水利厅关于公布2023年度省级水土保持示范名单的通知》发布,共认定39个省级水土保持示范。其中:认定青岛永昌水土保持科技示范园等4个水土保持科技示范园为山东省水土保持科技示范园。

四、成效作用

一分耕耘,一分收获。水土保持科技示范园在建设中,紧密结合国家战略,融合地方经济社会发展重点,大力发挥水土保持优势,因地制宜,突出特色,科学设计,精心组织,不断丰富示范园内涵,拓展园区外延,提升质量和水平,打造出一批精品工程,取得了显著成效。示范园弘扬生态文明,优美人居环境,提高生活品质,促进经济社会发展和中国式社会主义现代化建设,形成一道道亮丽的风景线,为华夏大地增景添色。水土保持科技示范园树立了标杆样板,强化了示范引领,提供了水土保持和生态文明示范的窗口、宣传的载体、科研的平台、科普的教室、产业的基地、休闲的公园,有效推动生态文明和美丽中国建设。

(一)水土保持窗口

水土保持科技示范园是水土保持的集成,相对于整个水土保持而言,园区小而全,小而精,小而特,小而美,集中示范水土保持各要素,集预防保护、生态修复、综合治理、监测、科研、科普、技术推广、宣传教育、产业培育、生态观光等于一体,集美丽与知性于一身,是水土保持全面展示的窗口。园区广泛示范思想和理念,示范技术和模式,示范机制和体制,示范效益和功能。水土保持是生态文明的必然要求和主要内容,是生态文明建设的成功典范和优秀范式。国内公众和国际友人可以通过水土保持科技示范园这个窗口,全面了解水土保持工作,并借以知晓生态文明建设。水土保持科技示范园建设和示范,是推进水土保持高质量发展，促进生态文明和美丽中国建设，人与自然和谐共生的有效途径和成功模式。

水土保持科技示范园自诞生以来，面向全社会开放，面向社会公众和各级领导宣传，发挥了很好的示范宣传作用，提升了水土保持的知名度和影响力，受到广泛重视和关注。2015 年 2 月、2021 年 9 月和 2022 年 10 月，习近平总书记分别考察陕西延川县梁家河村、米脂县高西沟村、延安市安塞区南沟村，这 3 个村都是国家或省级水土保持科技示范园。水利部原部长汪恕诚、陈雷、鄂竟平等，多次到福建金山、重庆万盛、江西德安和青海长岭沟等国家水土保持科技示范园考察，肯定园区工作；地方高度重视水土保持示范园工作，精心谋划，精心组织，精心实施，以创建示范园为契机，形成了政府统一领导、水利水土保持部门组织指导、多部门协作、社会积极参与的水土流失防治机制。水土保持科技示范园内容丰富，适宜对象众多，社会各界纷纷到园区参观考察。全国有 24 个国家水土保持科技示范园被教育部和水利部联合评定为全国中小学水土保持教育社会实践基地。江西省在江西水土保持生态科技园（九江市德安县）举办了 450 多人参加的水土保持专题培训。深圳市水土保持科技示范园每年接待人数达 5 万多人次。

水土保持科技示范园，不是基本的水土流失综合治理，而是高科技的水土保持技术示范、高质量的水土保持工程示范、高效益的水土保持产业示范、高活性的水土保持宣传示范、高技术的水土保持科普示范、高含量的水土保持科研示范、高价值的水土保持生态功能示范、高颜值的水土保持生态产品示范、高水平的水土保持科普馆、高魅力的水土保持参与互动。海绵城市水土保持、生态清洁小流域，生态护坡和自然护岸，水土流失定位监测，VR 和全息投影，智能导视和自动讲解，人工模拟和知识普及等，在水土保持科技示范园里可见一斑。水土保持科技示范园是水土保持高质量发展的典范和窗口，成为行业的典型、中小学的户外教室、大学生的实践基地、党校的第二课堂、公众的主题公园。据统计，全国水土保持科技示范园每年接待人数达数百万人次。深圳和西宁长岭沟等水土保持科技示范园，联合有关学校，在园区开展了水土保持主题党日、水土保持国策宣传教育等活动。很多水土保持科技示范园成为高校和科研单位的实践基地，联合开展水土保持科研研究，发表论文、出版专著、申请专利，形成各种优秀成果。

（二）生态典范

水土保持是生态文明建设的必然要求和重要内容，水土保持科技示范园是落地习近平生态文明思想的有效载体，是弘扬习近平生态文明思想的有效阵地，是传播习近平生态文明思想的有效平台。水土保持科技示范园在建设中，践行山水林田湖草沙系统治理，综合统筹，因地制宜，治理与生态结合、治理与监测结合、治理与科研结合、治理与技术推广结合、治理与宣传结合、治理与科普结合、治理与产业结合、治理与优美环境结合，提高水土保持生态功能，提质水土保持生态产品，提升示范园多目标显效益。示范园紧密对接新形势、新发展、新要求，因地制宜，开拓创新，不断探索出成功的新模式，为生态文明建设提供了优秀典范和成功模式。水土保持科技园区的理念、技术和模式，在区域和全国得到广泛推广应用，发挥了很好的引领示范和辐射带动作用，推动全国每年治理水土流失面积 6 万多 km^2，促进了水土流失综合防治和全国生态文明建设。

水土保持科技示范园主题鲜明、百花齐放，成为生态文明建设的风景线。江西水土保持生态科技园(九江市德安县)开创的水土保持生态农业模式,得到江西省委领导和业内的高度肯定,全省108个县的副县长和全国各地代表到园区考察学习,模式在江西省和南方省份得到广泛推广应用,示范并辐射推广到全国,广泛运用于相关行业;江西省赣州市赣县区金钩形水土保持科技示范园,以崩岗治理为主题,突出崩岗防治示范;深圳市和河南孟津水土保持科技示范园打造成为城市水土保持主题公园,为城市增景添色,为公众提供知性休闲观光的好去处;西安市汉城湖和昆明市百草园等水土保持科技园建设了集声、光、电一体的现代化水土保持科普馆,科学性、趣味性十足;海南省儋州市水土保持科技示范园建设了智慧水车,设计了树叶书签等科普方案,人们参与互动,寓教于乐;陕西梁家河水土保持科技示范园实现了水土保持要素与乡村振兴深度融合,展示了淤地坝的风采;山西省阳高县大泉山水土保持科技示范园建设了水土保持展览馆和水土保持科普馆双馆,全方位多角度多手段展示水土保持发展,开展水土保持科普;山东邹平鹤伴水土保持科技示范园,挖鱼鳞坑60多万个,治理荒山为花果山,变秃岭荒山为绿水青山,绿水青山成金山银山,优质水果产业和生态旅游有机融合。水土保持科技示范园理念和模式的创新,促进了水土保持新发展,为全国生态文明建设提供了借鉴和模板。

(三)宣传阵地

宣传是生产力,教育是软实力。宣传教育是水土保持科技示范园的重要功能,示范园成为水土保持理念培育平台、生态文明养成课堂。水土保持科技示范园注重生态理念的宣传和科普,彰显宣传教育要素,每一个园区都成为一扇固定的宣传之窗,都是固定的宣传阵地。水土保持科技示范园就是建在大地上的户外教室和宣传平台,创新宣传方式,积极开展生态文明宣传教育活动,增强水土保持生态意识,培育生态文明理念,扩大了水土保持社会影响。水土保持科技示范园作为水土保持宣传教育活动的平台,成为水土保持进党校、中小学水土保持教育社会实践、水利同行及相关行业考察学习、社会公众学习教育的基地。

水土保持科技园经过建设发展,原来水土流失严重的地区成为生活改善、生产发展、生态良好的典型示范,绿水青山逐步变为金山银山,前后对比令人震撼,对干部群众和社会各界起到了实实在在的宣传作用。水土保持科技示范园建设了形式多样、内容丰富的宣传内容,耳濡目染,春风化雨。不少水土保持科技示范园内每年都开展丰富多彩的宣传活动、植树活动、游园活动等,以及世界水日、中国水周、水法宣传周、节水宣传周等重大宣传活动。深圳等水土保持科技示范园还举行了摄影比赛、绘画比赛、知识竞赛、主题党日、吉祥物征集等活动。24个国家水土保持科技示范园已经被教育部命名为全国中小学水土保持教育社会实践基地,成为中小学生的水土保持户外教室,不少园区成为学生研学基地。深圳市水土保持科技示范园等6个国家水土保持科技示范园被评为国家水情教育基地,陕西省渭南市槐园水土保持科技示范园被陕西省团委评为“陕西省青少年教育基地”,江西水土保持生态科技园(九江市德安县)被列为江西党政干部培训学习基地,昆明市百草园水土保持科技示范园荣获中国科普研学联盟优秀品牌、国家水情教育基地、云南省科普教育基地、昆明市环境教育基地等称号,水土保持宣传教育范围和效果明显提升。据统计,每年到水土保持科技示范园参观考察的人数达到数百万人次。

（四）科普教室

水土保持科技示范园，大小不限，功能无限，科普教育是其核心功能和重大亮点。无论是小巧玲珑，还是有所规模，科普教育、知识普及，知其然、知其所以然，都是水土保持科技示范园的特有标志。大多数水土保持科技示范园都建设了室内和室外水土保持科普设施，编制了水土保持科普方案，设计了科普参与活动，设立了植物和水土保持措施科普介绍牌，编辑了科普读物，开展了形式多样、各具特色的科普教育。

北京市鹫峰和江西德安等水土保持科技示范园，被命名为全国科普教育基地和全国气象科普教育基地。北京市海淀区鹫峰国家水土保持科技示范园被北京市科学技术协会、北京市政府和中国科学技术协会命名为“北京市青少年科普教育基地”“北京市教育科普基地”，每年接待中小学生 8 000 多人次，开展科普教育活动。西安市汉城湖等 44 个国家水土保持科技示范园，被评为全国水土保持科普教育基地。海南省儋州市水土保持科技示范园，科普教育区主要包括水土保持科普馆、人工降雨水土流失演示、环形水渠（展示河流自然净化）、水土保持生态治理科普、科普和研学大楼、森林课堂自然教育区等。形式多样，直观形象，动静结合，提供了科普力作，形成了水土保持和生态自然科普大课堂。园区布设了水土保持措施科普牌、植物科普牌、园区介绍牌、宣传牌、宣传标语等宣传设施，制作了科技示范园宣传册和宣传片，设立了公众号。示范园在海南热带植物园原有导视系统的基础上补充完善，设置导览图，布设路标，配置分区导视牌，规划科普、试验等不同参观路线等，完善的导视系统便于公众自助式参观游览，方便到达园区各个位置。制作了《快闪海南水土保持》《小流域治理典范之蚂蝗岭》等水土保持科普宣传片，编制了《中国热带植物王国》宣传册，设计了水土保持、水质检测、植物标本制作等 30 个研学课程。园区每年开展各类科学普及、宣传教育和研学实践活动 60 多次，免费接待观众 4.52 万人次左右，其中免费接待中小学生 1.57 万人次。

（五）科研基地

水土保持科技示范园为技术创新和示范推广提供了很好的应用平台与研发平台，搭建了产学研一体化平台。水土保持科技示范园积极应用水土流失防治新技术、新材料、新工艺，助推水土保持生态建设提质增效，不少园区成为科研部门和高等院校的科研基地和实习基地，开展了水土保持试验研究、技术研发，积累了丰富的水土保持技术资料；水土保持科技示范园搭建了技术转化的绿色通道，促进了技术和成果落地，有效增强了水土保持科技含量，大幅度提高了水土流失防治水平。

全国 166 个国家水土保持科技示范园中，由科研和高校负责的示范园有 20 余个。这些园区充分发挥自身优势，依托丰富的课题、资源、人才和设施设备与技术，积极开展水土保持科研工作，成为水土保持建在野外的科研基地，奉献出丰硕的研究成果。全国有十多个示范园，实施了水利部技术推广项目十多个。初步统计，早期的 67 个水土保持科技示范园自命名以来，与 50 多所大专院校合作建立了试验实习基地，开展省部级以上水土保持研究 1 000 多项，以科技园为平台荣获省部级以上科技奖项上百个，在省部级以上刊物发表论文 2 000 多篇，培养硕士、博士等研究生 400 多人，培育了一批特色产业，辐射带动周边群众增收致富。

吉林省通榆县鸿兴水土保持科技示范园以风蚀沙地科研为主，开展了风蚀耕地整治、沙化土地生态修复、退化草地改良与复壮、湿地保护与恢复及盐碱地治理开发利用等方面的研究工作。已开展8项课题研究，2项课题分别获吉林省科技进步二等奖、三等奖，授权专利1项，在省级以上学术期刊发表论文9篇，成果显著。与中国科学院东北地理与农业生态研究所、水利部水土保持植物开发管理中心、长春工程学院等单位开展了科技攻关与项目合作，并为吉林大学、吉林农业大学、吉林省水利科学研究院等单位提供教学的科研基地；中国科学院安塞水土保持综合试验站自“七五”以来连续40年主持国家科技攻关、科技支撑、重点研发等国家重大项目、中国科学院及陕西省重点项目。近5年承担科研项目共计23项，包括“十三五”和“十四五”国家重点研发项目3项，国家基金重点项目1项，面上和青年基金15项。园区与中国科学院生态环境研究中心、北京师范大学、西安理工大学等科研机构和高校有密切的科研合作。同时，园区是中美水土保持与环境保护研究中心和中韩沙漠化防治生物技术联合研究中心的野外试验基地。与美国、荷兰、日本、韩国等国家的科研机构有密切的合作和交流。园区每年接待参观、考察、访问的国际同行20~60人次，国内同行上百人次。中国科学院安塞水土保持综合试验站获得国家科技进步奖一等奖2项、国家科技进步奖二等奖1项、国家自然科学奖二等奖2项，获陕西省科技进步奖一等奖5项。近3年，获国家林草局梁希自然科学奖二等奖（2021年）和陕西省科技进步奖一等奖（2022年）各1项。每年培养硕士、博士研究生60余名，支持200多名科研人员、研究生和本科生在站开展工作。

（六）示范辐射

水土保持科技示范园创新和丰富水土保持理念与实践，践行山水林田湖草沙系统治理，展示生态修复技术模式，树立典型样板，提供新范式、新模板，成为习近平生态文明思想的积极传播者和模范践行者。园区作为全方位展示水土保持的平台，集水土保持各项要素于一身，将分散的各类水土保持措施打包在一起，集中展示，系统集成，进行了提升和丰富，提高质量，丰富内涵，赋予其新的功能和作用，避免了因分散导致东奔西跑。水土保持科技示范园积极发挥引领示范作用，以点带面，有力推动了全社会水土保持和生态文明建设。随着时间的沉淀和园区的发展，水土保持科技示范园的作用日益彰显，影响力不断提升，被业内及社会各界接受并称道，成为水土保持事业的一道亮丽风景线。

江西水土保持生态科技园（九江市德安县）开创的水土保持生态农业模式，得到江西省委领导和业内的高度肯定，全省100多个县的副县长到园区学习考察，水土保持生态农业模式在江西省和全国得到广泛推广应用。北京水土保持科技示范园创新的生态清洁小流域技术和模式，被水利部树为典型，各地纷纷前来学习取经，全国每年建设数量达500多条，不同类型的生态清洁小流域在大江南北落地开花，成为水清景美的风景线。深圳水土保持科技示范园的裸岩复绿、贵州龙里水土保持科技示范园的高效水土保持植物、甘肃田家沟水土保持科技示范园的沟坡兼治等技术，在园区示范，并辐射推广到全国，广泛运用于相关行业，促进了生态建设和环境改善。24个国家水土保持科技示范园被教育部命名为全国中小学水土保持教育社会实践基地，有组织地对中小学生开展水土保持生态宣传教育，并通过小手拉大手，对社会产生了积极广泛的影响。贵州省贵定雪芽水土保持科技示范园发挥“贵定雪芽”茶叶品牌效应，推动地方茶叶和生态旅游的发展，促进了群众增收致富。青岛钱谷山水土保持科技示范园发展大棚热带水果,特色优质示范效应显著。河南省三门峡市二仙坡水土保持科技示范园发展高端苹果产业,辐射带动效果好,促进了地方产业结构调整和特色产业培育。中国科学院安塞水土保持综合试验站围绕黄土丘陵沟壑区生态经济发展中的技术瓶颈,在水资源高效利用、农果生态经济模式、高效设施型农业和林草植被建设等方面开展关键技术研究和技术示范。在水土保持型生态农业、人工林群落天然化培育、山地苹果栽培关键技术、中草药标准化生产关键技术、红枣旱作栽培技术的示范推广方面取得显著社会效益、经济效益和生态效益。中国科学院安塞水土保持综合试验站向国家和政府部门提供了多项咨询建议,提交的咨询报告先后获得朱镕基、温家宝和李克强总理批示,提出的黄土高原水土保持与生态修复建议报告被水利部采纳,并在相关规划中得到落实和推广。陕西省永寿县云集国家水土保持科技示范园,建成了年产 120 t 柿子酒的现代化生产线,配套建设了 1 200 亩柿子标准化种植示范基地,辐射带动周边县区农户种植柿子 80 余万亩,形成了集种苗组培繁育、标准化种植、精深加工和销售于一体的柿子全产业链,有力带动了区域经济发展。

(七)社会纽带

水土保持科技示范园具有开放性、美丽性、知识性、亲和性、产业性等特点,根本功能是服务社会公众,为社会提供水土保持展示和服务,广泛被社会认可和接受、关心和参与、关注和支持。水土保持科技示范园美丽家园美好生活,是群众身边的优质水土保持生态产品,受到社会和公众的广泛欢迎和普遍好评,成为群众生态观光和休闲娱乐的好去处;示范园让颜值变产值,让绿水青山变金山银山,为生态文明增添绿色,为经济发展增添金色,受到社会资本的支持和厚爱。水土保持科技示范园满足群众优美生态环境需求,让群众共享生态文明建设成果,让社会资本有了参与生态文明的切入点,从而有效架起了水土保持与社会的桥梁,搭建了水土保持联系社会的纽带,成为联结乡村振兴、美丽中国和生态文明的纽带,让社会公众可以走近水土保持、了解水土保持、关心水土保持、参与水土保持。

从自然走向社会,与社会密切相连,是每一个水土保持科技示范园的义务和职责。水土保持科技示范园建设的激励机制和园区的独特魅力,吸引社会积极参与园区建设,共建美好家园。初步统计,全国有 50 多个水土保持科技示范园由社会力量建设,吸引社会资金数百亿元,培养社会水土保持管理人员 1 000 多人。水土保持科技示范园宛如水土保持主题公园,吸引公众游目骋怀,每年到示范园区参观的社会公众达 500 多万人次。特别是 24 个国家水土保持科技示范园被教育部和水利部命名为全国中小学水土保持教育社会实践基地,各地有序组织中小学生到园区开展丰富多彩、参与互动、喜闻乐见的水土保持宣传、科普和游园,并通过小手拉大手、家庭联社会,发挥了很好的纽带作用。

水土保持科技示范园积极发展地方优势产业、培育绿色特色产业,积极吸引群众就地务工,为实现当地群众增收致富创造了良好条件,有效带动了区域经济增长,增强了社会影响力。山西省阳曲县阳坡综合治理示范园以带动发展的理念,采取用工和订单采购相结合的模式,带动当地群众特别是贫困户增收致富,每年在园区工作的当地群众 1 000 余人次,年人均增收 5 000 元左右。甘肃省安定区大坪水土保持科技示范园,以梯田建设为平台，不断发展马铃薯、畜草、蔬菜等旱作高效特色农业，建成了占地 6 000 m^2 的马铃薯专业市场，配套贮藏库群 33 眼，建成 2 000 m^2 的种羊场，建立了农村劳动力技能培训基地，走出了“修梯田、保水土、调结构、兴产业、增收入、促发展”的成功之路。

水土保持科技示范园内容兼顾共性、突出个性，各有侧重，类型多样，为社会呈现了水土保持的精彩纷呈，提供了多种借鉴模式，创造了多种参与途径。科研机构和大学所属的园区，以科研试验为主，重在科研创新；村集体所属的园区，突出改善生产条件、发展特色产业、改善家园环境；民营企业所属的园区，突出了高水平治理、美丽园区、新技术新产品、特色产业、休闲观光；水利部门所属的园区，突出了水土保持功能提升、治理技术、治理模式、水土保持监测、宣传教育、科学普及等。湖北襄阳市三道河水库水土保持科技示范园，打造了水库型园区；山东省青岛市永昌水土保持科技示范园，打造了荒山变为花果山、变为山地公园的园区；江西省赣州市赣县区金钩形水土保持科技示范园，打造了崩岗综合治理开发脐橙的园区；深圳市和河南孟津水土保持科技示范园，打造了水土保持主题公园；江苏苏州旺山和海南省儋州市水土保持科技示范园，高位嫁接打造了园中园。不同类型、特色各具的示范园，加强了与社会不同接口的对接。

五、主要不足和问题

20 年来，水土保持科技示范园取得了积极进展，积累了宝贵经验，发展得有声有色。但是，作为水土保持的创新，作为新生事物和新形态，不可避免面临一些不足，存在一些问题。特别是在顶层设计、质量优化、数量扩大、布局合理、“两山”转化等方面，仍需提升完善。这是发展中的问题，也是示范园发展的问题导向。

（一）顶层设计缺位

一是缺少统一规划。全国没有水土保持科技示范园总体规划，示范园发展缺少顶层设计，全国的目标任务、总体布局、工作重点等没有具体明确，工作的总体考量不够，影响了水土保持科技示范园的总体安排、有序推进以及工作考核。同时，大部分省份也没有水土保持科技示范园全省规划，不利于工作的统筹考虑和系统安排，影响了水土保持科技示范园的全面推动和有序发展。

二是缺少标准。全国尚无国家层面的水土保持科技示范园标准。示范园在建设、评定、运行、评估等方面，缺少标准统领，不利于园区的标准化建设和规范化管理等，影响示范园高质量发展。

三是缺少专项资金。全国水土保持科技示范园建设没有专项资金，水利部门主要通过水土流失综合治理项目予以支持，水土保持宣传、科普、导视和园区基础设施等相关建设缺少资金，成为制约示范园快速发展的主要瓶颈。同时，全国没有专门的园区运行维护资金，更缺少改善提升资金，部分园区缺少固定运行管护经费，存在运行管护困难，影响示范园综合效益的发挥和可持续发展。

（二）数量不足

国家水土保持科技示范园数量 166 个，与类似园区相比，数量颇显不足。据统计，截至 2022 年，全国共建立国家森林公园 906 处，省级以下森林公园 2 400 多处；国家林业和草原局及原国土资源部共命名 10 批国家地质公园 219 处,授予国家地质公园资格 57 处;全国共建立各级湿地公园 1 693 处,国家湿地公园 899 处;科技部已公布了 8 批国家农业科技园区名单,园区累计达 213 个;截至 2023 年底,水利部公布了 21 批国家水利风景区名单,全国共有国家水利风景区 938 家,省级水利风景区 2 000 多家。

水土保持科技示范园数量不足,不能满足经济社会发展和人民群众美好生活的需求。国家水土保持科技示范园只有 166 个,平均一个省才 5 个左右,大部分地市和县级没有水土保持科技示范园;全国人均拥有水土保持示范园比例太低,根据第七次全国人口普查数据,全国平均约 850 万人共享 1 个国家水土保持科技示范园,其中陕西省以 165 万人/个位居榜首,广东省以 3 150 万人/个为人均最少;城乡拥有数量情况严重失衡,城乡居民人口分布占比约为 1∶1.45,而示范园城乡分布比约为 1∶22,城市居民平均约 8 217 万人共享 1 个国家水土保持科技示范园,乡镇和农村居民平均约 528 万人共享 1 个示范园,人均差异 14 倍多;城区水土保持科技示范园分布数量太少,只有 7 个城市(建成区)分布有水土保持科技示范园,占示范园比例约 4.2%,占全国城市比例约 0.24%。城市水土保持科技示范园分布过少,与其人口数量不相适应。

(三)质量不精

水土保持科技示范园是水土保持高质量发展的典范,整体水平高,建设质量优,发挥着很好的引领示范作用。但由于示范园建设时间不一、建设起点不同、建设经费不同、所处环境不同,示范园在建设内容和质量水平等方面,无论在示范园之间还是与其他类似园区比较,都存在着质量上的差异。特别是有的园区建园较早,在内容上存在一些缺项,科普和展示手段相对传统,声、光、电等现代手段和设施缺失,现代化水平不高。诸如硬件配置不齐,特别是缺少标识、导视、科普展室、演示设施、参与互动项目、宣传材料和科普读物等。有的科研设施设备老化,自动化设备少,缺少控制站等设施,影响作用发挥。有的缺少休憩桌椅等休闲设施,人文考虑不够;在质量上,有的园区基础设施标准不高,不精细,现代化水平还有较大提高空间。有的园区实现了从“荒”到绿的转变,但没有做到从绿到美,园区颜值有待提高。有的园区建设了科普馆,但展示设施和手段以图文为主,缺少投影、VR、全息影像等声、光、电高新技术;在协作上,部分园区没有与教育和组织部门建立有效协作机制,没有成为中小学和党校的科普教育基地或实践基地,园区效益和功能没有足额发挥;在管理上,有的示范园管理者能力和水平有待提高,需要增强服务意识,提高管理水平,把园区运行好,管护好,全面发挥园区的引领示范和宣传教育等所有功能。

(四)分布不均

国家水土保持科技示范园目前布局不很科学、分布不很均衡。第一,从地理区域角度看,西部地区示范园数量最多,东北地区数量最少,二者数量相差 4 倍多。第二,从行政区域角度看,尚未实现全覆盖。全国只有 114 个地市和 163 个县分布有国家水土保持科技示范园,其他尚无。第三,从水土保持区划角度看,全国水土保持三级区划共 115 个,63 个分布有国家水土保持科技示范园,其他 52 个尚无。第四,从国家级水土流失重点防治区来看,30 个国家级水土流失重点防治区分布有示范园,还有 10 个没有。第五,省际数量差异很大。陕西省水土保持科技示范园数量最多,24 个,占全国的 14.5%。陕西、山东、河南、江西等 4 省水土保持科技示范园数量达 70 个，占国家水土保持科技示范园总数的 42%；天津、内蒙古、西藏、新疆 4 区（市）都只有 1 个（以上数据不含港澳台地区）。

（五）生态产品价值实现不足

颜值变产值，生态能生金。水土保持科技示范园普遍具有丰富的水土保持生态功能，水土保持生态产品价值含金量高，水土保持生态产品价值交易潜力巨大。目前，水土保持碳汇交易、水土保持生态产品价值交易、水土保持耕地占补平衡、水土保持绿色金融等如雨后春笋，蓬勃发展，如火如荼。截至 2024 年 11 月，全国已开展水土保持碳汇交易 8 次，交易额达 1 740 多万元；水土保持生态产品价值交易 7 单，交易额达 30 464 万元；水土保持耕地产能和指标交易 2 次，交易额达 1 300 多万元；水土保持绿色金融 2 次，授信额度达 5.03 亿多元。已开展的水土保持生态产品价值相关交易，只有 3 个水土保持科技示范园参与，仅占 166 个国家水土保持科技示范园的 1.81%。水土保持示范园在绿水青山转化为金山银山的过程中，有突破但参与不够，“金矿”有待深入挖掘，好产值亟待变现好价值。

第四章　园区属性

理念决定方向，思想决定行动。

示范工作，由来已久。古今中外，都把示范作为开展工作、推动发展的一种重要方法、重要举措，不可或缺，广泛应用，卓有成效。认识容易，认知不易。认识决定理念，认知决定行动。知行合一，知易行难。对水土保持科技示范园而言，全面认识，科学认知，正确定位，是开展示范工作的前提。开展什么样的示范，怎么开展示范，示范什么内容，在哪里示范，面向谁示范，怎么保障示范效果，如何保证示范工作的持续性，这都是水土保持科技示范园必须要系统考虑、深研细酌的问题。不怕做不到，就怕想不到。示范作用的发挥，榜样的“头羊效应”，取决于理念的光芒。理念决定方向，行动决定未来。遵循科学的示范理念，坚持正确的发展方向，水土保持科技示范园“直挂云帆济沧海”。

一、基本概念

水土保持科技示范园是指落地习近平生态文明思想，展示水土保持发展和创新，质量高、效果好、典型强，能充分发挥理念引领、典型示范、宣传教育、科学普及、科研试验、产业培育和休闲观光等作用的水土保持生态设施、资源和场所。水土保持科技示范园是习近平生态文明思想的积极实践者和模范传播者，是满足社会和公众全面了解水土保持需求的产物，是新时期水土保持工作的新拓展、新形式、新举措、新奉献，是水土保持高质量发展的重要载体和典型代表，是水土保持向社会提供的优质生态产品。水土保持科技示范园内涵丰富、外延广泛，内容庞杂，主要包括“水土保持、科技、示范、园”等四方面要素。

（一）“水土保持”要素

水土保持是水土保持科技示范园的底色，也是科技园的本色，是水土保持科技示范园的灵魂，是科技园的主要内容和基本功能，是“非我莫属”的存在。如无水土保持要素，则与水土保持不相关，更谈不上水土保持科技示范园。作为水土保持科技示范园唯一的主角，水土保持的方方面面、林林总总，都正在科技园崭露头角，占有一席之地。具体因地制宜，有所取舍。

1.内容角度

应包括水土保持所有工作，涵盖尽可能全面。诸如水土流失状况及危害，水土保持法律法规和政策制度，水土保持规划、预防保护、监督执法、综合治理、监测评价、信息化、标准规范，领导关怀、社会参与、技术推广、宣传教育、科研试验、国际合作、学术团体等，以及水土保持历史和文化，世界水土保持等。

2.时间角度

应包括现状和历史两个时间维度，反映重要时间节点。比如新中国成立前后、水土保持发展历程和阶段、国务院水土保持委员会、水土保持法、水土保持基本国策、国务院批复全国水土保持规划、水土保持重点工程、全国水土保持科学考察、水土保持普查、中共中央办公厅和国务院办公厅《关于加强新时代水土保持工作的意见》(中办发〔2022〕68号)等,以及水土保持科技示范园的重要时间节点。

3.空间角度

放大视野,提高站位,扩大范围。立足水土保持科技示范园,展示内容的范围可放大到县、市、省、流域、区域、全国、世界,提高覆盖面,扩大知识面,实现"一园知天下"。

(二)"科技"要素

科技是水土保持科技示范园的亮点。众所周知,科技和制度是推动人类社会进步的两大动力。水土保持科技示范园必须是科技化的、有科技含量的、代表水土保持科技发展水平的。水土保持科技示范园的"科技"包含科学普及、科研试验、技术推广等三个方面的内容。

1.科学普及

普及科学知识、开展科普教育、提高公众认知是水土保持科技示范园的必备技能。可以科普水土保持专业知识,化繁为简,通俗易懂。同步科普花草树木、山川河流等自然生态知识,了解常识,提高素养。

2.科研试验

科研试验属于"高大上"项目,专业性强,要求高,水土保持科技示范园可以因地制宜予以选择。以科学研究为主的科技示范园,科研试验乃家常便饭,不在话下。对于一般水土保持科技示范园来讲,则要与科研机构或大学等部门合作开展,发挥各自优势,强强联合,加强科研试验。

3.技术推广

在水土保持科技示范园开展技术推广,土地的稳定保证了项目的稳定,管理的稳定保证了项目的可延续,可以产生很好的推广示范效益。可以在水土保持科技示范园推广水土保持新技术、新产品、新模式,也可以推广水利、生态等相关技术。

(三)"示范"要素

《现代汉语词典》解释:示范,做出某种可供大家学习的典范。示范是水土保持科技示范园的出发点和落脚点,是水土保持科技示范园的初心和使命。优良的示范是最好的"说服"。对于水土保持科技示范园来讲,示范不是单目标的典型示范、辐射带动,而是在基本的示范功能的基础上,还包括理念引领、典型示范、宣传教育、科学普及、探索创新、休闲观光等多功能、多目标的混搭和集成。

理念引领,主要是指新理念的落地、展示和引导。

典型示范,主要是指水土保持等各方面的成功示范和引领带动。

宣传教育,主要是指建设宣传教育设施,开展宣传教育活动。

科学普及,主要是指科普教育,普及科学知识。

探索创新,主要是指进行科学试验,开展理念、制度、技术等探索和创新。

休闲观光,主要是指吸引社会公众前往观赏、休闲、参与,寓教于乐。

（四）“园”要素

园，《现代汉语词典》解释：①种蔬菜、花果、树木的地方；②供人游览娱乐的地方，如公园。园区，《现代汉语词典》解释：指集中发展事业的地区。水土保持科技示范园的“园”，意指园区和园二者的结合与统一，既要有水土保持事业的集中示范作为内核，也要有公园的颜值气质作为看点。总体来讲，水土保持科技示范园要向公园看齐，既要形似，更要神似，做到形神兼具。

水土保持科技示范园要树立美丽意识，美丽不是错，不美丽才是错。要加强景观设计和建设，拥有公园的美丽，提升园区颜值，游目骋怀，赏心悦目。

水土保持科技示范园要树立服务理念，来者都是客，服务沁人心。要拥有公园的管理，加强软件建设，完善管理制度，增强服务意识，提升管理水平和服务品质，增强科技园软实力。

二、功能作用

水土保持科技示范园的功能是多方面的，作用是多目标的。科技园大小有局限，效益发挥无局限。科技园的功能作用，既有直接的，近在眼前的；也有间接的，辐射远方的。包括示范、宣传、科普、教育、科研、试验、推广、培训、交流、创新、产品、档案等多重功能和效应，还有保护自然改善生态、美好家园美丽中国、培育生态文明理念提升公民素质、促进就业促进增收、发展产业促进经济、提升品质促进旅游、中小学实践户外教室、大学生实践基地、党校社会实践样板、社会公众休闲观光好去处等功能和作用。水土保持科技示范园是水土流失综合防治成功经验和模式、先进理念和技术、有效作法和成效的集中反映与综合集成，是水土保持典型示范和科普教育的重要平台与窗口，是水土保持工作的重要抓手。夯实水丰土沃生态基础，发挥着推进水土保持和生态文明建设、助力乡村振兴和新型城镇化、促进经济社会高质量发展的重要作用。

（一）示范带动功能

示范带动是水土保持科技示范园的基本功能。俗话说，百闻不如一见。说一千，道一万，不如现场看一看。榜样的力量是无穷的。示范园就是做出样板，树起标杆，供社会参观学习，然后效仿甚至推陈出新，发挥示范引领、辐射带动的作用。一花独放不是春，百花齐放春满园。示范园的模式，可复制、可推广，可以启迪、可以创新，从水土保持科技示范园区走出来，走向四面八方，在祖国大地扎根发芽、茁壮成长。

示范的内容源于水土保持科技示范园，以水土保持、生态建设为主，主要为生态理念、治理技术、治理模式、特色产业、水土保持监测、标识导视、演示体验等。我国水土流失依然严重、水土资源紧张的矛盾尚未解决，生态保护和恢复的任务仍然艰巨。通过水土保持科技示范园的成功经验和模式的示范，党政机关、行业部门、社会公众等树立人与自然和谐相处的理念，秉承生态优先绿色发展，了解先进技术和方法，生态治理与产业开发相结合，以各种形式参与水土保持，参与生态建设，推进生态文明和美丽中国。

（二）宣传教育功能

宣传教育是水土保持科技示范园的主要功能。宣传是信息的传递，经由信息传播，起到介绍宣导、增强公众了解、扩大知晓对象、获取更多理解、争取更大支持的作用。2019年9月18日，习近平总书记在黄河流域生态保护和高质量发展座谈会上强调：讲好"黄河故事"。对于水土保持科技示范园来讲，就是要宣传水土保持和生态文明，讲好水土保持故事。什么是水土流失，水土流失有什么危害，水土保持为什么是基本国策，如何做好水土保持，民众应当怎么做等，不说不知道，一说真奇妙。通过水土保持科技示范园这个宣传平台，向社会进行宣讲，为水土保持工作创造良好氛围和有利条件。

一个好的榜样，就是最好的宣传。水土保持科技示范园具有开展宣传教育得天独厚的优势。示范园水土保持内容齐全、布设集中，宣传形式多种多样。通过实景展示，辅以介绍，用事实说话，开展水土保持和生态文明宣传教育。不少水土保持科技示范园设有室内展馆，通过实物、文件、图片等形式和 VR 等现代化技术，展示水土保持发展历程和重大事件，起到了水土保持档案的作用。水土保持科技示范园积极宣传水土保持和生态等文化，培育公众文化素养。公众漫步水土保持科技示范园，聆听讲解，观看水土保持，参与互动，亲身体验，润物细无声，在不知不觉中吸收知识营养、培育生态理念、提升水土保持认识、增强综合素养，从而播下水土保持的种子。

（三）科学普及功能

科学普及是水土保持科技示范园的主要功能。科普是国家创新发展的重要一翼，科普能力是科普之翼强弱的重要表现。根据中国科学技术学会发布的《中国公民科学素质建设报告（2018）》，2018年中国公民具备科学素质的比例为8.47%，逐步缩小了与主要发达国家的差距（美国2016年为28%）。新时代要建设创新型国家乃至建设世界科技强国，都必须首先加强国家科普能力，提升全民科学素质。依托水土保持科技示范园开展科普教育、普及水土保持知识，是贯彻《全民科学素质行动计划纲要2006—2010—2020年》的重要行动。

外行看热闹，内行看门道。对于大多数人而言，水土保持专业性强，比较抽象，不好想象，难以理解。水土流失怎么产生，如何发展，不同水土保持措施效果如何，如何发挥作用，水土流失与日常生活有何关系，水土保持在经济社会发展中处于什么位置、发挥什么作用……单纯的语言或文字，可能难以完全解疑释惑。百闻不如一见，百见不如一试。水土保持科技示范园，可以通过室外和室内两个不同情景的措施和设施，如人工降雨演示水土流失、水土保持植物根箱、不同水土保持措施效益展示，各种水土保持措施介绍，以及水土保持动画电影、互动投影、幻影成像、全息影像、VR 体验等，生动形象地普及水土保持知识，普及生态常识。通过听觉、视觉、触觉等多维度体验、参与、互动，既有趣味性，又有科学性，使公众对水土保持不仅可以知其然，还能知其所以然。

（四）科学试验功能

科学试验是水土保持科技示范园的特色功能，特别是科学研究型科技园的看家本领，是提升水土保持科技示范园科研含量的重要举措。有条件好的水土保持科技示范园，发展成为国家野外科学观测研究站。水土保持科技示范园自然情况具有很好的典型性和代表性，土地稳定，管理稳定，运行稳定，可以为科学研究和野外试验提供很好的基础和条件。同时，水土保持科技示范园具有丰富的水土保持要素，水土流失综合治理措施丰富，水土流失监测小区或小流域控制站积累了相当数据，可以为科学研究提供宝贵的实践资料。另外，科学研究的成果，可以近水楼台先得月，在水土保持科技示范园落地，进行试点示范。在水土保持科技示范园开展水土保持及相关科学研究，二者强强联合，相得益彰。

水土保持科技示范园雄厚的科研基础和良好的实践条件成为大中学生社会实践和高等院校毕业实习的优秀选项。学生可以做水土保持科技示范园的志愿者，开展水土保持实践，参与示范园日常管理和重要活动；毕业生可以依托科研条件和历史积淀，开展相关试验研究，完成毕业论文，撰写相关论文。

（五）技术推广功能

技术推广是水土保持科技示范园的主要功能，是提升示范园科技含量的重要举措，是提高示范园效益的重要推手。水土保持科技示范园良好的基础条件和管理水平非常适合高新技术的推广示范，先进技术在示范园落地生根，经过精心实施、精准管理，自然开花结果，精彩纷呈。水土保持科技示范园软硬件过硬，各方面配套优异，高新技术会产生非常好的预期效益，起到很显著的示范效果。特别是在科技示范园开展技术推广示范，不需要特意组织人员考察学习，示范园自身相对稳定的人流对推广和示范工作会达到墙里开花墙外香、无心插柳柳成荫的效果。

（六）生态改善功能

生态改善是水土保持科技示范园的核心功能。山绿、水清、土净、气新、景美，良好的生态，优美的环境，水土资源的有效保护和合理利用，是每一个水土保持科技示范园的底色。做好水土流失综合治理开发，改善生态环境，促进生态文明，是每一个水土保持科技示范园的基本功，是成为水土保持科技示范园的前置条件。一个个环境优美的水土保持科技示范园，犹如一座座美丽的花园，美化大地，美丽国家，在广袤土地上熠熠生辉。水土保持科技示范园在创建和运行过程中，始终都要把做好水土保持工作作为首要任务，坚决维护良好生态环境，做绿色发展的践行者，做生态文明的亮窗口。

（七）创新发展功能

创新发展是水土保持科技示范园的重要功能，对从实践层面推进水土保持可持续发展意义重大。发展永无止境，创新永在路上。水土保持科技示范园，一方面，承担着对已有水土保持相关成功经验和先进技术等的示范、推广职责，发挥示范带动、辐射引领的重要作用；另一方面，时代在进步，社会在发展，水土保持需要紧跟时代、同步发展。水土保持科技示范园具备良好的基础，可以高点起步，坚持问题导向、需求导向、目标导向、价值导向融合，不断加强自我探索和创新，不断超越自我，实现水土保持新的突破和发展，为人民提供更多优质水土保持生态新产品，为美丽中国和可持续发展作出水土保持贡献。

（八）经济发展功能

经济发展是水土保持科技示范园的重要功能，特别是以生态产业示范为主的科技园的根本特色。科技示范园积极引进适地新经济品种，或者加强原有品种改良，培育特色产业，开展规模经营，发展绿色经济，提高土地生产力，改变传统的生产方式和资源利用方式，提高水土保持科技示范园经济效益。同时，作为成功样板，发挥带动辐射作用，促进区域产业的形成和规模化，加强深加工，延长产业链，促进区域经济发展。水土保持科技示范园风光秀美,“秀色可餐”,相当于水土保持主题公园,可以因势利导发展生态旅游。水土保持科技示范园具有独特的水土保持及生态文明科普和文化特色,充满知性魅力,有助于开展科普旅游和研学。广大青少年,以及家长带孩子,饶有兴趣到水土保持科技示范园了解水土保持知识,开展户外生态体验,享受知性之旅。人流的增加、旅游的带动,为水土保持科技示范园周边的发展创造了条件,实现绿水青山就是金山银山。

(九)就业增收功能

促进土地流转、促进居民就业、促进群众增收致富是水土保持科技示范园的重要功能。示范园成长于土地,奉献于社会。示范园日常管理和运行维护等工作,需要根据用人需求聘用长期和临时工作人员,为社会提供了就业岗位,为解决群众就地务工增收创造了条件、提供了机会,居民可以共享水土保持科技示范园发展成果,增强获得感。水土保持科技示范园基本都是长期承包了农民的土地,通过土地流转盘活经营权,把农民从零碎的土地中解放出来。农民除了每年稳定的土地租金收入,还可以到水土保持科技示范园打工,或者外出务工,大幅增加收入,提高生活水平,增强了乡村振兴内生动力,促进中国式现代化建设。

(十)交流培训功能

交流培训是水土保持科技示范园的特色功能。百闻不如一见。不同地方、不同领域、不同行业的参观者来到水土保持科技示范园,既是考察学习,也是互相交流的机会,示范园为社会同仁提供了交流研讨的平台。学习然后知不足,交流然后知长短,研讨然后知方向。交流促相知,研讨出真知。通过交流、研讨,可以互相启发,相互学习,取长补短,共同提升。同时,不少水土保持科技示范园建有培训中心,提供培训等服务。在水土保持科技示范园开展培训,“开门办学”,可以充分利用示范园丰硕成果,就地取材,不用长途跋涉,迈步就可实现实时实地考察,增强培训效果,提高培训效能。

三、内涵特征

水土保持科技示范园是一个相对独立,对外开放的自然、社会、经济的复合生态系统。与我国悠久的水土保持历史相比,科技示范园是水土保持新作,是适应社会发展的时代新事物,是满足人民优美生态需求的供给侧新产品,是水土保持的自我创新和发展。水土保持科技示范园内涵丰富,坚持人与自然和谐,内容有深度,领域有宽度,建设有高度,服务有温度,具有理念创新性、目标多重性、功能多维度、内容多样性、手段多样化、受众多元化、效益多方面、运维可持续等特征。

(一)生态文明展示窗口

2015 年,中共中央和国务院《关于加快推进生态文明建设的意见》明确要求:把生态文明教育作为素质教育重要内容,纳入国民教育体系和干部教育培训体系。水土保持是生态文明建设的重要内容,水土保持科技示范园是落地习近平生态文明思想、践行生态文明建设要求、开展示范和教育的典范,是生态文明的精品。水土保持科技示范园,贯彻人与自然生命共同体理念,落实山水林田湖草系统治理要求,高起点高目标高要求,把荒山秃岭打造成绿水青山和金山银山,彰显生态优先、绿色发展;水土保持科技示范园打造生态文明新高地，建设民众优美生态体验园，为社会提供优美生态产品，增强人民群众的幸福感、获得感，共享改革发展的成果；水土保持科技示范园积极建设宣传和科普设施，展示生态文明，培育社会生态文明意识，播种生态文明理念。

（二）水土保持高质量发展模式

高质量发展，是新时代对发展的精准定位，要求质量变革、效率变革、动力变革、健康持续。面对高质量发展要求，水土保持积极探索，不断创新，与时俱进。水土保持科技示范园，是水土保持高质量发展的典范，是水土保持创新发展的成功模式。水土保持科技示范园，是在已有水土保持基础上的提质升级，提高水土保持功能，增强水土保持服务，要求发展转型、结构优化、动力转换，实现质量提升、效率提高、效益增强，满足人民群众日益增长的美好生活需求，为经济社会可持续发展提供坚实保障。

水土保持科技示范园，从工程水土保持思维到活性水土保持思维，注入活性增加赋能，为水土保持“添枝加叶”，从量变到质变，发生从工程到园区的嬗变；从水土保持效益思维到综合效益思维，由单一目标向多目标转变，提升边际效益，扩大综合效益，实现从治理效益到示范、宣传、科普、科研、推广、培训、创新、观光等多目标多效能；从措施思维到设施思维，提高水土保持生态治理措施质量，增加科技示范园需要的设施、资源和场馆等，实现水土保持从保土增绿到美化家园；从分散思维到集中思维，土地由分散在户统一流转到水土保持科技示范园，实现集中经营、集中管理，由重建轻管转为建管并重，彻底解决水土保持工程管护难落地问题，保障了效益持续发挥；从治理思维到服务思维，治理是过程，服务是目的。水土保持科技示范园通过治理水土流失，提升水土保持功能，建设宣传科普、科研试验等设施，落脚点在于提高示范园的服务功能和水平，全面发挥示范园服务社会的功能和作用。

（三）公民综合素养户外教室

国民综合素质，是国家综合国力的竞争点。提高公民综合素养，事关国家发展、民族振兴。水土保持科技示范园是坐落在祖国大地上的水土保持主题公园，为开展公民自然生态教育、提升公民综合素养提供了户外教室。户外教室，环境优美，公众在水土保持科技示范园可以休闲观光，领略美好生态，欣赏自然风光；户外教室，内容丰富鲜活，看得见，摸得着，能参与。科技示范园为公众精心设计了参与课程，有水土保持示范、生态宣传、文化熏陶、科学普及、自然介绍、互动体验等，可进行情景教育。公众感受生态优先、绿色发展，了解水土保持基本知识、掌握生态自然基本情况，培养生态意识、培育生态理念，尊重自然、保护自然，在水土保持科技示范园这个户外大课堂增强综合素养，享受自然之趣。

（四）产学研三结合纽带基地

产学研相结合，是科研、教育、生产不同社会分工在功能与资源优势上的协同与集成，是技术创新上、中、下游的对接与耦合。水土保持科技示范园促进水土保持科研、教学和实践深度融合，加强三者的有机联系和密切合作，提供了三者一体化发展的平台。水土保持科技示范园拥有固定的土地、试验设施和水土保持资源，为科研单位落地开展科学试验和科研创新、教学单位落地开展实践教学和学习实践创造了条件，提供了资源；科研和教育单位的科研工作，依托科技示范园开展，其科技成果，优先在水土保持科技示范园试点示范,提升示范园科技含量,实现三者合作多赢。

(五)助推乡村振兴战略载体

乡村振兴战略的总要求是产业兴旺、生态宜居、乡风文明、治理有效、生活富裕。水土保持科技示范园,作为水土保持高质量发展的成功模式,提质量、上水平、增效能,使得水土保持对自然和社会的贡献再上台阶。水土保持科技示范园示范特色产业,辐射带动培育地方产业,促进乡村形成兴旺的产业,促进区域经济发展和群众增收致富;水土保持科技示范园促进土地流转,农民的土地资源变为资产,每年享有固定的租金收入,还有机会到科技示范园就地务工,提高现金性收入,提高生活水平;治理水土流失、改善生态环境、建设美丽园区,共创美好家园,为“望得见青山,看得见绿水,记得住乡愁”的生态宜居乡村作出贡献;水土保持科技示范园提供生态宣传、文化教育和科学普及等价值培育,附近村民近水楼台先得月,提高综合素养,促进乡风文明和治理有效。

(六)交流合作协同发展平台

水土保持科技示范园搭台,交流、研讨、培训、合作等各项工作都可以上台“唱戏”,各得其所。这个平台不仅面向国内,还可面向国际,发挥水土保持科技示范园集水土保持之大成的优势,讲好水土保持故事。大家来到水土保持科技示范园,考察参观之余,都会进行座谈交流,就感兴趣的问题和方面进行深度研讨、广泛交流。思想在相互碰撞中产生火花,机会在交流研讨中孕育产生,往往由此拉开携手合作序幕,共谋水土保持发展。水土保持科技示范园弘扬共享、开放理念,服务中小学、大学、党校等部门,与之建立良好的协作关系,成为中小学生自然实践和生态科普教育、大学生毕业实习和社会实践、党校学员学习考察的基地。

四、外延拓展

水土保持科技示范园是水土保持的新形态,众多赋能加持,众多方面创新,科技示范园不仅内涵提升,而且外延大幅拓展。科技示范园向社会提供优质水土保持生态产品,特别是特色服务,具有很强的外向性、开放性,在空间、要素、对象、技术、管理等方面,都予以广泛延展和深度开拓,增强了水土保持张力。

(一)空间拓展

说到水土保持,脑海里映现的是茫茫山野,躺在沟道里的谷坊、缠在山坡的梯田、戴在山顶的“绿帽子”,什么小流域、拦沙坝、竹节沟、坡面水系,都在山山沟沟,离生活很遥远。水土保持科技示范园的出现,使得水土保持的空间位置发生了很大变化,水土保持下山进村入城,走到人们身边,看得见、摸得着,成为一道亮丽的风景线。水土保持科技示范园“逐人而居”,有的建在村庄,有的建在城市,有的建在公园,有的建在水库,有的建在大学校园,甚至还有的建在中小学校园。不仅野外有,还由户外走进室内,建设了室内展示或科普馆。

(二)领域拓展

传统水土保持基本归属自然生态领域,水土保持科技示范园从自然生态领域拓展到社会领域。与一般水土保持工程相比,水土保持科技示范园开展的工作更多、涉及的范围更广,新的拓展基本都属于社会领域。水土保持科技示范园笑迎八方客,要开展宣传、文化、科普、科研、导视、解说等工作,要通水、通电、有网络,完善基础设施,要涉及与宣传、教育、科研等部门的合作,涉及与基础设施等部门的对接,工作领域大幅拓宽。

(三)内容拓展

传统水土保持主要包括工程措施、植物措施和保护性耕作措施。水土保持科技示范园与时俱进,在原有内容基础上,进行积极创新、广泛拓展。其建设内容“下要保底、上不封顶”,围绕国家战略、围绕社会需求、围绕新技术应用和水土保持发展探索,拓展广度和宽度。科学普及、科学试验、技术推广、宣传教育、水土保持文化、标识导视、解说咨询、园林景观、公园管理等,以及水土流失演示、水土保持效益展示、水土保持展室、科普馆、4D影院、休憩设施等,都是在原有基础上的拓展和创新。

(四)技术拓展

传统水土保持应用的技术基本都是水土流失综合防治方面的。水土保持科技示范园涉及领域多,建设内容多,应用的技术不再局限于水土保持,对技术手段进行了广泛拓展。监测技术、试验技术、演示技术、展示技术、园林技术、宣传方法、导视手段、AR 技术、VR 技术、4D 动画、互动投影技术、多媒体投影技术、全息影像技术、幻影成像技术等与水土保持深度融合,开拓水土保持技术新发展。

(五)主体拓展

传统水土保持工程完成后,主要移交原土地所有者或使用者,其运行管护主体一般为村集体或使用者(农民、大户等)。水土保持科技示范园类型众多、形式多样,管理主体多样化。除村集体外,水土保持科技示范园将管理主体拓展到水利管理部门、民营企业、国有企业、科研单位、大学、中学、公园管理单位和专业运维公司等,扩展了社会参与水土保持的广度。

(六)对象拓展

传统水土保持工程竣工后,面对的对象主要是所有者或使用者,间或有其他人员,门可罗雀,基本上没什么人到访。水土保持科技示范园建成不是结束,而是开始,要打开园门,对社会开放,欢迎各方人士莅临。除了所有者和使用者,水土保持科技示范园的受众对象大幅度拓展,主要有行业同仁、中小学生、高校师生、科研人员、党校学员、党政干部、社会公众、国际友人等。门庭若市、川流不息,才是科技示范园应有的场景和写照。除广泛拓展外,还有部分受众对象相对稳定,成为有组织有计划的“固定客户”,像中小学生、高校师生和党校学员等,每年定期到水土保持科技示范园开展相应的活动。

五、受众对象

水土保持科技示范园的目的是示范引领、推而广之、教化公众。如何实现?必须借助传播媒介。众所周知,约 84%的开花植物是由昆虫(主要是蜜蜂)作为传播媒介,来帮助它们授粉实现繁衍后代生生不息的。水土保持科技示范园的传播载体主要是人,是来自四面八方的不同群体,他们是科技示范园的受众对象,更是服务对象,是示范推广的主要传播渠道。他们有的相对固定,有的比较随机,应当稳定“固定受众”,扩大随机对象。蝶使蜂媒,犹如韩信带兵,多多益善。水土保持科技示范园最喜高朋满座,人来人往,络绎不绝。这样,科技示范园才会被社会所知,才能发挥功能作用,其价值才能得以实现,其效益才能充分释放。

(一)行业群体

行业群体是水土保持科技示范园的主要受众。不受地域限制,可以是全国各地的相关群体。主要包括水土保持管理、事业、科研、教育、企业等领域的人员,以及其他相关行业和部门的人员。行业对象的考察交流时间、人数、活动、频次等都不固定。

(二)党校学员

党校学员是水土保持科技示范园的重要潜在受众。一般受地域限制,党校距离科技示范园不宜太远。党校是培养干部的高端阵地,对学员开展生态文明教育是教学的重要内容。理论与实践结合,开展实地考察实践,是党校教学的有效形式。水土保持科技示范园为各级党校提供了很好的教学实践基地。党校学员的学习考察时间、人数、活动、频次等可以相对固定。

(三)大学生

大学生是水土保持科技示范园的重要受众。一般不受地域限制,集体行为主要取决于学校与科技示范园是否有协作关系,个人行为则由个人与科技示范园联系决定。大学生的社会实践和毕业实习时间、人数、活动、频次等都相对固定。

(四)中小学生

中小学生是水土保持科技示范园的核心受众。受地域限制,学校距离科技示范园不宜太远,交通要便利。中小学生参观科技示范园基本都是学校统一组织,有计划、有方案,时间、人数、活动、频次等都比较固定。

(五)社会公众

社会公众是水土保持科技示范园的主要潜在受众。一般受地域限制,住所离科技示范园不太远,交通便利。社会公众参观科技示范园是自发的、随机的,时间、人数、活动、频次等都不固定。

(六)国际友人

国际友人是水土保持科技示范园的重要潜在受众。不受地域限制,可以是世界各地的国际人士。他们没有从业和专业等的限制,只要对水土保持科技示范园有兴趣即可。国际友人参观科技示范园,时间、人数、活动、频次等都不固定。

六、基本特点

水土保持科技示范园是水土保持现代化发展的探索,是水土保持创新发展的样板,是生态文明建设的示范,代表水土保持高质量发展的方向。水土保持科技示范园兼具传统和现代双重特色,不断开拓创新和完善发展,成为水土保持一道亮丽的风景线,具备和谐美观、内容综合、联结社会、拓展创新、开放服务、持续发展等鲜明特点。

（一）综合性

与其他水土保持工程和示范项目相比，内容综合、目标综合是水土保持科技示范园的突出特色。水土保持科技示范园包含“水土保持、科技、示范、园”等多种要素，内容众多，不是单一的水土保持工程，而是水土保持与科技、水土保持与示范、水土保持与主题公园等的有机融合，实现无缝对接，有效“混搭”。同时，水土保持科技示范园的目标具有多重性，不是单一地防治水土流失、改善生态、提高土地生产力，而是在此基础上拓展理念引领、典型示范、宣传教育、科学普及、科研试验、休闲观光等功能，效益多元化。

（二）社会性

水土保持科技示范园面向社会开放，服务社会公众，其社会属性大大增强，成为水土保持与社会之间的纽带。对于社会公众而言，水土保持属于“小众”，既专业又抽象，离得远、难理解。水土保持科技示范园，不应“藏在深山人不知”，而应主动走进社会，走到社会公众身边，展示自我，推荐自己。科技示范园对社会免费开放，热烈欢迎公众莅临参观，积极主动服务受众对象，以公众喜闻乐见的方式介绍水土保持，科普自然知识，宣传生态理念，寓教于乐，寓知于美。科技示范园以趣味科普、知性休闲、优美环境和周到服务，架起了水土保持与社会之间的桥梁，为水土保持进入公众视野提供平台。

（三）知识性

水土保持科技示范园很重要的功能就是科普水土保持知识、普及自然常识、培育生态理念和意识，可以说，园区就是水土保持户外教室、自然生态户外课堂。一草一木，都有名称；一山一水，皆有介绍。在水土保持科技示范园，所有的花草树木，都有相应的铭牌介绍，告知是什么，有什么特点，有什么功能；所有的水土保持措施，都有相应的介绍牌，告知是什么，作什么用。同时，还布设有宣传或科普长廊，就专题进行知识普及。园区还会设置人工降雨水土流失演示等设施，演示水土流失产生过程和水土保持措施作用。在水土保持室内展馆里，还会有水土保持工作介绍，以及多媒体手段展示。公众在水土保持科技示范园里，在山水中穿行，不仅可以知其然，还可知其所以然，开展知性之旅。

（四）创新性

创新是水土保持科技示范园的灵魂。作为典型示范，水土保持科技示范园必须要保持领先、不断创新，才能走在前列，才能引领示范。园区一方面加强总结，掌握各地水土保持的成功经验和技术，及时予以展示；另一方面，要依托园区的优势，积极开展新技术、新设施、新设备、新品种、新材料、新工艺、新方法、新机制的创新和应用，为水土保持改革发展和生态文明建设提供创新样板、提供发展支撑。

（五）美丽性

自然和谐、景色秀美，是水土保持科技示范园的不二外貌。水土保持科技示范园作为水土保持的高端形态，定位高、起点高、要求高，不仅立足防治水土流失、实现由荒到绿，更推崇由绿到美，实现人与自然和谐，奉献公众自然美色。爱美之心，人皆有之。水土保持科技示范园要像花园一样美丽，像一朵朵美丽的鲜花，盛开在祖国大地。只有美丽的水土保持科技示范园，才是符合标准的园区，才会得到社会认可，才会受到公众追捧，才能更好地吸引受众对象,才能充分发挥示范辐射和宣传教育的功能及作用。

(六)持续性

持续发展、持续发挥作用,是水土保持科技示范园的价值所在。水土保持科技示范园发挥着理念引领、典型示范、宣传教育、科学普及、科研试验、休闲观光等功能,具有很强的社会性、公益性,必须长期发挥作用,服务社会,才能发挥更大效益,作出更大贡献,实现预期目标。所以,一方面,必须保障园区长期稳定运行,长期开放服务,持续发挥公益功能;另一方面,园区必须保障可持续发展,要有相应的提升机制,与时俱进,适时更新完善,不断提升园区水平,提高服务能力。

第五章　发展方略

> 世界上最重要的事，不在于我们身在何处，而在于我们朝着什么方向走。
>
> ——美国作家奥立佛·温德尔·福尔摩斯

求木之长者，必固其根本；欲流之远者，必浚其泉源。发展方略是事业发展的总纲，是发展的旗帜所在、方向所指，是发展的总体规划和顶层设计。提纲挈领，执本末从。水土保持科技示范园发展方略，就是一定时期内的工作遵循和依据，确定了发展思想、发展原则、发展目标、发展重点、发展理论、发展动能，明确长远发展方向和愿景，保障科技示范园按照正确思想的指引，向着正确的方向，沿着正确的道路，朝着正确的目标前进，实现水土保持科技示范园有序、健康、持续发展和效益高效持久发挥。

一、发展思想

思想决定行动，思路决定出路。发展思想是发展的战略性、纲领性、引领性指引，是开展工作必须遵循的总要求，是发展的主旨和灵魂。水土保持科技示范园的指导思想，是科技示范园的发展指南，决定着发展的理念和定位，决定着发展的方向和未来，决定着发展的成效和成败。

习近平新时代中国特色社会主义思想特别是习近平生态文明思想，是水土保持科技示范园总的指导思想。党的二十大和二十届二中、三中全会精神，是水土保持科技示范园要全面贯彻的时代主题。以人民为中心，满足人民日益增长的美好生活需要和优美生态环境需要，是示范园的发展宗旨。落实生态文明战略，坚持“创新、协调、绿色、开放、共享”的新发展理念，践行绿水青山就是金山银山，促进人与自然和谐，是水土保持科技示范园必须坚持的发展遵循。坚持高质量发展，加大创新、加强品质、加强服务，提升水土保持功能，提供更多更优生态产品，是示范园的发展主旨。融入乡村振兴战略、新型城镇化战略、区域协调发展战略，融合全民素质教育，建设美丽中国，是水土保持科技示范园的发展方向。坚持“两手发力”，发挥社会力量，加强共建共享，加大示范园供给速度，是水土保持科技示范园的发展路径。发挥理念引领、典型示范、宣传教育、科学普及、科研试验、产业培育、休闲观光等多功能多目标，提升边际效益，是水土保持科技示范园的发展方式；总量做大化、质量做优化、布局科学化、类型多样化、服务精准化、受众多元化、建设公园化、形式标准化、“颜值”产值化、管理高效化，是水土保持科技示范园的发展目标。

二、发展定位

定位决定目标，目标引领方位。水土保持科技示范园的发展定位是示范园的顶层设计,要合理确定水土保持科技示范园的发展方向、明确科技示范园的自身特点、确定科技示范园的建设任务、落脚科技示范园的发展目标。具体来讲,就是要确定水土保持科技示范园的建设类型,是技术推广型、科普教育型、科学研究型还是其他类型,或者以哪种类型为主,一专多能,兼顾其他类型;宏观来讲,就是要从水土保持、生态文明、旅游休闲、科普教育和社会民生等不同维度,分析水土保持科技示范园面临的不同需求和发展重点,铸就水土保持科技示范园在不同层面的位置和作用,实现科技示范园的自身价值。

(一)水土保持发展标兵

从水土保持维度来看,水土保持科技示范园就是水土保持某一方面或几方面的高水平示范。作为示范,就要在水土保持领域具有领先性、先进性、创新性、推广性,不仅示范内容要有水平,示范手段也要有水准。要在水土保持业内成为排头兵、领头羊、先行者,要成为水土保持发展的高地、标杆、典型,要成为展示、示范、引领水土保持发展的样板。

(二)生态文明实践典范

从生态文明建设维度来看,水土保持科技示范园是习近平生态文明思想实践的成功典范,是习近平生态文明思想的传播者。众所周知,水土保持是生态文明建设的必然要求、主要内容和重要基础。孙鸿烈院士说过:水土流失是生态退化的集中反映,水土保持是生态建设的牛鼻子。水土保持科技示范园践行习近平生态文明思想,统筹治理山水林田湖草沙,建设水准高、生态效果优、示范作用好,既是水土保持建设发展的集中展示和典型代表,也是习近平生态文明思想落地生根、开花结果的成功实践。党的十八大以来,水土保持科技示范园建设蓬勃发展,新增 103 个,占科技示范园总数(166 个)的 62.05%。

(三)水土保持主题公园

从休闲旅游维度来看,水土保持科技示范园是水土保持主题公园,是生态旅游的一道生态特色风景线。水土保持科技示范园将自然和水土保持有机融合、将自然之美与人工创意深度契合,搭建了自然与社会的桥梁,成为水土保持特色的主题公园。一个个水土保持科技示范园,风光秀美、自然质朴,犹如一颗颗璀璨的明珠,在祖国大地上熠熠生辉,成为公众休闲观光的好去处,可以仰观宇宙之大,俯察品类之盛,游目骋怀,寓知于美。

(四)水土保持科普基地

从科普教育维度来看,水土保持科技示范园是水土保持科普基地,是自然生态科普平台,是中小学科普的户外教室和研学基地。党的二十大报告提出,加强国家科普能力建设。科普基地是面向公众开展科普教育活动,推进科普工作社会化、经常化和规范化的重要场所。"科技创新和科学普及对于创新发展而言好比鸟之双翼、车之双轮,不可或缺、不可偏废。"水土保持科技示范园集科技、科研和科普于一身,特别加持以水土保持和生态科普知识及宣传教育,辅之以科普馆和水土流失演示、互动、参与等科普内容与手段,借助声、光、电等高新技术,寓知于美,寓教于乐,成为公众开展自然科普教育的户外教室。民众可以看到前沿,看到世界,可以游目骋怀,足以极视听之娱。

(五)社会公众民生福祉

从民生维度来看,水土保持科技示范园是民生福祉。"良好的生态环境是最公平的公共产品，是最普惠的民生福祉。”水土保持科技示范园是水土保持生态建设的高地，打造了高水平的良好的生态环境，向社会公众提供了优质水土保持生态产品，带动群众就地务工增收，培育地方特色产业，提升了人民福祉。不断满足人民日益增长的美好生活需要和优美生态环境需要，厚植民生福祉，是水土保持科技示范园的重要目标。

三、发展理念

理念决定格局，格局决定结局。水土保持科技示范园的发展理念，是科技示范园的发展源泉和发展基石，决定了科技示范园的内在气度和外在高度。理论是实践的先导，思想是行动的指南。科学的发展理念，产生正确的指引，树立正确的观念，提供源源不绝的内生动能和发展支撑，引领水土保持科技示范园的发展方向，保障水土保持科技示范园砥砺前行，行稳致远。

（一）为民理念

以人民为中心，是所有工作的根本出发点和落脚点。从民众需求出发，聆听受众建议，响应人民呼声，建设符合人民期盼的水土保持科技示范园，做到水土保持惠民、水土保持利民、水土保持为民。换位思考，设身处地为群众考虑，站在受众对象的角度考虑问题，增强水土保持科技示范园设计的人性化和趣味性，寓知于美、寓教于乐，润物无声、喜闻乐见。以人为本，服务为要，增强服务意识，提高科技示范园运行管理能力水平，提高受众对象体验幸福指数。

（二）生态理念

生态文明被列入国家“五位一体”总体布局，水土保持科技示范园是生态文明的展示窗口和宣传阵地。要全面落地习近平生态文明思想和理念，做高标准践行的排头兵和生态文明的传播者。一方面，园区建设要坚持系统治理理念，统筹考虑生活、生态、生产，促进人与自然和谐共生，把园区建成群众身边的风景、促进就业和发展的平台，切实增强群众的获得感和幸福感；另一方面，加强生态文明和水土保持宣传教育，开展科学普及，通过群众喜闻乐见的形式和声、光、电等现代设施设备，把园区建成科普教育的户外教室和自然课堂，普及水土保持生态基本知识，增强公众的生态理念和意识。

（三）示范理念

示范工作，由来已久，是推动发展的一项重要方法、有效举措，不可或缺。示范辐射，以点带面，通过示范标杆的引领带动，发挥榜样的“头羊效应”，推动工作的全面开展。要树立示范的理念，明确示范的要求，做好水土保持科技示范园建设。要确定水土保持科技示范园定位，明确示范内容、示范重点、示范布局、示范方式、示范手段、示范对象、示范活动、示范材料等，保障示范效果，发挥园区作用。

（四）融合理念

一滴水只有融入大海，才不会干涸，才会波澜壮阔。水土保持科技示范园必须融入国家战略，融入经济社会发展，融入时代潮流，才能找准坐标，精准定位。要与生态文明战略融合，与美丽中国战略融合，与乡村振兴战略融合，与区域协调发展战略融合，与科技创新战略融合，与讲好中国故事融合，与全民素质教育融合。在融合中发挥水土保持科技示范园的比较优势，突出水土保持特色，增强最优效益，作出最大贡献。

（五）共享理念

共享是社会发展的趋势和必然。水土保持科技示范园不是孤军奋战，秉持众人拾柴火焰高，坚持共建共有共享，鼓励社会各界发挥各自比较优势，以各种形式参与水土保持科技示范园工作。水土保持科技示范园在建设中应因地制宜决定起点，不一定要一张白纸从零做起，要善于"站在巨人的肩膀上"，充分利用已有成果和资源，高点起步，高位嫁接，借景借力，优势互补，共建提升。建设"园中园""馆中馆"，共享建设成果，加快建设进程。在运行管理中，优势互补，强强联合，组团管理，提高管理水平，共同服务社会。

（六）创新理念

创新是水土保持科技示范园的灵魂，是科技示范园持续发展的内在动能。示范园是水土保持高质量发展的典范，要从体制机制、综合治理、宣传教育、科学普及、示范带动等各方面，加强创新，加强突破。创新无止境，永远在路上。水土保持科技示范园作为生态文明的典范，作为水土保持集大成者，必须坚持创新，主动识变，积极应变，自觉求变。要把握科技示范园特点，精准发力，立足个性，追求特色。特别是在水土保持功能提升、园区建管模式、与学校和党校的协作、展示内容和展示手段、参与体验活动设计、VR 和多媒体投影等高新技术应用等方面，发挥示范园特色和优势，加大创意，创造新意，不断推陈出新，发挥引领示范作用，持续推进水土保持新发展。

（七）持续理念

坚持可持续发展，保障水土保持科技示范园长期稳定、长期开放、长期发挥作用。示范园发挥功能和作用，不是一朝一夕的，而是"持久战"，要把水土保持科技示范园打造成"百年老店"，在祖国大地上发出生态之光，成为生态文明品牌。要与时俱进，根据社会发展需求，及时对水土保持科技示范园进行提质升级，保持示范的先进性和引领性，保持水土保持科技示范园的魅力和吸引力，保障示范园持续运行和服务。

（八）景观理念

景观理念包括质量高、品质高、颜值高，打造精品，建设花园式示范园，打造水土保持主题公园。水土保持科技示范园是水土保持的发展高地，代表水土保持的发展水平，要落地高质量发展要求，实现更高质量和更高品质。首先，示范园要美。园区是用来参观示范的，公众愿不愿来，很大一方面取决于示范园的"美色"。爱美之心，人皆有之。要打造花园式示范园，让示范园"秀色可餐"、风光迷人，让公众有美的享受和好的体验。其次，主题是主题公园特色鲜明的灵魂。示范园要有水土保持特色，突出水土保持内容，彰显水土保持特点，打造水土保持主题。最后，水土保持科技示范园要服务到位，具备科普、宣传、体验、休憩、简单医疗等服务设施和条件，为公众提供基本的有品质的服务，具有公园的服务意识和水准，让公众感受到和蔼可亲。

（九）品质理念

品质理念包括质量高、品质高，打造精品。水土保持科技示范园是水土保持的发展高地，代表水土保持的发展水平，要落地高质量发展，实现更高质量和更高品质。水土保持科技示范园不在多，贵在精，秉持量的增加与质的提升同步，质量为要，建设精品工程。打造一个，精彩一个，实现“以高品质生态环境支撑高质量发展，加快推进人与自然和谐共生的现代化”。

（十）边际效益理念

边际效益理念包括提高建设效能和拓展服务功能。水土保持科技示范园在建设时，应充分利用已有建设成果，不论是水土保持的还是其他的，不求所有，但求所用，在已有“图画”上对照水土保持科技示范园标准查遗补缺、增景添色。或者加强协作与项目协同，利用其他项目完成相关建设，众人拾柴火焰高，事半功倍；水土保持科技示范园建成后，要积极提质增效创建其他荣誉，诸如科普教育基地、研学基地、大学生实践基地、党校实践基地、水利风景区、青少年生态教育基地、生态文明示范基地等，目的不在于荣誉，而在于提高影响力，增强服务功能，发挥示范园更大效益。

四、发展原则

原则是工作的依据，是发展的准则。没有规矩，不成方圆。水土保持科技示范园的发展原则，立足科技示范园的发展基础、环境、形势、需求和未来，针对科技示范园的发展定位、功能、作用，以及内容和管理等各方面、各要素，提出发展中应当遵照执行的规则，体现水土保持科技示范园发展的基本价值观念。

（一）公平性

人民对美好生活的向往，包括优美水土保持生态产品和水土保持科学普及，是每个人的权利。水土保持科技示范园发展要以此为奋斗目标，充分考虑不同区域人民的需求，合理规划布局，加大建设力度，增加科技示范园数量，扩大科技示范园覆盖范围。通过持续发展，让更多的人公平地享有水土保持科技示范园，共享国家改革发展成果，增进人民福祉，增强幸福感。

（二）计划性

水土保持科技示范园要做好顶层设计，坚持有计划发展，稳步推进。要做好规划，明确目标任务，明确总体布局，明确建设进度，分批分年有序组织推进，逐一安排实施。要系统考虑，统筹安排科技示范园运行维护和提质升级工作，两手发力。要整体考量，从科技示范园评定到定期评估，严格落实相关标准和要求，不断提升科技示范园水平和功能。

（三）统一性

水土保持科技示范园发展坚持“四个统一”。一是统一建设标准。上不封顶，下有保底，设置最低红线，明确规定动作，严格建设质量和园区水准，切实体现水土保持发展最高水平。打造水土保持主题公园，既有颜色，又有知性，美貌与水土保持并存，休闲和科普兼具。二是统一评定要求。严格评审，严格把关，严格门槛，坚持质量优先，确保园区质量。三是统一开展评估。严格评估标准，定期开展评估，一把尺子量到底，不达标坚决摘牌。四是统一运行要求。规范运行管理，增强服务理念，做好运行服务，提高受众体验。

（四）长期性

水土保持科技示范园要坚持可持续发展，长期发挥作用，不是“一锤子买卖”。首先要有稳定的土地,夯实长期运行基础,保障园区稳定性。其次,要有稳定的管理单位,管理人员明确,运行维护有保障,为持续发挥作用提供条件。再次,示范园要安全无虞。园区无安全隐患,有应急预案,保障运行安全。最后,示范园一般要具有持续投入的条件,为与时俱进提质升级创造条件,保障科技示范园可持续健康发展。

(五)协作性

水土保持科技示范园要坚持协作发展,重点在三个阶段:建设、管理、运行。建设阶段,推行共建、共有、共享,面向社会开放,欢迎各方参与,与所有合作单位联合共建;管理阶段,非水利部门建设的科技示范园,由相关合作单位为主管理,水利部门加强监督和指导;运行阶段,与教育、科研、党校、培训等部门开展合作,作为固定基地,供有关部门使用,保障受众对象基本盘,提高示范园综合效益。

(六)先进性

先进性是水土保持科技示范园的本质特征,是发展的根本要求。首先,科技示范园的内容要有先进性,包括水土保持及生态的措施、知识、文化、科普、展示等各个方面。其次,设施设备方法手段要具有高质量、高标准、高水平,切实代表水土保持和相关领域的先进理念和先进技术,保持领先。最后,在管理机制和服务质量上,也要上档次上水平,做好运行管护,提升服务水准。

(七)开放性

水土保持科技示范园坚持“门户开放”政策,开门迎客。一是创建面向全社会。任何单位、任何个体,只要有积极性、有条件,都可以参与水土保持示范园创建,实行“自主建设、自愿申报、自我运行”。二是开放面向全社会。水土保持科技示范园向全社会开放,任何单位、任何个体,都可以有序到示范园参观学习、休闲观光。

(八)多样性

水土保持科技示范园发展要坚持多样性,不拘一格,殊途同归。一是类型多样。因地制宜,突出重点,明确主攻方向,打造自身特色,建设丰富多彩、特点各具、风格各异的不同类型的科技示范园。二是建管模式多样。既可以政府主导建设和运营,也可以社会自主建设和运营,或者二者联合,甚至政府购买运营服务。三是起点多样。可以一张白纸,从零建起;也可以在已有水土保持工作的基础上补充完善,高点起步;还可以在其他资源基础上,高位嫁接,整合提升。四是效益多样。包括生态效益、社会效益和经济效益,特别是社会效益多元化,面向社会,服务广大公众。

(九)特色性

水土保持科技示范园发展要坚持各具特色,不能千篇一律,百园一色。从科技示范园的大小、自然情况、功能分区、建设内容、应用技术、展示手段、管理方式等,在共性之外,每个园区都应有自己的特性。特别是要建设自己的优势项目,做出特色,提高成色,成为科技示范园的主打招牌。

(十)公益性

水土保持科技示范园具有很强的公益性,是发展中必须坚持的重要准则。除经济发展功能外，示范园发挥的服务和作用都是公益性的。一要对标国家要求的“三馆”（图书馆、美术馆、博物馆），敞开大门，做好功课，向社会和公众免费开放，免费发放宣传材料，赠送纪念品，提供无偿优质的服务；二要充分考虑不同区域群众的需求，加大建设力度，增加示范园数量，扩大示范园覆盖范围，让更多的人享有示范园，共享生态建设成果，切实增强幸福感。

（十一）美观性

水土保持科技示范园是人与自然和谐的典范，是生态文明的窗口，是水土保持联结公众的桥梁，必须坚持园林化、花园式发展。牢固树立人与自然和谐的价值取向，在增绿和变富的基础上，推行园林景观和美丽园区理念，提升颜值，打造花园式科技示范园，给公众提供养眼爽心、游目骋怀的好去处。

五、发展愿景

2015 年，《全国水土保持规划（2015—2030 年）》要求：加强科技示范园建设，加强技术示范、成果推广和科普宣教的综合效应。2022 年底，中共中央办公厅、国务院办公厅印发《关于加强新时代水土保持工作的意见》（中办发〔2022〕68 号）要求：“开展国家水土保持示范创建（含水土保持科技示范园），加强水土保持科普宣传和文化建设。”水土保持科技示范园，是水土保持工作的重要品牌，是水土保持高质量发展的典型代表，代表了水土保持的发展方向。历经 20 年，水土保持科技示范园取得了积极进展，积累了丰富经验，但与发展需求和人民需要仍有差距。需要加快加大发展，实现量的增长和质的同步提升，构建起社会化协同、智慧化管理、规范化发展的新格局，全面提高服务社会和公众的能力与水平，为实现人与自然和谐共生的现代化提供有力支撑。

近期（到 2030 年），构建政府、社会、市场等协同推进的水土保持科技示范园发展格局。进一步加强水土保持科技示范园量的增长和质的提升，实现全国省级全覆盖，逐步扩大重要区域覆盖范围。开展水土保持科技示范园信息化管理，推动线上水土保持科技示范园工作。推动省级水土保持科技示范园建设。制定标准规范，健全政策制度，持续提升水土保持科技示范园运行管理和服务水平。

中期（到 2035 年），丰富完善水土保持科技示范园类型，逐步扩大地市级覆盖范围，有效提升科技示范园质量。完善提升线上和手机移动端水土保持科技示范园工作。健全国家和省级两级水土保持科技示范园体系。完善标准规范，显著提升水土保持科技示范园运行管理和服务水平，进一步增强水土保持科技示范园对经济社会发展的贡献和支撑。

远期（到 2050 年），全面形成布局合理、种类齐全、特色鲜明、规模适度的多层级全国水土保持科技示范园体系，全面提升水土保持科技示范园对经济社会发展的贡献和支撑。全国地市和重要区域基本全覆盖，水土保持科技示范园全面实行智慧化管理，“实体园”和“网上园”两园并行，水土保持科技示范园质量、管理和服务水平显著增强。

（一）科技示范园布局

全国水土保持科技示范园的布局包括国家级和省级两级水土保持科技示范园。应当以行政区划为基本单元，同时辅之以水土流失类型、水土保持区划、重要流域（区域）和城市等,基本覆盖与重点加密相结合,合理确定,科学布设。

1.以行政区划为单元布局

国家水土保持科技示范园应以省级行政区划为单元布局,实现全国省级全覆盖。在此基础上,加大水土保持重点省布设密度,逐步实现地市基本覆盖。

省级水土保持科技示范园应以地市级行政区划为单元布局,实现全省市级全覆盖。在此基础上,加大重点地市的布设密度,推动重点县基本覆盖。

2.以水土流失类型为单元布局

国家水土保持科技示范园应以水土流失类型为单元布局,实现水力侵蚀、风力侵蚀、冻融侵蚀和重力侵蚀等侵蚀类型全覆盖。在此基础上,加大重要水土流失类型的布设密度。

省级水土保持科技示范园应以本省水土流失类型为单元布局,实现全省水土流失类型全覆盖。在此基础上,加大重要水土流失类型的布设密度。

3.以水土保持区划为单元布局

国家水土保持科技示范园应以全国水土保持三级区划为单元布局,实现三级区划(115个)全覆盖。在此基础上,加大重点区划布设密度。

省级水土保持科技示范园应以水土保持四级区划为单元布局,实现全省四级区划全覆盖。在此基础上,加大重点区划布设密度。

4.以流域为单元布局

国家水土保持科技示范园应以全国主要流域为单元布局,实现主要流域全覆盖。在此基础上,加大主要流域布设密度。

省级水土保持科技示范园应以省内主要流域为单元布局,实现全省主要流域全覆盖。在此基础上,加大主要流域布设密度。

5.以城市为单元布局

国家水土保持科技示范园应以省会城市和计划单列市为单元布局,实现主要城市全覆盖。在此基础上,加大地级市布设密度。

省级水土保持科技示范园应以省内地级市为单元布局,实现全省地级市全覆盖。在此基础上,加大主要县级市布设密度。

(二)科技示范园类型

以技术推广型、科普教育型、科学研究型三种类型为基础,百花齐放,拓展创新不同水土保持科技示范园类型。特别是省级水土保持科技示范园,应因地制宜、量体裁衣,打造适合本省实际的类型,比如监测型、生态产业型、专项措施型(如淤地坝、坡改梯、崩岗治理、侵蚀沟治理、水土保持林草等)、城市科普型、校园科普型等。应以省为单元,实现水土保持科技示范园至少三种类型全覆盖。有条件的地方,可以在地市级实现水土保持科技示范园三种类型全覆盖。

(三)科技示范园规模

总体来看,水土保持科技示范园的数量,应与社会发展和人民需求相适应。应当让公众尽可能就近走进水土保持科技示范园,共享水土保持生态建设优质成果和服务。总体来看,科技示范园数量应当下有底线,上不封顶。可考虑按地市行政区划控制,每个地市最少1个。重要地市、重要流域(区域)和生态建设区,须加密布设。根据2007—2023年国家示范园创建情况来看,平均每年10个左右。预计到2035年,全国新增示范园120个左右,总数达300个左右。

(四)科技示范园层级

实行水土保持科技示范园分级建设、分级命名,各负其责,有序推进。全国分为国家和省两级,作为水土保持科技示范园基本分级体系。重要地方可建立市级(如赣州)水土保持科技示范园。

(五)科技示范园标准

积极推进制定水土保持科技示范园标准规范,建立健全水土保持科技示范园标准体系,保障标准化、规范化建设和管理。标准形式可涵盖水利行标(SL)、地标(DB)、团标(TB)、企标(QB)等多层面,类型多样,多管齐下。标准内容应包括水土保持科技示范园建设标准、运行维护标准、评定标准、评估标准等。

(六)智慧科技示范园

全国水土保持科技示范园信息化管理。利用全国水土保持信息管理系统,建立全国水土保持科技示范园模块,录入全国水土保持科技示范园资源,录入科技示范园相关服务内容、设施条件、联系方式等信息,形成全国水土保持科技示范园一张图和名录,实现信息化管理和查询。实行年度更新和动态管理,为社会提供最新信息。

开发线上全国水土保持科技示范园。通过图文、音视频等形式,将展览展品、科普课、品牌活动等丰富的水土保持科普内容移至云端,分批次逐步建立线上全国水土保持科技示范园,打造线上线下两个水土保持科技示范园,一园变两园。建立全国水土保持科技示范园手机移动端,实现全国水土保持科技示范园在线在手,公众足不出户,触手可及,随时参观。线上线下相结合,公众可适情选择线上参观或者现场参观,扩大水土保持科技示范园服务空间和服务时间,提高服务能力和水平。

六、发展动能

随着生态文明建设的深入推进,水土保持科技示范园成为社会高频词,被誉为水土保持的金字招牌站上风口。历经20年不断发展创新,水土保持科技示范园方兴未艾,发展动能集聚,发展力量和因素强劲。既有来自供给侧的内部动力,也有来自需求侧的外部动力,二者相互叠加、共同作用,为水土保持科技示范园的发展推波助澜、加油充电,提供了源源不断的发展动能。

(一)人民美好生活需求

以人民为中心,是水土保持科技示范园的出发点和落脚点。发展为了人民,发展成果由人民共享,这是水土保持科技示范园的宗旨所在。所以,人民日益增长的美好生活需要和优美生态环境需要,就是水土保持科技示范园面临的试卷,就需要水土保持科技示范园做好答卷,满足人民的迫切需求。目前,国家水土保持科技示范园只有166个,约850万人1个,省级还未实现全覆盖。根据2022年中共中央办公厅、国务院办公厅印发的《关于新时代进一步加强科学技术普及工作的意见》,“到 2025 年,公民具备科学素质比例达到 15%;到 2035 年,公民具备科学素质比例达到 25%。”水土保持科技示范园覆盖范围少,涵盖人群少,远远不能满足公众对水土保持优质产品的需求,不能充分发挥水土保持科技示范园科普教育、户外教室、提高公众科学素质的作用。急需进一步加大建设力度,加快建设速度,加强建设质量,加大覆盖范围,为社会和公众提供更多更优的水土保持科技示范园,为提高全民科学素养作出更大贡献,满足人民日益增长的美好生活需要和优美生态环境需要。

(二)美丽中国建设需求

建设美丽中国是全面建设社会主义现代化国家的重要目标,是实现中华民族伟大复兴中国梦的重要内容。2023 年 12 月 27 日,中共中央、国务院印发了《关于全面推进美丽中国建设的意见》,要求“到 2027 年,美丽中国建设成效显著;到 2035 年,美丽中国目标基本实现。”“打造美丽中国建设示范样板”“充分利用博物馆、展览馆、科教馆等,宣传美丽中国建设生动实践。”这些要求,都对水土保持科技示范园提出了现实要求和具体任务。水土保持科技示范园的底色是美丽,要为美丽中国提供更多美丽产品,厚植美丽中国水土保持底色;水土保持科技示范园是水土保持集大成者,是水土保持的优秀典范,也是美丽中国的实践样板,要为美丽中国提供更多示范样板,丰富美丽中国建设成功模式;水土保持科技示范园,充分利用室内室外两种资源,开展丰富多彩、形式多样的水土保持和自然生态宣传教育活动,要贯彻美丽中国要求,进一步发挥特点,加强美丽中国宣传,奏响美丽中国水土保持壮丽乐章。

(三)生态文明建设需求

党的十八大以来,以习近平同志为核心的党中央把生态文明建设摆在全局工作的突出位置,列入“五位一体”布局,全方位、全地域、全过程加强生态保护修复,实现了由重点整治到系统治理、由被动应对到主动作为、由全球环境治理参与者到引领者、由实践探索到科学理论指导的重大转变,生态文明建设迈出重大步伐。生态文明建设深入推进、人与自然和谐共生是中国式现代化的重要特征。水土保持是生态文明建设的必然要求,是生态文明建设的重要内容和基础。水土保持科技示范园作为水土保持的发展高地和佼佼者,是生态文明建设的急先锋,是生态文明建设的排头兵,为生态文明建设提供典型和示范。要贯彻落实习近平生态文明思想和要求,加强水土保持科技示范园建设,用七彩笔描绘生态文明水土保持的亮丽底色。

(四)水土保持发展需求

我国进入全面推进高质量发展新阶段,高质量发展永远在路上。2022 年底,中共中央办公厅、国务院办公厅印发《关于加强新时代水土保持工作的意见》(中办发〔2022〕68 号),要求:“以推动高质量发展为主题,全面提升水土保持功能和生态产品供给能力,为促进人与自然和谐共生提供有力支撑。”“开展国家水土保持示范创建(包含国家水土保持科技示范园)”。落实高质量发展和两办(中共中央办公厅、国务院办公厅)加强水土保持意见要求,需要不断提升水土保持功能,为社会提供优质水土保持产品;需要加强示范创建,强化榜样引导、示范带动。水土保持科技示范园是水土保持的高地,是高质量发展的典范,这就要求加强水土保持科技示范园建设,实现水土保持高质量发展和示范引领的“双向奔赴”。

(五)社会力量参与需求

社会力量是水土保持保护修复的重要参与者,是水土保持科技示范园建设的重要支持者,是水土保持科技示范园社会化和市场化的重要主体。据统计,现有166个国家水土保持科技示范园,非水土保持部门建设的水土保持科技示范园约为76个,占全国水土保持科技示范园比例约为46%;其中民营作为建设主体的50余个,占全国水土保持科技示范园比例约为30%。水土保持科技示范园,以其特有的综合治理、综合开发、综合经营特点,以及国家品牌优势,成为社会力量参与水土保持的重要平台和优先选择。各级政府部门、企事业单位、社会团体和民营机构等,纷纷响应广大公众迫切需要,积极参与建设具有地域本色、产业特色、学科特点等形式多样的水土保持科技示范园,形成了社会多元主体广泛参与的良好态势。

第六章　建设方向

泰山不让土壤，故能成其大；河海不择细流，故能就其深。

——李斯

水土保持科技示范园是一项复杂的系统工程，涉猎广泛、内容庞杂，要素众多、对象多样，形式纷呈、功能多元，长期运行、服务为本，可谓“麻雀虽小，五脏俱全”。各系统在水土保持科技示范园科学集成，有机整合，发挥了 1+1>2 的整合提升功能。建设方向确定蓝图，系统思维塑造未来。水土保持科技示范园建设，需要秉持系统观念，做好顶层设计，前瞻性思考、全局性谋划、整体性布局、有序性推进、规范性运行，进行系统建设。从功能作用角度来看，水土保持科技示范园主要包括水土保持系统、科研技术系统、宣传教育系统、科普教育系统、标识导视系统、景观休闲系统、基础设施系统、运行管理系统等 8 个系统 23 个子系统。

一、水土保持系统

水土保持系统是水土保持科技示范园的核心系统，本底所在，是示范园的根本。没有水土保持要素，水土保持科技示范园也就无从谈起。水土保持系统主要是指水土保持生态建设，主要包括综合治理、综合开发和生态产品价值实现等 3 个子系统。

（一）综合治理系统

水土流失治理有“涯”（天花板），水土保持功能提升无“涯”（止境）。首先，山水林田湖草沙系统统筹，工程措施、植物措施和耕作措施因地制宜、合理配置，构建水土流失科学治理体系，全部治理园区内宜治理水土流失。其次，应不断加强水土保持生态建设，持续提升水土保持功能，为社会提供更多优质水土保持生态产品，厚植美丽中国水土保持底色，提高水土保持贡献率。甘肃省安定区大坪水土保持科技示范园，建设梯田 2 898 亩、水土保持林 1 460 亩、种草 246 亩、淤地坝 5 座、谷坊 110 座、集雨水窖 490 眼、农村安全饮水工程 1 座。陕西省米脂县高西沟水土保持科技示范园，加强淤地坝建设，共打淤地坝 121 座，新修水地 460 亩，坝地 80 亩，梯田 360 亩。安徽省凤台县茨淮新河八一林牧场水土保持科技示范园，开展水土保持林建设，栽植水土保持林 5 000 多亩。山东省滨州市邹平县鹤伴水土保持科技示范园，治理开发荒山，挖鱼鳞坑 60 多万个，治理荒山为花果山，变秃岭荒山为绿水青山。四川省纳溪区太山和海南省儋州市水土保持科技示范园，开展生态清洁小流域建设。江西省赣州市赣县区金钩形水土保持科技示范园，治理崩岗 865 座（处），治理崩岗面积 350.5 hm^2，利用崩岗劣地开发经济果木林 5 000 多亩，实现了“烂山地貌”变“绿水青山、金山银山”，水土保持率达 93.5%，植被覆盖率达到 85%。山东省聊城市冠县黄河故道水土保持科技示范园，治理沙地 3 000 多亩，昔日贫瘠的不毛之地变成了绿树成荫、四季飘香的花果园，改善了生态环境，提升了群众生活环境和水平。湖北省大冶市金牛水土保持示范园 2009 年命名之后，分别于 2012 年和 2017 年等，多次开展提升建设，在园区实施了水土保持坡改梯示范区和坡面径流小区建设等提质工程，提升了示范园水土保持功能，增加了示范内容。

（二）综合开发系统

治理是手段，发展是目的。水土保持科技示范园因地制宜，培育富有地方特色的类型多样的生态产业，提升园区自我运行能力，促进区域产业发展和经济增长，带动群众增收致富。不少产品已成为当地的知名品牌。水土保持科技示范园不断把生态优势转化为产业优势，实现“绿色颜值”和“金色产值”双丰收，一幅山清水秀、绿色产业的美丽蓝图绵延铺展开来。示范园既为一域争光，更为全局添彩，实现了治理一方水土、带动一方产业、发展一方经济、富裕一方群众。如河南省洛阳市龙门东山楚天水土保持科技示范园，发展药用牡丹，种植牡丹 1 000 多亩。贵州省贵定县雪芽茶水土保持科技示范园，发展茶叶1 000 多亩。江西赣州水土保持科技示范园，脐橙飘香，水保先行，治理崩岗面积 350.5 hm^2，利用崩岗劣地开发脐橙 5 000 多亩。河南省三门峡市二仙坡水土保持科技示范园发展苹果产业，种植苹果树 5 000 多亩。陕西省永寿县云集水土保持科技示范园，建成了年产 120 t 柿子酒的现代化生产线，配套建设了 1 200 亩柿子标准化种植示范基地，辐射带动周边县区农户种植柿树 80 余万亩，形成了集种苗组培繁育、标准化种植、精深加工和销售于一体的柿子全产业链。

（三）生态产品价值实现系统

健全生态产品价值实现机制，是实现绿色发展的重要制度，是深化生态文明建设的重要举措。颜值变成产值，生态能生金。一方水土不仅可以养一方人，一方水土还可以富一方人。水土保持科技示范园发展是水土保持高质量发展的典范，是生态文明建设的标杆，拥有内容丰富、品种众多的水土保持优质生态产品，具备良好的价值转化资源和基础。2023 年以来，全国水土保持生态产品价值交易风生水起，处处开花。福建省长汀县、陕西省绥德县辛店沟和甘肃省庆阳市南小河沟 3 个国家水土保持示范园也参与其中，开展了水土保持碳汇和生态产品价值转化交易。长汀县罗地河小流域综合治理交易水土保持碳汇 11 万 t，交易额 198 万元，长汀县国家水土保持示范园就位于罗地河小流域；陕西绥德辛店沟小流域，即辛店沟国家水土保持科技示范园，水土保持生态产品价值转化交易涉及农业产品 1.44 万 kg，土壤保持和固碳增汇当量 1 万 t，旅游康养和休闲游憩部分合作经营等，交易金额共计 150 万元；甘肃西峰南小河沟小流域即南小河沟国家水土保持科技示范园，国有场地水土保持碳汇量共 9.5 万 t，交易 4.3 万 t，交易金额 163.8 万元。应不断提高水土保持科技示范园的水土保持生态产品价值，打造示范园良好的水土保持本底，提升示范园水土保持生态产品价值含金量，开展示范园生态产品价值核算，让水土保持好颜值变成好价值，挖掘好水土保持生态“金矿”，让生态优势转化为经济优势和发展优势。

二、科研技术系统

科研技术系统是水土保持科技示范园的科技核心，肩负着提高示范园科技含量的重任，是示范园的亮点所在。科技提升发展，提高园区质量；园区为科技落地和研发提供实践基地和平台。科研技术系统主要包括科学研究、技术推广和监测等子系统。

（一）科学研究

建设试验设施、配置科研设备，比如降雨大厅、实验室、径流小区、小流域控制站、气象站等，为科学研究创造条件、打好基础。如中国科学院系统各个国家水土保持科技示范园、北京林业大学和福州农林大学的国家水土保持科技示范园、中国地质科学院和水利部牧科所国家水土保持科技示范园等，都配备了水土保持科研设施设备等，开展科学研究工作。云南省元谋县金雷水土保持科技示范园，建成气象站 2 个，各类水土流失过程监测与机理研究小区 126 个，小流域卡口站 2 个，为开展典型生态区的水土流失状况等野外观测研究数据收集奠定了坚实基础。据统计，依托水土保持科技示范园，先后开展国家、省部级项目 20 余项，获省部级科技进步奖 7 项，编写专著 5 部，授权专利 20 余项，发表论文 160 余篇（含 SCI/EI 24 篇）；建立了气象、面蚀、沟蚀、土壤水分等专业数据库多个，在沟蚀崩塌机理机制研究方面处于国际领先地位，形成侵蚀区水土流失治理、农业健康高效发展等“一揽子”配套技术。

（二）技术推广

措施即技术。以措施为载体，在水土保持科技示范园推广应用水土保持等先进技术（包括新方法、新工艺、新品种、新材料等），建设水土保持先进技术大观园。同时，水土保持科技示范园为先进新技术推广试用提供平台。水利部已在国家水土保持科技示范园实施部级水土保持科技推广项目十多个。水利部在青海省西宁市长岭沟水土保持科技示范园示范推广了《城郊型生态清洁小流域构建技术的推广应用》项目，项目总投资 90 万元，实施期 3 年。水利部在贵州省黔南州龙里县羊鸡冲国家水土保持科技示范园推广应用了喀斯特地区水土流失植物防护示范等技术。在江西国家水土保持科技示范园推广展示了生态沟、生态护坡、间种、百喜草等新技术新品种。重庆万盛国家水土保持科技示范园应用了高标准石坎梯田技术。四川简阳市南冲堰国家水土保持科技示范园应用了坡面水系技术。陕西省米脂县高西沟国家水土保持科技示范园应用了淤地坝坝系技术，按照“山上缓坡修梯田、沟里建坝打堰窝、高山远山森林山、近村阳村建果园、弃耕坡地种牧草、荒坡险洼种柠条”的综合治理模式，走出了一条生态与经济协调发展、人与自然和谐生存的良性循环与可持续发展的道路。江西省赣州市赣县区金钩形国家水土保持科技示范园应用了崩岗“上截下拦中削坡”技术。福建省南平市（武夷学院）生态茶园水土保持科技示范园应用了梯田生物埂技术。海南省儋州市国家水土保持科技示范园应用了生态清洁小流域生态沟道和雨水花园等技术。

（三）监测

监测是水土保持科技示范园的特色，独树一帜。布设水土保持监测设施，配置监测设备，开展监测工作。监测设施主要包括径流小区、林草样地、农田样地、风蚀圈、气象站、小流域控制站等。监测设备主要包括水土保持监测专用设备和通用设备。专用设备主要包括集(分)流桶、小区径流泥沙自动监测仪、控制站径流泥沙自动监测仪、小区径流自动监测仪、便携式泥沙测量仪、蠕移自动监测仪、集沙自动监测仪、风蚀桥、电子测钎、植被盖度监测仪等;通用设备主要包括土壤、水文、植被、气象和地形等监测设备。北京市密云区石匣国家水土保持科技示范园,同时又是国家水土保持监测站点,布设了水力侵蚀监测系统。辽宁省彰武县阿尔乡沙漠生态水土保持科技示范园布设了风力侵蚀监测系统。水利部牧区水科所草地水土保持生态技术试验基地(内蒙古达茂旗)同时又是国家水土保持监测站点,布设了风力侵蚀和水力侵蚀监测系统。中国科学院东川泥石流国家水土保持科技示范园,同时又是国家水土保持监测站点,布设了泥石流监测系统。河北省易县清西陵水土保持科技示范园布设了重力侵蚀监测设备。广东省梅州市五华县水土保持科技示范园布设了崩岗监测设施设备。

三、宣传教育系统

宣传教育系统是水土保持科技示范园的内核,在于宣传水土保持和习近平生态文明思想,弘扬水土保持文化,普及基本知识,倡导正确方法。工程即宣传,水土保持科技示范园是户外宣传教育平台,是看得见摸得着的宣传教育阵地。主要包括宣传和文化等子系统。

(一)宣传

宣传建设主要包括宣传内容、宣传材料、宣传设施、宣传活动等。宣传内容以水土保持、水土流失为主,涉及生态文明和水利等。宣传形式丰富多彩,可以是展板、标语、标牌、宣传册、宣传画、宣传长廊、宣传读物、宣传片、水土保持影院、水土保持纪念品等,可以在室外,也可以在室内。宣传活动可以形式多样,比如园区参观、水土保持讲座、水土保持主题活动、观看水土保持动画片、水土保持知识竞赛、水土保持征文比赛、水土保持绘画比赛等。如深圳、西安市汉城湖、昆明市百草园、苏州旺山等国家水土保持科技示范园,建设了水土保持 5D(4D)影院,播放水土流失和生态灾难动画片。教育部和水利部联合命名 24 个国家水土保持科技示范园为全国中小学水土保持教育社会实践基地。贵州省黔南州龙里县羊鸡冲国家水土保持科技示范园,建设了宣教展示大棚、宣教多媒体教室、宣教沙盘室等宣教设施。很多国家水土保持科技示范园都建设了水土保持宣传长廊。深圳等国家水土保持科技示范园开展了水土保持知识绘画征文等竞赛,在园区组织开展了中小学生爱家园水土保持小卫士活动。河北省易县清西陵水土保持科技示范园与易县教育局签订协议,在园区定期组织开展中小学水土保持科普教育实践活动。大多国家水土保持科技示范园都制作了园区宣传册。2021 年后命名的 33 个国家水土保持科技示范园都编制了示范园宣传画册,制作了园区宣传视频。

(二)文化

文化是国家水土保持科技示范园的灵魂。建设内容主要包括水土保持故事,园区标志,水土保持读物,水土保持纪念品如水土保持笔、本、杯子、扑克、钥匙链、购物袋等,水土保持绘画,水土保持歌曲,水土保持文学作品,水土保持历史资料,水土保持摄影,水土保持影片,水土保持老物件,水利文化、自然生态文化,农耕文化、地域文化、当地风土人情等。通过水土保持文化建设,弘扬水土保持价值,宣传水土保持精神,塑造水土保持思维,培育水土保持情怀。如深圳国家水土保持科技示范园,编写了水土保持诗歌《水土保持之声》和《水土保持之歌》,制作了《水土保持进万家》影片,开展了无人机水土保持摄影比赛。依托土、木、金、水四大元素营建土厚园、木华园、金哲园和水清园四个主题园区,通过展示土壤、植物的特性,提倡爱护水土资源、善待花草树木的生态观。福建省长汀国家水土保持科技示范园,展示了水利水土保持老设施和水土保持历史资料。陕西省国家水土保持科技示范园,基本都设计了水土保持标志。山东省泰安市泰山区安家庄国家水土保持科技示范园,收集展示了农业和农村老物件。甘肃省泾川县田家沟国家水土保持科技示范园,建设了具有浓厚底蕴的西王母文化、黄土文化和民俗文化。山西省阳高县大泉山国家水土保持科技示范园播放 1957 年公映的全国首部水土保持科教电影《大泉山变了样》。2021 年后命名的 33 个国家水土保持科技示范园,全都制作了水土保持画册和宣传片。

四、科普教育系统

科普教育是科技园的气质,是水土保持科技示范园的重要系统,是普及水土保持知识的重要平台,是提升水土保持科技示范园功能和服务的重要支撑。习近平总书记在全国科技创新大会、两院院士大会、中国科协第九次全国代表大会上的讲话中指出:科技创新、科学普及是实现创新发展的两翼,要把科学普及放在与科技创新同等重要的位置。没有全民科学素质普遍提高,就难以建立起宏大的高素质创新大军,难以实现科技成果快速转化。希望广大科技工作者以提高全民科学素质为己任,把普及科学知识、弘扬科学精神、传播科学思想、倡导科学方法作为义不容辞的责任,在全社会推动形成讲科学、爱科学、学科学、用科学的良好氛围,使蕴藏在亿万人民中间的创新智慧充分释放、创新力量充分涌流。根据《中华人民共和国 2023 年国民经济和社会发展统计公报》,2023 年我国公民具备科学素质的比例达到 14.14%,世界发达国家为 20%~30%。科普建设主要包括科普内容、科普设施、科普活动等。

科普内容以水土保持、水土流失为主,可涉及生态文明和水利等,制作科普方案。科普设施的形式各式各样,户外户内皆可。主要包括展板、标牌、科普长廊、科普读物、科普电影、演示设施、植物根箱、声光电展示、参与体验设施、水土保持影院等。特别是要依托 VR、AR、视频投影、多媒体投影、环幕投影、全息影像等先进技术,让公众足不出户就能体验到科技的神奇之处。科普活动类型多样,如参观学习、水土保持科普讲座、水土保持科普主题活动、水土保持科普影片、水土保持科普竞赛、参与体验互动、参与科普小活动等。如西安市汉城湖、昆明市百草园、苏州市旺山、福建省宁德市九都等若干国家水土保持科技示范园,都建设了人工降雨水土流失演示设施。所有科普教育型国家水土保持科技示范园,都建设了水土保持科普馆(或展厅)。浙江德清等国家水土保持科技示范园布设了科普长廊。江西水土保持生态科技园(九江市德安县)被命名为江西省科普教育基地。深圳和青海省西宁市长岭沟等国家水土保持科技示范园编印了水土保持中小学科普读物。云南省昆明市百草园水土保持科技示范园建设了风雨体验大厅，体验不同强度降雨和风力。浙江安吉等国家水土保持科技示范园建设了植物根箱。深圳国家水土保持科技示范园建设了蚓之丘体验“土洞”。海南省儋州市国家水土保持科技示范园设计了植物标本制作和水质测定等科普参与活动，建设了智慧水车参与设施和水净空廊等科普设施。北京市门头沟区龙凤岭国家水土保持科技示范园建设了水务水保科普馆，全面开展水土保持和水利、自然科普教育。充分运用声、光、电等手段和效果，利用环幕电影形象模拟山洪泥石流等自然现象，生动鲜明地警示人们如何科学面对和防范自然灾害；布设电子图书，展示电子阅读；搭建水系互动沙盘、水循环及污水处理等模型，演示水资源的循环利用；建设科普长廊，布设岩石、地壳构造运动和地震、湖泊和湿地、土地利用方式和承载力等展窗和模型，直观地展示了自然系统的构造、功能和人类活动对其的影响。科普教育把传统的布展方法与先进的高科技手段相结合，形象生动、趣味横生地普及了水土保持和自然生态等基础知识。

浙江省德清县东苕溪水土保持科技示范园（科普广场）

五、标识导视系统

标识导视系统是水土保持科技示范园提供给公众的眼睛和耳朵，是园区的红线，是全面服务、优质服务的体现。该系统在于告知公众有什么、是什么、怎么看、怎么做、注意什么等。可以说，标识导视系统通过线路贯穿和点上突出，点线结合，织就园区视听网络。主要包括介绍、导视、解说、警示提示等子系统。

（一）介绍

外行看热闹，内行看门道。介绍系统，是水土保持科技示范园的自我“表白”，让外行也能看懂，也能“看门道”，知其然并知其所以然。建设内容主要包括园区介绍、水土保持设施介绍、水土保持技术介绍、植物介绍、动物介绍、土壤介绍、生态介绍、园区设施介绍等。主要形式为标牌（立牌和挂牌等）、二维码和显示屏等。基本上所有的国家水土保持科技示范园都建设了介绍系统。特别是命名晚的，基本都有二维码。湖北省武汉市新洲区磨盘山国家水土保持科技示范园在科普厅内展示介绍了土壤类型。海南省呀诺达水土保持科技示范园用显示屏介绍园区温度和负氧离子浓度等。

（二）导视

导视系统是水土保持科技示范园参观的灯塔。看什么，去哪里，怎么走，关键在导视。公众来到园区，不需别人引领，跟着导视可以实现自助游，提升参观体验。建设内容主要包括：一是园区导览（应注明主要参观点）、指示路标（应注明间隔距离）、功能区介绍、参观路线等;二是区外引导。要在入园路口和公路上,设置园区路标。导视主要形式为标牌(立牌和挂牌等)和显示屏等。大多数国家水土保持科技示范园都建有导视系统。

(三)解说

旅游,三分看,七分讲。也就是说,解说很重要。国家水土保持科技示范园也是如此。要想拥有美好的视听感受,要想全面深入了解水土保持科技示范园的方方面面,关键在于解说。解说系统,是公众了解园区的第一手资料,作用突出。建设内容主要包括解说词、解说人员、电子解说系统等。解说词应因人而异,根据不同受众对象准备并及时更新,包括中小学生和社会公众、行业人员、党政干部和国际友人等。解说员要相对固定并定期培训,提升解说能力和水平。基本上所有的国家水土保持科技示范园都编写了解说词,配备了解说员。海南省呀诺达和儋州等国家水土保持科技示范园都配备了电子解说系统。

(四)警示提示

园区参观,安全为要,文明相伴。警示提示系统,保障公众安全,倡导文明游园。建设内容主要包括安全警示、文明提示等。主要形式为标牌(立牌和挂牌等),布设地点为安全隐患部位、人流密集区域、需要提醒事项所在地等。基本上所有的国家水土保持科技示范园都布设了安全警示和文明提示,主要有防火警示、溺水警示、爱护花草提示、保护环境提示等。

六、景观休闲系统

景观休闲系统是水土保持科技示范园的美丽所在,要有颜值有品质,体现园区成色。水土保持科技示范园不是简单地由荒变绿,而是要由绿变美,有美丽有魅力,发展成水土保持主题公园,为社会和公众提供新型公园,满足人民日益增长的美好生活需要和优美生态环境需要。景观休闲系统主要包括景观和休闲等子系统。

(一)景观

爱美之心,人皆有之。景观是水土保持科技示范园的“脸面”,绘就美丽生态画卷。要建设环境优美、风光秀丽的水土保持科技示范园,有颜值有气质,让人爽心悦目、游目骋怀,才会广受欢迎,才会更好地发挥示范服务等功能。外行看热闹,内行看门道。景观建设内容主要包括自然景观和人文景观。自然景观包括山脉、水体河流、树木花草、梯田和沙漠等,概括为山水林田湖草沙。人文景观包括人工建筑、文化景观。如深圳国家水土保持科技示范园,打造木栈道、蚓之丘、水木金土文化园等景观。西安市汉城湖国家水土保持科技示范园拥有汉武大帝塑像、音乐喷泉、和平桥、水车广场、天汉雄风巨型浮雕、秦岭山水微缩景观、大风阁和游船等景点。福建省宁德市九都国家水土保持科技示范园拥有霍童溪水利风景。福建长汀国家水土保持科技示范园建设项南纪念广场、初心花园、公仆林等景观。山东泰安百合国家水土保持科技示范园建设梯田百合和音乐喷泉等景观。宁夏王洼国家水土保持科技示范园建设梯田杏花景观。陕西桃花谷国家水土保持科技示范园建设了翠竹林、桃花田园、桃花泉、观景亭、河道水域和水灾遗址等一批特色景观,集休闲、养生、观光、体验于一体。陕西桃曲坡水库国家水土保持科技示范园拥有水库国家水利风景区。海南省儋州市国家水土保持科技示范园与3A级旅游景区海南热带植物园两园合一，植物景观丰富多彩。甘肃省泾川县田家沟国家水土保持科技示范园为国家AAAA级旅游景区，建成演艺休闲广场、体育休闲中心、观光果园、珍奇动物园、垂钓中心、水上乐园、跑马场、沙滩浴场等人文景观30多处，造型园林、亭台楼阁、假山叠石、古桥石廊等园林景观20多处。

（二）休闲

开展休闲建设，提供休闲功能，是水土保持科技示范园的锦上添花，是功能的拓展，发挥园区边际效益。同时，通过休闲系统，可以提升园区魅力和吸引力，让更多公众来到园区，在休闲的同时，耳濡目染，寓教于乐。休闲建设内容主要包括休憩设施、游乐设施和亲水平台等。如西安市汉城湖国家水土保持科技示范园配备有游船。海南省儋州市热带植物国家水土保持科技示范园建设有亲水平台和游船、空中滑道等游乐设施。基本所有国家水土保持科技示范园，都布设了休憩设施。甘肃省泾川县田家沟国家水土保持科技示范园，园内划分为珍稀植物展示区、水上垂钓游乐区、特色畜禽养殖区、无公害果蔬观光区、民俗风情展演区等8个游乐功能区，开设了垂钓、狩猎、划船、登山、戏水踏浪、骑马、攀岩、动植物观赏、儿童游乐、民族歌舞、风味小吃、地方民俗等游乐服务项目30多个。

七、基础设施系统

基础设施是水土保持科技示范园的基础，是园区建设和运行的保障，是园区品质的前提。基础不好，园区就是麻袋上绣花；基础良好，园区就可以锦上添花。健全完善和富有品质的基础设施，是园区发展的本底。基础设施系统主要包括土地、道路、水电、通信、卫生、安全等子系统。

（一）土地

水土保持科技示范园的土地建设主要包括两方面内容。一是土地使用保障。土地要稳定，无论是购买、划拨还是租用等其他形式，要保证土地长期稳定，保障园区长期运行，这是园区建设的前提。二是土地规模保障。土地要有一定的规模，《国家水土保持科技示范园标准》（2021年）要求土地不少于20 hm^2，并且作为必备条件。所有国家水土保持科技示范园都需满足土地权限和面积要求。土地面积大小不一，最大的是神东煤炭集团大柳塔煤矿（陕西省神木市）国家水土保持科技示范园，面积5 000 hm^2。大多国家水土保持科技示范园土地为租用，租用年限30年。一部分国家水土保持科技示范园土地为划拨或购买，自有产权，如北京市海淀区鹫峰水土保持科技示范园为划拨土地，湖北省武汉市新洲区磨盘山水土保持科技示范园为购买土地。个别国家水土保持科技示范园土地为借用等形式，如广西南宁市木棉麓水土保持科技示范园土地为借用（无偿借用广西大王滩水库管理处土地）。

（二）道路

道路是水土保持科技示范园交通通畅的根本保障，是园区的标配，建设内容主要包括园内和园外两种道路。园内道路要布设合理，四通八达，便于参观和生产经营，尽量避免断头路。园外道路要与主路衔接好，进得来，出得去，进出便利。道路可以是沥青路、水泥混凝土路、砖路、碎石路、沙路、土路、木栈道、生态草路、彩色沥青路、塑胶路等,尽量不要用土路,如确需用土路务必做好水土保持。所有道路长短不限,宽窄不限,颜色不限,尽可能增加透水等生态功能,发挥交通、健身、生态和景观等多种功能。如深圳等国家水土保持科技示范园建设了木栈道,沿山水间蜿蜒穿行。浙江省德清县东苕溪等国家水土保持科技示范园建设了生态草路。江苏省苏州市吴中区旺山和山东省泰山区百合等国家水土保持科技示范园铺设了彩色沥青路。陕西省西安市汉城湖和深圳等国家水土保持科技示范园铺设了塑胶广场。甘肃省泾川县田家沟等国家水土保持科技示范园建设了水上栈桥。

(三)水电、通信、卫生

水电、通信、卫生是水土保持科技示范园运行的基本保障,是园区的标配。除正常的水电设施外,水土保持科技示范园要建设污水处理设施或接入污水处理系统。污水处理设施指建设小型污水处理站、植物净化池或小型湿地,有效处理园区污水,达标排放,保护生态环境;通信系统主要是 Wi-Fi,特别是移动信号未覆盖或信号不好的水土保持科技示范园,应当建设自己的免费 Wi-Fi 系统;卫生系统是园区的脸面。要讲究卫生、环境整洁,打造清新美丽的水土保持科技示范园,为观众提供良好的体验环境。主要是配置垃圾箱等垃圾处置设施,人流密集区应加密布设,同时做好环境保洁。

(四)安全

安全系统是水土保持科技示范园的重中之重。安全无小事,安全建设要先行,需要天天抓,时时放心上。安全建设主要包括四方面内容。一是要消除安全隐患。做好隐患排查,全覆盖不留死角,保证园区不存在安全隐患。二是要做好安全防护。在山边、水边、沟边和高台等危险区域,竖立警示标识,建设防护栏、防护网,在高处增加防雷设施,在河流、池塘、湖泊等水深的地方,配置救生圈等。三是配置安全设备。如建筑物内按消防要求配备灭火器,服务台配置简易药箱等。四是做好安全管理措施。制订应急预案(包括火灾、水灾、防爆等),布设安全监控系统,落实保安人员,加强安全教育和演习。

八、运行管理系统

运行管理系统是水土保持科技示范园的大脑,是中枢所在,是园区正常运行、开门服务、巩固提升的保障。建设是过程,有期可循;运行是目的,贵在持久。水土保持科技示范园能否有效运行、能否优质运行、能否持续运行、能否提档升级、能否提质增效、能否发挥好综合功能取得多目标效益、能否符合规定和要求,关键在于运行管理。运行管理系统主要包括机构、制度、协作、资金等子系统。

(一)机构

事有人为,机构先行。水土保持科技示范园运行管理机构是管理的根本和基础,主要包括管理机构和运行机构,管理机构和运行机构可以二合一,也可以不同。大部分园区的管理机构和运行机构是一个整体。机构要保持稳定性,保障示范园正常运行。所有的科学研究型国家水土保持科技示范园均由相关科研机构负责建设管理。福建省蕉城区九都国家水土保持科技示范园,管理机构为蕉城区水利局和九都镇成立的示范园管理机构,运行机构为社会服务单位（财政购买服务）。河南省遂平县嵖岈山温泉小镇国家水土保持科技示范园由遂平县友利实业有限公司负责运行管理。山东省聊城市冠县黄河故道水土保持科技示范园，管理机构为县水利局，运行机构为田马园村。海南省儋州市国家水土保持科技示范园，管理机构由儋州市水务局和海南热带植物园组成，运行机构为海南品优农业科技有限公司。江西省水科院具体负责江西水土保持生态科技园（九江市德安县）的管理和运行。贵州省水利厅成立了水土保持科技示范园管理处，专门负责全省水土保持科技示范园的管理，具体负责省里所属2个园区的运行。广西水利厅水土保持监测总站，具体负责南宁市木棉麓水土保持科技示范园的管理。青海水利厅水土保持中心，具体负责西宁市长岭沟水土保持科技示范园的运行管理。新疆水利厅水土保持监测总站，具体负责乌鲁木齐市西白杨沟水土保持科技示范园的管理。

（二）制度

运行管理，制度为本。建章立制，有规可依，保障水土保持科技示范园有序运行、规范运行和可持续发展。主要制度有：水土保持科技示范园综合管理制度、档案管理制度、财务管理制度、科普工作制度、参观讲解规定、安全生产制度、固定资产管理、环境卫生管理等。所有国家水土保持科技示范园都制定了相关管理制度，形成制度体系。

（三）协作

中共中央办公厅、国务院办公厅《关于加强新时代水土保持工作的意见》（中办发〔2022〕68号）要求：将水土保持纳入国民教育体系和党政领导干部培训体系，强化以案释法、以案示警，引导全社会强化水土保持意识。贯彻落实《关于加强新时代水土保持工作的意见》（中办发〔2022〕68号）要求，建立协作机制，充分发挥水土保持科技示范园的综合功能，同时建立并拓展稳定的受众系统，扩大服务对象，服务生态文明建设，服务经济社会发展，服务社会公众。

1.学校协作

与教育等部门合作，同中小学等学校建立协作机制，将水土保持科技示范园作为学校的户外教室，作为中小学生普及水土保持与自然生态知识的“第二课堂”，作为中小学生开展研学和社会实践的平台，作为中小学生开展科研试验的实验室。可让学生在水土保持科技示范园参与体验，比如班级养护林、宣传创作角、回音壁等。水土保持科技示范园服务青少年教育，提升学生综合素质，促进中小学生全面发展。通过小手拉大手，学校连家庭，发挥辐射带动作用，扩大水土保持科技示范园宣传和科普范围。教育部和水利部2012年联合发文，确定北京市延庆县上辛庄水土保持科技示范园等24个国家水土保持科技示范园为首批全国中小学水土保持教育社会实践基地。陕西省永寿县云集国家水土保持科技示范园被陕西省教育厅授予省级中小学和研学实践教育基地。北京市延庆县上辛庄水土保持科技示范园被列入北京市中小学生社会大课堂实践基地和北京市青少年水土保持户外教室。

2.党校协作

与党校建立协作机制，将水土保持科技示范园作为党校的考察实践基地。理论与实践结合，提供生态文明建设示范样板，提升党政干部的水土保持和生态理念与意识，强化责任和担当，促进生态文明和美丽中国建设。安徽省阜阳、淮北、铜陵、蚌埠、宿州等16个市,都开展了水土保持进党校活动,将水土保持作为党校培训必上课程。宁夏固原和山东临沂市委党校把水土保持作为重要内容,列入党校培训课程。江西水土保持生态科技园(九江市德安县)被列为江西党政干部培训学习基地,同时被九江市委党校确定为现场教学基地。陕西省永寿县云集国家水土保持科技示范园被咸阳市委党校授予教学基地。陕西省绥德辛店沟国家水土保持科技示范园被列为水利部党校现场教学点和榆林市委党校干部培训现场教学基地。陕西省西安市汉城湖国家水土保持科技示范园被列为西安市委党校水土保持教学实践基地。

3.科研协作

与高等学校、科研院所等单位建立协作机制,将水土保持科技示范园作为科学试验基地和科技推广基地、大学生实习和实践基地、新技术研究基地。共建共享,合作共赢,持续提升水土保持科技示范园科技含量、科研创新和科研服务能力。所有科学研究型国家水土保持科技示范园都是科研单位的试验基地和大学教学的实践基地。北京林业大学盐池荒漠生态系统定位研究站、北京市海淀区鹫峰水土保持科技示范园和福建省福州市金山水土保持科技示范园,都是大学的试验基地和大学生及研究生的实践基地。陕西绥德辛店沟国家水土保持科技示范园与清华大学、北京师范大学、西北农林科技大学等13所科研院所合作,成为高等院校野外实践教学基地。湖北省武汉市新洲区磨盘山国家水土保持科技示范园成为华中农业大学教学实习基地。

4.其他协作

面向社会,加强协作,全面开放,积极争取其他相关荣誉称号,扩大受众范围,广泛提升水土保持科技示范园影响,提高水土保持科技示范园服务功能,增强水土保持科技示范园边际效益。除学校、党校和科研机构外,加强与党政部门、相关生态行业和社会团体等的协作,作为考察实践或培训基地;充分发挥水土保持科技示范园的综合功能,积极争取各级生态文明教育基地、生态环境实践基地、科普教育基地、中小学研学基地、青少年生态教育基地、生态环境科普基地、气象科普教育基地、国家级旅游风景区、实践教学基地、研究生联合培养基地、博士后科研工作站、农业科技示范园、湿地公园、森林公园、水情教育基地、水利风景区等荣誉,提升品牌,提升水平,提升服务。如江西水土保持生态科技园,荣获全国科普教育基地、全国青少年生态教育基地、全国中小学水土保持教育社会实践基地、全国气象科普教育基地、国家水情教育基地、国家水利风景区、博士后科研工作站、江西省生态文明示范基地、中共九江市委党校现场教学基地,北京林业大学、河海大学、华中农业大学等研究生联合培养基地和实践教学基地等20多项荣誉。

(四)资金

有机构管事,有人做事,有钱办事。资金,是水土保持科技示范园正常运行的根本保障。特别是水土保持科技示范园是公益性园区,免费开放,无偿服务,必须多方筹集资金,确保稳定的资金保障,保障园区正常运行和维护。水土保持科技示范园运行管理经费主要渠道为财政支持、项目支持和社会自筹等。水利部门建设的国家水土保持科技示范园,主要经费来自各级财政支持。科研和高校部门建设的国家水土保持科技示范园,主要经费来自科研项目支持。社会力量建设的国家水土保持科技示范园,主要经费来自社会自筹。

第七章　实现路径

路漫漫其修远兮，找准路径易求索。

事业如登山，需找准路径，才能攀登至巅峰。水土保持科技示范园建设，也需要找对路径，找到通往成功的钥匙，在正确的道路上努力，方能事半功倍。总体来看，水土保持科技示范园建设周期主要有建设、评定和运行三大环节，包括前期工作、施工建设、申报、评审、认定、检查、评估等过程。

一、建设原则

（一）提高格局、融入大局

贯彻落实习近平总书记提出的“善于把地区和部门的工作融入党和国家事业大棋局，做到既为一域争光、更为全局添彩”的要求，增强认识，提高站位，自觉把水土保持科技示范园工作融入生态文明建设、美丽中国建设、乡村振兴和新型城镇化，融入经济社会高质量发展，融入科普教育总体布局。既要为社会提供水土保持优质产品，又要大力发挥示范引领作用，还要有效发挥多功能服务作用，全面提升水土保持科技示范园建设效益。

（二）统筹谋划、有序建设

系统思维，整体考虑，做好水土保持科技示范园顶层设计（规划或方案），发挥刚性指南，强化统一引领。精准界定水土保持科技示范园功能定位，科学确定分区，明确发展方向和建设任务，统筹布局和安排。纲举目张，有序开展前期工作，有力开展建设，有力推进施工进度，规范示范园建设管理。按照顶层设计，根据轻重缓急，梯次推进，顺序实施，一张蓝图干到底，持之以恒结硕果。

（三）打造精品、提升示范

树立精品意识，建设优质工程，打造高水平水土保持科技示范园，打造水土保持新高地，全面提升水土保持功能和服务，促进水土保持高质量发展。加强创新，加大技术示范，积极推广应用水土保持新技术、新材料、新品种、新工艺、新方法。突出水土保持科技示范园特色，加强宣传阵地、科普基地、户外教室、科技载体、文化平台建设，扩大园区功能，厚植园区内涵，拓展园区高度和广度，提升水土保持科技示范园特色和品质。建立协作机制，加强与学校、党校、高校和科研等部门的合作，拓展受众群体，扩大服务人群。加强空间与流线考虑，立体与平面相融共促。强化环境对主题的促进作用，气氛烘托、环境感染、高低错落、仰观俯察。公众在参观中学习，在参与中体验，寓知于美，寓教于乐。

（四）丰富形式、创新手段

贯彻创新理念，与时俱进，开拓创新，加强科技引领，加大现代新理念、新技术、新设备在水土保持科技示范园全方位广泛应用,不断丰富展示形式,寓教于乐、寓教于技。通过实物、模型、互动、游戏、动画、视频、交互操作等表现形式,普及水土保持科学知识,宣传生态文明理念。积极应用 AR 技术、VR 技术、4D 动画、互动投影技术、多媒体投影技术、环幕投影、全息影像技术、幻影成像技术、电子沙盘等高新技术和手段,声、光、电结合,提升水土保持科技示范园科技水准和含量。加强演示、参与、互动、体验等项目和内容的设计,加强沉浸感,增强体验感。突出 Wi-Fi、二维码、电子显示、智慧问答等信息技术和方法,紧跟时代步伐,彰显时代气息,融入智慧社会,提升趣味性。精心打磨展陈形式,让水土保持展品会"说话"、有"表情",增强公众视觉震撼和体验感受。

(五)共建共享、合作双赢

众人划桨开大船。充分发挥社会积极性,充分利用各种资源,不求所有但求所用,共建共享水土保持科技示范园,提升建设效率和水平,促进示范园又好又快发挥效益。积极依托水利风景区、生态农业园、植物园、森林公园等相关资源,充分利用已有基础,高位起步,查遗补缺,锦上添花,建设水土保持科技示范园,形成园中园。有机结合,增加特质,提升魅力,双赢发展。充分利用水土保持、水利、林业、农业、国土、生态、教育、科技等行业和部门项目,发挥各自优势,强强联手,资源共享,借景借力,增强知识性和科普性,打造精品工程,提升水土保持科技示范园边际效益,为公众和社会提供优质生态产品。

(六)以人为本、服务至上

树立和践行人民至上的发展思想,坚持水土保持科技示范园惠民、利民、为民,生态、生产、生活的"三生"统一,把满足人民日益增长的美好生活需要和优美生态环境需要作为水土保持科技示范园的出发点和落脚点。全面考虑不同需求,设立公众建议反馈渠道,广泛征求社会公众意见和建议。精细铸就精彩,从小处着手,从细处做起,做细做实做优,全心全意做好服务。加强服务设施建设,增强服务手段和项目,提高服务能力和水平,提升公众园区体验。提高示范园运行管理水平,提升服务能力和品质,做到管理有效、服务有质,宣传生态文化,普及科学知识,培育生态理念,全面提高公众综合素质,提高社会文明程度。

(七)美丽底色、安全第一

以人为本,安全第一,突出公众安全,打造安全水土保持科技示范园。做好安全应急预案,排除安全隐患,配备安全防护措施和设备,加强安全警示提醒,做到精细化管理。强化水土保持科技示范园景观建设,优化展现形式,优美参观环境,统一基调,统一风格,统一色彩,整体统筹,协调一致,实现艺术与科技完美结合。大力提升水土保持科技示范园"姿色",打造水土保持主题公园,寓教于美。

二、建设路径

水土保持科技示范园建设是示范园成功的关键和基础。要坚持问题导向与目标导向相结合,根据水土保持科技示范园评定标准和条件开展建设,确保建设达标,符合条件和要求。从建设环节和程序来看,水土保持科技示范园建设主要包括前期工作、施工建设、验收三大内容。

（一）前期工作

1.立项程序

水土保持科技示范园建设前期工作核心是立项，即项目立项。如果是民营投资建设，不需要申请财政资金，则不存在立项事宜。立项可以走发展改革部门的项目程序，也可以走财政部门的项目程序，二者均可，哪个合适走哪个。水利部不负责水土保持科技示范园的立项工作，权责下放到省级。立项一般要编制水土保持科技示范园建设实施方案或实施规划，按程序开展项目立项评审。项目立项技术审查一般是水利部门负责，具体省市县哪一级负责，根据各省分级分工职责确定。水土保持科技示范园一般不编制初步设计，实施方案要达到施工深度。

2.立项依据

水土保持科技示范园建设项目立项之前，应有明确的立项依据。立项依据主要包括列入相关规划，如水土保持综合规划，或水土保持五年规划，或政府工作报告，或批复的水土保持科技示范园规划等。如条件允许，应编制水土保持科技示范园建设规划，要求规划定位精准，功能分区合理，明确建设规模和任务，确定建设时序。建设规划应由同级政府或水利部门批复，作为水土保持科技示范园建设的依据和指南。

3.项目区要求

前期工作阶段，要选择好项目区。地方政府要重视水土保持科技示范园工作，通过加强协调、制定政策、落实资金、安排项目、统筹资源等各种方式，予以支持和推动。优先选择可与水土保持、水利、林业、农业、国土等相关项目协同实施的项目区；要选择好园址，水土保持科技示范园具有区域典型代表性，能够代表所在水土保持区划（三级区划）的代表性，作为所在水土保持三级区划首创更有必要性和意义；水土保持科技示范园要交通便利、区域优势明显，距市县级以上（含）城市较近，区域交通便捷，覆盖更多受众对象；水土保持科技示范园要土地权属清晰，土地手续完备，最好是购买或划拨土地，保障示范园长期稳定运行；水土保持科技示范园面积要具有一定规模，展现规模效应；水土保持科技示范园要无安全隐患，此乃重中之重。

（二）施工建设

水土保持科技示范园建设，主要是根据批复的实施方案，开展水土保持系统、科研技术系统、宣传教育系统、科普教育系统、标识导视系统、景观休闲系统、基础设施系统、运行管理系统等相关系统建设。完成设计内容，达到示范园标准，开展试运行，为申报工作做好基础准备工作。

1.工程建设

严格按照工程建设要求进行施工和建设管理。落实项目法人制、合同制、招标投标制和监理制，加强工程建设监督检查，保证工程进度和质量，把水土保持科技示范园建设成绿色工程、生态工程、安全工程、优质工程和廉洁工程。水土保持科技示范园建设项目不需编制水土保持方案，但作为水土保持工程，要不用扬鞭自奋蹄，自觉做好水土保持防护措施，坚决杜绝工程产生新的水土流失，做好水土保持工程示范。

2.试运行

试运行包括两个方面：一是单项工程（或设备）的试运行，二是整个水土保持科技示范园的试运行。单项措施完成后，如人工降雨水土流失演示设施，或水土保持科普馆，应当进行试运行，确保工程质量；整体工程完成后，应当对外开放，进行水土保持科技示范园试运行。

（三）验收

验收包括项目法人自验和竣工验收两个阶段。

1.法人自验

水土保持科技示范园整体工程完工后，项目法人组织开展自验。

工程建设期间，项目法人还应按要求开展单项工程或隐蔽工程验收。

2.竣工验收

项目法人完成自验后，向竣工验收单位报送自验报告，申请竣工验收。

竣工验收单位按规定组织开展竣工验收。

三、申报路径

国家水土保持科技示范园申报程序主要包括创建单位自评、申报、省级审核、省级推荐等4个环节。

（一）自评

水土保持科技示范园创建单位申报国家水土保持科技示范园前，应先开展自评工作。对照国家水土保持科技示范园标准，逐条开展自评打分。得分（总分为100分）80分以上，才具备申报国家水土保持科技示范园条件。

（二）申报

水土保持科技示范园申报工作由示范园创建单位或市、县级水行政主管部门向省级水行政主管部门申报。

申报需要编制并报送申报材料。申报材料包括申报函和创建总结报告。创建单位应确保申报材料真实有效。对于申报材料造假的，一经查实，5年内不得再次申报。申报材料具体包括：

（1）申报单位向水利部申请国家水土保持科技示范园的申报函。

（2）创建总结报告：科技示范园主要包括基础条件、基本功能、特色功能和管理等。总结报告还应包括示范园标准完成情况的具体说明及相关规划、文件、报告等支撑材料。

（3）创建成效的介绍视频及其他图片影像资料。

（三）省级审核

省级水行政主管部门负责本辖区内水土保持科技示范园的审核。

按照国家水土保持科技示范园标准，组织专家对申报的示范园进行评审，严格审核，确定每一个示范园的分数。

（四）省级推荐

省级水行政主管部门负责本辖区内水土保持科技示范园的推荐。

根据审核得分，对于80分以上的示范园，择优提出推荐意见并排序。每省（自治区、直辖市)每年原则上限报示范园4个。将推荐文件与申报单位的申报材料一并报水利部水土保持司。

四、评审程序

水利部组织第三方机构对水土保持科技示范园申请进行评审。评审程序包括形式审查、现场复核和专家评审。各级水行政主管部门及第三方评审机构不得向水土保持科技示范园申报单位收取评审费用。

(一)形式审查

第三方机构对各省报送的水土保持科技示范园申报材料进行形式审查。

(二)现场复核

对可能存在的问题或有异议的内容,若有需要,第三方机构组织对相应的水土保持科技示范园开展必要的现场复核。

(三)专家评审

形式审查和现场复核后,第三方机构组织专家对水土保持科技示范园申报材料进行评审。形成评审意见,确定示范园建议名单。

示范园建议名单根据评审得分从高到低排序。得分低于80分的不列入建议名单(总分为100分)。

第三方机构将评审意见与建议名单报水利部水土保持司。

五、认定程序

国家水土保持科技示范园认定程序主要包括水利部研究审核、网上公示、发文认定等三个环节。

(一)研究审核

水利部对第三方机构的水土保持科技示范园评审结果进行审核,综合分析,研究确定年度国家水土保持科技示范园拟认定名单。

(二)网上公示

水利部在水利部网站和水土保持生态建设网站公示拟认定国家水土保持科技示范园名单。公示期为5个工作日。

对公示期间收到投诉、举报等异议,水利部组织相关省份水行政主管部门和有关单位调查核实。情况属实且情节严重的5年内不得再次申报,并依规依纪追究责任。

(三)发文认定

公示结束无异议,水利部按程序审定批准年度国家水土保持科技示范园名单,发文公布,并授牌。

六、检查评估

国家水土保持科技示范园实行属地管理。省级水行政主管部门负责本辖区内国家水土保持科技示范园的监督检查和技术指导等工作。

国家水土保持科技示范园法人单位负责示范园的后续管理等工作，应当建立示范运行长效管理机制，加强治理成果巩固提升和设施维护管理。国家水土保持科技示范园相关的水土保持设施，任何单位和个人不得随意占用、破坏和改变其性质及用途。

（一）检查

认定为国家水土保持科技示范园之后，不是进了保险箱。水利部对国家水土保持科技示范园实行动态管理，建立退出机制。水利部不定期组织暗访督查，对示范标准没有持续巩固保持的、发生严重水土流失及相关生态破坏问题的，撤销国家水土保持科技示范园称号，被撤销示范称号的 5 年内不得再次申报。

省级水行政主管部门应对本辖区内国家水土保持科技示范园开展监督检查，发现问题督促整改。对拒不整改或者整改不到位的，应上报水利部撤销其示范称号。

（二）评估

水利部对国家水土保持科技示范园每 5 年组织一次评估，评估结果分为合格、基本合格、不合格三个等级。基本合格的限期整改，整改期 1 年，整改达标的继续保留示范称号，不达标的撤销示范称号。不合格、不参加或中途退出评估的，撤销示范称号。被撤销示范称号的 5 年内不得再次申报。

2010 年 5 月 5 日，水利部印发《关于开展水土保持科技示范园区中期评估的通知》（办水保函〔2010〕350 号），对已命名的第一批 25 个水土保持科技示范园区进行中期考核评估，首次开展水土保持科技示范园评估工作。以评促建，以评促管，以评促提升，以评促发展。截至 2024 年底，全国共命名 175 个国家水土保持科技示范园，其中 9 个评估未通过被撤销。

（三）撤销

国家水土保持科技示范园因建设占地等原因导致功能和作用丧失的，水利部直接撤销其示范称号或由省级水行政主管部门函告水利部撤销其示范称号。

（四）激励机制

各级水行政主管部门应当建立激励机制，对水土保持科技示范园给予政策和资金支持，巩固提升示范成果，确保持续发挥示范引领作用。

（1）对水土保持科技示范园创建工作成绩突出的地区，上级水行政主管部门可在水土保持相关考核评估中给予加分鼓励。

（2）对认定为水土保持科技示范园的县，省级水行政主管部门应在安排水土保持资金时重点倾斜支持。

（3）对认定的水土保持科技示范园，各级水行政主管部门应结合实际，在水土保持监测、科研、技术示范和宣传教育等方面予以支持。

第八章　百花齐放

一花独放不是春，百花齐放春满园。

2004年，水利部印发《关于开展水土保持科技示范园区建设的通知》(办水保〔2004〕50号)，在全国启动了水土保持科技示范园创建工作。20年来，水土保持科技示范园工作探索创新、蓬勃发展，从无到有、从有到优，从少到多、从多到强，丰富内涵、创新模式，强化管理、提升水平，开拓进取、踵事增华，取得了显著成效，积累了宝贵经验。20年来，水土保持科技示范园一路走来，一路寒耕暑耘；一路走来，一路开花结果。截至2024年底，全国建成国家水土保持科技示范园166个，省级示范园125个，分布在30个省份。水土保持科技示范园发挥了示范引领、宣传教育、科学普及、技术推广、科研试验、产业培育、休闲观光等多重功能和效应，搭建了水土保持联结社会和公众的桥梁，畅通了水土保持服务社会的绿色通道；20年来，水土保持科技示范园一路走来，道路越走越宽，心劲越走越盛，服务越来越优。水土保持科技示范园发展成为示范的窗口、宣传的阵地、科普的平台、技术的载体、科研的基地、产业的摇篮、休闲的网红，为全社会树立水土保持理念、培育生态文明价值观、开展自然生态体验及建设提供了户外教室、实践基地和示范样板，表现出“触摸水保、增知强理、分享快乐、播种未来”的美好图景，受到社会各界广泛欢迎和普遍好评。

水土保持科技示范园，开辟了水土保持新赛道，开创了一方新天地，犹如一幅美丽的画卷，充满着阳光的色彩，诠释着人与自然、人与未来的关系，在祖国大地徐徐铺展。水土保持科技示范园，创新理念，提高了水土保持的社会功能；创新机制，增强了水土保持的发展活力；创新模式，丰富了水土保持的建设样板；创新技术，提升了水土保持的科技水平；创新宣传方式，扩大了水土保持的社会影响；创新科普教育，普及了水土保持的自然知识；创新引领示范，推动水土保持生态建设和全国生态文明建设。据统计，国家水土保持科技示范园示范面积828多km^2，每年辐射带动全国治理水土流失6万多km^2。据2016年统计，水土保持科技示范园与50多所大专院校合作建立了试验实习基地，开展省部级水土保持研究1 000多项，以科技园为平台荣获省部级以上科技奖项100多个，在省部级以上刊物发表论文2 000多篇。24个国家水土保持科技示范园被教育部命名为全国中小学水土保持教育社会实践基地，有组织地对中小学生开展水土保持生态宣传教育，并通过小手拉大手，对社会产生了积极广泛的影响。每年到水土保持科技示范园参观考察和学习实践的人数达数百万人。

水土保持科技示范园，类型多样，特色鲜明，姹紫嫣红，花开全国，美化了祖国大地。

一、类型多样

龙生九子，子子不同。国家水土保持科技示范园，花开大地，姹紫嫣红，各有颜色。园园有自己的特色，个个有自己的精彩。水土保持科技示范园，不同类型，各有侧重，各具特色，丰富多彩，展示了水土保持科技示范园的丰富多彩、形式多样。

（一）按示范内容分类

从建设和示范的主要内容及功能来看，水土保持科技示范园主要有综合治理、水土保持监测、科学研究、科普教育、特色产业、休闲观光和综合型。示范园突出重点和特色，增强个性化和辨识度。有的水土保持科技示范园兼具一种或几种功能，如果所有内容和功能都具备就是全能的综合型。

1.综合治理型

园区水土保持措施布局好、质量高，展示内容主要为水土流失综合治理模式和技术，以及生产建设项目水土保持措施和技术。如河南省郑州市邙山水土保持科技示范园，展示水土流失综合治理，荒山变绿变成花果山；宁夏彭阳县王洼水土保持科技示范园，展示坡耕地综合治理，梯田层层叠叠如诗如画；云南省晋宁县大春河水土保持科技示范园，展示坡耕地改梯田和生产建设项目水土保持护坡与护岸措施。辽宁省兴城市头道沟水土保持科技示范园，综合治理水土流失面积926.1 hm^2，其中，治理沟道5 000 m、修建干砌石谷坊431座、拦蓄坝及桥坝结合坝65座、漫水桥及石拱桥5座、修建护岸导流墙7.5 km。陕西省米脂县高西沟水土保持科技示范园，沟坡同治，共打淤地坝121座，兴建蓄水池7座、小水库2个，新修水地460亩，坝地80亩，梯田360亩。江西省赣州市赣县区金钩形水土保持科技示范园，共治理崩岗865座（处），治理崩岗面积350.5 hm^2，利用崩岗劣地开发经济果木林5 000多亩，实现了“烂山地貌”变“绿水青山”“金山银山”，创造了崩岗治理“赣县模式”。

2.水土保持监测型

园区建设有水土保持监测设施，类型多样。或为水土保持监测站点，或为水土保持监测科普，或为水土流失人工降雨演示，展示主要内容为水土保持监测设施设备和定位观测。如北京市延庆县上辛庄水土保持科技示范园建设了众多边坡和生产建设项目水土保持监测设施，有23个径流观测小区、2个备用小区、1座小型气象站，39个边坡防护措施观测小区、9个边坡防护措施示范区、4个堆渣试验小区等，还建有沟道控制站2处。河北省易县清西陵水土保持科技示范园，建成了自动化气象场、人工坡面径流小区、自然坡面集水区、沟道径流观测站、重力侵蚀小区等观测设施，实现了数字自动化采集，积累了大量实测资料。

3.科学研究型

园区建设大量科研设施，配置相关科研仪器设备，主要以开展科学研究和试验为主，着重水土保持基础研究和技术创新与推广。如江西水土保持生态科技园，布设高精尖水土保持科研设施设备，引进安装了土壤水分自动测量仪、地表径流泥沙自动监测仪、气象数据全自动监测设备、视频监控设备等一批先进科研设施。其中，利用土壤渗漏装置（Lysimeter）研究壤中流在我国属首次。引种水土保持优良草种40余种、园林绿化苗木80余种以及名、优、特、新果树品种30余种。开展了20余项重大课题研究和试验，获得省部级科技奖励多项。先后培养出博士、硕士20余人，在国内外学术期刊公开发表科技论文百余篇。

4.科普教育型

园区建有声、光、电现代化浓郁的水土保持科普馆和户外水土流失演示设施、水土保持科普宣传长廊，体验、参与等科普设施，开展水土保持科普主题活动等，以开展水土保持科普和宣传教育为主，普及水土保持知识和理念，培育水土保持文化。如陕西省西安市汉城湖国家水土保持科技示范园，建设了丰富的水土保持科普设施。户外有人工降雨水土流失演示系统、科普长廊、植物根箱、植物科普介绍；户内建设了水土保持科普体验馆，总面积 600 m^2，分为五大特色单元：锦绣序厅、流失隧道、水保百科、互动体验、启迪之旅。科普馆为全国首家采用声、光、电等现代技术进行水土保持科普展示，运用投影、多媒体、隧道体验、互动虚拟现实（VR）、电子模型、幻影、5D 影院等技术展现水土保持科普知识。

5.特色产业型

园区在水土流失综合治理的基础上，综合开发，发展特色绿色产业，提高土地生产力，引导地方发展“名、优、特”产品，培育地方特色产业，促进经济发展和群众增收致富。如河南省三门峡市二仙坡国家水土保持科技示范园发展有机苹果。贵州省贵定雪芽茶叶水土保持科技示范园区发展茶叶。山东省新泰市泰山百合水土保持科技示范园培育百合良种繁育基地 2 万亩，建成全国最大的百合种质资源库；种植无磷百合、有机茶、藜麦、四叶参、何首乌等特色高效农产品。河北省邢台县前南峪国家水土保持科技示范园以引进国内外名、优、特品种果树种植为重点，发展高效林果业，包括美国树莓、薄皮核桃、欧洲榛子、澳大利亚油桃、乌克兰大樱桃、美国葡萄和杏扁等七大精品采摘园区。在名、优、特品种果树引种示范区基础上，建成果树国外引种示范园区、高新技术示范园区优种苗木繁育园区及有机食品生产园区、干鲜果品加工园区等，延长产业链，促进产业发展。

山东省新泰市泰山百合水土保持科技示范园

6.休闲观光型

园区景色优美，具有丰富多彩的娱乐休闲、观光旅游等资源，魅力四射，受众对象广泛。公众寓教于美、寓教于乐，在休闲观光中感受水土保持。如甘肃省泾川县田家沟国家水土保持科技示范园积极打造生态旅游品牌，被评为国家 AAAA 级旅游景区和国家水利风景区，主要有观光果园、西王母民俗园、珍稀动物园、珍奇植物园、水上乐园、游乐园、戏水池、垂钓中心、度假别墅、银杏园山庄、桃花园度假村、蒙古包、狩猎场、亿年地质标本岩，另有池塘坝库、亭台楼阁、索桥奇洞、购物商场、五谷食府等景点，尽游人间仙境，尽享自然风情，年游客达 8 万多人次；江苏淮安市樱花园国家水土保持科技示范园建在城市公园——樱花园中，是一座以樱花为主要植物品种，融水土保持科普教育和休闲娱乐健身于一体的多功能水土保持科技示范园。示范园拥有苏北唯一的水土保持科普馆和水利科普馆。园区亭阁楼廊分布,奇石名桥联通,建设了金银山、金银滩、狮子山、卧虎岗、爱莲岛、禹王台、梅花岭、情人滩、情侣岛等景点,建有人工造浪、高架滑水滑道、环河漂流等水上游乐场所,还拥有苏北规模最大、珍稀兽类最多、生态化规划建设最好的野生动物园,年受众达50万人次。

7.综合型

园区兼具综合治理、水土保持监测、科学研究、科普教育、特色产业和休闲观光等所有建设内容和功能,集水土保持科技示范之大成。如甘肃省泾川县田家沟国家水土保持科技示范园,由入口景观区、亿年地质标本岩景观区、人文景观区、休闲娱乐区、龙王庙景观区五部分组成,是黄土高原水土流失综合治理、综合开发的典型,建有水土保持监测站点,开展水土保持试验示范和科普教育,发展观光果园、狩猎场等特色产业,设有珍稀植物园、珍奇动物园、垂钓中心、水上乐园、西王母民俗园等景点20多处,是国家AAAA级旅游景区。

(二)按建设主体分类

众人划桨开大船。水土保持科技示范园,一张白纸,大家作画。水利部制定了水土保持科技示范园评定办法,明确了建设标准和要求,确定了示范园准入规则,实行门户开放政策,欢迎社会各界按照“自主创建、自愿申报、自我运行”的原则,参与建设、成果共享,充分调动了社会积极性、关注度和参与度。不求所有,但求所用,这是水土保持科技示范园在20年时间里能够破茧成蝶、弯道超车的密码所在;是科技示范园能够持续发展、方兴未艾的魅力所在。水土保持科技示范园建设主体主要有水利部门、其他部门、民营企业、国有企业、科研单位、高等院校、中学和村集体等,可以是一家,也可以是几家携手。建设主体的多元化体现出国家和社会两手发力、形成合力、共同发展的良好态势,呈现出共建共治共享、强强联手、多赢发展的良性机制,促进了产学研深度融合,加快了水土保持科技示范园建设步伐、丰富了建设内容、提高了建设水平和质量。

1.水利部门模式

由水利部门作为责任主体,负责水土保持科技示范园建设,是目前水土保持科技示范园的主要形式,全国约有90多个。

(1)部直属单位。主要是水利部牧科所和黄河水利委员会。水利部牧科所在内蒙古达茂旗建设了水利部牧区水科所草地水土保持生态技术试验基地;黄河水利委员会建成西峰南小河沟和绥德辛店沟2个国家水土保持科技示范园。长江水利委员会拟建设陆水水土保持科技示范园,松辽水利委员会着手建设察尔森水土保持科技示范园。

(2)地方水利单位。主要是指省、市、县各级水利部门。如贵州龙里县羊鸡冲和贵定县雪芽茶两个国家水土保持科技示范园,由贵州省水利厅水土保持科技园管理处(现为贵州省水土保持科技示范推广中心)建设;中国科学院盐亭紫色土农业生态试验站国家水土保持科技示范园,由四川省水利厅、绵阳市人民政府、盐亭县人民政府与中国科学院成都分院、中国科学院成都山地所5方共同建设;辽宁省彰武县阿尔乡沙漠水土保持科技示范园,由辽宁省水利水电科学研究院建设;湖北省襄阳市三道河水库国家水土保持科技示范园,由襄阳市三道河水库管理局建设;青海省互助县下沙沟国家水土保持科技示范园,由互助县水利局建设。

2.其他部门模式

由水利以外其他部门作为责任主体，负责水土保持科技示范园建设，全国约有 70 多个。主要有政府部门、林草部门等。如河南省淅川县南水北调中线工程渠首水土保持科技示范园，由淅川县政府统筹水利、林业、自然资源等部门，投入自筹资金和债券资金约 4.4亿元，连续 5 年建设而成；浙江省淳安县千岛鲁能胜地国家水土保持科技示范园，由淳安县综合生态保护局和中国绿发投资集团有限公司共同创建。

3.科研单位模式

由科研单位作为责任主体，负责水土保持科技示范园建设。如中国科学院宁夏固原生态试验站（宁夏固原市原州区）国家水土保持科技示范园，由中国科学院宁夏固原生态试验站建设；贵州省普定县喀斯特石漠化区国家水土保持科技示范园，由中国科学院普定喀斯特生态系统观测研究站建设；云南省元谋县金雷水土保持科技示范园，由云南省农业科学院热区生态农业研究所牵头建设。

4.高校单位模式

由大学作为责任主体，负责水土保持科技示范园建设。如福建省福州市金山国家水土保持科技示范园，由福建农林大学建设；福建省南平市（武夷学院）生态茶园水土保持科技示范园，由武夷学院建设；北京林业大学盐池荒漠生态系统定位研究站和北京市海淀区鹫峰 2 个国家水土保持科技示范园，均由北京林业大学建设。

5.民营企业模式

由民营企业作为责任主体，负责水土保持科技示范园建设，水利（水土保持）部门予以技术指导和扶持。如山东省青岛市永昌国家水土保持科技示范园，由青岛永昌实业集团有限公司建设；河南省安阳市保泰盈国家水土保持科技示范园，由保泰盈商贸有限公司建设和管理；陕西省永寿县云集国家水土保持科技示范园，由陕西百强企业蓝溪科技控股有限公司建设。

6.国有企业模式

由国有企业作为责任主体，负责水土保持科技示范园建设，水利（水土保持）部门予以技术指导和扶持。如神东煤炭集团大柳塔煤矿（陕西省神木市）国家水土保持科技示范园，由神东煤炭集团大柳塔煤矿建设；山东省济南市小清河湿地国家水土保持科技示范园，由济南市小清河管理处（企业）建设。

7.村集体模式

由村集体作为责任主体，负责水土保持科技示范园建设，水利（水土保持）部门予以技术指导和扶持。如河北省邢台县前南峪国家水土保持科技示范园，由邢台县浆水镇前南峪村作为建设责任主体；山东冠县黄河故道国家水土保持科技示范园，依托冠县东古城镇田马元村建设；陕西省榆林市榆阳区黄家圪崂国家水土保持科技示范园，由榆阳区古塔镇黄家圪崂村建设。

8.多部门合建模式

由两家或多家单位共同建设水土保持科技示范园。如河北省涉县后池国家水土保持科技示范园实行“县委协调、水利牵头、全县配合”的建园思路，整合农、林、水、扶贫、财政等各方项目资金投入园区建设，组织动员各行业投入水土流失综合治理，真正形成了“项目带动、部门联动、创新产业”的建设机制。江苏省南京市江宁区汤山水土保持科技示范园，由江宁区水务局和南京汤山建设投资发展有限公司共同创建。河南省淅川县南水北调中线工程渠首国家水土保持科技示范园，采取“政府主导、多元投入”的建设模式，水利、林业、自然资源等部门共同创建。山东省淄博市淄川区镶月湖国家水土保持科技示范园，采用“龙头企业+合作社+基地+农户”的合作建设方式。福建省闽北国家水土保持科教园，由福建省水利厅水土保持处、南平市水土保持中心、建瓯市水土保持中心、建瓯一中联合，在建瓯一中校园内建设了南平市青少年水土保持普及教育行动文化展厅，为中小学生提供水土保持宣传、文化和科普教育平台。四川省九寨沟国家水土保持科技示范园，由四川省水土保持局牵头，具体负责科技园区的规划编制工作，在水土保持政策上给予园区创建单位大力支持；四川大学建筑与环境学院从技术层面给予帮助和指导；阿坝州水务局从行政角度给予支持，在政策上给予倾斜；九寨沟县按属地管理原则，县政府和县农牧水务局积极支持创建九寨沟国家水土保持科技示范园区建设，并在水土保持项目上给予九寨沟管理局大力支持与配合；九寨沟管理局主动配合和积极支持相关单位协同开展九寨沟国家水土保持科技示范园区创建工作。

（三）按管理主体分类

水土保持科技示范园分别由政府、行业部门、科研单位、大学、企业、专业公司、村集体等主体负责运行管理，也可以是多种主体联合管理。没有最好的，只有最合适的。多种形式落实管理责任主体，解决了水土保持科技示范园后期运行管护问题，促进了效益长期发挥。科技示范园因地制宜、因园而异，选择了利于园区健康发展的管理模式，实现了管理有效率、管理出效益。

1.政府管理模式

由政府作为责任主体，负责水土保持科技示范园管理。四川省泸州市纳溪区太山国家水土保持科技示范园，采取“政府主导、多元投入、优化管理、以园养园”的建管模式，区政府每年按参加实践体验学生数量给予60元/人补助，确保园区运营维护；与相关科研机构（单位）合作，开展科研创收，增强园区造血功能。山西省阳高县大泉山水土保持科技示范园，由县政府负责管理。陕西省延川县梁家河国家水土保持科技示范园，由文安驿镇政府管理。

2.部门管理模式

由部门作为责任主体，负责水土保持科技示范园管理。大部分水利部门建设的国家水土保持科技示范园，都由水利部门负责管理。如河北省易县清西陵国家水土保持科技示范园，由保定市水土保持工作站管理；海南省儋州市国家水土保持科技示范园，具体由儋州市海南热带植物园负责管理；山东省广饶县孙武湖国家水土保持科技示范园，管理机构为广饶县孙子文化旅游区管委会；安徽省凤台县茨淮新河八一林牧场水土保持科技示范园，由凤台县茨淮新河八一林牧场管理；浙江省淳安县千岛鲁能胜地国家水土保持科技示范园，由淳安县综合生态保护局和中国绿发投资集团有限公司共同管理。

3.科研单位管理模式

由科研单位作为责任主体，负责水土保持科技示范园管理。如云南省元谋县金雷国家水土保持科技示范园，由云南省农业科学院热区生态农业研究所负责运行；中国科学院长沙农业环境研究基地国家水土保持科技示范园，由中国科学院长沙农业环境站管理；黑龙江省宾县二龙山国家水土保持科技示范园,由黑龙江省水科院管理。

4.大学管理模式

由大学作为责任主体,负责水土保持科技示范园管理。如福建省福州市金山国家水土保持科技示范园,由福建农林大学管理;福建省南平市(武夷学院)生态茶园水土保持科技示范园由武夷学院管理;北京林业大学盐池荒漠生态系统定位研究站和北京市海淀区鹫峰2个国家水土保持科技示范园,均由北京林业大学管理。

5.企业管理模式

由企业(国企或民企)作为责任主体,负责水土保持科技示范园管理。基本所有企业建设的国家水土保持科技示范园,都由企业负责管理。如神东煤炭集团大柳塔煤矿(陕西省神木市)国家水土保持科技示范园,由神东煤炭集团大柳塔煤矿管理;深圳市水土保持科技示范园纳入城市公园管理,由市财政购买服务,选定专业运维管理单位;山东省青岛市永昌国家水土保持科技示范园,由青岛永昌实业集团有限公司管理;河北省涉县后池国家水土保持科技示范园,由邯郸牧牛旅游开发有限公司受雇管理。公司发挥自身优势、发扬管理专业特长,完善了管理、维修养护、运营、示范、宣传科普等相关制度,园区迸发出新活力。

6.村集体管理模式

由村集体作为责任主体,负责水土保持科技示范园管理。如山东冠县黄河故道国家水土保持科技示范园,依托冠县东古城镇田马元村管理;陕西省米脂县高西沟水土保持科技示范园,由米脂县银州街道高西沟村负责管理;河北省邢台县前南峪国家水土保持科技示范园,由邢台县浆水镇前南峪村负责运行管理。

7.专业公司管理模式

由专业公司(购买服务方式确定)作为责任主体,负责水土保持科技示范园管理。如广东省深圳市水土保持科技示范园,成立建设管理委员会,成员单位包括深圳市水务局、深圳人居委、深圳市城市管理局、深圳市教育局、深圳市水务局水土保持处、深圳市水土保持监测总站、西丽水库管理处、南山区农业水务局、荔香中学以及北林苑景观及建筑规划设计院等单位。具体通过财政购买服务的方式选定专业公司承担运行维护;河北省涉县后池国家水土保持科技示范园,为保障园区长期良性运行,由原来的村集体管理模式,改为由邯郸后牧牛池旅游开发有限公司负责管理;福建省宁德市九都水土保持科技示范园,由蕉城区水务局与九都镇联合管理,具体通过财政购买服务的方式选定公司承担运行维护;陕西省西安市汉城湖国家水土保持科技示范园,业务主管单位为西安市西北郊城市排洪渠道管理中心,合作单位为西安市水土保持工作总站,运行管理单位为西安汉城湖实业有限公司。园区采用专业养护模式,由西安市园林绿化总公司安排专人养护绿化,西安汉城湖实业有限公司维修养护工程设施,保证了绿化生长正常,工程设施安全运行。

8.联合管理模式

由多家单位联合作为责任主体,负责水土保持科技示范园管理。如江苏省苏州市吴中区旺山水土保持科技示范园,由旺山村、越溪街道办事处和吴中区水利局联合管理;江苏省南京市江宁区汤山水土保持科技示范园,创新运行机制,由江宁区水务局、南京汤山温泉旅游度假区管委会和汤山建设投资发展有限公司共同运行管护;四川省青神县天河沟国家水土保持科技示范园,建立青神县水利局、白果乡人民政府和学道街小学共同运行管护机制，市县财政投入，保障运行经费。

（四）按资源载体分类

水土保持科技示范园的资源载体主要包括生产、科研、教学和服务等资源，作为示范基地，面向社会和公众开放。

1.生产设施类水土保持科技示范园

生产设施类水土保持科技示范园指面向公众开展水土保持科技示范的生产场所，主要为以生产经营为主的水土保持科技示范园。比如，山东省青岛市永昌水土保持科技示范园和河南省平桥区永祥林果水土保持科技示范园，发展水果（苹果和樱桃等）产业。河南省信阳市浉河区广义有机茶种植基地水土保持科技示范园、陕西省安康市平利县长安河水土保持示范园和贵州省贵定雪芽茶叶水土保持科技示范园，发展茶产业。甘肃省安定区大坪水土保持科技示范园，以梯田建设为平台，发展马铃薯、畜草、蔬菜等旱作高效特色农业。

山东省青岛市永昌水土保持科技示范园

2.公共场所类水土保持科技示范园

公共场所类水土保持科技示范园指具有水土保持科技示范等功能的自然、旅游、休憩等公共场所，主要为以生态旅游和休闲观光为主的水土保持科技示范园。如北京市海淀区鹫峰水土保持科技示范园，同时又是国家森林公园。河南省孟津县生态水土保持科技示范园和江苏省苏州市吴中区水土保持科技示范园，同时又是城郊公园（风景区）。四川省九寨沟水土保持科技示范园，同时又是国家级自然保护区、AAAAA 级旅游景区、国家地质公园。海南省儋州市水土保持科技示范园，同时又是热带植物园。海南省呀诺达水土保持科技示范园区，同时又是热带雨林公园。深圳市水土保持科技示范园，同时又是国家水情教育基地和城市水土保持主题公园。

3.场馆类水土保持科技示范园

场馆类水土保持科技示范园指面向公众开展水土保持科技示范的各类场馆，主要为以宣传和科普教育为主的水土保持科技示范园。目前，水土保持科技示范园无单一场馆的示范园，大多是在示范园内建立水土保持科普馆。如西安市汉城湖和昆明市百草园等国家水土保持科技示范园，均建设了集声、光、电于一体的现代化水土保持科普馆，依托信息化技术，以丰富多彩的形式和喜闻乐见的手段，全景多维展示水土保持方方面面；山西省阳高县大泉山国家水土保持科技示范园，建立了水土保持展览馆和水土保持科普馆“双馆”。

4.科研类水土保持科技示范园

科研类水土保持科技示范园指具备水土保持科技示范功能的各类野外站（台）、科研基地、设施或场所，主要为以科研试验为主的水土保持科技示范园。如水利部牧区水科所草地水土保持生态技术试验基地（内蒙古达茂旗）、江西水土保持生态科技园（江西水土保持研究院试验基地）、中国科学院长沙农业环境研究基地水土保持科技示范园、中国科学院甘肃临泽荒漠绿洲风沙区水土保持科技示范园、中国科学院安塞水土保持综合试验站、中国科学院水利部水土保持研究所神木侵蚀与环境试验站水土保持科技示范园等。

5.教育类水土保持科技示范园

教育类水土保持科技示范园指面向公众开展水土保持科技示范的各类教育资源和场所，主要为以宣传教育、科学普及和科研试验为主的水土保持科技示范园。如福建省闽北国家水土保持科教园，在建瓯一中校园内建设了南平市青少年水土保持普及教育行动文化展厅，为中小学生提供水土保持宣传、文化和科普教育平台。福州金山国家水土保持科教园，整个园区都在福建农林大学校园内，为大学提供了水土保持教学、实习、科研基地，为社会公众和大学生提供了科普教育和技术推广基地。

（五）按建设本底分类

水土保持科技示范园，可以一张白纸，从零起步；也可以高位嫁接，高点起步。两种不同的初始方式，决定了建设本底的不同。从“今生”来看，水土保持科技示范园的“前世”一般为水土流失综合治理小流域（含生态清洁小流域），荒山、荒沟、荒丘和荒滩、荒沙治理，水土保持基地和水土保持监测站点等，公园、植物园（或热带雨林公园），水利风景区、河道、水库，恢复治理的矿区，林场、茶园、花园、湿地，农业示范基地、农场、生态园，科研基地等。

1.水土保持本底

水土保持本底主要包括水土流失综合治理小流域（含生态清洁小流域），荒山、荒沟、荒丘和荒滩、荒沙治理，水土保持基地和水土保持监测站点等。如山东省滨州市邹平县鹤伴国家水土保持科技示范园，在荒山治理综合开发的基础上建设；河南省新乡市世利水土保持科技示范园，在沙滩地治理开发基础上建设；辽宁省朝阳市双塔区骆驼山子水土保持科技示范园和江西省兴国县塘背水土保持科技示范园，都是在已治理小流域的基础上建设；四川省泸州市纳溪区太山水土保持科技示范园，在太山河生态清洁型小流域基础上提升建设而成；北京市密云区石匣和新疆乌鲁木齐市西白杨沟等国家水土保持科技示范园，在水土保持监测站点基础上建设；河北省易县清西陵水土保持科技示范园、江西水土保持生态科技园（九江市德安县）、广东省茂名市小良水土保持科技示范园和贵州省龙里县羊鸡冲等国家水土保持科技示范园，都是在水土保持基地的基础上建设而成。

2.水利设施本底

水利设施本底主要包括水利风景区、河道、水库等。如福建省宁德市九都国家水土保持科技示范园，在河道综合治理的基础上提升建设；江苏省南京市浦口区象山湖和湖北省襄阳市三道河水库、陕西省铜川市桃曲坡国家水土保持科技示范园，都是在水库的基础上建设;广东省梅州市五华县、陕西省西安市汉城湖和甘肃省泾川县田家沟国家水土保持科技示范园,在水利风景区的基础上建设。

3.特色农业本底

特色农业本底主要包括农业示范基地、农场、生态园等。如山西省柳林县昌盛农场和辽宁省凌海市吴楚庄园国家水土保持科技示范园,都是在农场(庄园)的基础上提升建设;山东省诸城市大源生态农业示范基地国家水土保持科技示范园,在农业示范基地的基础上提升建设;陕西省永寿县云集水土保持科技示范园,本底为生态园,先后获得“国家AAAA级旅游景区”和陕西省“省级现代农业园区”等殊荣。

4.特色林草本底

特色林草本底主要包括林场、茶园、花园、果园等。如安徽淮南市凤台县茨淮新河八一林牧场国家水土保持科技示范园,在林场的基础上完善建设;河南省洛阳市龙门东山楚天国家水土保持科技示范园,在牡丹园的基础上提升建设;贵州省贵定县雪芽茶和河南省信阳市浉河区广义有机茶种植基地国家水土保持科技示范园,在茶园的基础上建设;河南省三门峡市二仙坡水土保持科技示范园,在苹果园的基础上完善建设;山东省临邑县红坛寺水土保持科技示范园,在森林公园的基础上完善建设。

5.恢复矿区本底

恢复矿区本底主要包括采石场、煤炭矿区、采沙场、稀土矿等。广东省深圳市水土保持科技示范园为采石场恢复治理。江西省寻乌县稀土矿区水土保持科技示范园为稀土矿区恢复治理。神东煤炭集团大柳塔煤矿(陕西省神木市)国家水土保持科技示范园为采煤区恢复治理。新乡市世利水土保持科技示范园,原为采矿废弃坑地,建设成生产建设项目恢复型园区。

6.特色公园(植物园)本底

特色公园(植物园)本底主要包括公园、植物园(或热带雨林公园)、矿山公园、森林公园、湿地公园、沙漠公园等。如江苏省淮安市樱花园国家水土保持科技示范园,在樱花园公园内建设而成;海南省呀诺达水土保持科技示范园,在呀诺达热带雨林公园内建设而成;海南省儋州市国家水土保持科技示范园,在儋州市海南热带植物园内建设而成;山东省济南市小清河湿地国家水土保持科技示范园,在小清河湿地公园内建设而成;江苏省南京市江宁区汤山国家水土保持科技示范园,在汤山矿坑公园的基础上提升建设而成。

7.生态基地(景区)本底

生态基地(景区)本底主要包括生态基地、风景区等。如湖北省大冶市金牛生态基地国家水土保持科技示范园,在生态基地的基础上建设;江苏省苏州市吴中区旺山水土保持科技示范园,在吴中区旺山景区内建设而成;山东省青岛市崂山区九水沟生态园国家水土保持科技示范园,在九水沟景区的基础上提升建设。

8.科研基地本底

科研基地本底主要包括科研单位、高校及相关部门的科研(试验)基地。福建省福州市金山水土保持科技示范园,在福建农林大学试验基地的基础上提升建设;北京林业大学盐池荒漠生态系统定位研究站国家水土保持科技示范园,在北京林业大学科研基地的基础上完善建设;中国科学院安塞水土保持综合试验站和中国科学院红壤生态实验站国家水土保持科技示范园,都是在中国科学院野外实(试)验站的基础上完善建设的。

(六)按建设地点分类

从园区主要建设地点来看,位置类型众多,类型多姿多彩。

大部分水土保持科技示范园建在山区,变荒山为花果山,水土保持与美丽同在,成为网红打卡地,属于山地型水土保持科技示范园,如江西省兴国县塘背水土保持科技示范园;有的栖身于城市,成为城市水土保持主题公园,属于城市型水土保持科技示范园,如陕西省西安市汉城湖国家水土保持科技示范园;有的存身于村庄,田园风光,服务和美乡村,属于村庄型科技示范园,如陕西省延川县梁家河水土保持科技示范园;有的立足于草地,草荣草枯水保不离,属于草地型科技示范园,如水利部牧区水科所草地水土保持生态技术试验基地(内蒙古达茂旗);有的扎根于沙地,沙起沙落水保有知,属于沙地型水土保持科技示范园,如辽宁省彰武县阿尔乡沙漠生态国家水土保持科技示范园;有的驻足河畔,依河而建,川流不息水保有声,属于河道型水土保持科技示范园,如福建省宁德市九都水土保持科技示范园;有的坐落在水库,水光相映,库光山色水保本色,属于水库型水土保持科技示范园,如湖北省襄阳市三道河水库水土保持科技示范园;有的安家在湿地,雁飞荻花,水保在水一方,属于湿地型水土保持科技示范园,如山东省济南市小清河湿地水土保持科技示范园;有的安身于林场,树木葱郁,涛声阵阵水保固本,属于林场型水土保持科技示范园,如安徽省凤台县茨淮新河八一林牧场水土保持科技示范园;有的藏身于校园,书声琅琅水保相伴,属于校园型水土保持科技示范园,如福建省南平市(武夷学院)生态茶园水土保持科技示范园;有的容身于公园(植物园),相得益彰水保增色,属于园中园型水土保持科技示范园,如海南省呀诺达水土保持科技示范园。

二、分级建设

水土保持科技示范园开展分级建设,主要分为国家级和省级两级,个别地方(江西省赣州市)开展了市级建设。各地按照各自要求开展分级建设,不同级别有序推进。国家级由水利部负责评定命名,省级和市级分别由省、市负责评定命名。

(一)省级建设

2007 年起,广西率先,各地陆续开展了省级水土保持科技示范园建设。目前主要有吉林、山东、河南、湖北、湖南、四川、广西、贵州和陕西等 9 省(区)。截至 2024 年底,全国省级水土保持科技示范园数量约为 125 个。其中,陕西省数量最多。

1.广西壮族自治区

2007 年,广西开始省级水土保持科技示范园建设。2007 年 12 月 5 日,广西壮族自治区水利厅在中国科学院环江喀斯特农业生态试验站举行广西环江水土保持科技示范园揭牌仪式。中国科学院环江喀斯特农业生态试验站是广西壮族自治区命名的首个省级水土保持科技示范园,也是广西第一个依托科研单位建成的水土保持科技示范园。截至 2024 年底,共命名 1 个省级水土保持科技示范园。

2.河南省

2010 年,河南省开展省级水土保持科技示范园区创建工作。2011 年,命名首批 11 个

“河南省水土保持科技示范园区”。截至2024年底,共命名34个省级水土保持科技示范园,其中3个被评定为国家级。

3.吉林省

2012年,吉林省开始省级水土保持科技示范园建设。2018年,吉林省水利厅印发了《吉林省水利厅关于开展吉林省水土保持科技示范园区评定实施方案的通知》(吉水保〔2018〕663号)。截至2024年底,共命名省级水土保持科技示范园2个,全部被评定为国家级。

4.湖南省

2012年,湖南省启动实施省级水土保持科技示范园创建工作。湖南省水利厅印发《关于推进我省水土保持科技示范园建设的通知》(湘水保〔2012〕1号)。2014年,湖南省水利厅印发《关于命名第一批湖南省水土保持科技示范园区的决定》(湘水保〔2014〕2号),命名湖南省首批4个省级水土保持科技示范园。截至2024年底,共命名省级水土保持科技示范园6个。

5.陕西省

2012年,陕西省水土保持局印发《关于开展水土保持示范园(区)建设工作的通知》《关于成立陕西省水土保持示范园(区)建设管理领导小组的通知》,开展了省级水土保持科技示范园建设工作。2016年5月,陕西省水土保持局印发了《关于落实发展新理念加快水土保持科技示范园及大示范区建设的通知》(陕水保发〔2016〕38号),提出到2020年,建成水土保持科技示范园国家级30个、省级100个,实现全省各市、县全覆盖,同时下达了第二批57个水土保持科技示范园建设任务计划,明确对获得国家级和省级水土保持科技示范园荣誉的分别给予不低于1 000万元、500万元的项目支持。截至2024年底,陕西省共命名省级水土保持科技示范园63个,全国数量最多。其中,被评定为国家级24个。

6.四川省

2014年,四川省启动省级水土保持科技示范园区建设工作。水利厅批复全省水土保持科技示范园建设规划,布局20个储备示范园。2017年,四川省水利厅印发《四川省水利厅关于做好国家和省级水土保持科技示范园区创建工作的通知》、《四川省省级水土保持科技示范园区评定办法》(川水函〔2017〕45号),明确了四川省水土保持科技示范园区评定办法和标准。截至2024年底,四川省共命名7个省级水土保持科技示范园。

7.湖北省

2018年,湖北省开始省级水土保持科技示范园建设。湖北省水利厅印发《关于印发〈湖北省创建水土保持科技示范园暨水土保持生态文明工程推进方案(2018—2020年)〉的通知》(鄂水利函〔2018〕12号),计划用三年时间,创建国家级水土保持科技示范园10个、省级水土保持科技示范园30个。截至2024年底,共命名省级水土保持科技示范园3个。

8.贵州省

2020年,贵州省开始省级水土保持科技示范园建设。贵州省水利厅批复《贵州省水土保持科技示范园发展规划(2020—2030年)》,规划到2030年,全省水土保持科技示范园总数达到30个,其中国家级水土保持科技示范园10个,省级水土保持科技示范园20个。2023年1月19日,贵州省水利厅关于印发《贵州省水土保持示范创建管理办法(试行)》,包含省级水土保持科技示范园。截至2024年底,共命名省级水土保持科技示范园5个。

9.山东省

2023年,山东省开始省级水土保持科技示范园建设。截至2024年底,共命名省级水土保持科技示范园4个,其中被评定为国家级1个。

(二)市级建设

初步统计,江西省赣州市是全国唯一一个开展市级水土保持科技示范园区创建工作的市。2016年,赣州市印发《关于大力推进水土保持生态园区建设的实施方案》和《赣州市水土保持生态示范园区评定办法(试行)的通知》,在全市启动了市级水土保持生态园区建设工作。截至2019年底,共命名市级水土保持生态示范园58个,其中6个被水利部评定为国家级水土保持科技示范园。

三、示范园第一

不同维度,各有翘楚。

创新,是水土保持科技示范园的使命所系。锐意进取,敢为人先。唯有如此,才能成为"领头羊",才能为全国示范,才能与国家这块金字招牌名实相副。守正创新,精彩纷呈。2004年,江西水土保持生态科技园建立人工降雨水土流失演示系统,形象直观展示水土流失形成过程。建立生态草沟水土保持演示系统,用事实说话,实地展示生态草沟的蓄水保土增绿作用。现在,水土流失演示系统已成科技园标配;2006年,北京龙凤岭水土保持科技示范园建立穹幕投影,播放沙尘暴和泥石流影片;2007年,晋宁县大春河水土保持科技示范园布设了生态护坡、护岸措施,类型多样,丰富多彩,打包展示生产建设项目水土保持技术;2009年,深圳市水土保持科技示范园首创5D影院,播放水土保持动漫,观众如临其境;2013年,西安市汉城湖国家水土保持科技示范园建设现代化气息浓郁的水土保持科普馆,广泛利用声、光、电等技术,使水土流失和水土保持跃然眼前;2014年,北京市房山区云居寺水土保持科技示范园运用VR技术,开展水土保持科普教育,现实与虚拟珠璧联辉;2019年,昆明市百草园水土保持科技示范园建设高水平水土保持科普体验馆,大量采用高科技手段,创新推广了全景技术、幻影成像、多级互动、三维数字沙盘、历史影片复原、CAVE体验、弧幕5D体验、人造风雨雷电系统(首创)、体感空控等信息化、多媒体等技术,高科技"大餐"与水土保持交相辉映;2024年,江苏省南京市浦口区象山湖水土保持科技示范园,首用机器人开展水土保持讲解和引导。

北京市房山区云居寺水土保持科技示范园(VR技术)

领异标新二月花。水土保持科技示范园你追我赶,不断超越,不断创新,永争第一,精彩纷呈,推动园区发展不断迈上新的高度。

(一)全国第一个

江西水土保持生态科技园(九江市德安县),20 世纪 90 年代末始建,2007 年水利部第一批命名。

(二)民企第一个

山东省青岛市崂山区九水沟生态园国家水土保持科技示范园,2007 年水利部第一批命名,青岛九水生态园林有限公司建设。

(三)国企第一个

安徽省凤台县茨淮新河八一林牧场国家水土保持科技示范园,2011 年命名,凤台县茨淮新河八一林牧场(企业)建设。

(四)央企第一个

神东煤炭集团大柳塔煤矿(陕西省神木市)国家水土保持科技示范园,2017 年水利部命名,神东煤炭集团大柳塔煤矿建设。

(五)村集体第一个

河北省邢台县前南峪国家水土保持科技示范园,2007 年水利部第一批命名,由邢台县浆水镇前南峪村负责运行管理。

(六)其他行业第一个

中国科学院安塞水土保持综合试验站等 5 个国家水土保持科技示范园,2007 年水利部第一批命名。

(七)大学第一个

福建省福州市金山国家水土保持科技示范园,2009 年命名,由福建农林大学创建。

(八)大学校园第一个

福建省福州市金山国家水土保持科技示范园,2009 年命名,位于福建农林大学校园内。

(九)中学第一个

福建省建瓯市闽北国家水土保持科教园,2007 年命名,在建瓯一中建成青少年水土保持普及教育行动文化展厅。

(十)小学第一个

四川省青神县天河沟国家水土保持科技示范园,2022 年命名,建在青神县白果乡学道街小学。

(十一)部属单位第一个

水利部牧区水科所草地水土保持生态技术试验基地(内蒙古达茂旗),2007 年水利部第一批命名,水利部牧区水科所建设。

(十二)流域机构第一个

甘肃省庆阳市南小河沟水土保持科技示范园,水利部 2012 年命名,隶属黄河水利委员会。

（十三）省属单位第一个

江西水土保持生态科技园、贵州省龙里县羊鸡冲和青海省西宁市长岭沟国家水土保持科技示范园，2007 年水利部第一批命名，分别由江西省水土保持研究院、贵州省水利厅和青海省水利厅建设。

（十四）风力侵蚀区第一个

中国科学院临泽内陆河流域研究站国家水土保持科技示范园（甘肃省张掖市临泽县），2007 年命名。

（十五）城市第一个

福建省福州市金山国家水土保持科技示范园，2009 年命名，在福州市。

（十六）城市水土保持主题第一个

广东省深圳市国家水土保持科技示范园，2009 年命名，打造以城市水土保持为主题的水土保持科技示范园。

（十七）水库型第一个

湖北省襄阳市三道河水库国家水土保持科技示范园，2011 年命名。

（十八）河道型第一个

福建省宁德市九都国家水土保持科技示范园，2019 年命名。

（十九）园中园第一个

江苏省苏州市吴中区旺山和江苏省淮安市樱花园国家水土保持科技示范园，都于 2011 年命名。

（二十）省级政策第一个

2009 年，山西省水利厅印发了《关于加速我省水土保持科技示范园区建设的通知》（晋水保〔2009〕894 号），对加速山西全省水土保持科技示范园区建设提出要求。

（二十一）省级规划第一个

2003 年，福建省第 20 次省水土保持委员员会议通过了水土保持科教园建设总体思路和初步规划，规划建设 10 个水土保持科教园。

2020 年 9 月 18 日，贵州省水利厅批复实施水土保持科技示范园发展规划（2020—2030 年），为第一个正式批复的省级示范园规划。

（二十二）主题公园规划第一个

河北省易县清西陵国家水土保持科技示范园。2023 年，编制《清西陵生态科技主题公园总体规划》，拟对水土保持科技示范园开展升级建设。

（二十三）省级座谈会第一个

2004 年 10 月，福建召开全省水土保持科教园建设座谈会。

（二十四）地方创建标准第一个

2022 年 4 月 19 日，陕西省市场监督管理局以地标公告 2022 年第 12 号文件发布《水土保持科技示范园建设规范》(DB61/T 1543—2022),自2022年5月19日起实施。

(二十五)地方评估标准第一个

2024年7月3日,福建省市场监督管理局发布《海峡两岸共通水土保持科教园评估准则》(DB35/T 2185—2024),自2024年10月3日起实施。

(二十六)现代化科普馆第一个

陕西省西安市汉城湖国家水土保持科技示范园,2014年命名,建立全国首家采用声光电技术的现代化水土保持科普馆。

(二十七)影院第一个

广东省深圳市国家水土保持科技示范园,2009年命名,建立全国首个水土保持5D影院。

(二十八)公园管理第一个

广东省深圳市国家水土保持科技示范园,2009年命名,纳入城市公园管理。

(二十九)中小学水土保持读物第一个

青海省西宁市长岭沟水土保持科技示范园,2007年命名,编制了中学和小学两个版本的《水土保持科普教育读物》。

(三十)国家AAAAA级景区第一个

海南省呀诺达水土保持科技示范园(保亭县),依托海南呀诺达雨林文化旅游区建设。2012年,海南呀诺达雨林文化旅游区被评为国家AAAAA级景区。

(三十一)国家水利风景区第一个

广东省茂名市小良水土保持科技示范园、贵州省龙里县羊鸡冲水土保持科技示范园和甘肃省泾川县田家沟水土保持科技示范园,2004年被评为“国家水利风景区”(第四批)。

(三十二)实施水利部技术推广示范项目第一个

2009年,青海省西宁市长岭沟国家科技示范园实施水利部技术推广示范项目,开展了红土地水土保持治理试验研究和治理示范建设。

(三十三)国家水情教育基地第一个

广东省深圳市水土保持科技示范园,2016年5月被水利部批准成为首批国家水情教育基地。

(三十四)校企联合第一个

福建省南平市(武夷学院)生态茶园水土保持科技示范园,水利部2021年命名,由武夷学院和武夷星茶业有限公司联合创建。

(三十五)政企联合第一个

江苏省南京市江宁区汤山水土保持科技示范园,水利部2021年命名。由江宁区水务局和南京汤山建设投资发展有限公司共同创建,由江宁区水务局、南京汤山温泉旅游度假区管委会和汤山建设投资发展有限公司共同运行管护。

（三十六）政村联合第一个

江苏省苏州市吴中区旺山水土保持科技示范园，水利部 2011 年命名，由旺山村、越溪街道办事处和吴中区水利局联合管理。

（三十七）崩岗主题第一个

江西省赣州市赣县区金钩形水土保持科技示范园，水利部 2022 年命名，全国第一个崩岗主题水土保持示范园。

（三十八）县政府管理第一个

山西省阳高县大泉山水土保持科技示范园，水利部 2023 年命名，由阳高县政府负责管理。

（三十九）镇政府管理第一个

陕西省延川县梁家河水土保持科技示范园，水利部 2015 年命名，由延川县文安驿镇政府负责管理。

（四十）全球重要农业文化遗产第一个

河北省涉县后池国家水土保持科技示范园。涉县石堰梯田被联合国粮农组织专家称作“中国第二大万里长城”，被列为全球重要农业文化遗产。

（四十一）国际合作野外试验基地第一个

中国科学院安塞水土保持综合试验站（陕西省安塞县）水土保持科技示范园，水利部 2007 年命名，是中美水土保持与环境保护研究中心和中韩沙漠化防治生物技术联合研究中心的野外试验基地。

（四十二）国家重点野外观测台站第一个

中国科学院安塞水土保持综合试验站（陕西省安塞县）水土保持科技示范园，2006 年荣获科技部国家重点野外观测台站称号。

（四十三）展示生产建设项目水土保持第一个

北京市延庆县上辛庄水土保持科技示范园，水利部 2007 年命名，建有 36 个生产建设项目水土保持监测小区。

（四十四）展示海绵城市第一个

江苏省南京市浦口区象山湖水土保持科技示范园，水利部 2023 年命名，在园区展示海绵城市。

（四十五）监测空气质量第一个

海南省呀诺达水土保持科技示范园（保亭县），2016 年命名，布设负氧离子和 PM2.5 监测点 2 处，电子显示屏实时显示。

（四十六）双馆示范园第一个

陕西省延川县梁家河水土保持科技示范园，水利部于 2015 年命名，建有水土保持科普馆和梁家河村村史馆。

(四十七)双水土保持馆示范园第一个

山西省阳高县大泉山水土保持科技示范园,水利部于2023年命名,建设水土保持展览馆和水土保持科普馆两个水土保持馆。

(四十八)拍成电影第一个

山西省阳高县大泉山水土保持科技示范园,水利部于2023年命名。1956年,大泉山水土流失治理被上海科学教育电影制片厂拍摄成全国首部水土保持科教片《大泉山变了样》,1957年公映。

(四十九)国务院水土保持委员会表彰第一个

山西省阳高县大泉山水土保持科技示范园,水利部于2023年命名。1957年,国务院水土保持委员会向山西省阳高县大泉山水土保持科技示范园授奖旗:"改造山区的榜样,大泉山变成了花果山"。

(五十)治理模型走出国外第一个

山西省阳高县大泉山水土保持科技示范园,水利部于2023年命名。1968年,大泉山水土保持工程制成模型,送往阿尔巴尼亚展出。

(五十一)全国文化遗产示范园第一个

山西省阳高县大泉山水土保持科技示范园,水利部于2023年命名。2010年,经第三次全国文物普查专家组验收和确认,阳高县大泉山被列为全国20世纪水土保持文化遗产。

(五十二)露天微缩地形图第一个

江西水土保持生态科技园(九江市德安县),打造了露天江西省微缩地形图,直观展示江西全省地形地貌、水系分布及水土流失分布情况。微缩地形图平面比例为1∶7 000、竖向比例为1∶2 000。

(五十三)园区管理机构第一个

贵州省水土保持科技示范园管理处。2003年,贵州省机构编制委员会办公室以"省编〔2003〕124号"文件,批复成立贵州省水土保持科技示范园管理处,核定事业编制16人,负责贵州水土保持科技示范和园区建设管理。

(五十四)园区更名第一个

湖北省大冶市金牛水土保持科技示范园前身为金牛生态基地,由民营企业家王志猛于2005年开始建设。2009年,被水利部命名为国家水土保持科技示范园,同年金牛生态基地正式更名为金牛水土保持科技示范园。

(五十五)省水土保持监测机构管理第一个

广西南宁市木棉麓国家水土保持科技示范园,园区由广西水利厅水土保持监测站进行管理。2016年,经广西区编委批复同意,在水利厅水土保持监测站增挂广西木棉麓水土保持科技示范园牌子,新增编制2人。

（五十六）吉祥物第一个

2015 年 10 月 8 日至 11 月 20 日，广东省深圳市国家水土保持科技示范园开展了水土保持科技示范园吉祥物评选活动，“水土宝宝”当选，成为科技示范园一张亮丽新名片。

（五十七）水土保持碳汇交易第一个

福建省长汀县国家水土保持科技示范园。2023 年 12 月 7 日，全国首单水土保持项目碳汇交易在福建长汀成功签约，交易长汀县罗地河小流域综合治理水土保持碳汇 10 万 t，总价 180 万元。福建省长汀县国家水土保持科技示范园位于罗地河小流域内，所交易的 10 万 t 碳汇包括水土保持科技示范园碳汇。

（五十八）水土保持生态产品价值交易第一个

陕西省绥德县辛店沟国家水土保持科技示范园。2024 年 10 月 19 日，陕西省绥德县辛店沟小流域水土保持生态产品价值转化交易金额 150 万元，交易内容涉及农业产品 1.44 万 kg，土壤保持和固碳增汇当量 1 万 t，旅游康养和休闲游憩部分合作经营等。

（五十九）应用机器人第一个

江苏省南京市浦口区象山湖水土保持科技示范园，2024 年开始在水土保持科普馆内应用机器人进行引导和讲解。

江苏省南京市浦口区象山湖水土保持科技示范园（机器人讲解）

四、示范园之最

世界之最，令人景仰。20 年来，水土保持科技示范园不断发展、不断创新，积少成多，五彩缤纷。随着水土保持科技示范园的不断发展壮大，呈现出越来越多的特色，创造出越来越多的精彩，各种“之最”跃然眼前。

1.数量最多

（1）流域最多

从全国七大流域来看，长江流域水土保持科技示范园数量最多，有 50 个。

（2）地域最多

从东部、中部、西部和东北四个地域来看，西部地区水土保持科技示范园数量最多，有 57 个。

(3)省最多

从全国省份来看,陕西省水土保持科技示范园数量最多,有24个。

(4)市最多

从全国地市来看,赣州市水土保持科技示范园数量最多,有6个。

(5)县最多

从全国县级来看,洛龙区(河南省洛阳市)、即墨区(山东省青岛市)、神木市(陕西省榆林市)水土保持科技示范园数量最多,各有2个。

(6)省会城市

从全国省会城市来看,南京市、武汉市和昆明市水土保持科技示范园数量最多,各有2个。

(7)计划单列市

从全国7个计划单列市来看,青岛市水土保持科技示范园数量最多,有3个。

(8)水土流失类型

从水土流失类型来看,水力侵蚀类型最多,有150多个。

(9)水土保持区划

全国水土保持区划分为8个一级区、40个二级区、115个三级区。水土保持一级区划中,北方土石山区最多,有53个;二级区划中,江南山地丘陵区最多,有18个;三级区划中,鲁中南低山丘陵土壤保持区最多,有14个。

(10)水土流失重点防治区

国家水土流失重点防治区包括23个国家级水土流失重点预防区和17个国家级水土流失重点治理区。重点预防区中,丹江口库区及上游国家级水土流失重点预防区示范园最多,有9个;重点治理区中,黄河多沙粗沙国家级水土流失重点治理区、沂蒙山泰山国家级水土流失重点治理区示范园数量最多,均为11个。

(11)科研单位

从全国科研单位来看,中国科学院水土保持科技示范园数量最多,有12个。

(12)大学

从全国大学来看,北京林业大学水土保持科技示范园数量最多,有2个。

2.面积之最

(1)最大

神东煤炭集团大柳塔煤矿(陕西省神木市)国家水土保持科技示范园,面积5 000 hm^2。

(2)最小

新疆乌鲁木齐市西白杨沟国家水土保持科技示范园,面积10 hm^2。

3.海拔之最

(1)海拔最高

西藏曲水县国家水土保持科技示范园,海拔3 500 m。

(2)海拔最低

山东省广饶县孙武湖国家水土保持科技示范园,海拔10 m左右。

4.位置之最

(1)最东

黑龙江省海林市石头沟国家水土保持科技示范园，东经 129°左右。

(2)最西

新疆乌鲁木齐市西白杨沟国家水土保持科技示范园，东经 87°左右。

(3)最南

海南省呀诺达水土保持科技示范园，位于保亭县，北纬 18°左右。

(4)最北

黑龙江省克山县国家水土保持科技示范园，北纬 48°左右。

5.世界之最

江西水土保持生态科技园(九江市德安县)拥有全球最大、设备最先进的坡耕地水量平衡试验区。

6.监测径流小区最多

中国科学院安塞水土保持综合试验站，建设水土保持监测径流小区 160 个。

7.生产建设水土保持措施最多

北京市延庆县上辛庄水土保持科技示范园，拥有生产建设项目边坡防护措施小区 36 个。

8.农业试验小区最多

中国科学院长武黄土高原农业生态试验站(陕西省长武县)水土保持科技示范园，布设了 108 个不同农田作物、牧草种以及不同施肥方式和轮作方式的长期定位试验小区。

9.水风侵蚀(草地水土流失)研究最全

水利部牧区水科所草地水土保持生态技术试验基地(内蒙古达茂旗)布设草地水土流失及生态监(观)测、水土保持技术、退化草地修复技术等 3 个试验示范区和人工草地灌溉试验场。建有支沟及流域卡口站 2 座、风蚀观测系统 3 套、风洞实验厅 1 座、标准径流场 2 座、自动气象观测站 2 座、降雨模拟大厅 1 座。园区围绕草地水土保持学科开展观测和研究，为我国风蚀和水蚀两相侵蚀地区的水土流失治理提供科学依据。

10.风蚀观测设备最多

北京林业大学盐池荒漠生态系统定位研究站(宁夏盐池县)水土保持科技示范园，建有风剖面测量系统(10 套)、风蚀测量系统(1 套)、风监测站(2 套)、集沙仪(50 套)和手持风速仪(10 套)的风蚀观测场。

11.梯田最多

宁夏彭阳县王洼水土保持科技示范园，兴修梯田 358.47 hm^2。

12.谷坊最多

河北省邢台县前南峪水土保持科技示范园，共建设谷坊 1 200 多座、大型塘坝 2 处、水窖 150 个、高标准水平梯田 10 hm^2，栽植水土保持林 160 hm^2、经济林 293 hm^2。

13.干砌谷坊最多

辽宁省兴城市头道沟水土保持科技示范园，综合治理水土流失面积 926.1 hm^2，其中，治理沟道 5 000 m、修建干砌石谷坊 431 座、拦蓄坝及桥坝结合坝 65 座、漫水桥及石拱桥 5 座、修建护岸导流墙 7.5 km。

14.淤地坝最多

陕西省米脂县高西沟水土保持科技示范园，共打淤地坝 121 座，兴建蓄水池 7 座、小水库2个,新修水地460亩,坝地80亩,梯田360亩。

15.治理崩岗最多

江西省赣州市赣县区金钩形水土保持科技示范园,共治理崩岗865座(处),治理崩岗面积350.5 hm^2,利用崩岗劣地开发经济果木林5 000多亩,实现了"烂山地貌"变"绿水青山""金山银山",创造了崩岗治理"赣县模式"。

(a)治理前

(b)治理后

江西省赣州市赣县区金钩形水土保持科技示范园(治理前后对比)

16.引进植物品种最多

江西水土保持生态科技园(九江市德安县),引种水土保持优良草种40余种、园林绿化苗木80余种,以及名、优、特、新果树品种30余种。

17.人工模拟降雨大厅最大

江西水土保持生态科技园(九江市德安县),建有高度22.5 m、跨度40 m的人工模拟降雨大厅,有效降雨面积786 m^2。

18.坡耕地水量平衡试验区最大

江西水土保持生态科技园(九江市德安县)。园区建成全球最大、设备最先进的坡耕地水量平衡试验区。其中,宽度为5 m,水平投影长20 m,地表土体8°径流小区12个、地表土体15°径流小区8个。

19.弃土弃渣试验区最多

江西水土保持生态科技园(九江市德安县),共设置8种弃土弃渣类型试验区:花岗岩发育的红壤、红砂岩发育的红壤、第四纪红土发育的红壤、紫色页岩发育的紫色土、稀土尾矿、煤矸石、房渣土及电厂灰渣,试验区共24个径流小区,每个小区50 m^2。

20.植物根系观测箱最多

广东省梅州市五华县水土保持科技示范园,建有植物根系观测箱30个。

21.标识牌最多

陕西省西安市汉城湖国家水土保持科技示范园,园区布设科普、宣传、介绍、提示等各类水土保持标识牌3 000多个。

22.科普馆面积最大

云南省昆明市百草园国家水土保持科技示范园,水土保持科普体验馆面积2 335 m^2。

23.展馆最多

陕西省西安市汉城湖国家水土保持科技示范园,园区布设了水土保持科普体验馆、丝绸之路博物馆、水与长安博物馆、中国第一古建木作微缩展览馆、未央区防震减灾科普体验馆、水务展览馆等6个展馆。

24.参与体验活动最多

海南省儋州市水土保持科技示范园，设计了智慧水车提水灌溉、雨林穿越、水质检测、叶脉书签和植物标本制作等30种参与体验活动。

海南省儋州市水土保持科技示范园（智慧水车）

25.植物种类最多

海南省儋州市水土保持科技示范园，园区有来自40多个国家的2 600多种植物，包括国家保护级别的50多种珍稀濒危植物和750多种热带花卉。

26.茶花（梅）品种最齐全

浙江省安吉县水土保持科技示范园在水土保持植被引种筛选繁育和推广方面，与上海市农业生物基因中心合作，进行引种筛选研究，并繁育和推广，建成了国内品种最齐全之一的茶花（梅）园，繁育了多种水土保持植物、城市化绿化植物，应用于水土流失防治和城市园林绿化。

五、花香墙外

有花自来香，园内开花园外也香。水土保持科技示范园，立足水土保持和生态文明建设，发挥多功能、多目标、多效益作用，面向全社会提供服务，为经济社会发展作出贡献。一分耕耘，一分收获。水土保持科技示范园，以其水土保持专业水准、生态文明专业特色、多领域示范精准定位、全方位服务个性魅力，得到了社会广泛肯定和好评，受到了各界普遍欢迎和赞誉，收获了众多鲜花和荣誉。

各种荣誉和表彰，涉及众多行业和部门，以及学术团体等。主要有国家、省、市、县各级生态文明教育（示范）基地、生态环境实践基地、科普教育基地、中小学研学基地、中小学水土保持教育社会实践基地、青少年生态教育基地、生态环境科普基地、气象科普教育基地、旅游风景区、党校现场教学基地、大学实践教学基地、研究生联合培养基地、博士后科研工作站、农业科技示范园、湿地公园、森林公园、水情教育基地、水利风景区、水土保持科普教育基地等。这些荣誉，提升水土保持科技示范园品牌，提升水平，提升服务。对于水土保持科技示范园来说，既是荣光，也是责任。

（一）生态类

生态类主要包括生态文明教育（示范）基地、生态环境实践基地、全国防治荒漠化重点县基地等。如江西水土保持生态科技园(九江市德安县),荣获"江西省生态文明示范基地"称号。山东省聊城市冠县黄河故道水土保持科技示范园,荣获"全国防治荒漠化重点县基地"称号。

(二)科普类

科普类主要包括科普教育基地、生态环境科普基地、气象科普教育基地、水利科普教育基地、水土保持科普教育基地等。如陕西省西安市汉城湖国家水土保持科技示范园,荣获"生态环境科普基地"等荣誉。江西水土保持生态科技园(九江市德安县),荣获"全国科普教育基地""全国气象科普教育基地"等荣誉,44 个国家水土保持科技示范园被中国水土保持学会评定为"全国水土保持科普教育基地"。

全国水土保持科普教育基地名单(全为国家水土保持科技示范园)

名称	数量/个	年份	批次
陕西省西安市汉城湖水土保持科技示范园 广东省深圳市水土保持科技示范园 江西水土保持生态科技园(九江市德安县)	3	2017	第一批
黄委西峰站南小河沟水土保持科技示范园 山东省安丘市柘山水土保持科技示范园 福建省宁化县水土保持科技示范园	3	2018	第二批
北京市海淀区鹫峰水土保持科技示范园 陕西省丹凤县桃花谷水土保持科技示范园 河北省易县清西陵水土保持科技示范园 湖北省武汉市蔡甸区西湖流域水土保持科技示范园 福建省福州市金山水土保持科技示范园	5	2019	第三批
北京市房山区云居寺水土保持科技示范园 湖南省邵阳市水土保持科技示范园 江西省兴国县塘背水土保持科技示范园 广西南宁市木棉麓水土保持科技示范园	4	2020	第四批
黑龙江省宾县二龙山水土保持科技示范园 水利部牧区水科所草地水土保持生态技术试验基地(内蒙古达茂旗) 江苏省无锡市滨湖区龙寺水土保持科技示范园	3	2021	第五批
四川省旺苍县木门水土保持科技示范园 四川省纳溪区太山水土保持科技示范园 吉林省东辽县杏木水土保持科技示范园 陕西省太白县翠矶山水土保持科技示范园 陕西省绥德县辛店沟水土保持科技示范园 山东省滨州市邹平市鹤伴水土保持科技示范园 江苏省南京市江宁区汤山水土保持科技示范园 北京林业大学盐池水土保持科技示范园	8	2022	第六批

续表

名称	数量/个	年份	批次
福建省长汀县水土保持科技示范园 福建省宁德市九都水土保持科技示范园 贵州省龙里县羊鸡冲水土保持科技示范园 甘肃省兰州市小青山水土保持科技示范园 浙江省淳安县千岛鲁能胜地水土保持科技示范园 江苏省淮安市樱花园水土保持科技示范园 神东煤炭集团大柳塔煤矿(陕西省神木市)国家水土保持科技示范园 山东省泰安市泰山区安家庄国家水土保持科技示范园 山东省邹城市五康轩水土保持科技示范园 山东省淄博市淄川区镶月湖水土保持科技示范园	10	2023	第七批
陕西省米脂县高西沟水土保持科技示范园 四川省青神县天河沟水土保持科技示范园 江西省赣州市赣县区金钩形水土保持科技示范园 浙江省德清县东苕溪水土保持科技示范园 青海省西宁市长岭沟水土保持科技示范园 福建省建瓯市闽北国家水土保持科教园 安徽省广德市水土保持科技示范园 江苏省南京市浦口区象山湖水土保持科技示范园	8	2024	第八批
合计	44		

(三)教育类

教育类主要包括青少年生态教育基地、全国爱国主义教育示范基地、全国红色旅游经典景区、中小学研学基地、全国中小学水土保持教育社会实践基地、全国青少年科技教育基地、生态环境宣传教育基地、大学实践教学基地,研究生联合培养基地、博士后科研工作站、党校现场教学基地、国家水情教育基地等。如 2012 年,教育部和水利部联合命名 24 个国家水土保持科技示范园为“全国中小学水土保持教育社会实践基地”(见下表);6 个国家水土保持科技示范园被水利部评为“国家水情教育基地”(见下表);江西水土保持生态科技园(九江市德安县),荣获“全国青少年生态教育基地”“全国中小学水土保持教育社会实践基地”“国家水情教育基地”“博士后科研工作站”“中共九江市委党校现场教学基地”,北京林业大学、河海大学、华中农业大学等研究生联合培养基地和实践教学基地等若干荣誉;陕西省绥德县辛店沟国家水土保持科技示范园与清华大学、北京师范大学、西北农林科技大学等 13 所大学合作,成为高等院校野外实践教学基地,成立了“黄河流域水土保持党校”,被水利部授予“黄河流域水土保持人才培养基地”和“水利部党校现场教学点”,被授予“黄河水利基层党建示范带党员培训基地”“中共榆林市委党校干部培训现场教学基地”;陕西省西安市汉城湖国家水土保持科技示范园,荣获“全国中小学生研学实践教育基地”“国家水情教育基地”“国家生态环境科普基地以及陕西省青少年教育基地”“陕西省首批中小学生研学实践教育基地”等称号;云南省昆明市百草园水土保持科技示范园,荣获“国家水情教育基地”称号;四川省泸州市纳溪太山国家水土保持科技示范园，拥有“国家级现代农业中小学生综合实践基地”“四川省中小学生质量教育基地”“泸州市国家级教育示范性综合实践基地”等名片。

云南省昆明市百草园水土保持科技示范园（科普馆）

全国中小学水土保持教育社会实践基地名单（全为国家水土保持科技示范园）

名称	数量/个	年份
北京市延庆县上辛庄水土保持科技示范园 北京市密云县石匣水土保持科技示范园 北京市门头沟区龙凤岭水土保持科技示范园 辽宁省朝阳市双塔区骆驼山子水土保持科技示范园 黑龙江省宾县二龙山水土保持科技示范园 江苏省苏州市吴中区水土保持科技示范园 浙江省安吉县水土保持科技示范园 福建省福州市金山水土保持科教园 福建省长汀县水土保持科教园 江西水土保持生态科技园（九江市德安县） 江西省南昌市安义县水土保持生态科技示范园 河南省孟津县生态水土保持科技示范园 河南省郑州市邙山水土保持科技示范园 河南省遂平县嵖岈山温泉小镇水土保持科技示范园 广东省茂名市小良水土保持试验推广站水土保持科技示范园 贵州省龙里县龙里水土保持科技示范园 云南省晋宁县大春河水土保持科技示范园 青海省西宁市长岭沟水土保持科技示范园 甘肃省泾川县田家沟水土保持科技示范园 山东省青岛市钱谷山水土保持科技示范园 广东省深圳市水土保持科技示范园 中国科学院盐亭紫色土农业生态试验站水土保持科技示范园 中国科学院安塞水土保持综合试验站 中国科学院临泽内陆河流域研究站水土保持科技示范园	24	2012

获“国家水情教育基地”称号的国家水土保持科技示范园名单

名称	数量/个	年份	批次
广东省深圳市水土保持科技示范园	1	2016	第一批
江西水土保持生态科技园(九江市德安县) 陕西省西安市汉城湖国家水土保持科技示范园	2	2019	第三批
福建省长汀县水土保持科教园 云南省昆明市百草园水土保持科技示范园 海南省呀诺达水土保持科技示范园(保亭县)	3	2020	第四批
合计	6		

(四)景区类

景区类主要包括国家级旅游风景区、水利风景区、湿地公园、森林公园、植物园、全国乡村旅游重点村、中国最美乡村等。如,陕西省永寿县云集水土保持科技示范园获得“国家AAAA级旅游景区”殊荣;北京市海淀区鹫峰水土保持科技示范园荣获“国家森林公园”称号;几十个国家水土保持科技示范园获得“国家水利风景区”称号。

(五)农业类

农业类主要包括农业科技示范园、全国农业生态旅游示范园区、中国农业公园、现代农业园区、农业生态园、国家星火计划农业科技大院模式示范单位、新农村建设民生科技示范村、全国一村一品示范村、中国传统村落历史文化名村、国家农业科学观测实验站等。如,河北省邢台县前南峪水土保持科技示范园荣获“全国农业生态旅游示范园区”称号;陕西省永寿县云集水土保持科技示范园,本底为云集生态园,获得陕西省“省级现代农业园区”殊荣;中国科学院安塞水土保持综合试验站(陕西省安塞县),获得“国家农业科学观测实验站”称号;青海省西宁市长岭沟水土保持科技示范园,荣获“青海省农业科技示范园”荣誉。

(六)其他

如,山西省阳高县大泉山水土保持科技示范园,荣获“山西省高校思想政治教育实践基地”称号;福建省长汀县水土保持科技示范园,获得“习近平新时代中国特色社会主义思想实践示范基地”荣誉;广东省深圳市国家水土保持科技示范园,2012年7月被国际风景园林师联合会(IFLA)评为第九届国际风景园林管理类“主席奖”,是广东省、深圳市首次获此殊荣;陕西省绥德县辛店沟国家水土保持科技示范园,被授予“黄委法治文化示范基地”;陕西省永寿县云集水土保持科技示范园,荣获“全国就业扶贫基地”称号;宁夏彭阳县王洼水土保持科技示范园,获得“彭阳县民族宗教界水土保持宣传教育基地”称号。

山西省阳高县大泉山水土保持科技示范园(展览馆)

六、重大活动

(一)全国水土保持科技示范园座谈会

为了总结交流各地水土保持科技示范园区建设经验、指导和推动园区建设进一步开展,2004 年 6 月 22—24 日,全国水土保持科技示范园区建设工作座谈会在广东省茂名市召开。17 个省(区、市)的 50 余位代表参加了会议,其中广东、江西、云南、福建等 14 个省的代表进行了会议发言。

2005 年 3 月 8—10 日,水利部水土保持司在福建省福清市召开全国水土保持科技示范园研讨会。来自北京、河北、辽宁、福建、江西、广东、贵州、云南、甘肃、青海等 10 省(市)的 20 余名代表出席了会议。会议交流了 10 个全国水土保持科技示范园工作经验,探讨了全国水土保持科技示范园验收标准和编撰全国水土保持科技示范园在建画册等有关事宜。与会代表参观了福州金山、福清天生园、惠安、漳浦等水土保持科教园。

2011 年 9 月 15—16 日,水利部水土保持司在辽宁省鞍山市召开了全国水土保持科技示范园区工作座谈会。全国部分省(自治区、直辖市)、计划单列市及市(地)、县水土保持处(局)负责同志、30 多个水土保持科技示范园区负责同志,共 60 余人参加了会议,17 个单位进行了交流发言。

(二)水土保持主题日活动

2010 年 3 月 28 日,深圳市水土保持主题日活动在深圳市水土保持科技示范园区举行。水利部副部长刘宁出席活动并讲话。他倡议大家积极行动起来,携手努力、共同参与,防治水土流失,关爱水土资源,呵护我们的家园,还寄语青少年朋友,希望广大学生树立保护水土从我做起的理想信念,多行保护水土善举,少为破坏生态恶行,自觉做水土保持的宣传员,小手拉大手,学校带家庭,辐射全社会,为提高全社会水土保持意识作出自己的努力与贡献。开园以来,园区先后面向中小学生、学生小记者团等不同层面的公众开展题为"真情守护、爱我水土""爱水护土你我有责,亲林护绿点滴做起""小手拉大手,爱护水环境，保护水资源”“青春在行动、水美献鹏城”等主题活动和水土保持国策宣传等教育活动。结合园区的参观学习，深圳市水务局联合深圳市教育局、深圳晚报社、大运网举办“美丽深圳、生态文明、从我做起”深圳市中学生水土保持知识竞赛，吸引3 000多名中学生热情参赛。

2021年3月26日，陕西省水利厅联合西部网在西安市汉城湖国家水土保持科技示范园开展以“览大汉雄风，学水保知识”为主题的直播宣传活动。该活动通过网络直播的形式带领观众一边游园一边科普。

（三）水土保持专题培训

2015年5月20—26日，根据江西省生态文明先行示范区建设领导小组会议和省委强卫书记指示精神，由江西省委农工部会同省水利厅、省农业厅和省林业厅共同组织的全省水土保持专题培训班在江西水土保持生态科技园（九江市德安县）举办。培训班深入贯彻落实习近平总书记“一个希望、三个着力”重要讲话精神和江西省生态文明先行示范区建设领导小组会议的决策部署，围绕“加强水土流失防治、推进生态文明建设”主题，采取现场参观、专题讲座、互动交流等形式，学习油茶、果树、茶叶等江西省主要林果业的水土保持知识及实用技术，加快江西省水土保持先进技术的推广应用，不断提高各地水土流失综合防治能力，促进江西绿色崛起和生态文明先行示范区建设。培训班共分三期举办，来自江西省各设区市的农业（果业、茶叶）局、林业（油茶）局、水利（水务、水土保持）局分管副局长和业务科长，各县（市、区）政府分管领导，农业（果业、茶叶）局、林业（油茶）局、水利（水务、水土保持）局分管副局长共450余人参加了培训。

（四）全国水土保持科技示范园技术交流会

2018年12月8—9日，国家水土保持科技示范园区技术交流会在江西水土保持生态科技园（九江市德安县）召开。会议由水利部水土保持生态工程技术研究中心主办，江西水土保持生态科技园承办。来自全国130个国家水土保持科技示范园区、29个省（区、市）水土保持主管部门相关代表近190余人参加会议，25个单位在会上作了经验交流。

（五）地方水土保持科技示范园座谈会

（1）2013年11月，陕西省召开了全省首届水土保持示范园区建设与管理研讨会暨民间资本参与水土保持工程建设现场会。

（2）2016年8月27—28日，湖北省水土保持科技示范园建设管理座谈会在三道河水土保持科技示范园召开。各市州水土保持工作负责人及8家水土保持科技示范园建设管理人员参会；2017年9月11日，湖北省水利厅在武汉召开全省水土保持科技示范园建设管理座谈会。会议传达了全国水土保持国策宣传教育会议有关精神，总结交流了近年来全省水土保持科技示范园建设管理经验，研究部署了推进科技示范园建设管理提档升级和国家级中小学生水土保持社会实践教育基地的创建工作。要求水土保持科技示范园实现“五展示”（展示水土保持法规、水土保持知识、水土保持措施、水土保持成就、水土保持文化）与“五结合”（生产与水土保持结合、生活与水土保持结合、生态与水土保持结合、旅游与水土保持结合、经济效益与水土保持结合）。

（六）国家水土保持科技示范园政策

2021年1月13日，水利部印发《关于开展国家水土保持示范创建工作的通知》（水保〔2021〕11号），明确国家水土保持科技示范园为其中一种类型，不再单独开展国家水土保持科技示范园建设工作，废止《水利部关于开展水土保持科技示范园区建设的通知》（办水保〔2004〕50号）和《水利部办公厅关于印发〈国家水土保持科技示范园区评定办法〉的通知》（办水保〔2016〕223号）。2021年6月2日，水利部办公厅印发《水利部办公厅关于印发〈国家水土保持示范创建管理办法〉的通知》（办水保〔2021〕171号），其中包括国家水土保持科技示范园。

（七）地方水土保持科技示范园政策

（1）2009年，山西省水利厅印发了《关于加速我省水土保持科技示范园区建设的通知》（晋水保〔2009〕894号），对加速山西全省水土保持科技示范园区建设提出要求，做出安排。

（2）2012年1月，湖南省水利厅印发《关于推进我省水土保持科技示范园建设的通知》（湘水保〔2012〕1号），决定从2012年起，在全省境内开展“湖南省水土保持科技示范园区”评定和命名活动，对被评定为省级和国家级水土保持科技示范园的单位，省水利厅将分别给予一次性建设资金支持，并每年补贴一定运营费用。

（3）2015年，陕西省制定出台了《陕西省水土保持示范园区建设实施方案》《陕西省水土保持示范园区评定办法》两个指导性文件。《陕西省水土保持示范园（区）评定办法》（陕水保发〔2012〕81号）废止。2022年4月19日，陕西省市场监督管理局以地标公告2022年第12号文件发布《水土保持科技示范园建设规范》（DB61/T 1543—2022），自2022年5月19日起实施。

（4）2016年12月6日，四川省水利厅组织对四川省水土保持科技示范园区评定办法进行了审查。会后，印发了《四川省省级水土保持科技示范园区评定办法》。

（5）2020年9月18日，根据《贵州省人民政府关于〈贵州省水土保持规划（2016—2030年）〉的批复》（黔府函〔2017〕61号）要求，贵州省水利厅批复《贵州省水土保持科技示范园发展规划（2020—2030年）》。该规划是《贵州省水土保持规划（2016—2030年）》的重要组成部分，是落实国家生态文明试验区贵州建设方案的具体措施，对加快推动贵州省水土保持科技示范园建设和发展、弘扬宣传水土保持文化具有重要意义。规划坚持以已建的农业示范园区、生态产业基地、山区现代水利试点工程和水土保持重点治理工程等为载体，充分发挥政府和市场“两个作用”，以“先建后补、以奖代补”、整合部门和行业资金资源、撬动和吸引社会资本等多种方式开展水土保持科技示范园区建设。运营期，依托园区产业市场经营维护水土保持设施、开展科学普及、宣传教育活动，政府按需购买园区水土保持示范宣传服务并适当补助，依托和助推园区产业可持续经营促进科技示范园区运行维护和可持续发展。规划到2030年，全省水土保持科技示范园总数达到30个，其中国家级水土保持科技示范园10个，省级水土保持科技示范园20个。厅直正县级事业单位贵州省水土保持科技示范园管理处充分发挥组织和业务指导作用，负责水土保持科技示范园发展规划的实施工作。规划的批复和实施，拉开了贵州省水土保持科技示范园高质量发展的序幕。

（八）宣传和科普等活动

（1）2018年12月11—14日，由水利部宣传教育中心、珠江水利委员会共同举办的2018年“美丽中国·水视角”公益摄影宣传活动在广东省举行。12月14日上午，公益影片摄制组到深圳市水土保持科技示范园取景拍摄。示范园毗邻西丽水库，前身为废弃的南山区乌石岗采石坑口，经过治理，已成为文化性与景观性协调统一的水土保持公园。借由影片，深圳市水土保持科技示范园美丽与魅力得到更为广泛的传播，让更多人领略到园区的水文化之美。

（2）2019年9月21日，北京市海淀区鹫峰水土保持科技示范园举办水土保持科普大讲堂活动。活动由北京林业大学水土保持学院、中国水土保持学会、北京市水土保持工作总站、北京水土保持学会联合主办。活动主题是“走近水土保持”，旨在深入贯彻落实习近平新时代中国特色社会主义思想，深入践行社会主义生态文明观，带头践行绿水青山就是金山银山的理念，普及水土保持科学知识，宣传水土保持事业，寓教于众。活动现场展出了《中华人民共和国水土保持法》《中华人民共和国土壤污染防治法》（节选）图解展板，介绍了“黄河流碧水、赤地变青山”的水土保持工作成就和八步沙林场草方格治沙的伟大实践，发放了《中华人民共和国水土保持法》《北京市水土保持条例》《中华人民共和国土壤污染防治法》宣传手册；开展“水土保持、有你有我”“土壤污染及治理知识有奖问答”“水保植物认知与领养”“水保知识科普游戏”等互动活动。活动期间组织参观了水土保持科技示范园的实（试）验设施和设备。在人工模拟降雨-土壤侵蚀实验室，详细介绍了设施工作的科学原理、演示水土流失发生、发展过程，介绍了研究不同水土保持措施作用的试验方法。在风沙物理学实验室，详细介绍了研究风沙起动机理及治理风沙的措施和试验手段与方法。活动营造浓郁的学科学、爱科学、讲科学、用科学的科普氛围。参与的群众表示，通过参观考察和参与互动活动，加深了对水土保持的认知，认识到水土保持在保障国土生态安全、美丽环境、美好生活中的重要意义和贡献，同时了解了必要的水土保持科技小知识、基本的科学技术方法。

（3）2023年12月，福建省德化县首次以云龙湖国家水土保持科技示范园为平台，采取作品征集和文艺汇演方式，举办了福建省第十个“水土保持宣传日”文艺汇演宣传活动。宣传活动力度大、参与率高、覆盖面广，取得了良好的成效。

（九）会议考察活动

（1）2002年5月27—31日，第十二届国际水土保持大会在北京召开。会议期间，国外国内代表参观考察了北京密云石匣水土保持科技示范园。

（2）2007年3月30日，全国水土保持工作会议代表参观福建金山水土保持科教园；2009年4月12日，全国水土保持工作会议代表参观重庆市万盛水土保持科技示范园；2011年3月3日，全国水土保持工作会议代表考察云南省晋宁县大春河水土保持科技示范园。

（3）2012年5月16—17日，水利部在福建省长汀县召开总结推广长汀水土流失治理经验座谈会，进一步推动全国水土流失防治工作。与会代表考察福建省长汀县水土保持科技示范园，并在园区植树留念。

福建省长汀县水土保持科技示范园

(4)2019 年 6 月 18 日，福建省宁德市九都水土保持科技示范园迎来参加第十一届海峡论坛两岸乡村农田水利建设交流会的农田水利专家、基层民众代表等 180 多人，与会代表参观了宁德市九都国家水土保持科技示范园。

(5)2021 年 10 月 14—15 日，参加沿黄九省(区)政协黄河流域生态保护和高质量发展协商研讨第四次会议的与会人员，赴延安就黄河流域生态保护和治理工作进行考察，实地考察了延川县梁家河国家水土保持科技示范园。

(十)开园活动

1.青岛市九水沟生态园举行“全国水土保持科技示范园区”授牌仪式

2007 年 6 月，青岛市为九水沟生态园举行了“全国水土保持科技示范园区”授牌仪式。

2.深圳市水土保持科技示范园开园仪式

2009 年 10 月 13 日，深圳市国家水土保持科技示范园区举行开园仪式。深圳市人居环境委、市规划国土委、南山区政府等部门负责人共同为“深圳市水土保持科技示范园区”揭牌，西丽小学 50 名学生成为第一批进园参观的客人。开园活动标志着深圳市水土保持科技示范园区正式向市民免费开放，广大市民尤其是深圳的孩子们又多了一个亲近自然、接受教育、认识水土保持的好去处。在开园仪式上，参加活动的西丽小学学生还观看了科教电影。影片采用声、光、电、风、三维动画等多种高科技手段，在播放过程中模拟自然界水土流失的种种危害，以及水土流失治理对环境的改善，给人如临其境的感受。20 位学生还获赠水土保持相关科普丛书。

3.西安水土保持科普体验馆首日开放仪式

2014 年 6 月 29 日，“西安水土保持科普宣传系列活动暨西安水土保持科普体验馆首日开放仪式”在西安市汉城湖成功举办。

西安水土保持科普体验馆

（十一）节日游园主题活动

2016年元旦期间，深圳市水土保持科技示范园举办“庆元旦，贺新年——走进市水保示范园”系列欢庆活动。本次活动得到广大市民群众踊跃参与，取得圆满成功。活动期间，来园游客超过2 000余人，累计新增关注水土保持科技示范园微信公众号132人，发放宣传品200余件，播放电影12场。活动分为“集环保小贴纸，争当环保小卫士”、免费观影及免费获取水土保持宣传教育读本三个部分。园区共设三个游戏点，设置三项游戏，分别为“你画我猜”“跳绳”“趣味赛跑”。大家在入园处领取环保生肖卡纸，来到不同游戏点参与游戏，根据游戏规则获得相应环保小贴纸，收集一定数额贴纸将会获得相应奖品。活动期间，园区加大水土保持宣传影片播放频次，每天定时播放4场电影，积极宣扬“水是生命之源，土是生存之本，关爱水土，播种绿色希望，从我们每个人做起，让我们携起手来，共同加入到水土保持行列，共建美好未来”理念。此外，为加大水土保持宣传力度，广泛普及水土保持知识，凡入园游客均可免费领取一本水土保持宣传教育读本。“垃圾零落地，园区更美丽”活动元旦期间也在继续，活动一直持续到1月31日。大家纷纷报名参与环保活动，反响热烈。

2022年元旦，为欢庆元旦和满足广大公众的游览需求，深圳市水土保持科技示范园元旦假期（1月1—3日）正常对外开放，并于1月1日当天在水土保持示范园内开展“元旦相聚水保园，创意手绘山水画”主题活动。

广东省深圳市水土保持科技示范园（蚓之丘）

续图

深圳市水土保持科技示范园举办 2024 年春节欢庆系列宣传活动。活动从正月初一到正月十五，以“欢庆春节、水保纳福”及“齐乐龙龙画元宵”为主题，围绕水、土文化展开，弘扬中华传统文化，让公众了解水土保持国策、普及水土保持相关知识，营造了喜庆和谐的文化氛围。活动期间入园参观学习访客超 3 000 人次，访客们纷纷表示在水土保持科技示范园感受到了浓郁的节日氛围与良好的体验。

（十二）开展主题党日活动

2023 年 10 月 13 日，宁德市蕉城区人民法院第二支部、第四支部、第五支部到福建省宁德市九都国家水土保持科技示范园开展“学习贯彻习近平新时代中国特色社会主义思想主题教育”主题党日活动。党员们通过参观水土保持科技示范园，深刻了解治水的历史和成效、水土流失的危害和生态文明建设的重要性，以及水土保持在生态文明建设中的重要作用。党员干部纷纷表示要认真学习贯彻习近平生态文明思想，强化政治担当，为生态环境保护、促进人与自然和谐共生提供法治保障。

（十三）吉祥物评选活动

为拓展水土保持示范园宣传示范辐射功能，提升广大公众对水土保持的参与度，2015 年 10 月 8 日至 11 月 20 日，深圳市水务局开展了深圳市水土保持科技示范园吉祥物评选活动。活动得到广大市民热烈欢迎和广泛参与。经过近 1 个半月网络投票，“水土宝宝”得到大家的一致欢迎，在 6 个吉祥物候选形象中脱颖而出，成为深圳市水土保持科技示范园吉祥物。这对孪生兄弟在深圳市水土保持科技示范园欢迎来自全国各地的客人，他们的形象将被应用到示范园各个宣传领域，成为示范园的一张亮丽新名片。

第九章　典型风采

百花园里百花开，万紫千红争春来。

水土保持科技示范园，是生态文明对水土保持的新要求，是人民群众对美好生活和优美生态环境的新期盼，是水土保持高质量发展的典型代表，成为美丽中国的一道亮丽的风景线，群芳竞艳，广为公众和社会欢迎并称道。蓬勃发展、如火如荼的水土保持科技示范园，集中体现、生动展示了水土流失治理技术和效益，是社会和公众看得懂、学得会、做得成的现场教学平台，架起了一座座水土保持科技成果落地落实、助推乡村振兴和美丽中国建设的桥梁和纽带。水土保持科技示范园作为示范的窗口、宣传的阵地、技术的载体、科研的平台、科普的教室、产业的温床、休闲的公园，充分发挥辐射引领作用，遍地开花、亮点叠出。各地在水土保持科技示范园建设工作中，开拓创新、百家争鸣、百花齐放、精彩纷呈。

梧高凤必至，花香蝶自来。陕西省延川县梁家河国家水土保持科技示范园，前来参观学习的人流络绎不绝，成为一道流动的风景线，村民已经习以为常。学习理念、学习技术、学习方法、学以致用，水土保持科技示范园的经验在祖国各地扎根、发芽、开花、结果。2015 年 2 月 13 日，习近平总书记考察梁家河村（国家水土保持科技示范园），对淤地坝工作作出了重要指示；江西省委组织部在江西水土保持生态科技园（九江市德安县）举办了 450 多人参加的水土保持专题培训，科技示范园丰硕的成果成为现场教学培训的典型教材。2023 年 11 月的一天，昆明市百草园水土保持科技示范园比平时热闹，欢声笑语在园区荡漾。这天，园区迎来了 200 多名学生开展水土保持科普教育和社会实践。学生们在讲解员的带领下，或驻足观看，或仔细聆听，或参与互动。在演示人工降雨造成的水土流失时，看到水冲土跑、清水变浑，学生惊叹“原来水土流失是这样”；走进科普体验馆，高科技现代化扑面而来，全息影像、幻影成像、VR 技术、三维数字沙盘、弧幕 5D 影院、人造风雨雷电体验、互动投影、魔幻沙滩等，让孩子们大开眼界。不知不觉中，孩子们学习了水土保持知识，获得了水土保持体验，种下了生态文明种子。寓教于乐、寓知于美，这是昆明市百草园水土保持科技示范园开园以来，多少次接待学生开展水土保持科普教育中的一次，也是全国所有水土保持科技示范园开展水土保持宣传教育和科学普及活动的缩影。

你若盛开，花香自来。水土保持科技示范园有效吸引社会资源，大力为社会提供优质生态产品和水土保持专属服务，每年到科技示范园参观的社会公众达数百万人次，架起了水土保持与社会的桥梁。水土保持科技示范园积极与高校合作建立试验实习基地，广泛开展重大水土保持研究，大力实施水土保持科技推广项目，荣获众多省部级以上科技奖项，搭建起水土保持与科研协作的平台。水土保持科技示范园荣获各种荣誉称号，大力践行服务社会的理念和价值导向,得到社会的广泛认可和积极肯定。全国有24个国家水土保持科技示范园被教育部和水利部联合命名为全国中小学水土保持教育社会实践基地,小手拉大手,学校连家庭,家庭连社会,水土保持科技示范园发挥了很好的连锁反应。通过水土保持科技示范园的示范引领和辐射带动,全国每年治理水土流失6万多km^2以上,促进了水土保持和生态建设高质量发展。

一、村庄示范园

(一)前南峪国家水土保持科技示范园

河北省邢台县前南峪水土保持科技示范园于2007年被水利部命名,是全国首批国家水土保持科技示范园。园区位于邢台县浆水镇前南峪村,地处东经113°56′06″,北纬37°09′57″,距邢台市区60 km,距202省道1 km,距322省道8 km,交通便利。园区面积719.1 hm^2,其中耕地50 hm^2,山场553.3 hm^2,村庄等其他用地115.8 hm^2,均属前南峪村集体所有。园区为北温带半干旱季风气候,年平均降水量为608.1 mm。地处中低土石山区,属海河流域子牙河系滏阳河支流。土壤类型主要为褐土。土壤侵蚀以水力侵蚀为主,是典型的北方土石山区水力侵蚀类型区。

园区定位为技术推广型,建设突出三大理念:①人与自然和谐相处的理念,遵循自然规律和生态规律;②现代理念,立体种植,提高土地利用率;③高科技理念,因地制宜,发展特色经济。园区建成水土保持综合治理工程示范区,科普教育区,水土保持监测区,名、优、特品种果树引进示范区和休闲生态观光游览区五大功能区。

1.水土保持综合治理工程示范区

水土保持综合治理工程示范区主要包括坡面治理区(板栗特色经济林区、果品采摘园区、生态修复区等)、沟壑治理区(包括浆砌石谷坊、护地堤、蓄水池等),以及现代化新农村清洁型小流域。在治理顺序上,园区采用先治上、后治下、上下结合,先治坡、后治沟、坡沟兼治;在措施布设上,坡面坑坪结合,梯壕结合,沟内谷坊塘坝结合;在植物配置上,乔灌草结合,松橡槐结合,干鲜果结合。共建设大型塘坝2处、水窖150个、谷坊1 200多座、高标准水平梯田10 hm^2,栽植水土保持林160 hm^2、经济林293 hm^2(其中乌克兰大樱桃1.6 hm^2、杏扁4 hm^2、欧洲榛子0.7 hm^2、美国葡萄2.6 hm^2、澳洲油桃3 hm^2、凯特杏4 hm^2、薄皮核桃4 hm^2,其他273.1 hm^2),建设环山道路8 km。在经济林种植区建设水窖等集雨工程,配套了微喷和滴灌等现代化水利灌溉设施,积极推广水土保持科学技术。园区形成了"拦、蓄、缓、排"立体防护体系和"材林头、干果腰、水果脚、米粮川、田林路坝、塘渠库池"统一协调的防治水土流失体系。

2.科普教育区

建设水土保持科教馆1座,展出照片120多张、文件12份、影像资料6个、全景模型沙盘1个。同时,在网站等多种媒体上宣传水土保持科技示范园区,受教育群众达3万余人次。在村中建立了农民夜校,开设了水土保持、林业技术、法律法规等课程,对全村干部群众进行水土保持、环保教育,培养了一大批水利、农林"土专家"。

3.水土保持监测区

以探求水土流失发生发展规律为主,主要包括水土保持径流观测站点5处,自动化气象观测站3处，纳入省级水土保持监测网络，实时进行观测记录。5所大专院校和科研机构依托园区进行科学研究，建立了科普示范基地、生态经济沟基地、环保教育基地。各级研究机构取得市级研究成果5项、省级研究成果3项、国家级研究成果2项。其中，前南峪经济沟建设标准列入了河北省生态经济沟建设标准。

4.名、优、特品种果树引进示范区

以引进国内外名、优、特果树品种种植为重点，发展高效林果业，包括美国树莓、薄皮核桃、欧洲榛子、澳大利亚油桃、乌克兰大樱桃、美国葡萄和杏扁等七大精品采摘园区。在名、优、特品种果树引种示范区基础上，推广应用先进的科学管理技术，建成果树国外引种示范园区、高新技术示范园区、优种苗木繁育园区及有机食品生产园区、干鲜果品加工园区等。在农业生产过程中，着力推进生产技术生态化、生产过程清洁化、农林产品无害化和农业经营产业化。严格控制农业面源污染，实施农业标准化生产。

5.休闲生态观光游览区

以生态建设为主，提升水土保持科技示范园景观建设，包括登山云梯、仙人桥、文昌庙、化山索道和原生态松林等生态观光点。园区利用绿色生态资源和“抗大”（“中国人民抗日军政大学”的简称）人文资源，投资8 600多万元，开发出“红绿”结合的生态旅游区。扩建后的抗大陈列馆和今日前南峪已开馆迎客，抗大少儿研学基地、高标准山区一级公路和大型农家乐停车场已投入使用，旅游业呈现出前所未有的良好局面。2022年，接待游客60余万人次，旅游门票收入1 200万元，旅游带动全村增收1 860万元（其中家庭旅馆220万元）。旅游区先后被命名为“全国农业生态旅游示范园区”“国家森林公园”“国家水利风景区”“国家AAAA级旅游景区”，被授予“全国爱国主义教育示范基地”“全国红色旅游经典景区”和“中国农业公园”等荣誉称号。

园区由前南峪村负责运行管理，制定工程管理制度和多项村规民约，对园区进行规范化管理。园区后期保障投入由前南峪村解决，实行专业化管理的运行机制，将全村分成农、林、牧、工四个专业队，实行园区分项承包责任制和“六定一奖”（定人员、定任务、定产值、定利润、定用工、定费用和超产奖励）。同时，制定工程建设、树木管护标准，实行高质严管，管护并举，保障园区良好运行。

（二）黄河故道国家水土保持科技示范园

山东省聊城市冠县黄河故道水土保持科技示范园，2011年被批准为国家水土保持科技示范园区。园区位于黄泛平原黄河故道冠县东古城镇田马元村，是典型的风力侵蚀区。园区面积为267 hm^2，属于田马元村集体土地。运用公司化建设、管理水土保持工程的新模式。园区内的林地使用权和林木产权归公司所有，承包期限长达50年，集体修建的基础设施给公司无偿使用。园区距聊城市70 km，距冠县7 km，区位良好，交通便捷。

园区建设了风沙治理成果展示区、黄河故道水土流失原貌展示区、生态观光旅游区、科技示范推广区、青少年教育实践基地、新农村建设展示区等6个功能区。经多年水土保持综合治理，昔日贫瘠的不毛之地变成了绿树成荫、四季飘香的花果园，改善了周边的生态环境，提升了田马元村的品位，形成了富有生机活力的民营水土保持新局面。水土保持科技示范园对冠县的农业产业化和农村水利起到了积极的示范带动作用，发展成为优质果品基地，其中红灯、早大果等大樱桃1 200亩，丰水梨、黄金梨、绿宝石梨1 000亩，红富士、早生富士苹果 1 400 亩，果树保护地栽培 120 亩，杏、李、桃、葡萄、欧李等其他果树 240 亩。每年举办 4 月梨花节、5 月樱桃采摘节、10 月采摘节等活动。各种乔木、灌草花木郁郁葱葱，绿意盎然，游客宛如在世外桃源里，体验采摘乐趣，尽享田园风光。水土保持科技示范园与冠县中华梨园、天沐度假村对接，年接待国内外游客 10 余万人次。园区建设了农林水土保持科技研发中心，进行水土保持技术研究及林果高效种植、加工技术的研究、开发、应用与推广。示范园与山东农业大学、山东农科院果树研究所、北京市日川果树研究中心等院校及科研单位开展技术合作，先后开展了“旱作农业区提高天然降水利用率”“风沙地区节水增效示范”“优质苹果高光效形改造”“矮密大樱桃保护地科技栽培”“优质果树丰产栽培技术”“樱桃基地建设与樱桃酒产业化建设项目”“秸秆焚烧烟尘治理和生活用水回用”等研究项目，取得了重大进展。每年到水土保持科技示范园参加教育实践活动、水土保持科普宣传的中小学生达 5 000 人次以上，发放水土保持知识小册子5 000 多册，宣传单 2 万余张，现场接受群众咨询 1 万余人次。水土保持活动主要包括听专家介绍田马元水土保持现状、水土保持综合治理情况，徒步参观田马元风光，集体宣誓，畅谈感想，重温入团誓词等。活动不仅培养了学生良好的行为习惯，也使他们更多地了解水土流失的危害、了解水土保持治理带来的生态环境变化，了解社会、了解自然、了解生活，增强了生态意识和学习热情。

园区由田马元村负责运行管理，相继获得了“国家星火计划农业科技大院模式示范单位”“全国防治荒漠化冠县重点县基地”“山东省首家无公害苹果”“矮密大樱桃保护地科技栽培示范基地”“苹果聚集产业科技服务体系建设基地”“优质苹果高光效形改造山东示范基地”“山东省农业标准化生产青年示范基地”“省级新农村建设民生科技示范村”“聊城市科普示范基地”等荣誉称号。

（三）高西沟国家水土保持科技示范园

陕西省米脂县高西沟国家水土保持科技示范园于 2015 年命名，是全国为数不多的由村庄建设管理的示范园。园区距米脂县城 20 km，交通便利，村内道路全部硬化且配套合理。村里有 40 座山，21 条支毛沟，总面积 4 km^2，属无定河流域水系，典型的黄土高塬丘陵沟壑区第二副区。

高西沟村从 20 世纪 50 年代起，在四届村党支部的带领下，三代人凭着一颗红心、两只手，埋头苦干，艰苦创业，战天斗地，坚持沟、坡、梁、峁、岔综合治理，山、水、田、林、路一步到位的治理模式，把荒芜贫瘠的穷山沟治理成全国水土保持的农业典型、西北地区的一面红旗、黄土高原的一颗明珠，创造了一条极富特色的生态建设路子。在几十年的治理中，高西沟按照“山上缓坡修梯田、沟里建坝打堰窝，高山远山森林山、近村阳村建果园、弃耕坡地种牧草、荒坡险洼种柠条”的综合治理模式，走出了一条生态与经济协调发展、人与自然和谐生存的良性循环与可持续发展的道路。在长期的治理过程中，高西沟群众注重实践和总结，勇于创新，在林、牧、农用地比例形成“三三三制”后，为适应发展需要再次调整为“三二一”新模式。多年来，高西沟村共打淤地坝 121 座，兴建蓄水池 7 座、小水库 2 个，新修水地 460 亩、坝地 80 亩、梯田 360 亩，植被覆盖率达到 64%，水土流失治理程度达 78%。村民人均纯收入达 1.58 万元，是全县农民人均纯收入的两倍。

高西沟村从 2011 年开始创建国家水土保持科技示范园，制定了国家水土保持示范园提升规划。园区分为生态修复区、鲜果采摘区、水土保持林引种区、生态农业观光区、休闲区、宣传教育区等6个功能区。在原有治理效果和已建成高西沟水土保持生态展馆的基础上,完善治理措施,提升道路、导视形象系统和旅游服务配套工程建设,提高了园区水准和服务水平,为高西沟可持续发展注入新活力。

园区由高西沟村具体负责运行管理,获得相关荣誉,扩大示范园影响,发挥园区资源和作用。2017年11月,高西沟村荣获2017名村影响力排行榜300佳。2019年12月31日,入选第二批国家森林乡村名单。2021年3月,被司法部、民政部命名为第八批"全国民主法治示范村(社区)"。2021年9月,被中央农村工作领导小组办公室、农业农村部、中央宣传部、民政部、司法部、国家乡村振兴局表彰为"第二批全国乡村治理示范乡村"。2021年11月12日,入选农业农村部办公厅公布的2010—2017年中国美丽休闲乡村监测合格名单。2022年,高西沟村入选首批陕西省水情教育基地名单。

(四)后池国家水土保持科技示范园

河北省涉县后池国家水土保持科技示范园于2021年命名。园区面积600 hm^2,位于邯郸市涉县关防乡后池村,属太行山东部山地丘陵水源涵养保土区,地貌类型为低山丘陵。园区以党建为引领,以绿色生态为基础,形成了"山顶松柏戴帽、山间经济林缠腰、沟底林药结合"的水土流失综合防治体系,打造了乡村观光旅游、产业创新、休闲度假、农产品加工等为一体的水土保持科技示范园,成为北方土石山区太行山水土流失综合治理的典范。

1.高点定位,党建引领,示范带动

充分发挥后池村"全国先进基层党组织"的示范带动作用,以党建平台为基础,高位嫁接水土保持科技示范园,打造绿色和红色结合的典范。园区先锋岭采用生态绿植、历史雕塑、红色展陈等形式,建成了"不忘初心、牢记使命"党性教育基地。愚公坡利用彩色植株、发光彩带,建成全国最大、昼夜观赏的生态绿植党旗。河北省组织部将后池水土保持科技示范园作为"再上太行"专题培训现场教学点,北京大学、清华大学等高校也将后池水土保持科技示范园作为重要的研学旅行教育基地,先锋岭党建基地已逐渐成为全省、全国性的党性教育基地,年参观人数达10万余人。

2.部门联动,整合资源,打造特色

结合涉县生态立县理念,县委、县政府提出"县委协调、水利牵头、全县配合"的建园思路,整合农、林、水、扶贫、财政等各方项目资金投入园区建设,组织动员各行业投入水土流失综合治理,形成了"项目带动、部门联动、创新产业"的运行机制。在后池水土保持科技示范园采用太行先民独创的"悬空拱券镶嵌"式石堰修复技术,建设山地雨养农业系统和规模宏大的石堰梯田景观,共修建恢复旱作梯田3 500余亩。层层梯田,如诗如画,恰似一条条彩带飘舞于山际,与群山一起,构成了后池山岭上最美的风景。涉县旱作石堰梯田系统被联合国粮食及农业组织专家称作"中国第二大万里长城",2022年5月20日被联合国粮食及农业组织列为全球重要农业文化遗产(截至2023年底,中国共22处入选)。

3.公司管理,优化机制,良性运行

为保障园区长期良性运行,涉县在实践中不断探索,由原来的村集体管理模式,改革为由邯郸后牧牛池旅游开发有限公司负责管理的新模式,并建立了行之有效的管理机制,进一步完善了管理、维养、运营、收益等相关管理制度。引入公司化管理模式后,示范园实行生产管理“五统一”,即统一种植、统一灌溉、统一技术指导、统一施肥、统一市场销售,园区管理经营迸发出了新活力,最大程度地发挥了水土保持科技示范园的综合成效。

(五)安家庄国家水土保持科技示范园

山东省泰安市泰山区安家庄国家水土保持科技示范园于2022年命名。园区位于山东省泰安市泰山区省庄镇安家庄村,面积约150 hm^2,距泰山区城区约4 km,与泰安市城区融为一体,距城市中心——岱庙12 km,毗邻济泰高速、103省道等道路,区域优势明显,交通条件优越。

1.概况

安家庄及周边低山丘陵绵延,高差大、土层瘠薄,沟头沟底侵蚀严重,加之长期不合理耕作,致使耕地土层逐年变薄,土壤养分大量流失、地形遭到破坏。安家庄国家水土保持科技示范园区积极践行“绿水青山就是金山银山”理念,将水土流失治理与乡村振兴相结合,依托小流域治理成效,以水土保持科技示范园为抓手,坚持山水林田路村统一规划,因地制宜、系统治理,走出一条“党旗红、山水绿、产业兴、百姓富”的乡村振兴新路子。

2.特色经验

水土保持科技示范园为技术推广型,园区分为水土流失综合治理技术示范区、生态自然修复示范区、生态产业示范区、水土保持知识宣传科普区等4大区,功能分区合理,职能特色鲜明。

水土流失综合治理技术示范区,主要推广应用了径流多级网络式集蓄调控、生态沟道系统治理等6项实用技术,打造了梯田高效开发、生态村、水肥一体化灌溉、边坡生态防治等治理模式,为水土保持技术推广、治理模式示范等提供了典型样板。园区与山东农业大学、泰安市水利局联合开展土壤侵蚀监测及评价研究,提高了全市水土流失治理技术水平。

生态自然修复示范区,充分发挥大自然的自我修复能力,实行封育封禁,小范围辅以人工补植,实现了大面积植被快速修复。

生态产业示范区,大力发展高效经济林果、园艺采摘、苗圃等产业,建成全市最大的苗木花卉种植销售基地。创办农业开发专业合作社,发展“生产+加工+科技+营销”全产业链模式,带动了地方特色农业的发展,加快了乡村振兴步伐。

水土保持知识宣传科普区,创新性地将生态资源和红色资源相结合,打造集党史学习教育与水土保持科技示范、生态文明成果展示于一体的“红+绿”综合教育基地。把生态文明与美丽乡村建设相结合,整治污水垃圾、美化村容村貌,建设乡村记忆馆、留住农耕文化,让游客记住乡村乡愁、记住乡村历史。

3.创建成效

园区秉持“绿水青山就是金山银山”理念,以水土资源可持续高效利用、生态环境可持续维护和美丽家园可持续提升为目标,遵循“全面规划,统筹兼顾,标本兼治,综合治理”的原则,科学布设梯田、谷坊、塘坝,发展经济林,营造水土保持林,采取沟道治理、封育保护等措施，构建起完备的水土流失综合防治体系。每年新增涵蓄保水能力 6 万 m^3，保土效益 2.76 万 t，农民年人均纯收入达到 1.95 万元，村集体年收入 220 余万元，辐射带动周边 9 个村 7 000 余人发展生态产业。示范园由安家庄村运行管理，实现了有土皆保、清水出流、四时有绿、常年开放。

二、城市示范园

（一）汉城湖国家水土保持科技示范园

陕西省西安市汉城湖国家水土保持科技示范园于 2014 年命名，是全国为数不多的位于城市的水土保持示范园，也是在水库基础上建立的水土保持示范园，还是全国展馆最多的水土保持示范园。园区位于西安市西北郊，距西安市中心 5 km，东邻北二环，西靠汉城墙遗址，面积 193 hm^2。汉城湖水库库容为 137 万 m^3，是一座具有城市防汛、生态水域、农业灌溉功能的小(1)型水库，拥有 850 亩清澈水面和 1 031 亩园林景观，集文化性和景观性于一体，成为公众休闲娱乐、科普教育和旅游参观的好去处。

1.水土保持措施示范

园区按照“设计与环境艺术相结合、设计与历史文化相结合、设计与水保技术相结合、设计与多色植物相结合、设计与水保知识相结合、设计与灯光效果相结合”的原则，结合水土保持工程建设，浓缩和借鉴水土保持治理经验和科研成果，提高水土保持科技水平，增强带动辐射作用。在综合治理工程实施中，结合园区实际，建设了左岸水土保持生物措施示范区、右岸水土保持工程措施示范区、水土保持经济林区和水土保持植物观赏区。

左岸水土保持生物措施示范区护坡植物水土保持林有草皮护坡、灌木护坡、灌草护坡、乔灌草护坡，同时栽植“汉风汉韵汉城湖”“生态文明汉城湖”“城市水保汉城湖”“美丽西安汉城湖”“水保护城”等植物造型，体现城市水土保持和建设美丽中国的主旨。成片的银杏林、国槐林、红叶李林、青桐林、柳树林，既达到林木的蓄水保土目标，又形成秀美景观效果；右岸水土保持工程措施示范区布设了水平阶梯整地、鱼鳞坑、砌石挡土墙、砌石护坎、格宾网挡土墙等工程措施；水土保持经济林区主要栽植柿子和枇杷等；水土保持植物观赏区在湖心岛弯道处栽植牡丹、芍药等观赏花卉，使人赏心悦目。

园区坚持工程措施和生物措施并举，形成了格宾网砌石护岸景区、乔冠木固土、多种草皮防冲的立体护岸格局。园区内砌筑鱼鳞坑 4 516 个，修建格宾网护坡、浆砌石护坡、青砖护坡、水平(沟)整地、混凝土空心砖植草护坡等，13 km 垂柳环绕湖边，9 处银杏、红枫、红叶李片林点缀其中，有效地解决了湖岸高边坡段水土流失问题。

2.水土保持科普体验

园区实现水土保持科学普及常态化，在景区内部道路、标识、建筑、绿化、水体等方面均有展示，内容通俗易懂，便于理解。游客在旅游时，可通过观看和专业讲解介绍，学习并理解水土保持知识。

园区在秦岭山水微缩景观地下通道建设了现代化的水土保持科普体验馆，采用声、光、电等新技术、新手段科普水土保持。以 LED 屏形式展示陕西西安山川秀美的壮丽场面，以流失隧道形式展示水土流失灾害场面，以互动体验形式展示水土流失治理显著成就，以 5D 电影体验形式让人可以亲身体会水土流失造成的严重后果和治理后的美丽地球。科普馆融科普性、知识性、趣味性、互动性为一体,向广大公众全方位、多元化普及水土保持知识,开展水土保持警示教育和沉浸式体验。

示范园在水车广场设立人工模拟降雨系统,演示水土流失原理及不同植被下防治效果。通过不同坡度不同防护条件下水土流失模拟,直观演示径流形成和水土流失现象,也可以进行降水、截留、土壤下渗、土壤含水量和水势、植物蒸腾、蒸发和径流等试验。

依托良好的资源和优势,园区积极开展各项研学接待工作,服务"研"有所思、"学"有所获、"旅"有所感、"行"有所成的研学旅行目的。园区不断完善研学服务管理机制,建立健全了15项研学旅游管理制度,对35名研学辅导员加大培训及考核;丰富研学活动内容,挖掘14处文化景点内涵,创新开发了"衣礼中华行"汉礼体验产品;设计制订了小学、初中、高中三类多种研学旅行接待方案,相继开发了穿汉服、学汉礼,参加水土保持科普馆和丝绸之路博物馆开展知识竞赛、汉陶制作等多项学生体验活动,适用于各类研学团体。示范园秉承着深厚的历史底蕴、经典的治理案例、浓重的教育意义,与百余家旅行社达成合作,现已累计接待研学人数10万余人次,打造成为独具特色的研学基地。

3.水土保持文化体验

园区强化文化内核,在汉文化、水文化主题里,巧妙融入水土保持文化。园区布设了水土保持科普体验馆、丝绸之路博物馆、水与长安博物馆、中国第一古建木作微缩展览馆、未央区防震减灾科普体验馆、水务展览馆等展馆,实现一园6馆,是展馆最多的水土保持科技示范园。

园区开发了春节文化庙会、汉式学童开笔礼、千名学子成人礼、端午龙舟赛、汉式婚礼、汉代迎宾礼、汉代祈福礼、汉文化艺术节等一系列可供游人参与的项目,将水土保持文化和传统文化相结合,为弘扬传统文化起到了宣传和推广作用。

4.水土保持宣传教育

园区在全面推进水土保持项目建设的同时,积极加大宣传教育,通过水务展览馆、水与文化博物馆将汉城湖变迁历史作为宣传材料,重点介绍汉城湖在水土流失治理和环境治理前后的主要功用,让广大群众通过现场参观工程建设图片、宣传片,了解园区变化过程,认识到水土保持的重要性。通过水土保持科普体验馆,展示水土保持知识及水土保持的作用和意义。园区沿线设置水土保持知识宣传廊道100 m、宣传展板400 m,宣传素材制作320 m^2,各类水土保持措施介绍牌、水土保持宣传牌、标识牌、温馨提示牌3 000余个,树立和加强保护生态环境的意识。

园区建立了汉城湖官方网站、今日头条、微信公众号、微信小程序以及微博平台,通过自有媒体、新闻媒体以及其他渠道进行水文化、汉文化和水土保持宣传,反响良好。自运营以来,报纸报道262次,电视报道332次,其中央视报道18次。示范园成为水法、中国水周、世界水日、水保法、世界环境日宣传活动点,大学生组织"青少年保护母亲河行动"示范点。园区每年定期举办各类教育活动,面向各年龄阶段人群有针对性地开展科普活动。

针对亲子团、学生团、暑假夏令营、研学团等青少年团队,园区与百余家单位签订了水土保持科普宣传专项旅游特色产品,丰富游客互动体验,让青少年能身临其境感受水土保持,种下水土保持和生态文明的种子。

5.园区管理

园区业务主管单位为西安市西北郊城市排洪渠道管理中心,合作单位为西安市水土保持工作总站,运行管理单位为西安汉城湖实业有限公司。该公司为西安市西北郊城市排洪渠道管理中心成立的国有独资企业,主要负责汉城湖的运营和管理。公司下设九个部门:办公室、人力资源部、市场开发部、运营服务部、计划财务部、票务部、工程技术部、园务维修部、园区管理部,共有员工356名,管理制度规范,管理工作高效。园区采用专业养护模式,由西安市园林绿化总公司安排专人养护绿化,西安汉城湖实业有限公司维修养护工程设施,保证了绿化生长正常、工程设施安全运行。园区设立意见反馈渠道,积极梳理分析和采纳社会各界的意见和建议,不断完善、提升园区示范水平和服务能力。同时,邀请水土保持专家对员工进行授课学习,提升管理人员自身水土保持知识,以更好地科普和传播水土保持知识。园区建设实行"政府为主、多元投入、公司管理"的建管模式,多方面筹措资金。示范园不断吸纳新型人才以及优秀的管理人员,为社会提供了大量工作岗位,缓解了就业压力。汉城湖景区年均接待市民游客430余万人,年均接待研学游客2.4万人,受到社会各界的广泛好评。

6.其他荣誉

园区先后荣获国家生态环境科普基地、全国中小学生研学实践教育基地、国家水情教育基地、全国水土保持科普教育基地、国家AAAA级旅游景区、国家级水利风景区等国家级称号,获得了全国水利文明单位、陕西省青少年教育基地、陕西省科普教育基地、陕西省首批中小学生研学实践教育基地、西安市委党校水土保持教学实践基地、西安市青少年科普教育基地、西安市中小学生优秀传统文化社会实践基地、西北农林科技大学资源环境学院教育实践基地、西安文理学院汉城湖实训基地等荣誉。

(二)山东省广饶县孙武湖国家水土保持科技示范园

园区于2009年命名,是全国第二批、山东省第一个国家水土保持科技示范园。示范园位于广饶县东新区,地处山东半岛城市群经济带和环渤海经济圈中心地带,现有面积6.3万亩。园区位于"黄蓝"两大国家战略交会的核心地带,区位优势明显,位于潍坊、淄博、滨州、东营四市交界处,山东省东西交通大动脉济青高速公路北侧,濒临济南、青岛机场及东营港、兴广铁路,内部三纵三横发达路网贯穿其中,交通十分便利。园区内水、电、通信、房建等配套设施完善,水利设施齐全。

园区集生态建设、农业科技、休闲度假、旅游观光、商贸服务、宗教朝圣、科普教育等功能于一体,建成了科研教育区、旅游体验区、体育休闲区、温泉度假区、佛教文化区及异域风情区等6大不同功能区;建成500万 m^2 的水面、2.2万亩的生态林场、万亩生态农业示范园等生态建设项目,园林绿化面积达到110万 m^2,景观苗木近300种,野生动物200余种,形成了南北长14.9千米的生态景观水面,环境空气质量达到国家一级标准,地下水位最大回升达12.46 m,使孙武湖沿岸咸水入侵累计后退11.71 km^2,引水补源、扼制咸水入侵效果明显;形成了完整的水土流失综合防治体系,宜治理的水土流失得到治理。园区以兵圣孙武文化观光为背景,建设了兵圣文化广场、兵圣大殿、孙武故居等多处历史文化旅游娱乐设施;以休闲娱乐为目的,建成了温泉度假村酒店,过山车、大摆锤、太空梭等20余项休闲游乐项目。园区还引进业主开发，发展了旅游、生态农业等特色产业，对周边地区起到较好的示范、引导和辐射作用。

广饶县每年有近2.5万名干部职工、青少年学生参加教育实践活动。2009年以来，每年在园区开展“水土保持综合治理”宣传教育活动，共发放水土保持知识小册子近5万本，发放宣传单近7万余份，现场接受市民咨询3万余人次。活动内容主要包括：徒步参观孙武湖风光、集体宣誓、畅谈感想、重温入团誓词等，在欢乐中体验了孙武湖风光，感受到了广饶近几年的发展变化，不仅培养了民众良好的行为习惯，也为他们更多地了解水土流失的危害、掌握水土保持知识、积极参与生态环境治理提供了机会。园区开放后，广饶阳光义工协会每月都到园区宣传水土保持、环境保护等工作。

园区管理机构为广饶县孙子文化旅游区管委会，内设广饶孙子文化研究中心、综合科、财务科、规划建设部、营销发展部、水利管理科、市政园林管理科、综合治理办公室8个科室，明确各科室职责范围，现拥有各类专业人员43人，另外还组建了100多人的管护、巡查、保洁队伍，同时制定了示范园管理等各项规章制度，各项工程技术、财务、影像资料均翔实齐全，及时归档，管理规范。园区建设采取了多渠道投融资机制，一是县财政投资；二是通过与当地知名企业的合作，由企业自筹资金；三是由山东兵圣孙武文化旅游开发有限公司采用BT合作模式引进战略合作伙伴投入建设、开发、经营资金。运营管理的经费来源以旅游、供水及林场收入为主，具有稳定的多渠道经费来源，能够实现自我运行和发展。年均旅游人数达25万多人次。

三、城郊示范园

（一）西宁市长岭沟国家水土保持科技示范园

青海省西宁市长岭沟国家水土保持科技示范园是水利部2007年命名的首批25个国家水土保持科技示范园之一。园区地处西宁市城郊，距青海省水利厅1.2 km，交通条件十分便利。属黄土高塬丘陵沟壑区，海拔2 294.2～2 753.8 m，相对高差459.6 m。区内山高、坡陡、山势起伏、地形破碎、沟壑纵横，具有黄土高原区的地形地貌和水土流失特征。园区土地使用手续合法完备，水、电、路、通信、房建等基础设施配套齐全，是开展水土保持教育社会实践活动的良好场所。

1987年，青海省水土保持局将长岭沟作为水土保持科研试验场，1989年开展了水土流失综合治理，2001年进行水土保持示范园建设。园区设科研试验、示范推广、科普教育、观光旅游4大功能区。示范推广功能区内修建了边坡治理示范、黄土区治理示范、树种配置示范等6个示范小区。园区建设了各种科技示范类型区，有水土保持综合防护体系示范、水土保持监测建设示范、节水灌溉技术应用示范、旱作造林技术应用示范、水土保持造林及林种配置示范、红土母质水土保持治理试验示范、高陡边坡治理示范、城郊型水土保持治理模式示范等类型区。建立土壤化验室1处，科教楼1座，径流观测小区12个、气象观测站1处，建设了人工模拟降雨对比观测小区及试验示范小区，引进安装了径流泥沙自动观测仪、自动气象站等一批先进科研监测设施。开展水土保持苗木繁育、引种试验以及水土保持科学技术研究。在科研试验方面，与有关科研院所和高等院校联合开展多项重大课题试验研究，获得省部级科技进步奖8项。为提高水资源利用率、保证植物生长,园区建设节水灌溉500多亩。园区还建设了植物认知园,普及植物和自然常识。

2009年,针对青海省红土地面积大、分布广、水土流失严重、治理难度大等现状,长岭沟国家水土保持科技示范园结合"长岭沟科技示范项目"科研课题,开展了红土地水土保持治理试验研究和治理示范建设,分别进行了红土地坡面穴坑、预制板地埂水平条、柳条编制地埂、编制袋地埂和石坎地埂等不同形式的整地,并营造乔灌木林。2010年,在总结以上措施的基础上,积极引用新技术、新材料等,对周边红土地不同坡度的坡面进行了不同措施的治理,分别对不同坡度的红土地进行了石坎鱼鳞坑和不同防渗材料的集雨利用客土造林等。治理效果明显,治理了红土区水土流失,绿化美化了示范区的生态环境,为水土保持科技示范园增添新色,提高了科技示范园的科技含量,提供了示范样板,推广意义重大。园区积极探索开展城市水土保持建设,建成小游园、儿童乐园、垂钓园、茶园等观光娱乐场所13处,占地面积4.33 hm^2,种植草坪10 000 m^2。修建花坛、喷泉、瀑布等景点20多处。园区成为公众观光休闲的好去处,为城市水土保持建设探索出了一条新途径,提高了水土保持的社会知名度和美誉度。园区形成了从山梁到山脚、从山坡到沟道的水土保持综合防护体系,宜治理水土流失全部治理,林木覆盖度由治理前的荒山秃岭提高到90%以上,每年拦蓄泥沙占总流失量的90%以上。园区内绿树成荫,鸟语花香,郁郁葱葱,景色秀美。园区编制了《中小学水土保持教育社会实践活动方案》,编印了中小学生两个版本的《水土保持科普教育读物》,设置了工程指示牌、宣传牌(碑)和安全警示标识,以不同的形式宣传水土保持知识、介绍水土保持新技术。园区配备有专门的讲解人员,具备同时接待200名以上学生的能力。

园区由青海省水土保持局负责管理,成立了由水土保持、林学、农学和经济管理等专业人员组成的管理机构,制定了《长岭沟水土保持生态科技园管理办法》《安全生产管理办法》等一系列管理制度。管理制度完备,人员落实,职责明确。每年开放时间达150 d。长岭沟国家水土保持科技示范园是教育部和水利部于2012年联合命名的首批"全国中小学水土保持教育社会实践基地",成为开展青少年水土保持科普宣传及教育的"户外课堂"。园区还是"青海省农业科技示范园""青海大学学生实习基地"。每年到园区参观、观摩、学习及旅游休闲的游客达3万余人次,为西宁市民提供了旅游、休闲、度假的理想场所。

附

附:中小学水土保持教育社会实践活动方案

1.小学水土保持教育社会实践活动内容

(1)水土保持基础知识教育

编印适合小学生阅读的水土保持科普读物,突出环保、节能和节约的主题,免费发放给西宁市小学一个年级(原则上不影响学生的学习,以三四年级为主)。教材为循环使用教材,使用周期为3年,每次领到教材的学生必须做出承诺,保证在使用期间爱护书籍和保持书籍整洁,并完整地交到下一届同学手中。

(2)社会实践活动

每年5—6月,长岭沟国家水土保持科技示范园为学生提供社会活动场所,由学校组织学生分批次参观，一次最大接待量约为 200 人。青海省水土保持局派技术人员负责讲解水土保持知识，引导学生参观植物认知园、水土保持监测示范、高陡边坡水土保持治理措施示范、节水灌溉示范、红土地水土保持治理示范等示范园区。

(3)组织学生开展保护生态环境作文比赛和以水土保持为主题的板报活动。

2.中学生水土保持社会实践活动内容

(1)水土保持理论教育

编印适合中学生阅读的水土保持科普读物，在每所学校选一个年级免费发放（原则上不影响学生的学习，以初中一二年级为主）。教材为循环使用教材，使用周期为 3 年，每次领到教材的学生必须做出承诺，保证在使用期间爱护书籍和保持书籍整洁，并完整地交到下一届同学手中。

(2)社会实践活动

每年 4—5 月，长岭沟国家水土保持科技示范园为学生提供社会活动场所，由学校组织学生分批次参观，一次最大接待量约为 200 人。青海省水土保持局派技术人员负责讲解水土保持科普知识，引导学生参观植物认知园、水土保持监测示范、高陡边坡水土保持治理措施示范、节水灌溉示范、红土地水土保持治理示范等示范园区，并参加义务劳动，为树木浇水、培土、修枝等。

(3)组织学生开展保护生态环境作文比赛和水土保持板报活动。

（二）翠矶山国家水土保持科技示范园

陕西省太白县翠矶山国家水土保持科技示范园于 2021 年命名。园区位于秦岭腹地宝鸡市太白县，是陕西省海拔最高的水土保持示范园。园区占地面积 16.25 km^2，紧邻西汉高速，距太白县城不足 0.1 km，位置优越，交通便利。2009 年开工建设，2012 年基本建成并投入运行，截至 2020 年，累计投入资金 6 038 万元。2016 年被陕西省水土保持局命名为省级水土保持示范园。

园区建设初期，编制了《太白县翠矶山水土保持示范园总体规划》，确定了以“水保、科普、宣传、旅游”为主题，以边坡防护、梯田田坎整治、径流小区试验监测、水系连接、坡面整地、水土保持科教宣传为重点的建设思路。后期逐年实施，集中打造成具有秦岭南麓水源涵养保土区特色的水土保持综合治理体系。同时，积极探索水土保持科普宣传新形式，建成了全国首个水土保持户外科普教育展厅，形成了全园为基地、户外展厅为核心的水土保持科普宣传体系。

园区设水土保持坡面防治体系综合展示区、水土保持科普宣传展示区、秦岭山地自然生态景观展示区和莓类产业与节水灌溉技术推广区四个功能区。水土保持坡面防治体系综合展示区：面积 335.14 hm^2，集中展示水平阶整地、反坡梯田整地、鱼鳞坑整地、梯田筑砍及坡面防治典型措施。水土保持科普宣传展示区：面积 452.55 hm^2，主要展示涝池、生态植草沟、人工湿地、蓄水池、地表径流排导等工程措施，配套径流小区、水土保持户外展厅及宣传导视系统。秦岭山地自然生态景观展示区：面积 423.74 hm^2，展示主要内容为封禁封育、疏林补植、网围栏等生态修复措施及秦岭山地原始的自然山地景观。莓类产业与节水灌溉技术推广区：面积 413.76 hm^2，引进陕西海升果业发展股份有限公司，建成集设施育苗、精深加工、研发检测、高效节水灌溉、雨水收集利用为一体的高端蓝莓产业区。

太白县翠矶山国家水土保持科技示范园是宝鸡市开展水土保持科普教育、宣传水土保持工作成就的重要基地。每年来园参观、开展科普活动的各类人员达4万人次。现已成为西北农林科技大学、宝鸡市文理学院的科研基地和全县中小学的校外课堂。

四、学校示范园

（一）大学示范园

1.金山国家水土保持科技示范园

福建省福州市金山国家水土保持科技示范园于2009年命名，是全国第一批国家水土保持科技示范园、全国第一个由大学创建的水土保持科技示范园，也是全国第一个建在大学校园内的水土保持科技示范园，还是全国第一个建在城市的水土保持科技示范园。园区位于福州市仓山区，由福建农林大学、福建省水利厅、福州市水利局与台湾水土保持学会合作共建，由福建农林大学具体负责运行管理。园区总面积为34 hm^2，主要包括水土保持科教园主园区、森林水文观测站、植物园、示范茶园、菌草园、百竹园和中华名特优植物园等7个功能区。

作为全国首个在校园内建设的示范园，园区将海峡两岸多年来的水土保持科研和实践成果浓缩集成于其中。园区建成集科普教育、示范推广、科学研究、人才培养四大功能于一体的水土保持科教园地。园区建有实验楼，内设人工模拟降雨实验室、部分科研实验室，开展水土保持试验研究；建设了室外人工模拟降雨科普示范区，设计了裸露、干草敷盖和生草覆盖三种不同立地条件，开展土壤侵蚀演示，成为最理想、最直观的科普教育设施。园区布设了水土保持监测径流小区，建设了12个坡地耕作方式标准化小区，监测数据纳入国家水土保持监测网络，长年持续观测；布设了编栅护坡（用于表土层厚、土层较松的裸露陡坡治理）、旧轮胎护坡（用于土层较薄的裸露陡坡治理）、崩岗侵蚀治理技术和模式示范推广、陡坡山边沟结合植草技术（用于丘陵坡地果园治理）等水土保持边坡防治技术措施示范；设置了剧烈侵蚀生态自我修复区，用于观测强度侵蚀区地表植被和土壤肥力的自然恢复研究。园区布设了矿物、岩石、土壤标本展示长廊。

建园以来，先后获批"全国中小学水土保持社会实践基地""全国水土保持科普教育基地""福建省科普教育基地""闽台农业合作示范基地"等称号。平均每年接待全国各地前来考察、参观的领导和同行达500多人次，每年还为600多人次的非水土保持专业大学生提供水土保持生态实践教学服务。园区也是周边中小学生的科普教育基地，每年来园参观的中小学生约2 000人次。园区长期重视科学研究水平的提升，聚焦南方红壤区水土流失典型问题，建园来以科教园为支撑申请了国家自然科学基金项目6项，国家科技支撑计划和重点研发子课题3项，其余部、省级重大项目6项。在示范推广和科学研究的过程中，园区累计培养本科生150多人，培养硕士、博士130多人。

2.荒漠生态系统定位研究站国家水土保持科技示范园

北京林业大学盐池荒漠生态系统定位研究站国家水土保持科技示范园于2012年命名。园区位于宁夏吴忠市盐池县沙泉湾，面积2 195 hm^2，距盐池县城15 km。

示范园为科学研究型园区，是北京林业大学的科学试验站，由北京林业大学和宁夏盐池县环境保护和林业局共同建设管理。目前，园区已建成水土保持研究、水土保持展示和水土保持科教等三大功能区。建有分析实验室（1 个）、标本室（1 个）、样品存放室（1 个）、气象观测站、潜水井网络、碳水通量观测塔；建有风剖面测量系统（10 套）、风蚀测量系统（1 套）、风监测站（2 套）、集沙仪（50 套）和手持风速仪（10 套）齐全的风蚀观测场；建有涡度相关系统 3 套、野外蒸渗系统 4 套、光合测定系统 2 套、土壤呼吸监测系统 3 套；还建有 Horiba 多参数水质分析仪、激光粒度分析系统、植物茎流监测系统和大气颗粒物监测设备、大气降水自动收集设备等。长期开展水土流失规律、生态系统水量平衡、固沙植被碳汇效益等方面的科学研究，为我国西北部半干旱地区和生态过渡带水土流失治理提供科学依据。示范园开展的主要科研项目有国家“十五”科技攻关计划课题“沙区农田和草场风蚀防控与人居环境安全保障技术研究”及国家“十一五”科技支撑计划课题“沙区人居环境安全与工程防沙技术研究”。在抑制沙区农田土壤风蚀的植被结构优化配置、节水型造林树种筛选、基于水分动态的人工固沙植被稳定性评价、沙化草地人工植被恢复、沙区人居生态环境安全评价等技术领域取得了显著成果。

3.鹫峰国家水土保持科技示范园

北京市海淀区鹫峰国家水土保持科技示范园于 2016 年命名。园区位于海淀区苏家坨镇，面积 832.04 hm^2，地处大西山风景区，距市区 30 km，交通便利，区位优势明显。

园区定位于科学研究，建成了水土保持科学试验、水土保持生态修复示范、水土保持科普教育展示和生态旅游观光等四个功能区。建有 1 个标准气象观测场、2 座综合气象观测塔、1 个林内自动气象站、2 个小型自动气象站、5 个坡面径流小区和土壤侵蚀实验室、风洞实验室，布设有小流域量水堰、水量平衡监测样地、大型蒸渗仪实验系统、人工模拟降雨实验系统、水土流失自动监测系统、坡面薄层水流流速自动测量系统、风动实验系统等，配备有自记雨量计、激光雨滴谱仪、便携式土壤水分测定仪等先进设备。以园区为平台，开展了水土保持及森林生态学等相关的科学试验研究，取得了丰硕的科研成果。近 5 年来，对水文、土壤、气象、生物等 5 大类 56 个小项数据进行长期定位观测，累计观测数据记录 235.3 万条、数据量 58.5 GB、样品 2.6 万个，为我国重大生态工程建设、行业咨询、政府决策提供基础数据支撑；近 5 年承担课题 20 项，获得国家技术发明二等奖 1 项、教育部科学技术进步奖二等奖 2 项、北京市科学技术奖三等奖 3 项，发表论文 223 余篇，出版专著 14 部，获得国家授权发明专利 16 项、实用新型专利 8 项，编写发布国家、行业及地方标准共 13 项，登记计算机软件 4 项；培养水土保持学科博士后 2 人、博士 20 人、硕士 19 人、本科生 31 人；年均接待大专院校学生 10 000 余人次，年均接待中小学生 50 余批次 2 000 余人次，年均接待游客等其他访客 15 万余人次。园区科普资源丰富，分别于 1995 年、1998 年和 2003 年被北京市科学技术协会、北京市政府和中国科学技术协会命名为“北京市青少年科普教育基地”“北京市教育科普基地”“全国科普教育基地”。每年有 8 000 人次以上中小学生参加科普教育活动。园区于 2003 年加入中国森林生态系统定位观测研究网络，同年被评定为国家级森林公园。

园区是北京林业大学的教学实习基地，建设依托单位为北京林业大学鹫峰实验林场、首都圈森林生态站及北京鹫峰国家森林公园，由北京林业大学负责管理。园区已招募组建科普志愿者团队，每年开展 3~5 次面向公众的科普教育活动，常年接待大中学生的课程实习及实践,年均接待北京市 8 000 余名中小学生来参观学习,年均接待游客 10 万余人。

4.武夷学院生态茶园国家水土保持科技示范园

福建省南平市(武夷学院)生态茶园国家水土保持科技示范园于 2021 年命名,是全国第 4 个由高校建设的国家水土保持科技示范园,也是第 2 个建在大学校园的国家水土保持示范园,还是第 1 个校企联合创建的水土保持科技示范园。园区总占地面积 836.2 亩,其中武夷学院校内 306.2 亩,武夷星茶业有限公司 530 亩。园区位于武夷山市百花路,区位优势明显。园区定位为科学研究型,建成科普教育馆、科研试验区、水土保持种苗繁育区、茶园水土流失生态治理示范区、武夷星茶山水土保持科技示范区等五大功能区。园区由武夷学院管理。

开展不同草种防治茶园水土流失效果试验。在茶园试种了麦冬、络石、花叶络石、百喜草、白三叶、白花葛、粉葛、石蒜、白毛耳草、地菍、鸡眼草、红花三叶、紫叶炸酱草、萼距花等本地草种 14 个,试验本地草种防治水土流失效果,初步筛选出麦冬、白花葛、络石、花叶络石、百喜草、萼距花等比较适宜茶园梯壁种植的本地护坡植物 6 种,同时筛选了适合茶园套种的百合、醉蝶花、羽扇豆、石蒜、蜀葵、波斯菊、硫华菊、向日葵等景观花卉 8 种,千年桐、乌桕、紫薇、山苍子、桑葚等乔灌木 5 种,为生产高品质生态茶原料及水土流失防控提供切实可行的技术方案。

建成茶园水土流失监测径流小区。根据武夷学院茶学科教园地形特点,建设茶园水土流失防治技术研究示范径流小区 16 个,径流小区试种麦冬、络石、花叶络石、百喜草、白三叶、白花葛、粉葛、石蒜、白毛耳草、地菍、鸡眼草、红花三叶、萼距花等本地草种 13 个,试验本地草种防治水土流失效果。目前,已采购水土流失自动监测系统 10 套,安装后重要径流小区水土流失流量和泥沙数据可实现自动监测。

创新提出茶园梯壁斜孔种植麦冬配套栽培技术。茶园套种麦冬二年生麦冬苗 NDVI (归一化植被指数)大于 0.75,泥沙流失量总体下降 45%以上,水土流失防治效果显著,有效解决了茶园梯壁种草难、防治水土流失措施增成本无效益等问题,为茶园水土流失防控提供了新路径。

创建了"一花一草一木"茶园土壤修复与景观营造新模式。"一花"指景观花卉,在茶园套种黄金槐、紫薇、野鸭椿、茶花、石蒜、水仙花、百合花、鲁冰花、醉蝶花等乔、灌、草本景观花卉,让茶园一年四季有花,景色怡人。"一草"指麦冬,在茶园梯壁等裸露地套种麦冬,三年生麦冬覆盖度达 83.4%~88.3%,平均覆盖度 86.4%,比对照提高 57.5 个百分点,泥沙流失量总体下降 45%以上。"一木"指油桐,在茶园套种油桐,创新了油桐果茶园就地堆肥技术,利用生物量极高的油桐果实在茶园就地堆肥,并返施到茶园,实现茶园有机肥自给自足,有机肥替代化肥 70%以上,降低了茶园施用有机肥成本。经测产,2021 年示范园春茶鲜叶产量 413.8 kg,比对照增产 31.9%。"一花一草一木"茶园水土流失防治与景观营造新模式让茶园水土流失得到全面治理,水土流失量明显下降,茶园免用草甘膦,景观效果明显提升,生态经济效益显著。

园区在茶树优异种质资源筛选、武夷岩茶品质提升、政和白茶品质提升关键技术、茉莉花茶标准化生产技术、锥栗良种选育等方面取得丰硕成果,发表论文 20 多篇,取得省级良种

1个、软件著作权1件、授权专利3件。2007年荣获福建省科学技术进步奖二等奖1项,2015年、2020年荣获福建省科学技术进步奖三等奖2项,2012年、2015年荣获南平市科学技术进步奖一等奖2项,还荣获南平市科学技术进步奖二等奖2项、三等奖2项。园区技术成果已在武夷山市、政和县、建阳区、福安市等福建省茶叶主产区示范推广3万多亩。

(二)中学示范园:闽北国家水土保持科教园

福建省建瓯市闽北国家水土保持科教园于2007年命名,是全国第一个与中学共建的国家水土保持科技示范园。园区位于建瓯市建安街道办事处东门村,面积54.34 hm^2,距建瓯市5 km。

园区为科普教育型,在建瓯市水土保持科研试验基地(始建于1987年)基础上发展形成。园内因地制宜,科学布设各项水土流失治理措施,展示了不同治理技术和护坡技术。园区建有15个水土保持径流观测小区和36个微型径流观测小区,以及森林水文观测区,开展闽北主要农业用地的森林、经济林、茶果园、坡耕地、荒山荒地和工程侵蚀六大类型的土壤冲刷、径流现象、土壤抗冲性、土壤入渗、土壤水分动态、森林水文功能、土壤肥力动态、生产力动态等野外长期定点观测和室内分析。科教园建有1幢447 m^2 的水土保持科教楼和1幢100 m^2 的实验室,布设人工模拟降雨演示径流小区3个,不同植物根系生长观测箱多个,开展水土保持科学试验和科普展示。园区建立了水土保持植物种苗基地,试种、筛选和繁育优良树种、竹种、草种。园区建立气象观测点。园区长期与福建师范大学、福建农林大学协作,开展"山地牧草绿肥的物质循环与水土保持效应""闽江上游不同土地利用方式水土流失与土地生产力动态观测"的课题研究,先后有20多位研究生在科教园内完成博士、硕士毕业论文课题的研究,并取得多项科技进步奖。园区青山环抱,竹木葱郁,花果飘香,既是水土保持科学研究的理想场所,又是农民技术培训基地和开展青少年水土保持科普教育活动的户外教室与实践基地。

园区是全国第一个也是目前唯一一个与中学共建的水土保持科技示范园,在建瓯一中校园内建成青少年水土保持户外宣教区和南平市青少年水土保持普及教育行动文化展厅,作为建瓯一中、二中和中心小学的定点"水土保持教学研究实践基地",为中小学生提供水土保持宣传、文化和科普教育平台。展厅为了能更高品质地展示南平市青少年水土保持普及教育行动文化的原创性和普适性的特质,由福建省水利厅水土保持处、南平市水土保持中心、建瓯市水土保持中心、建瓯一中联合创建,分为金句篇、足迹篇、常识篇、法制篇、角色篇、养成篇、向美篇等7篇。学生通过参与—感化、体验—强化、感悟—深化、激励—固化、养成—内化,将水土保持内化于心、外化于行。园区开展了形式多样的宣传教育活动,在促进中小学生及当地群众了解水土保持科普知识,增强社会公众水土保持意识方面作用明显。

(三)小学示范园:天河沟国家水土保持科技示范园

四川省青神县天河沟国家水土保持科技示范园于2022年命名,是全国第一个(也是唯一一个)与小学共建的国家水土保持科技示范园。园区占地面积500 hm^2,位于眉山市青神县白果乡,属于岷江流域,距青神县城7.5 km。园区以生态文明科普教育为中心,分为生态产业区、科普教育区、水土保持措施示范区、生态修复区、官厅水库库区五个功能区。

自2017年以来,累计投入省级、市级水利专项资金和县财政资金共计约1 200万元。生态产业区,展示果园套种间种、果园坡面径流调控技术,推广示范梯壁植草、生物病虫害防治等技术,建设有机果园。科普教育区,主要建在学道街小学,以科普教育为主,借助现代化信息手段,综合运用图文、游戏、虚拟现实、互动体验等,开展水土保持生态文明科普教育和国策宣传,提高社会公众水土保持生态文明意识,营造良好水土保持生态文明建设氛围。建设了人工降雨演示水土流失系统,直观展示水土流失发生过程和不同措施水土保持效益。突出四川盆地及周围山地丘陵区水土保持特色,挖掘竹文化。设计标识导视系统,路线清晰,指示明确。创建"天河沟水土保持科技示范园"微信公众号,提供水土保持科普知识,发布相关活动信息。与当地教育等部门合作,协同开展中小学生水土保持生态教育。利用声、光、电现代技术,融合当地文化,建成互动体验科普展馆。水土保持措施示范区,展示水土保持技术,示范生态沟道治理、水土保持农业、水土保持坡面工程、坡面径流调控等相关技术,并结合拟建坡改梯工程发展建设水土保持经济果木林、农耕体验园、水土保持监测场,形成紫色土区水土保持技术集成示范基地和水土保持监测站点。生态修复区,展示自然生态修复,辅以补植少量彩叶或者赏花乔木,在水库大坝与学校间修缮观景浏览步道,营造竹林晨曦景观。官厅水库库区,普及生态清洁小流域建设理念与技术,展示生态缓冲带、水土保持林。

园区建立青神县水利局、白果乡人民政府和学道街小学共同运行管护机制。成立管理办公室,下设运行维护部、科普教育部、后勤保障部,分工明确,责任到人。市县财政投入,保障运行经费,保证园区健康、安全、稳定发展。利用"世界水日""中国水周""六五环境日"等时间节点,开展集中宣传活动,增强全社会水土保持法律意识。以园区为平台,寓教于乐,寓教于游,开展"节水爱水,从娃娃抓起""水土保持专题讲课"等主题活动百余场次,接纳学生数万名;接待水利系统、教育系统及其他行业参观调研50余次,共计3 000余人。

五、河湖平原示范园:东苕溪国家水土保持科技示范园

浙江省德清县东苕溪国家水土保持科技示范园于2021年命名,是浙江省第二个国家科技示范园。园区位于湖州市德清县北部、东苕溪的中下游,距德清县城15 km、杭州市41 km,区位优势明显。

园区总面积65 hm^2,功能分区清晰合理,以生态文明科普教育为中心思想,建成水土保持技术示范区、水土保持科普教育区、科学试验区、生态修复区和生态休闲区等五个功能区。园区集中展示了河湖平原区的水土保持技术与模式,展示了浙江省水土保持成果,特色鲜明,同时拥有应用现代声、光、电技术的"水土保持科普体验馆"和秉承中国传统水利文化的"水情馆",形成特色鲜明的"一园两馆"文化体系。园区注重生态景观提升,充分运用景观生态学、园林生态学原理和系统工程方法,因地制宜布设各项措施,将水土保持元素、水土保持文化充分融入园区景观建设中,做到工程措施精细化、植物措施景观化。

园区导视系统完善。在深度挖掘德清当地文化的基础上,创新设计了水乡曲韵的标

识导视，融合江南水乡水路、书画印章、浙江民居窗格的元素，设计了水土保持科技示范园专用标志，并配备了专业固定工作人员作为讲解员，制订解说词和讲解方案。

园区科普场所信息化水平高。园区利用声、光、电等现代技术，建有信息化水平高的水土保持科普馆。科普馆占地面积450 m^2，主要包括领导重视、水土保持重要意义、水土保持百科、浙江水土保持行动、水土保持知识竞猜五大板块。诠释水土保持的深远意义，科普水土保持的百科知识，展示浙江省、德清县的水土保持实践，弘扬生态文明建设理念，营造全民参与、关注水土保护，共建美好家园的浓厚氛围。

园区建有水土流失演示设施。建设了水土流失演示系统，由可以控制雨量、雨强的人工模拟降雨和可调节坡度的四个不同情况的径流小区组成，能形象直观地展示水土流失发生发展过程和不同措施水土保持效果及作用。

园区积极与当地教育部门协同开展大中小学生水土保持和生态文明教育，充分发挥了水土保持科普宣传、科技支撑与示范带动等作用。园区作为河海大学水文水资源学院教学实践就业基地，联合开展了绿色屋顶等三项试验研究；与浙江水利水电学院合作，作为学院产学研合作基地，定期组织学生到水土保持园见习；与德清县教育局联合打造“行走的水土保持课堂”，已经接待了湖州日报小记者、德清县少年宫“红领巾小记者”等十余批次的实践学习活动。

六、水源保护区示范园

（一）石匣国家水土保持科技示范园

北京市密云区石匣水土保持科技示范园于2007年命名，是全国第一批国家水土保持科技示范园，是北京市第一批（3个）国家水土保持科技示范园之一。园区位于密云区高岭镇芹菜岭村，总面积52 hm^2，签订了50年的长期土地租赁合同，由密云水务局负责管理。园区地处密云水库上游一级水源保护区内，距离密云城区45 km，距101国道2.5 km。2002年5月石匣小流域被列为第12届世界水土保持大会主要参观考察点之一；2006年园区被共青团北京市委评为“北京市青少年水土保持户外教室”；2012年被水利部、教育部联合批准为“全国中小学生水土保持教育社会实践基地”；2015年被密云区教委评定为“密云区中小学生社会大课堂资源单位”。

园区前身为1993年建立的水土保持小流域综合治理示范科研开发基地，分为五个主要功能区：监测实验区、科普示范区、坡面沟道综合防治区、雨洪利用示范工程、经济林栽培与管理示范区。园区25°以下坡面采取梯田、水平条田、树埯进行工程整地造经济林，以拦蓄降雨、提高经济效益；25°以上坡面采取鱼鳞坑造水土保持林及种草。沟道以谷坊和排洪沟为主，进行拦排结合，初步形成了山水林田路的综合防护体系。园区加强水土保持监测，在中心示范区建设水土保持监测设施，为研究土石浅山丘陵区的水土流失规律奠定了基础、提供了依据。

1.水土保持知识走廊

在园区主道路设置绿色走廊，以可视化的处理手法，集中展示习近平总书记关于生态文明的指示、世界水土保持发展历史、中国水土保持发展历史、中国水土保持学科发展以及水土保持常见措施等内容，使参观者直观认识和了解水土保持，提高参观者的水土保持和生态环保意识。

2.水土保持措施展示区

以工程措施为主线,将传统水土保持技术措施及现代水土保持新技术进行集中展示,一方面,使参观者能够系统地了解各项水土保持措施;另一方面,突出各项水土保持措施的区域性、针对性。

(1)护坡工程。充分利用现有的地形条件,沿园区主道路边坡展示边坡治理工程的截、护、挡等传统治理措施以及新技术,突出水土保持边坡治理发展导向。

(2)沟道防护工程。借助沟道地形条件,沿沟道发展方向,从沟头、沟床部位分段布设的沟道工程。谷坊是典型的沟道防护工程之一,形式有石谷坊、木谷坊等,是山区沟道内防止沟床冲刷及泥沙危害而修筑的横向拦挡措施,高度一般小于 3 m。其可以固定和抬高侵蚀基准面,防止沟床下切,稳定边坡坡脚,减轻山洪和泥石流危害。

3.坡面径流试验小区

选取密云水库上游一小型山体布设径流试验小区,被列为“全国水土保持监测网络和信息系统建设(二期)工程北京市水土流失监测点”。共设置 22 个不同的径流小区,分别布设裸地、草地、农地、乔木林地和灌木林地等五种立地类型,各小区下安装九孔分流桶和集流池,适用于不同植被类型条件下的水土流失监测。

4.雨洪利用示范工程

在开展水土保持中加强对雨水的控制与利用,通过建设透水停车场、碎石步道、下凹式花园、雨洪利用截水沟、PP 模块蓄水池等,向参观者形象展示了海绵城市雨水利用过程,为城市水土保持及生态文明建设提供了宣传平台。

5.土壤蒸渗仪

土壤蒸渗仪(Lysimeter)由中国水利水电科学研究院、北京市水土保持工作总站于 2010 年 7 月安装。该仪器主要组成部分包括:2 个原状土柱容器、1 个观测井以及 1 台自计式雨量计。Lysimeter 是国际领先的土壤蒸散定量研究设备,既可定量比较不同类型植被、不同植被盖度蒸散强度,也可比较无植被覆盖裸地和有植被覆盖土地的蒸发、散发强度。该设备还可加配多种观测组件,实现从地表到地下的植被、土壤的蒸散,水吸力等全方位观测研究。

(二)南水北调中线工程渠首国家水土保持科技示范园

河南省淅川县南水北调中线工程渠首水土保持科技示范园于 2022 年命名。园区位于南阳市淅川县九重镇,占地面积 236.04 hm^2,由原淅川县汤山水泥厂采石矿区修复而成。园区东临渠首大桥,南邻南水北调中线工程渠首,西靠丹江口水库,北接 335 省道,地理位置优越。示范园定位打造集水源保护、生态涵养、文化体验、科普宣教、休闲观光、瞻仰宏伟水利工程于一体的水土保持科技示范园。

园区属丘陵岗坡地貌,地面起伏,岗洼相间,加之矿山开采等人为因素影响,是淅川县水土流失最为严重的区域之一,直接影响丹江口水库水质安全。淅川县政府统筹水利、林业、自然资源等部门,投入自筹资金和债券资金约 4.4 亿元,通过连续 5 年的组织实施,建成南水北调中线工程渠首水土保持科技示范园,让更多人了解“南水北调源起南阳,千里调水始于淅川”,打响“渠首”品牌。园区秉承渠首为根、生态为本、文化为魂的理念,以保护南水北调水源区生态安全、水质安全为底线，因地制宜、因害设防、全面规划，对园区内进行了综合治理，统筹区域内水土保持、生态环境保护、人居环境等诸多元素，形成了科普教育区、生态治理区、水源涵养区、矿坑恢复治理区四个水土保持功能分区。

园区内混搭栽植红枫、香橼、树形月季等30多种苗木，建成先锋树种示范林；针对园区石漠化难题，采取多植被配置、局部整地、客土造林、生根保水等措施，使石漠化区域造林成活率达95%以上；山腰修建石坎梯田，栽植石榴、核桃、柑橘等经果林，配套排灌沟渠、蓄水池、坑塘等坡面水系工程；矿坑恢复采用浮雕修复、挂绿修复和三维网喷播绿化等立体化措施。做到了工程措施精细化、植物措施景观化，形成了"灌草盖帽、经果缠腰、坑塘拦蓄"的独特综合治理模式。园区内高标准建设了水土保持科普馆、水土保持宣传广场、水土保持径流观测场、南水北调淅川移民展览馆等科普宣教设施，采用视频投影、园区沙盘、图文版面、实体模型、宣传标牌等方式，向公众全方位、多元化普及水土保持知识，增强水土保持意识。

园区采取"政府主导、多元投入、优化管理"的建管模式，水土保持率达95%，对保护丹江口库区及上游生态安全、水质安全、生物多样性起到了重要作用，确保"一泓清水永续北上"。

七、水蚀风蚀交错区示范园

（一）草地水土保持生态技术试验基地（内蒙古达茂旗）

水利部牧区水科所草地水土保持生态技术试验基地（内蒙古达茂旗）于2007年命名。园区位于内蒙古达茂旗希拉穆仁镇，属于水蚀风蚀交错区，总面积133 hm^2，距呼和浩特市90 km，距达茂旗100 km。

园区为科学研究型，建成了草地水土流失及生态监（观）测、水土保持技术、退化草地修复技术等三个试验示范区和风能太阳能提水、人工草地灌溉等两个试验场。园内建有支沟及流域卡口站2座、风蚀观测系统3套、风洞实验厅1座、标准径流场2座、自动气象观测站2座、降雨模拟大厅1座。园区围绕草地水土保持学科，开展水土流失监测技术及方法、侵蚀元素迁移途径及其影响、草地碳循环及通量观测、草地生态演替规律及退化修复技术等的研究，同时具备开展草地风沙流运动及风蚀过程和机理研究，草地生态水文过程、机制及水蚀规律等研究的能力，集中展示了草地修复、水土保持和水资源高效利用等方面的先进技术，为我国风蚀和水蚀两相侵蚀地区的水土流失治理提供科学依据。

（二）骆驼山子国家水土保持科技示范园

辽宁省朝阳市双塔区骆驼山子水土保持科技示范园于2011年命名，是全国为数不多的水蚀风蚀交错区的水土保持科技示范园。园区位于双塔区长宝乡境内，距朝阳市中心15 km。园区总面积14.1 km^2，干沟长度10 km，地貌类型为低山丘陵区。园区地处科尔沁沙地南缘及农牧交错区，受水蚀、风蚀双重危害。

1.规划设计先行，确立开发方向

20世纪90年代初，骆驼山子小流域生态脆弱，植被覆盖率低（仅为30%），水土流失严重,水土流失面积 12.5 km^2,占总面积的 88.6%。小流域人均耕地 0.25 hm^2,人均粮食产量 578 kg,人均纯收入 530 元。由于水土流失严重,土地利用不合理,导致生态失调,生产条件低下,成为制约流域经济发展的瓶颈。1998 年,骆驼山子小流域列为朝阳市级水土保持小流域治理计划,2003 年按照国家水土保持科技示范园区标准进行大规模、高标准治理,确立了"坚持水保生态立村、开发特色梨果产业、打造乡村旅游品牌、开展科教兴农示范"的治理方略。以建设国家水土保持科技示范园区为牵动,长期坚持流域治理,持续改善生态环境;实施退耕还果,做大做强梨果产业,带动农民脱贫致富;精心挖掘包装自然与人文旅游景点,打造朝阳城市后花园,夯实乡村旅游事业发展根基;两业(果业、旅游业)并举带动新农村建设。根据地类、立地条件和发展潜力,将流域划分为游乐观光区、风景观赏区、生态修复区、梨园种植区、绿色食品开发区和农家乐度假区等六个功能区,将该流域建设成集生态修复、绿色果业开发、乡村旅游、科教示范于一体的多功能科技示范流域。

2.突出文化宣传,营造舆论氛围

园区加大水土保持宣传力度,广泛增强全民水土保持意识。以召开群众代表座谈会、党员会、多种科技知识讲座会等形式,向干部群众广泛宣讲水土保持知识、发展规划、法律知识、管理制度、商品经济、科学技术等知识,加深了村民保护水土的责任意识,提高了广大群众投身水土保持建设开发的积极性,扩大了水土保持工作的社会影响力。在开展流域治理和发展新农村经济过程中,紧抓人文建设,使人文与生态、经济建设互为补充、互相促进。坚持"以水文化为先导,烘托水土保持舆论氛围",沿路装点百余幅水土保持楹联,村部庭院中矗立着图文并茂 100 m^2 宣传展窗,在这些透着柔性美的文化宣传氛围里,意为植根百姓脑海中浓浓的生态产业发展观。为扩大宣传面,提高全社会舆论氛围,营造全社会关心支持国家水土保持科技示范园区建设工作基础,每年都采取灵活多样的宣传形式,通过朝阳日报、朝阳电视台、朝阳广播电台、双塔信息报等新闻媒体进行重点宣传,收到了良好的社会效果。

3.实施重点治理,奠定发展基础

朝阳市和双塔区水利水土保持部门按照规划设计,组织实施重点治理,奋战在山山岭岭、沟沟岔岔,投入了大量人力和物力,累计实施水土流失综合治理面积 1.6 万亩,流域内净增各类树木 160 万株。流域内所有坡耕地退耕还果,新植梨树 13 万株,修果树台田 2 590 亩,营造水土保持林和生态修复 5 600 亩,修建柏油路 9.2 km,山间游路 5 km,治理小河道6.5 km,建石谷坊 108 座,建人工湖 2 座、方塘 2 座,修建山门瀑布及各类人文景观 26 处;建水土保持观测设施 6 处,路边栽植榆叶梅、馒头柳、看桃等风景树 1 万余株。共动用土石方 121 万 m^3。基本形成了"山顶生态林盖帽,中间果树缠腰,绿草清水绕山脚,山水林田路综合治理"的水土保持生态建设新格局。

4.挖掘自然遗迹,拓展旅游市场

骆驼山子小流域地广人稀,丘陵辽阔,山峦雄伟,历史遗存的自然景观较多。尚存的古安梨树有上万株,最古老的一株达 600 余年。河道两岸上百年的古柳随处可见,古井、古碾遍布村屯各个角落,以骆驼山为主峰的山体景观宏伟,山势独特。小流域处于朝阳城市近郊,毗邻国家级凤凰山风景区,交通便捷,植被恢复好,地形独特,发展乡村旅游业前景广阔。园区对流域内历史文化遗迹进行深度挖掘包装,对“骆驼隐迹”“凤凰树”“古柳树”“蒙古桑”等9处旅游景点的民间传说进行了抢救性挖掘、整理,并撰文立碑;先后修建了“梨花仙子”塑像、“人造瀑布”“龙泉窖”“望花亭”等人文景观。引导农民树立商品意识,兴办农家饭庄。根据不同季节举办梨花节、槐花节、梨园古筝会、梨花诗会、避暑消夏晚会,自然采摘、辽代文化周、农家院度假等系列活动,不断扩大旅游区影响,增加对游客的吸引和吸纳能力。经过开发建设骆驼山自然风光、风土人情、文化特色,形成特有的乡村旅游景点。经过系统开发,市民可以在园区春赏梨花、夏避酷暑、秋观红叶、冬瞻雪景,并感受农村年文化的“快乐链条”。特别是在“千树万树梨花开”时节,游人如织。

5.开展科技示范,提高水保效益

骆驼山水土保持监测小区是国家水土保持监测网点,包括径流监测小区1处、河道卡口站1处。监测点的建设与运行,不仅能提供对土壤侵蚀规律、水土保持效益分析的科学研究依据,同时也向社会提供了直观的水土保持教育现场。在园区治理开发建设中,坚持因害设防搞治理,因地制宜搞开发,实施精品工程战略。园区设立了果树台田工程示范区、石谷坊工程示范区、生态修复示范区、植物封沟示范区、小河道整治示范工程,并设立了宣传展示牌。

示范园与中国科学院生态环境研究中心、辽宁省水土保持研究所合作建立科研试验基地,并成为沈阳农业大学、辽宁工程技术大学科研教学实习基地,辽宁省青少年生态环境保护教育基地,朝阳市青少年科普实践基地。为普及水土保持知识,发挥户外教室作用,每年组织中小学生及大学生参观实习人数达3 000人次以上。2012年,园区荣获教育部和水利部联合命名的首批“全国中小学水土保持教育社会实践基地”称号;示范园成为现代农业和科技培训基地、农业科普教育基地、爱国主义教育基地。园区与中国科学院生态环境研究中心、辽宁省水土保持研究所、沈阳农业大学等单位合作,利用小流域监测数据与治理研究成果,开展了多项课题研究及新技术推广工作,共有三项课题成果分别获得了省、市科技进步奖一、二等奖。

园区以水土保持生态建设为基础、以特色梨果开发和旅游观光为主导,发挥科技示范引领效应,促进产业结构调整和群众增收致富,提高流域发展能力和发展动能,助力乡村振兴和生态文明建设,实现美丽大地、美丽朝阳、美好生活。

(三)西白杨沟水土保持科技示范园

新疆乌鲁木齐市西白杨沟水土保持科技示范园于2021年命名,是新疆第一个也是目前唯一一个国家水土保持科技示范园。园区面积27 hm^2(其中征地面积10 hm^2),属于低山丘陵区。位于乌鲁木齐县甘沟乡西白杨沟村,距西白杨沟景区5 km,距乌鲁木齐市区50 km,距乌鲁木齐县城15 km,紧邻216国道,临近乌鲁木齐河,交通便利,位置优越。

园区依据功能划分为科研监测区、科普展示区、小流域沟道治理区和水土保持治理措施示范区等四个功能区。

1.科研监测区

园区建有水蚀径流观测场1处,径流小区12个。建设气象园1座,设有1台芬兰维萨拉八要素气象站,遥测雨量站1台和自动雨量站1台,同时进行雨量观测。建设风蚀监测展示小区1个,水蚀监测展示小区1个。示范园设置有两个实验室,简单分析与采集工作在示范园内的实验室完成，后期分析工作在监测总站的水土保持实验室进行。引进监测设施设备20余套。小流域沟道治理区面积2.5 hm^2，卡口站控制面积14.5 hm^2。

充分发挥园区功能和科研平台作用，积极与高校科研院所合作，共同开展水土保持科学研究，先后与中国科学院新疆生态与地理研究所、北京林业大学、南京林业大学、新疆大学、新疆农业大学等单位共同开展了土壤侵蚀定量评价与分区防控对策研究、天山北坡典型区水土流失与经济发展关系研究、新疆典型区域不同下垫面条件下土壤侵蚀特征及主要驱动因素研究、新疆天山北坡东段典型县域水土流失监测技术方法研究、风蚀监测技术规程研究等。总站与新疆农业大学签订协议，园区作为学生实训基地，为新疆农业大学师生提供科研教学实训平台。

园区先后在《中国水土保持》《水土保持通报》等期刊上发表了《起沙风速的观测方式及其影响因素研究综述》《新疆维吾尔自治区1981—2018年降雨侵蚀力的空间变化特征》《基于CSLE模型的天山北坡西白杨沟流域土壤侵蚀定量评价》《波波娜水电站弃渣体滑动预测及防护措施》《无人机测量技术在新疆水土保持重点工程核查中的应用》《新疆水土保持信息化建设现状与展望》等25篇论文。

2.科普展示区

水土保持科普展示厅。建筑面积约80 m^2。展览分为水土保持、地貌、荒漠植物等版面。展出版面包括新疆水土保持历史变迁、水土流失类型、功能分区、先进水土保持技术经验、新疆50年来的水土保持成果。参观者耳濡目染，通过书籍、视频、图片等多渠道获得丰富的生态文明建设理念和知识，体验全新的学习方式。

水土保持科普长廊。园区建设了面积300 m^2左右的水土保持科普长廊，开展科普宣传和园区文化展示。园区文化着重突出水土保持科普内容，以水土保持生态文明建设为中心，普及水土流失的概念、危害、成因，水土保持的概念、水土保持措施种类，水与土对自然和生命的重要性，水土保持法律，生态清洁小流域、生态文明建设理念等内容。

园区共布设展板92块、展台60个、展品70件，制作电视专题片1部，布设了体现“三苦”精神的图片，配备了多媒体演示设施。

3.小流域沟道治理区

冲沟防护。针对园区东侧、东北侧的河道驳岸冲刷较严重，景观不佳，生态功能差，利用浆砌石进行护岸，防治驳岸冲刷同时扩大了种植区域，为植物提供更为有利的生长条件，形成近自然的河道景观；河道另一侧保留现状，起对照作用。

谷坊治理。在园区东北侧和西侧一些受产沙严重的支沟和下游地形条件较好的主沟中，修筑谷坊群稳定沟道，通过调整侵蚀基准面，减弱洪水冲蚀，削弱和防止洪水冲刷和沟岸扩展，减少悬移质泥沙和推移质入库。在西侧两条沟道建设柳桩3座、铅丝笼谷坊2座，在东北侧1条沟道建设抛石谷坊3座。

4.水土保持治理措施示范区

风蚀观测场展示。风蚀观测场布设了全自动集沙仪、全自动采集仪器、标桩、降尘缸等监测设备。

水蚀观测场展示。水蚀观测场布设了新疆生产建设项目中较为常见的水土保持措施，观测水土保持效果。

节水技术措施。在园区内采取了不同形式的微喷、滴灌节水设备，同时设置蓄水池实现雨洪利用。对径流小区内和径流筒内的雨水实行循环利用。对坡面采用植被覆盖和植物秸秆覆盖的方式实现节水，并且在其他用水部位使用节水器具，以对来示范园区参观的人员强化节水意识。

示范园由新疆水土保持生态环境监测总站负责管理。总站成立了示范园管理站，配备人员 8 人，负责日常管理和维修改造工作。园区是爱国主义教育和"水土保持国策宣传教育先进党支部"现场培训观摩的重要场所之一，同时也是新疆农业大学、新疆大学、甘沟乡中小学生水土保持生态教育的实践基地，2013 年被列为"水土保持进校园"合作单位。自园区建成开放，历经十年，共接待实训大学生 10 批，参与实训学生累计近 300 余人，示范园建设的社会效益得到初步体现。

八、园中园示范园

（一）旺山国家水土保持科技示范园

江苏省苏州市吴中区旺山水土保持科技示范园于 2011 年命名，是江苏省第一批（2 个）国家水土保持科技示范园之一。园区位于吴中区越溪街道旺山村，总面积 6.1 km^2，其中山林面积 3.6 km^2，水域面积 0.46 km^2。园区地处长江三角洲中心地带，距苏州市区 8 km，东距上海 99.4 km，东近石湖，南邻太湖，三山环抱，是一个完全封闭的小流域。

园区原是一处采石宕口，后通过封山育林、宕口复绿、修建山塘、布设截排水系统等植物、工程措施的实施，形成了融"山、水、村、绿"于一体的绿色生态系统，林草覆盖率达 98%，水土流失综合治理率达 99%。园区九龙潭、上山塘、葫芦池等水域，点染着示范园的灵动秀美；竹海、采摘园、生态茶园等景观，体现了当地的农耕文化，渲染着示范园的乡土气息；宝华寺、憨憨泉、摩崖石刻等名胜，散发着浓厚的吴文化气息，厚重了示范园的历史底蕴；七子山、尧峰山、叆叇岭等地文景观，增添了园区的高大挺拔，增强了示范园的人气度；水土保持展示馆、4D 影院、人工降雨展示区等科普教育场所，增强了示范园的水土保持个性；钱家坞、环秀晓筑等餐饮休憩场所，使游客在体验山水田园之乐中得到丰富的知识和舒心的服务。园区现为国家 AAAAA 级景区，自然环境优美，人文底蕴丰富。

1.高水平综合治理

园区采用坡面治理与沟道治理相结合、生物措施与工程措施相结合、灌溉造林与蓄水保墒相结合、水平梯田条田与乔灌草相结合的方法，形成了完整的水土流失综合防护体系。园区为技术先进、管理科学、布局合理、景观优美的综合性水土保持科学示范基地，为人们的学习、考察、休闲、娱乐等活动提供方便，已成为大众休闲娱乐、体验田园生活的好去处。2012 年，园区被教育部和水利部评为"全国中小学水土保持教育社会实践基地"。

2.现代化科普馆

园区建有水土保持展示馆，集实物模型及电子设备为一体，集中展示了吴中区水土保持成效和成果。展示馆内包括电化教室、水土保持成果展示、声光电演示厅等，从而向外界全方位展示水土保持的发展与壮大、功能与作用，使其成为水土保持教育基地。

科普馆室内布展总面积约 327 m^2，其中中心展厅布展约 155 m^2，西侧多媒体教室约

84 m^2,北侧公共空间约 88 m^2。主展厅背景部分:入口背景为太湖流域地图,镶嵌 13 个多媒体视频,其内容为吴中区 13 个镇、街道的水利建设情况;成果展示区:主要是吴中区水利工作介绍,归纳为十大工程(圩区堤防达标工程、农田保护区工程、节水灌溉示范工程、河湖清淤工程、小流域治理工程、生态修复建设工程、绿色通道防护工程、水土保持示范工程、生态湿地保护工程、抗洪救灾提升工程);互动区:采用了投影、触摸屏问答等形式和设备,增添参观趣味性;4D 影院:建成全国水土保持科技示范园第二个 4D 影院,影院内设 6 人座,需佩戴 3D 镜片,影片长约 8 min,通过动感体验来认识水土流失等自然灾害,以及吴中区的水利成果;多媒体教室:教室可容纳一个班级的学生,为学生科教提供一个学习平台。

3.地形地貌实景展陈

示范园实景展示了各种地形地貌、各类土壤机理特征,通过科技手段传播水土保持知识。室外设有模型区、标本区、牌匾区等,主要包括 8 种常见地貌模型(构造地貌、海岸地貌、喀斯特地貌、丹霞地貌、黄土地貌、风沙地貌、火山地貌、冰川地貌)和其他模型(湿地模型、水循环模型、人工湿地模型等);标本区展示从中国科学院提取的 18 种土壤标本:高岭土、蒙脱石黏土、膨润土、耐火黏土、陶瓷黏土、陶土、水云母黏土、铝钒土、硅藻土、红壤、砂质土、壤土、黄壤、紫色土、水稻土、褐土、黄棕壤、黑钙土;人工降雨展示区布设了人工降雨模拟水土流失演示系统,通过 3 个不同立地条件小区演示水土流失发生过程和水土保持措施效益。

4.运行管理

园区由旺山村、越溪街道办事处和吴中区水利局联合管理,全天免费开放。示范园内开展了各种水土保持科普教育,每年有来自苏州市区、上海、无锡的大中专及中小学生、家长数万人参观实践,使他们在游览中受到保护水土的教育。开展的活动主要形式有:参观游览基地,通过实地体会和导游讲解,让孩子们在教育基地观光之余,唱响“保护环境、热爱绿色”的儿歌(童谣);开展少先队主题班会,如“水土保持,从我做起”系列活动、“旺山书画”比赛、“百米长卷画水保”,孩子们通过拿起手中的画笔,展开丰富的联想,描绘旺山秀色,陶冶高尚情操;结合植树节和“3·22”水日,开展“中学生辩论会”,论题为“保护水土资源,建设秀美吴中的必要性”“保护水土就是发展经济”等,通过辩论活动,让学生们深入了解水土保持生态建设,更加关注生态环境保护问题,激发他们的社会责任感和使命感;在多媒体影音室观看“水土流失危害”和“水土保持成果”教育片,体验水土流失导致山洪、泥石流发生、发展的演示等内容,让学生亲身感受到水土流失的危害,认识到做好水土保持的重要性。

(二)呀诺达国家水土保持科技示范园

海南省呀诺达国家水土保持科技示范园于 2016 年命名,是海南省第一个国家水土保持科技示范园。园区位于海南省保亭黎族苗族自治县境内呀诺达雨林文化旅游区,距三亚市 35 km,距保亭县城 36 km,交通条件便利,区位优势明显。

园区依托呀诺达雨林文化旅游区现有资源,布设了生态清洁小流域治理展示区、科普展示区、科研试验区和技术推广区等四个功能区。园区建有径流观测小区 6 个、气象观测站1个、负氧离子监测点和$PM_{2.5}$监测点2处(全国水土保持科技示范园首创),污水处理站2处、净水站3处、垃圾处理站1处,建成谷坊工程3种、斜坡防护工程9种、浆砌石拦沙坝1座,设有固定宣传标志牌40块、移动宣传板21块,制作宣传片1部。大力发展了以旅游业为主导的农家乐、采摘园等生态特色产业。基本形成了集科普教育、技术示范和休闲观光于一体的示范园区。年接待中小学生上万人次,年吸纳游客上百万人次。

(三)汤山国家水土保持科技示范园

江苏省南京市江宁区汤山水土保持科技示范园于2021年命名。园区位于南京市江宁区北部的汤山街道,是在建设成熟的南京网红打卡点——汤山矿坑公园基础上的提升建设。园区面积51.55 hm^2,是2019年由江宁区水务局和南京汤山建设投资发展有限公司共同创建的水土保持科技示范园,总投入4.98亿元。园区分为科普宣传教育、矿坑生态修复示范、生态修复治理、生态休闲体验等四个功能区,建设标准高、示范性强,生态景观美,典型示范、生态休闲、技术推广、科普教育等功能齐全,已经成为江苏省乃至全国水土保持示范样板、科学普及与宣传教育的重要窗口和全国矿山生态修复的示范标杆。

1.建设成效

一是生态效益明显。通过开展矿山修复,5个采石宕口得到了有效修复治理,园内水土流失基本得到控制,植被得到快速恢复和改良,植被覆盖度和生物多样性逐渐提升,水土流失面貌大为改观,生态环境和生态景观得到明显改善。

二是社会效益显著。园区紧扣生态修复理念,与"城市双修"试点城市的契机相结合,积极践行"两山理论",有效地改善生态环境,控制水土流失,以展示示范矿坑修复治理技术为主,兼顾科普教育,突出区域特色;园区深耕汤山历史人文与矿坑文化,逐步完善主题节点,伴山营地、急速卡丁车、攒子涧瀑布、阡陌花海等新项目相继开放,吸引大量游客前来"打卡",提高社会公众对水土保持生态文明的深入了解和认识,社会效益显著。

三是经济效益增加。园区星空餐厅、云几茶社、先锋书店等配套设施先后对外开放,建成温泉文化体验、冒险乐园等,将更能吸引游客入园,带来新的经济增长点。

四是示范引领作用突出。园区的矿山生态修复模式为全区、全市、全省提供了成功经验,积累了可复制的生态修复治理模式,成为全省乃至全国矿山生态修复示范标杆。目前,园区根据汤山现有的资源及深厚的文化底蕴打造"以山为幕"的独特景观设计,充分利用区域内已有的植被与矿山资源,通过一系列的生态修复工程,成为市民出游的首选"网红打卡地"之一。

2.特色亮点

一是配套设施完备,融合地域文化。建有星空餐厅、云几茶社、先锋书店等,并有机融合汤山采矿历史文化、温泉文化,生态良好,景观优美,是南京网红打卡点,生态旅游效益明显。

二是科普宣传设施丰富、形式多样。建有科普展室、矿山生态修复、水土保持、地质与岩石、生物保护、汤山矿山与开采等多主题的科普长廊,水土保持百科知识互答和江苏生态文明公约20条等设施,并利用园内排水盖板宣传水土保持;科普知识全面,创新宣传形式多样。

三是研学课程丰富多彩，兼顾科学与趣味。研发了百变小木匠、本杰士堆的秘密、神奇的银杏树、神奇的水循环、矿坑公园奇妙夜、重生的废弃矿坑等丰富的研学课程，面向中小学生定期开展研学活动和科普教育活动。

四是文创产品多样，体现地区特色。打造了 TANG 系列品牌的文创产品，宣传、体验汤山特色文化。

五是新机制，保障运行。示范园创新运行机制，由江宁区水务局、南京汤山温泉旅游度假区管理委员会和南京汤山建设投资发展有限公司共同运行管护，落实了管护人员和管护经费。

（四）儋州市国家水土保持科技示范园

海南省儋州市水土保持科技示范园于 2022 年命名，是海南省第 2 个国家水土保持科技示范园，也是全国第一个建立在热带植物园中的水土保持科技示范园。园区位于儋州市那大镇海南热带植物园内，占地 100 hm^2（产权全部归属海南热带植物园），属于海南沿海丘陵人居环境维护区。园区距儋州市中心 7 km，毗邻 G225 和 G9813 高速，区位良佳，交通便利。

科技示范园定位为科普教育型，以水土保持和植物知识科学普及为主要目标，打造一主多能的科技示范园典范。示范园分为科普教育区、技术示范区、互动体验区、科学试验区、植物百科区和休闲观光区等 6 大功能区，分区展示，特色各具。

1.科普教育区

科普教育区主要包括水土保持科普馆、人工降雨水土流失演示、环形水渠（展示河流自然净化）、水土保持生态治理科普、科普和研学大楼、森林课堂自然教育区等。形式多样，直观形象，动静结合，提供了科普力作，形成了水土保持和生态自然科普大课堂。园区布设了水土保持措施科普牌、植物科普牌、园区介绍牌、宣传牌、宣传标语等宣传设施，制作了科技示范园宣传册和宣传片各 1 套，设立了公众号。水土保持科技示范园在海南热带植物园原有导视系统的基础上补充完善，设置导览图，布设路标，配置分区导视牌，规划科普、试验等不同参观路线。完善的导视系统，便于公众自助式参观游览，方便到达园区各个位置。园区制作了《快闪海南水土保持》《小流域治理典范之蚂蝗岭》等水土保持科普宣传片，编制了《中国热带植物王国》宣传册，设计了水土保持、水质检测、植物标本制作等 30 个研学课程。园区每年开展各类科学普及、宣传教育和研学实践活动 60 多次，免费接待观众 4.52 万人次，其中免费接待中小学生 1.57 万人次。

2.技术示范区

技术示范区主要包括生态护坡（石笼、木箱、木桩、喷混植生等）、生态护岸（活枝护岸、木桩护岸、石笼护岸、抛石护岸、生态框护岸、混凝土构件护岸、植物护岸等）、植物净化、海绵措施展示区（生态沟、下凹绿地等）。示范园实施了红星水土保持生态清洁小流域项目，进行技术示范。一是海绵水土保持。布设雨水花园、生态草沟，通过拦、截、引、蓄、渗等措施，增加土壤蓄水保土能力。二是生态防护水土保持。建设生态护岸工程、边坡生态防护工程，综合治理水域驳岸、边坡等区域水土流失。三是生态自我恢复。对项目区内的疏林地和未成林地采用封育治理措施，促进植被恢复，提高水土保持生态功能。推广应用了园区研发的“木薯品种选育及产业化关键技术”(该成果获国家科学技术进步奖二等奖)、“南药种质资源开发利用技术”(该成果获中华农业科技奖一等奖)、“热带主要经济作物种植园酸化土壤改良技术”(该成果获海南省科学技术进步奖一等奖)、“海南野生兰花驯化栽培技术”(该成果获海南省科学技术进步奖一等奖)等技术,取得很好的示范引领作用。

3.互动体验区

互动体验区主要包括智慧水车提水灌溉、智慧声光连廊、风力发电彩显、智慧水文长廊、雨林穿越、水质检测、叶脉书签和植物标本制作等,设计了30种参与体验活动,高端创新高科技含量。公众参与互动,歆享体验,领略创新,不知不觉感受水土保持、水利、生态的奥妙。

4.科学试验区

科学试验区主要包括水土保持坡面径流小区(12个)、人工模拟降雨、全自动气象站、树木观测等。依托园区丰富的资源,提供了开展水土保持试验和植物观测研究的基础和条件。引入石斛园及中国热带农业科学院新优品种约10种,增加和强化具有水土保持功能的药用植物、热带果树等植物品种共约15种。园区荣获国家科学技术进步奖等省部级以上各类科学技术进步奖项100多个。

5.植物百科区

植物百科区主要包括水生植物区、香料植物区、药用植物区、竹林区、经济林木区、棕榈植物区、热带果树区和观赏植物区等8个分区。来自40多个国家的2 600多种植物,包括国家保护级别的50多种珍稀濒危植物和750多种热带花卉,瑶草琪花,珍稀树木,争奇斗艳,各美其美。各种珍奇植物荟萃一园,有改变味觉的魔术师——神秘果、爱情和友谊的信物——海红豆、佛主诞生之树——无忧树、相依相伴的情侣树——檀香和洋金凤、吊在树上的炮弹——炮弹果、生命活化石——苏铁、记载佛经的树——贝叶棕、会下雨的树——雨树、食虫植物——猪笼草、植物杀手——榕树、花中之王——依兰香、沙漠甘泉——旅人蕉、能源植物——油楠等。令人惊喜不断、叹为观止,管中窥豹领略植物王国的风采。

6.休闲观光区

休闲观光区主要包括水上乐园、摇摆桥、玻璃滑道、瓜果长廊、南秀湖、咖啡餐厅等。湖光树影、花香果芳,树上鸟鸣、树下石凳、林间小径、桌上咖啡,绿色天然氧吧,润心洗肺。景色旖旎,休闲娱乐,悠然自得。

示范园由儋州市水务局建设,在海南热带植物园这个植物王国的肩膀上高位嫁接,二园合一,相得益彰。园区成立了管理领导小组,具体由植物园负责管理,全年对社会开放。植物园有稳定的运行管理经费,每年落实管理资金250多万元,保障水土保持科技示范园运行管理所需,确保园区正常运行。园区有专职科普人员30人,兼职科普人员196人,具备同时接待1 000人以上的能力。园区每年接待游客量约40万人次,其中科普教育和研学课程等各种人员15 700人次以上。园区荣获“全国青少年科技教育基地”“全国科普教育基地”“全国中小学生研学实践教育基地”“海南省青少年科技教育基地”和国家AAA级旅游景区等多项荣誉。

附一

水土保持科技示范园科普教育方案

为充分发挥海南热带植物园“全国中小学生研学实践教育基地”科普研学功能，弘扬科学精神，普及科学知识，特制订本方案。

一、活动主题

百年再出发，迈向高水平自立自强。

二、活动时间及地点

活动时间：每年。

活动地点：儋州市海南热带植物园（水土保持科技示范园）。

三、活动内容

活动名称：

（一）植物科普+叶脉书签制作、香水调制

以普及热带植物知识为重点，结合叶脉书签制作和香水调制的研学活动。

（二）边坡生态修复及植物科普展示

（1）展示不同施工工艺的边坡生态修复（石笼、木箱、木桩、挂网喷混植生展示）；

（2）展示海南本地山体植物群落自然演替的过程；

（3）展示新优种子喷播的试验边坡。

（三）海绵措施科普展示

展示生态草沟与雨水花园，结合雨水花园，展示用草坪、灌木、乔灌草构建的三种下凹绿地形式，以展示水的下渗、滞蓄、净化和回用。

（四）生态护岸科普展示

结合现有的水域河岸，展示生态护岸修复技术，如：石笼护岸、生态砖护岸、植物护岸、木桩护岸、活枝护岸、生态框护岸等生态护岸技术。

（五）植物的水土保护功能科普展示

利用植物园现有的植物资源和新种植的植物，通过设置导游图、科普牌的形式，对植物的水土保持作用进行科普展示。

（六）水土保持科技展览

利用植物园现有的展览馆制作2D水土保持科普宣传影片，通过LED屏幕展示海南的水土保持、儋州小流域水土保持综合治理成果等。

（七）水土保持森林科普课堂

利用水土保持森林科普课堂可举办森林水土保持课堂、水土保持科普活动。

（八）智慧水土保持声光连廊

结合声光展示技术，投影展示植物液流的运动效果，科普海南水土保持等内容。同时结合森林，利用园中植物空间，通过特殊的互动艺术灯光，模拟水波纹、树液流等动态投影，科普水、土、植物之间的紧密联系。

（九）智慧水利互动水车

互动水车装置设置于水中，利用圆形水车原理，通过人的互动作用，将汲取的水送入传送带中。同时引入智慧措施和提水量等装置,显示运动消耗量,集水利科普、景观、娱乐和健身于一体,是寓教于乐的互动趣味性科普设施。

活动场次:计划每年开展6~8场活动。

活动对象:中小学生。

活动人数:计划每场活动参与人数在200人以内。

四、组织保障

(一)组织领导

成立海南热带植物园"全国科普日"活动领导小组。

领导小组下设工作小组,工作小组设于营销部。

工作小组负责组织实施活动方案内容,负责活动过程管理,负责活动总结和宣传。

(二)经费保障

公司自有资金预算活动经费,按每次参加活动学生人数预算,每人活动费用为45元。

五、相关要求

(1)园区上下要统一思想,通力协作,共同有序有效开展科普活动日活动。

(2)营销部拟"全国科普日"活动邀请函,向学校发送。

(3)营销部负责整理研学设备和准备研学课程。

(4)园林卫生部负责按工作小组的要求,打扫活动区域环境卫生、搬运活动所需的器物、悬挂宣传横幅和做好后勤服务。

(5)办公室负责拟定活动宣传口号,多形式做好活动宣传,负责活动场景拍摄和材料收集归档。

附二

水土保持科技示范园研学课程

一、径流小区(径流及泥沙观测)

利用径流小区,对坡地水土流失规律进行定量研究。测验的主要内容是降水、径流及泥沙等。在各个小区设置不同的覆盖物、植被组合等,进行水土保持措施有效性的比较,就多种因子对土壤侵蚀影响进行定量评价。

二、人工模拟降雨(结合径流小区)

园区设置人工模拟降雨区域,并在模拟降雨下设置了两个径流小区,其中一个是裸露地,另外一个有草本植物。观测在不同降雨强度及降雨量下两个径流小区的径流及泥沙含量,进行水土保持措施有效性的研究和科普。

三、全自动气象站

园区设置了全自动气象观测站,通过气象站显示装置可以了解到最新的风向、风速等数据。主要监测指标有风向、风速、雨量、气温、相对湿度、气压、太阳辐射等。

四、荔枝林观测

园区设置了荔枝林观测区,观测荔枝的生长状况。

五、森林课堂

可以开展中小学生科普体验活动，如森林水土保持课堂、儿童水土保持科普试验活动、亲子科普竞赛活动等。

六、叶脉书签

依托海南热带植物园生态环境，通过科普讲解，让学生观看、探索、了解树叶在植物6大器官里的重要性。通过讲解并且分辨不同植物的叶子结构，选出优质树叶，体验动手制作，让学生观察叶肉与叶脉如何分离。通过对叶脉的制作，培养学生的操作能力、探究能力及细致严谨的科学品质，学会从生活中关注大自然的奥秘，并学以致用。

七、香水制作

通过植物调香课程，了解香料基础知识和适用范围，认识可制作香料的植物，学习香水调制的方法，亲身体验香水制作过程，锻炼学生的执行力和动手能力。以探究的方式，通过实践去验证发现的问题，用实践填充理论知识界面。既锻炼学生的动手能力，又考验学生解决问题的逻辑性、严谨性，提高学生思维构建能力。

八、植物精油提取与精油手工皂制作

精油具有独特香味，具有杀菌、刺激、放松等功效，能使人适度兴奋、减缓疲劳及产生松弛感等。但精油是什么？如何提取？利用什么原理？本课程向同学们科普精油提取相关基础知识，展示精油提取的过程，亲身感受植物如何变成有独特香味的精油，并如何在实践上用精油制作精油手工皂，制作一份属于自己的独一无二的精油手工皂，了解生活中手工皂是如何制作的。共同体验动手制作的过程，感受别样快乐，也为学生们插上知行合一的“翅膀”！

九、木薯秸秆菌袋培养

“变废为宝，见证蘑菇的奇迹”。本课程以田间地头废弃的木薯秆为基质，通过对木薯秆进行加工处理，接种不同的菌种制作成菌袋，长出不同的蘑菇，见证从菌丝到蘑菇再到佳肴的变化，见证“上帝的食品”的来龙去脉。用科技演绎“变废为宝”的魔术，用科普促进生态文明。

附三

水土保持科技示范园讲解方案

为进一步宣传国家科技示范园，促进水土保持综合治理措施示范、水土保持科学研究、水土保持科普教育与植物园观光等多功能发展，成立科技示范园区解说小组，小组设置一名组长，八名组员。

一、建立示范园区讲解小组

主要职责是：负责制订示范园区年度讲解计划、示范园区内讲解工作和示范园区内宣传工作，做好日常参观、学习活动。

二、目的和意义

贯彻落实科学发展观、建设生态文明和美丽儋州，按照“预防为主、保护优先、全面规划、综合治理”的原则，在工作中树立“尊重自然、顺应自然、保护自然”的思想，同时发挥示范、引导、教育的功能，积极宣传海南及儋州水土保持工作。

三、解说流程

（一）介绍园区内部及外部资源、地理位置及交通等基本概况

水土保持科技示范园位于儋州市儋州热带植物园，与植物园结合形成水土保持示范园，距市中心 20 km。儋州热带植物园位于儋州市那大镇，占地 32 顷❶，1958 年建立，是中国热带农业科学研究院和前华南热带农业大学的植物标本园。水土保持科技示范园的建设与植物园的有效结合，进一步发挥植物园的科普价值，建立水土保持与植物的学科联系。

（二）分区介绍

1.边坡生态修复及植物展示区

生态护坡，是综合工程力学、土壤学、生态学和植物学等学科的基本知识对斜坡或边坡进行支护，形成由植物或工程和植物组成的综合护坡系统的护坡技术。开挖边坡形成以后，通过种植植物，利用植物与岩、土体的相互作用（根系锚固作用）对边坡表层进行防护、加固，使之既能满足对边坡表层稳定的要求，又能恢复被破坏的自然生态环境，是一种有效的护坡、固坡手段。边坡生态修复是一个系统工程，边坡生态修复的主体是植物。对于边坡生态修复使用植物的选择，需综合考虑边坡坡度，边坡土壤理化性质、土壤结构和土壤厚度，当地降雨和气温，以及种植目的等情况。以乡土植物为主，引进繁殖方便、适应性强的外来优良植物品种。以草灌结合和灌木为主、乔木和藤本为辅，因地制宜进行配置。以抗旱耐瘠性、抗污染能力为主要指标筛选植物，兼顾植物的景观价值。

展示不同施工工艺的边坡生态修复（石笼、木箱、木桩、挂网喷混植生）；展示海南本地山体植物群落自然演替的过程；展示新优种子喷播的试验边坡。

2.智慧水车

装置设置于水中，利用圆形水车原理，通过人的互动使用，将汲取的水送入传送带中，同时引入智慧措施，设置感应水流大小的灯光，显示所汲水量、运动消耗量等数据。装置集景观、水利科普、休闲健身于一体，是寓教于乐的互动趣味性科普设施。

3.生态护岸展示区

生态护岸指的是利用植物或植物与土木工程相结合，除防止河岸塌方外，使河水与土壤相互渗透，增强河道自净能力，产生一定自然景观效果，对河道坡面进行防护的一种河道护坡形式。

4.海绵系统展示区

海绵系统主要展示海绵生态技术措施。海绵生态技术措施的推广与使用，有利于在适应环境变化和应对自然灾害等方面具有良好的“弹性”，下雨时吸水、蓄水、渗水、净水，需要时将蓄存的水“释放”并加以利用。海绵系统展示区主要展示海绵生态措施，如雨水花园、不同形式的生态草沟。

5.水土保持植物展示带

水土保持植物展示带主要展示有利于水土保持的植物。

6.水文智慧连廊

水文智慧连廊主要是通过景观廊架与植物的结合，展示植物降温增湿的作用，植物有

❶ 1 顷 = 6.67 hm^2。

常春油麻藤、三角梅、炮仗花等观赏性强的藤本植物，并于有藤本植物覆盖和无藤本植物覆盖区域设置温度、湿度传感器，展示植物降温增湿、调节小气候的水土保持功能。

7.水土保持科学试验区

水土保持科学试验区主要为标准径流小区及全自动气象站，径流小区是对坡地水土流失规律进行定量研究的一种测验设施，一般由边埂、边埂围成的小区、集流槽、径流和泥沙集蓄设备、保护带及排水系统组成。测验的主要内容是降水、径流及泥沙观测等。可通过在各个小区设置不同的地面坡度、覆盖物、植被组合等进行水土保持措施有效性比较，定量评价多种因子对土壤侵蚀的影响。

全自动气象站是一种无人操作，能自动定时观测、发报或记录的地面气象观测站，可实时监测风速、风向、雨量、温度、湿度、气压、太阳辐射、土壤温度、土壤湿度等九要素气象参数。

8.环形水渠实验区

装置的设计传达了水土保持的生态理念，科普水土保持常识，用景观的语言表达水土保持科普，同时设计也增加了空间的趣味性、互动性、体验性，最大限度地挖掘了植物园的游憩功能，传达了寓教于乐的水土保持科普理念。

9.风力发电装置

风力发电装置包括发电风车和感应灯柱两部分。风力发电装置通过水中的风车装置，将风能转化为电能，并通过灯光装置，感应风力大小，风力越大灯光越亮。同时，还可检测风力、风向等数据，既有科普功能，也是独特景观。

九、水土保持主题公园示范园

（一）田家沟国家水土保持科技示范园

甘肃省泾川县田家沟水土保持科技示范园于 2007 年命名，是甘肃省第一批（2 个）国家水土保持科技示范园之一。园区位于泾川县田家沟流域，规划面积 2 800 hm^2，建成区面积 500 hm^2，距县城 3 km，紧临 321 国道，交通便利，区内有田家沟国家 AAAA 级旅游景区，设施齐备。

园区内划分为珍稀植物展示区、水土保持科技示范区、水上垂钓游乐区、特色畜禽养殖区、综合服务接待区、无公害果蔬观光区、民俗风情展演区等游乐功能区，是以水土保持生态景观为主、人文景观与休闲娱乐相结合，集生态旅游、文化展现、休闲度假为一体的生态风景旅游区。景区内有自然生态景观、亿年地质标本崖、西王母民俗园、珍稀动植物园以及各种休闲娱乐项目。景区极具浓厚的西王母文化、黄土文化、民俗文化和水土保持生态文化底蕴。景区内现有亿年地质构造层、千年土箭群等自然景观 10 多处；民居式别墅、仿古式综合服务楼、陇东民俗窑洞、田园山庄等休闲服务场所 9 处；建成水土保持科技示范园、演艺休闲广场、体育休闲中心、观光果园、珍奇动物园、垂钓中心、水上乐园、跑马场、沙滩浴场等人文景观 30 多处；造型园林、亭台楼阁、假山叠石、古桥石廊等园林景观 20 多处。开设垂钓、狩猎、划船、登山、戏水踏浪、骑马、攀岩、动植物观赏、儿童游乐、民族歌舞、风味小吃、地方民俗、休闲度假、会议接待、停车住宿等游乐服务项目 30 多个。田家沟生态风景区以其深厚的文化底蕴和稳固的生态基础为众多游客创设了一个幽雅舒适、别具情趣的休闲娱乐、观光旅游的水土保持主题公园，同时也为进行水土保持试验研究、综合治理示范、监测及对外开展水土保持技术交流提供了一个平台,成为泾川县生态环境建设成果的展示窗口和水土保持科普宣传教育的基地,2004 年被评为"国家水利风景区"。

附

中小学水土保持社会实践活动方案

1.目的意义

强化中小学生生态环保意识,提高水土保持法制观念,实现人与自然和谐,并不断拓展素质教育的途径,培养德、智、体、美全面发展的"四有"新人。

2.目标任务

(1)初步普及中小学生水土保持常识。

(2)激发学生的水土保持科技兴趣和生态环保意识。

(3)激发学生改造自然、建设家乡的热情。

(4)宣传水土保持法律法规。

3.重点难点

活动的重点为向学生展示水土流失的成因及危害;难点是解释各类水土保持措施的功能及作用。

4.活动内容及组织形式

(1)植树活动

3 月 12 日前后,与团县委、县教育局协调,组织城区中学生 3 000 人左右,在田家沟景区北面青年林建设基地开展"青春 · 生态 · 家园"青少年接力林建设活动,组织学生立足水土保持生态实践,共建美好家园。

(2)参观学习

5 月和 10 月,组织城区及北原片初一、高一学生 6 000 人左右到基地学习实践,主要开展以下活动:

①参观水土保持生态展厅。通过展览图文资料和讲解员讲解,使学生对水土保持生态常识和水土保持法律法规有一个初步认识。

②水土保持径流小区监测观摩。通过人工降雨,演示水土流失的发生发展过程和各类水土保持措施的拦蓄功能,引导学生开展水土保持监测工作,激发学生的水土保持科技兴趣。

③开展气象监测。引导学生利用气象监测仪开展气象监测,了解水土保持与气候的关系。

④水土保持生态旅游。带领学生游览景区,参观生态建设成就,激发其改造自然、建设家乡的热情。

(3)"水土保持生态杯"植物标本采集展评活动

5 月中旬,和教育局联合在小学五六年级和初中一二年级举行植物标本采集展评活动,地点设在田家沟,由教育部门组织评审,田家沟景区提供场地和奖品。以精神奖励为主,并发放适当的物质奖品和景区门票。

(4)作文竞赛

6 月,与教育局协调,分小学、初中、高中三个阶段,举办"水保杯"作文竞赛。由教育部门组织竞赛和评审工作，田家沟景区提供奖品，奖励方式同上。

(5)举办演讲会

10 月，与教育局、县团委协调，在田家沟水景广场联合举行中学生“回归自然，爱我家园”专题演讲会，激发广大学生爱护大自然、保护大自然的热情，培养他们维护生态平衡、保护生态家园的环保意识。由三家单位联合组织评审，田家沟景区提供奖品，奖励方式同上。

(6)举办画展

11 月，与教育局联合，在全县小学生中以水土保持、生态、环保为主题，举办“小手画蓝天”手抄报展评活动，由教育部门组织竞赛和评审工作，田家沟景区提供奖品，奖励方式同上。

(二)深圳市国家水土保持科技示范园

广东省深圳市国家水土保持科技示范园于 2009 年命名。园区位于深圳市南山区乌石岗，规划占地面积 50 hm^2。昔日的乌石岗是废弃的采石坑口，由于濒临西丽水库一级水源保护区，开山采石遗留下的裸露边坡和废弃场地不仅对城市环境造成不良影响，还威胁到西丽水库水质。自 2008 年起，深圳市水务部门充分利用原有采石场坑口的场地和建筑，因地制宜，生态优先，围绕水土文化和水土保持科普展示两条主线开展了深圳市水土保持科技示范园创建工作，打造了以城市水土保持为主题的科技示范园。

园区分为科普教育、科技示范、试验研究、技术交流、水土文化等五个功能区。在水土文化展示方面，园区借鉴自然界中的土、木、金、水四大元素营建不同的主题园区，用现代设计语言表达自然界万物朴素的精神实质，搭建大众与水土保持事业近距离接触的平台，打造人与自然和谐共处、引人入胜而有所思的水土天地。建设了“蚯之丘”“土厚园”“木华园”“金哲园”“水清园”等多个景区。其中，“蚯之丘”就是模仿蚯蚓在土壤中拱起的洞穴，让市民体会到蚯蚓在土中穿行的过程；“土厚园”则是选用我国具有文化标志性的黑土、白土、红土、黄土和青土(水稻土)，分别营造出五个土壤主题园。在水土保持科普展示方面，园区充分利用原有场地和建筑，以水土流失的形成、形式、危害、治理为设计主线，通过景观化的处理手法，布设了水土保持图片展示区、水土流失模拟设施、根箱模拟设施、科普木栈道、水土保持试验区、水土保持措施展示区等，展示了深圳市不同发展时期水土保持技术措施的变化。园区建设了多媒体放映厅，播放 4D 科教短片《水土保持总动员》，影片采用声、光、电、风、三维动画等多种高科技手段，在播放过程中模拟自然界水土流失的种种危害，以及水土流失治理对环境的改善，给人如临其境的感受，增加中小学生学习水土保持知识的趣味性，从听、看、参与等方面向学生普及水土保持知识。园区先后面向中小学生、学生小记者团等不同层面的公众开展题为“真情守护、爱我水土”“爱水护土你我有责，亲林护绿点滴做起”“小手拉大手，爱护水环境，保护水资源”“青春在行动、水美献鹏城”等主题活动和水土保持国策宣传等教育活动。结合园区的参观学习，深圳市水务局联合深圳市教育局、深圳晚报社、大运网举办“美丽深圳、生态文明、从我做起”深圳市中学生水土保持知识竞赛，吸引 3 000 多名中学生热情参赛。园区根据不同年龄阶段的中小学生分别制订了水土保持教育活动方案，编制出版了《深圳市水土保持科普教育小学读本》《深圳市水土保持科普教育中学读本》，创作了水土保持歌曲，印制了园区宣传彩页，制作了园区宣传短片和光盘，并通过移动电视、广告牌、报纸、网站等媒体广泛开展宣传，使水土保持理念不断深入人心。园区举行的各项活动得到了社会各界人士的广泛好评，大家都表示园区从听、看、参与等方面普及水土保持知识，增加了学习知识的趣味性，充分发挥了水土保持科技示范园的科普教育作用。

园区管理费用自2010年起已经纳入市财政预算，并通过市场化运作的方式确定了园区运营管理单位，确保了教育基地正常运行。园区成立管理处，配备管理、技术人员8名，负责园区日常管理、参观接待、设备设施维护等各项工作，另配备安保人员和绿化清洁工人共26名，建立健全了园区的各项管理制度。园区安装了监控系统，设置了安全警示牌，保安24 h对整个园区进行巡查，全方位保障园区的安全运行。制定了《深圳市水土保持科技示范园设备设施操作流程》《深圳市水土保持科技示范园设备设施维护规程》《深圳市水土保持科技示范园安保工作监督制度》《深圳市水土保持科技示范园参观接待制度及流程》《深圳市水土保持科技示范园实验管理制度及操作流程》《深圳市水土保持科技示范园组织机构及岗位职责》《深圳市水土保持科技示范园绿化管养单位管理规定及技术标准》《深圳市水土保持科技示范园档案管理制度》《深圳市水土保持科技示范园车辆管理制度》《深圳市水土保持科技示范园防火防电管理规定》《深圳市水土保持科技示范园员工守则》等管理制度，确保园区的管理实现规范化、制度化、现代化。

2012年，园区被教育部和水利部评为"全国中小学生水土保持教育实践基地"；同年7月被国际风景园林师联合会(IFLA)评为第九届国际风景园林管理类"主席奖"，是广东省首次获此殊荣；2016年，被水利部批准成为首批国家水情教育基地；2017年，被中国水土保持学会评为首批全国水土保持科普教育基地；2017年11月，成为"全国水利博物馆联盟成员单位"；2020年10月，成为"南山区少先队校外实践基地"。园区参观人数逐年增长，截至2023年2月底，累计服务团体1 071批次，累计参观人数已达到57万人次。仅2024年春节期间的庆祝活动，就吸引了超过3 000人次的访客。在科技示范园，中小学生可以学习丰富的水土保持知识，了解深圳市多年来水土保持发展的历程和取得的成功经验，感受到深圳市水土保持工作的重要性和紧迫性，增强水土资源保护意识，成为水土保持的支持者和义务宣传员，对帮助青少年儿童树立生态环保理念具有重要意义。

附

中小学水土保持教育社会实践活动方案

深圳市中小学水土保持教育以深圳市水土保持科技示范园为平台和载体，以水土保持科普教育读本等相关资料作为辅助，开展丰富多样的教育活动。

一、小学水土保持教育活动

(一)水土保持基础知识教育

发放《深圳市水土保持科普教育小学读本》；编制水土保持宣传教育图册；在每年3月水土保持宣传月、周、日期间，选派小学生代表和市区水土保持工作人员一起走上街头，开展水土保持宣传活动，为深圳市生态建设做出积极努力。

(二)水土保持教育社会实践

(1)参观深圳市水土保持科技示范园

参观路线:蚯之丘—土厚园—木华园—金哲园—观看4D科教片—变坡陡槽设施—水土流失模拟设施—根箱模拟设施—山水栈道—生物排水沟—边坡防护展示区—水土保持图片展—生态停车场。

(2)开展歌曲演唱活动

在示范园观光游览之余,让孩子们唱响有关“保护水土、热爱绿色”的歌曲。如《水土保持之歌》《一滴水一方土》《小燕子》《春天在哪里》等歌曲,比比看谁唱得多、唱得好,推选出示范园“小歌星”。

(3)在示范园召开少先队主题班会

内容为“保护水土资源,建设秀美家园”。

(4)举办书画比赛

让孩子们拿起手中的画笔,展开丰富的联想,描绘秀丽的示范园风光。

(5)开展丰富多彩的暑假夏令营活动

时间为1 d。内容为:参观水土保持最新图片展览;举办水土保持知识竞赛,评选一等奖3名,二等奖6名,三等奖10名,优秀奖20名,发放奖品。

二、中学生水土保持社会实践活动内容

(一)水土保持理论教育

发放《深圳市水土保持科普教育中学读本》;编制水土保持宣传教育图册;在每年3月水土保持宣传月、周、日期间,选派中学生代表和市区水土保持工作人员一起走上街头,开展水土保持实地宣传活动,让他们为深圳市的生态建设作出贡献。

(二)水土保持社会实践教育

(1)参观深圳市水土保持科技示范园

参观路线:蚯之丘—土厚园—木华园—金哲园—水清园—观看4D科教片—变坡陡槽设施—水土流失模拟设施—根箱模拟设施—山水栈道—径流试验小区—边坡防护展示区—水土保持图片展—生态停车场。

(2)开展中学生辩论会

中学生辩论会在园区举办,论题为“城市水土保持的必要性”等。

(3)举办诗会或歌咏比赛

诗会或歌咏比赛在春季百花盛开时节举行,以陶冶学生情操,表达建设生态深圳、和谐深圳的决心和信心;或举办征文比赛,体裁不限,学生将在示范园的所见所闻所感所想通过文字形式进行表达,抒发热爱自然、保护环境的思想感情。

(4)开展丰富多彩的暑假夏令营活动

时间为1 d。内容为:请水土保持专家讲解水土保持基础知识,参观水土保持最新图片展览;举办现场水土保持楹联和水土保持标语征集,评选优秀作品,发放奖品;举办水土保持知识竞赛,评选一等奖3名,二等奖6名,三等奖10名,优秀奖20名。

(5)举办中学生摄影比赛

中学生摄影比赛于春季或秋季在全市举行。内容为:在校园或示范园内开展的各项水土保持实践中学生们参加活动的精彩场面。评选出一等奖10名,二等奖20名,三等奖30名,优秀奖40名。向这100名获奖作者发放奖品,同时将获奖作品编辑成册印刷1 000份,作为水土保持宣传图册广泛宣传。

(三)千岛鲁能胜地国家水土保持科技示范园

浙江省淳安县千岛鲁能胜地国家水土保持科技示范园于2022年命名,是全国第一个与亚运会相关的水土保持科技示范园。园区位于杭州市淳安县界首乡,地处千岛湖国家AAAAA级旅游景区腹地,结合亚运分村建设,总面积864.36 hm^2。园区由淳安县千岛湖生态综合保护局与中国绿发投资集团有限公司共同创建,建设标准高、生态景观美、示范作用强、科普设施多,功能齐全,成为水土保持科普宣传的重要平台与窗口。

一是创新机制,长效运管。园区由淳安县千岛湖生态综合保护局和中国绿发千岛湖集团公司共同建设、共同运行管护,创新了政企合作建管机制。水土保持技术示范、科普宣传与生态旅游、休闲运动等绿色发展主题紧密相连,公益性科普宣传与部分经营性项目互补,以千岛湖为背景,将水土保持生态文明理念植入人们的心间,实现生态运营。

二是科学谋化,成效明显。坚持生态优先、绿色发展的理念,积极综合利用海绵城市建设、生态互联与生境统建技术、绿色低碳节能等技术,注重原生态、水质与生物多样性的保护和动植物栖息地维护,先后获得绿色建筑五项认证。

三是综合治理,示范引领。园区与亚运村结合建设,将水土流失防治与生态景观建设相结合,坡面治理与沟道治理相结合,植物措施与工程措施相结合,因地制宜,高标准建设,打造生态亚运、绿化亚运。园区坚持生态优先,生物多样性保护和动植物栖息地维护,严格践行"低影响、零排放",尽可能恢复或保留原始地貌、生态,减少对自然生态环境的影响,实施利用乡土抗逆性的种子计划、色彩计划、海绵策略、生态互联和生境统建,重新构建开发区域动植物生活环境和生态链,实现人与自然、建筑和谐共生、联接、共享。园区通过人为水土流失控制与生物群落构建、水质保护相结合,水土保持技术示范与原生态保护、景观美化相结合,形成了独特的水土流失综合防治体系与模式,为人为水土流失防控提供了成功经验、积累了可复制的水土流失防治模式。

四是科普教育,寓教于乐。园区建有多主题水土保持科普长廊、户外水土保持科普展厅、"与垄同行"科普屋、科普体验馆、水土流失演示系统,还有小黑鱼乐园等研学体验场所,融合了淳安、千岛湖地域文化,研发了自然研学、生态文化体验课程,科普知识全面,研学体验多样,积极开展水土保持科普宣传,社会效益好。

五是完善设施,优化服务。园区金山坪亚运小镇建有服务中心、多主题的餐厅、茶楼、书屋,还有酒店、亚运码头、洪畈艺术村、电力驿站、燃气站、气象观测站等配套设施,结合亚运村建设有智慧化的服务体系,配套服务国内一流。园区亚运自行车场馆赛后改造利用,千岛湖郝力克酒店、地中海俱乐部等酒店与朋友圈、业主食堂、舷外之味等餐厅,还有知茶茶楼与格林7号乐园设施对外开放,经济效益高。

十、梯田示范园:王洼国家水土保持科技示范园

宁夏彭阳县王洼水土保持科技示范园于2011年命名。园区地处彭阳县城北部的王

洼镇王洼村，总面积 1 095 hm^2，其中彭阳县王洼水土保持试验站权属土地面积 56.57 hm^2，通过竞拍取得 132.47 hm^2“四荒地”的使用权作为造林基地，其余土地归当地村民集体所有。园区距彭阳县城 37 km，距固原市区 65 km，309 国道、203 省道经过园区，交通便捷。

示范园区分为水土保持科研试验区和水土保持科技成果示范区两大功能区。水土保持科研试验区以王洼水土保持试验站和王洼沟小流域为基础，建有气象站、坡面径流泥沙观测小区、小流域控制站、综合实验室、集雨节灌示范园、植物标本室等功能场所；水土保持科技成果示范区以高建堡小流域为基础，有水平梯田、荒山造林、退耕还林（草）、封禁治理、经果林（红梅杏和矮砧苹果）示范园等示范点。现有基本农田 358.47 hm^2，水土保持林 270.61 hm^2，经果林 22.77 hm^2，退耕林草 91.35 hm^2，封育天然荒草地 238.87 hm^2。小型塘坝 2 座，水窖 13 眼，谷坊 8 座、沟头防护工程 2 座。截至 2019 年底，示范园治理水土流失面积 9.82 km^2，治理程度达到 94.43%。每年拦蓄泥沙 3.93 万 t，土壤侵蚀模数由 5 500 t/(km^2·a) 下降到 1 500 t/(km^2·a)。区内外各大院校、科研院所长期与园区合作开展水土保持试验、监测等科研项目，年接待师生达 2 000 人次以上。宁夏水利科学研究院以王洼水土保持科技示范园区为平台，主持的“北方半干旱集雨补灌区（宁夏彭阳）节水农业系统集成与示范”重大科研项目 2005 年获得了宁夏科技进步奖三等奖。2021 年，宁夏大学和中国科学院水土保持研究所合作针对半干旱区植物生长缺水问题实施的“土壤-植物-水分运转与调控研究”项目在王洼水土保持试验站已布设完成，进入试验观测阶段。

园区由彭阳县水土保持站负责管理。王洼水土保持科技示范园区山绿水碧，林木葱郁，植被茂盛，景色宜人，堪为黄土旱塬上的“绿洲”。2008 年，彭阳县举办首届山花旅游节，示范园区被确定为观赏山花的景点之一。高建堡红梅杏示范园所产红梅杏以其果实大、酸甜可口，远销区内外。春季满山遍野都是盛开的杏花、桃花，游人到此，仿佛置身花的海洋；夏季是红梅杏成熟的时节，前来园区采摘鲜果的游客络绎不绝。园区内塘坝水美鱼肥，是垂钓休闲的好去处。2010 年，王洼水土保持科技示范园被县团委列为“彭阳县青少年科普教育基地”，被中共彭阳县委统战部、民族宗教事务局列为“彭阳县民族宗教界水土保持宣传教育基地”。2023 年，王洼水土保持试验站点（位于示范园内）被水利部纳入国家水土保持监测站点重点站。

十一、生态清洁小流域示范园：太山国家水土保持科技示范园

四川省泸州市纳溪区太山国家水土保持科技示范园于 2021 年命名。园区定位为科普教育型，位于纳溪区合面镇太山村，在太山河生态清洁型小流域基础上提升建设而成。园区面积 689.37 hm^2，属长江一级支流——永宁河流域，距泸州主城区 24 km。拥有“国家级现代农业中小学生综合实践基地”“四川省中小学生质量教育基地”“泸州市国家级教育示范性综合实践基地”等名片。

1.坚持生态优先，塑造水土保持科技示范之基

纳溪区委、区政府在习近平生态文明思想的引领下，秉承“绿水青山就是金山银山”的发展理念，坚持“生态+”的绿色发展思路，在生态清洁型小流域治理成功经验的基础上，积极开展示范园建设。以太山河小流域为单元，以水土流失综合治理为载体，整合各

类资金 1.3 亿元，通过实施坡耕地治理措施、生态河岸修复措施，以及污染源治理、生态水系、林草植被修复等措施优化配置，形成“源头减量-过程控制-末端处理”的流域水土流失和环境污染物综合治理体系。建成水土保持科普馆、水土保持科普长廊、坡耕地治理技术展示样地等功能展示区及配套设施。形成集水土保持知识展示及教学培训、生态农业旅游观光等于一体的多功能园区。

2.坚持科学规划，铸就水土保持宣传示范之路

园区围绕水土保持科普文化、治理措施展示、教学实践体验、生态农业示范等四个方面进行功能分区，按照工程措施与生物措施合理配置、科普教育与科技示范有效衔接、水土流失治理与水土保持教育宣传相互协调、生态观光与旅游开发齐头并进、人工治理与自然修复相辅相成等原则规划实施，形成以科普教育为核心，兼顾水土保持防治技术示范、生态产业和休闲观光等功能的科普教育型水土保持示范区。通过径流小区监测、气象观测、不同历史时期坡耕地治理措施展示、清洁型小流域治理展示、水土保持科普馆文化展示，让观众直观感受水土流失带来的危害和影响，深刻认识水土保持工作的重要性，进一步增强水土保持观念，树立和加强保护生态环境的意识。10 000 多亩农田星罗棋布，3 000多亩特色经果林散发出诱人的芬芳，当地直接受益农户 5 000 余人，农业人均纯收入比当地平均水平增长 10%以上，群众幸福指数不断提升，实现了科技优势-生态优势-发展优势相互转化的良性循环。

3.坚持创新管理，打造水土保持科普教育户外课堂

园区采取“政府主导、多元投入、优化管理、以园养园”的建管模式，区政府每年给予实践体验学生 60 元/人补助，确保园区运营维护；与相关科研机构（单位）合作，开展科研创收，增强园区造血功能。积极推进水土保持科普示范，融入“学校、家庭、社会、自然”四位一体教育模式，自主研设科普教育、家庭礼仪、农耕文化等 90 余个现场教学体验课程。以普及中小学生水土保持知识为重点，从小抓起，将水土保持科普知识纳入现场教学，组织区内中小学生轮流到园区开展实践培训。将水土流失的成因、灾害、治理措施和成效等，采用实体模型、图文版面、声光电三位一体、多媒体等方式进行全方位、多角度展示，寓教于乐。全年对中小学生免费开放时间达 250 d 以上，可同时接待 300 人次的科普教育活动，年接待游客、学生及家长达 1.2 万人次，有效推动了水土保持知识普及。

十二、崩岗示范园

（一）五华县国家水土保持科技示范园

广东省梅州市五华县水土保持科技示范园，位于五华县华城镇乌陂河流域，面积 88.91 hm^2，距五华县 25 km，距梅州市 65 km。

园区为特色展示型园区，以始建于 1952 年的五华县水土保持试验推广站为基础而建立，建成崩岗危害展示与综合治理、水土保持监测与科学试验、水土保持科普教育、水源涵养与生态修复示范等四个功能区。园内因地制宜，科学布设各项水土流失治理措施，建设崩岗综合治理示范 2 处，系统展示崩岗侵蚀危害与综合治理技术与模式；建有气象观测站 1 处，径流观测场 2 处、径流观测小区 30 个，河道卡口控制站 1 个，植物根系观测箱 30 个，人工模拟降雨径流场 1 个，展览室 1 个，小流域实体模型 1 座，动植物标本室 1 个以及理

化分析实验室 1 个，积极开展水土保持监测与科普教育。并与广东省科学院生态环境与土壤研究所、广东省水利水电科学研究院和中山大学、华南理工大学等单位合作开展水土保持科学研究与技术推广，生态效益和社会效益明显，对周边起到很好的辐射带动作用。

（二）金钩形国家水土保持科技示范园

江西省赣州市赣县区金钩形国家水土保持科技示范园于 2022 年命名，是全国第一个崩岗主题水土保持科技示范园。园区位于赣县区北部，距赣县区城区 40 km，距赣州市区 42 km，区位优势明显，交通便利。示范园面积 3.57 km^2，属典型崩岗侵蚀地貌。园区定位为技术推广型水土保持科技示范园，总体功能布局为“一心四片”，即以崩岗治理展示与科普教育为中心，分为科普宣传教育区、生态休闲体验区、崩岗整治示范区、生态修复治理区等四个功能区。

示范园将崩岗传统治理技术与新技术推广运用有机结合起来，综合应用崩岗整治技术、坡面径流调控技术、沟道防护技术、果园梯壁植草技术、生态修复技术，采取开发式治理模式，将连片崩岗整治成水平梯田，种植杨梅、脐橙等经果林，配套实施拦挡工程、截排工程和坡面水系工程。园区依托山水林田湖生态保护修复工程和水土保持项目，积极引进民间资本参与建设，共治理崩岗 865 座(处)，治理崩岗面积 350.5 hm^2，利用崩岗劣地开发经济果木林 5 000 多亩，实现了“烂山地貌”变“绿水青山”“金山银山”，水土保持率达 93.5%，植被覆盖率达到 85%。示范园创建了崩岗治理“赣县模式”，成为全国示范样板。

园区建设了边坡防护展示、标识导视系统、科研监测设施等工程。建有丰富的水土保持科普教育设施，包括人工模拟降雨演示水土流失系统、监测监控系统、水土保持科普文化长廊、水土保持科普标牌等。建成了国内首家以崩岗为主题的科普场馆，场馆面积达 800 m^2，通过传统和现代多种展示手法，展示全国崩岗现状及治理情况，为全社会公众了解水土保持知识、培育中小学生树立生态环境保护意识、开展水土保持科普教育提供了优质服务场所。

赣县区水土保持中心与区小路农场、鹭溪农场等签订共建协议，由两个农场负责园区日常运营管理，形成以水土保持部门主导、农场负责日常运行管理的机制。示范园以崩岗治理实用技术推广和水土保持科普宣传教育为使命，先后获评赣州市科普教育基地、农业红培基地和赣县区科普教育基地、关心下一代科普基地，已成为人们体验水土保持生态文化的体验区、开展水土保持科普教育的教学点、水土保持生态观光游的目的地、享受自然生态的休闲处。

十三、水库示范园

（一）桃曲坡国家水土保持科技示范园

陕西省铜川市桃曲坡国家水土保持科技示范园于 2017 年命名，是全国为数不多的水库型水土保持科技示范园。园区总面积 6.0 km^2，位于桃曲坡水库，距西安市区 80 km，距铜川新区 15 km，周边路网发达，交通便利。园区被命名为“铜川市耀州区青少年科普教育基地”和“铜川市生态环境宣传教育基地”。

园区贯彻落实习近平生态文明思想，积极践行“绿水青山就是金山银山”理念，大力推进水生态文明建设,以园区水土保持综合治理为重点,有机融合一级水源地保护和水利风景区建设,深入推进山水林田湖草沙一体化保护和系统治理,实施"水保科技+果园产业",不断提升园区发展"含绿量""含金量",努力实现生态效益、经济效益、社会效益相统一,为推动黄河流域高质量发展注入园区绿色新动能。园区建成水土保持苗木引种驯化区、护埂示范区、台地果园区、边坡治理示范区、库岸崩塌治理示范点和水土保持教育基地六个主体功能区,各区间道路连接顺畅,铺设了生态步道,布设了导视系统,各种措施相结合,展示园区治理成效。

一是工程措施与生物措施结合开展边坡防护,实现涵养水土功能。在水库左右两岸易崩坍区域,采用模袋混凝土、六边形砌块、浆砌石护坡等形式进行工程防护,减少水流冲刷。陡坡段采用浆砌石做拱形分格,中间铺设连锁式护坡砖;缓坡段铺设植草砖和干砌石等。在园区环园路两侧展示拱形、人字形、主动防护网、土工膜等八种类型边坡治理措施,同时栽植胶东卫矛、连翘、紫穗槐、沙棘等适生植物,实现护坡保水,防治水土流失。

二是绿化与美化结合,实现经济、社会、生态效益并举。库区栽植大量经济林、水土保持林、风景林,建有200余亩苗圃和500余亩的生态植物园,栽植各类林木100多个品种90余万株,植被覆盖率达到90%以上。在集渭北适生树种之大全的同时,实现引种驯化,力争生物种群多样化。园区栽植了最新培育的秦脆、瑞雪等苹果品种200余亩,搭设搁架系统,配套建设水肥一体化系统,建有土壤监测及病虫害防治设施,机械化耕作,实现现代高效农业管理模式。园区在解决了部分农民就业的同时,带动周边村民更新改造果园,提高了农民收入,促进了当地经济发展,助力乡村振兴。

三是功能与形式结合,实现人水和谐。在各项工程建设中力求仿生,塬边护埂安装实木、混凝土仿木、混凝土仿竹护埂、生态草袋等,在库岸沟道修筑谷坊、竹坊,建筑物与周边环境相协调,做到建筑形式美与实用功能融为一体。

四是科普与研学结合,发挥科普宣教功能。库区安装有完善的导视系统,设置各类宣传牌、指示牌和水土保持措施牌等100余个,布设多处零排放生态环保厕所。建设径流小区1座,一体化气象站1座,及时观测水土流失和气象等数据,监测库区水土保持状况。园区充分发挥优势,常年开展水利行业专业技术教育培训,年培训达3 000人次;积极与在陕高校如西北农林科技大学、长安大学、西安理工大学等院校合作,作为大学生实践教育基地;结合市、区青少年科普教育基地、生态环境宣传教育基地等吸引周边中小学生来园区开展科普研学,年均接待大、中、小学生1 500余人次,不断拓展示范园科教宣传功能。

五是宣传与管理相结合,提升园区管理水平。园区坚持利用"世界水日""中国水周"对桃曲坡水库库区水土保持工作进行宣传。先后开展"保护石川河,我们在行动"志愿服务、"涵养水源 提升品质 助力创建标杆型国家水土保持科技示范园"护水增绿植树活动、"践行生态文明思想 携手共建示范园区"志愿服务活动等。在陕西电视台、《中国水利报》《铜川日报》、省水利厅门户网等宣传媒体对水土保持科技示范园进行宣传报道。与此同时,通过设立各种水土保持措施简介牌和水土保持知识宣传长廊,为广大市民和中小学生提供了一个学习水土保持知识的户外课堂,使水土保持意识得以在人们心中扎根,为树立生态理念、增强生态文明建设和保护生态意识发挥了重要作用。库区水土保持管理站具体负责园区建设管理工作,现场配备专职管理人员20名,临时聘用人员30多名,每年投入相应资金用于园区维护。水土保持科技示范园管理严格、制度完善、职责明确、人员结构合理，有效保障了园区的日常管理和高效运行。

（二）云龙湖国家水土保持科技示范园

福建省德化县云龙湖国家水土保持科技示范园于 2023 年命名，是全国为数不多的依托水库（云龙湖水库）建设的水土保持科技示范园。园区属闽西南山地丘陵保土生态维护区，位于德化县城关上游，距德化城区 10 km，总面积 13.61 km^2。园区紧邻 206 省道，并设有直达园区旅游专线，区位优势明显，交通便利。园区土地权属清晰明确，基础设施齐全，由德化云龙谷旅游发展有限公司负责日常运行管理，免费向公众开放，管理经费落实到位，管护机制良性运行，保障了科技示范园长期有效发挥水土保持生态功能、科普教育和示范引领等作用。

园区于 2021 年编制了《福建省德化县云龙湖水土保持科技示范园建设规划》并实施建设。示范园总体功能布局为“一轴五区”。“一轴”是以习近平生态文明思想宣传为轴线贯穿整个园区；“五区”指科普宣传教育区、水土保持技术示范区、库区水土保持示范区、生态修复示范区、生态休闲体验区。园区针对不同功能区特色，以小流域为单元，因地制宜分区治理，实施了茶果园坡耕地水土流失治理、生态清洁小流域建设、水土保持生态村建设、生态护岸、湿地保护、水库消落带治理等综合措施，形成了完善的水土流失综合防治体系。

园区创新应用空心砖石埂、梯壁黄花菜、消落带复绿、U 形排水道等实用技术，并结合荣获“大禹奖”的彭村大坝水工程、水土保持科普馆、云龙谷省级水利风景区、国宝研学教育实践基地、石山清洁小流域示范点，以及国网福建电力双创中心研发的“三联养分自循环增效植被修复技术”与“南方崩岗区边坡植被快速耕植与修复技术”等，集中展示了水土保持工程、植物、农业耕作措施、水文化知识等，形式丰富、各具特色，让群众直观感受水土保持治理成效，体验生态文明建设成果，具有较好的示范推广作用。

园区建设了水土保持科普馆，配有宣传手册、宣传片、小视频、文化长廊、水质监测、人工降雨水土流失演示等实物科普设施，具备声、光、电、沙盘、全息、VR 体验等多种现代化宣传形式；园区各类标识清楚、规范，开通了宣传公众号。园区建设有水土保持监测设施，开展水土保持定位观测。借助现代化信息手段，针对中小学生和社会公众，综合运用图文等多种形式，开展水土保持生态文明科普和国策宣传，以增强社会公众的水土保持意识。园区是华侨大学、县委党校和中小学的教学实践基地和人才培训基地，年均接待 5 000 人次。2023 年 12 月，德化县首次以云龙湖国家水土保持科技示范园为平台，采取作品征集和文艺汇演方式，举办了福建省第十个“水土保持宣传日”文艺汇演宣传活动，宣传力度大、参与率高、覆盖面广，取得了良好的成效。

（三）象山湖国家水土保持科技示范园

江苏省南京市浦口区象山湖国家水土保持科技示范园于 2023 年命名。园区位于江浦街道，地处浦口中部老山南麓，以 1976 年建成的象山水库、象山和不老村为核心向外扩展，总面积 327 hm^2。园区地理位置优越，交通便利，距南京市区仅 19 km。

水土保持科技示范园以科普教育为主，兼顾技术示范，集理念引领、典型示范、科普宣传、生态休闲为一体，展现了“一山一水一村落”“三轴五区”的面貌。“一山”是老山；“一水”是象山水库；“一村落”是不老村；“三轴”是活力水景观、魅力水文化、动力水经济；“五区”是科普宣传教育区、运动休闲体验区、治理技术示范区、生态研学实验区、水美乡村示范区等五个功能区。园区充分利用现有的象山文化长卷、安全文化科普、水利科普宣传、象水廊、雨水收集研学、节水教育馆、老山运动驿站、生态运动广场、儿童游乐场、老山书院、水美不老村、丛林飞跃、农乐园、房车营地、喷泉互动体验等资源和基础设施，嫁接水土保持示范园要素，示范展示生态护岸、水土保持林、水土保持坡面治理、护坡工程、生态排(截)水沟、生态湿地、生态自然修复、水土保持农业技术、生态清洁小流域建设技术、水源涵养林、生态缓冲带水土保持措施等技术，建设了水土保持生态文明宣传长廊、水土保持科普馆、人工模拟降雨水土流失演示系统、水土保持科普户外展厅等设施和内容，增强了示范园的特色。

园区建有水土保持科普馆和节水教育馆，一园两馆。节水教育馆展示水环境污染与防治、污水处理、水环境治理工程成果，融科普性、创新性、趣味性于一体；户外建有人工模拟降雨演示水土流失系统、径流小区，直观感受水土流失发生发展和种草的水土保持作用；水库大坝南侧背水坡建有文化长廊象水廊，采用不规则平面布置和中国传统园林造景手法建设，展示象山湖水利文化和浦口水文化；示范园建有海绵城市科普展示，同时利用园区中部低洼地势、透水铺装、小微湿地等，通过实地展示海绵城市；建有象山文化长卷，由耐候钢板制成的一段镌刻着浦口区历史和知名人物事迹的文化展廊，展示公元前571年以来浦口区历史沿革，介绍原始社会晚期以来的历史事件、历史名人等；建有丰富的水土保持科普标牌，包括各类水土保持措施与工程设施、植物科普牌、水土保持措施的简介等，沿环湖栈道布设水科普趣味故事——《一滴水的浦口之旅》。园区积极开展研学活动和科普体验，特色鲜明、亮点纷呈。特别是创新解说，成为全国首个利用机器人讲解水土保持科普的示范园。园区浦小清志愿者利用声、光、电现代技术开展讲解，洋溢着时代气息。

在产业开发方面，坚持水土流失治理与产业开发相结合，大力引进资金和人才，积极推行承包、租赁和股份制合作经营等，盘活资产，发展多种经营，建立符合市场经济要求的运行机制，获取良好的经济效益，实现园区持续健康发展。在生态休闲方面，充分利用园区的区位优势和生态优势，积极与旅游部门合作，融合民俗文化、历史文化、水利文化、运动文化、农耕文化和水土保持生态文化，开发具有当地特色的生态休闲、运动休闲等旅游项目。作为一个集多种功能为一体的园区，其优美的环境、功能齐备的设施及多形式的科普教育和运动休闲活动，不仅提升了公众水土保持生态文明理念，而且增强和扩大了水土保持生态文明的宣传教育能力和效果。

示范园由象山水库管理所具体负责运行管理。2021年，象山湖被评为南京市示范幸福河湖和省级节水教育基地。2022年，象山湖水利风景区被评为国家水利风景区。2024年，象山湖国家水土保持科技示范园被评为全国水土保持科普教育基地，并在全国水土保持科技示范园首创利用机器人开展水土保持讲解和引导。

十四、林场示范园：八一林牧场国家水土保持科技示范园

安徽省凤台县茨淮新河八一林牧场国家水土保持科技示范园于2011年命名，是安徽

省第一批两个国家水土保持示范园之一,也是全国第一个依托林场建设的水土保持科技示范园。示范园位于淮南市凤台县茨淮新河南岸大堤,总面积 10 080 亩,南北宽 200 m,全长 36 km,距县城 35 km,交通便利,区位优势明显。

1.园区概况

示范园始建于 2000 年 10 月,隶属于茨淮新河八一林牧场(凤台县政府为解决复转军人安置及拓展水利事业,成立的水土保持事业单位)。园区现有 6 个分场,职工 37 人。

园区为河堤狭长区域,涉及多个乡镇,地形地理条件特殊,管理十分困难。建设以前,由于周边居民长期以来在沿河大堤毁林、垦地、取土、任意开挖等对水土资源的过度利用,致使生态环境严重恶化,生态和社会经济效益极为低下,治理任务十分艰巨。建场之初,全场职工沿河驻守在大堤上,承担起水资源环境修复和水土保持宣传工作。通过退耕还林还草、增加植被覆盖度、封林禁牧、加强林草管护等方法和措施,治理水土流失,改善生态环境。经多年艰苦奋斗,成功植树近 50 万株,大堤从荒滩变成了一条绿色的万亩林带,从根本上改善了区域生态环境,实现了水土资源环境质的改变。

2.基本功能

园区坚持"水土流失治理与经济开发相结合,以治理推动开发、以开发促进治理"的建设思路,按照"林-草-牧"模式进行立体治理开发,工程措施、植物措施和耕作措施因地制宜,有机结合,实现水土流失综合治理和园区可持续发展。园区开展总体规划,做好顶层设计。园区内修建了水泥主干道路、水土保持科普馆,实施滩地造林、河堤护岸等工程。累计完成投资 1 600 余万元,宜治理水土流失面积全部得到治理,水、电、路、通信、网络、绿化等基础配套设施完善,科研示范、推广服务功能全面提升。

(1)速生丰产林栽培示范区

根据"适地适树"的原则,2000 年园区引进"中涡一号"优质杨树种苗 28 万余株,营造速生丰产商品用材林 4 100 亩。为避免过去"年年栽树不见树,岁岁造林不成林"的局面,园区坚持"造管并重"原则,强化管理,推广管护新技术。2010—2020 年,园区引进推广了杨树修枝和病虫害综合防治等 11 项新技术。目前,杨树生长状况良好,平均胸径达 30 cm。

(2)林带复式种植示范区

从 2001 年开始,园区在林下复式种植紫花苜蓿、三叶草等优良牧草,被省科技厅列为省星火计划项目;2003 年开始,园区在林下复式种植牡丹、蛇床子等中药材。园区注册了"茨淮新河"商标,申请并通过了中国认证机构国家认可委员会有机产品认证,带动周边发展有机蔬菜 500 亩,林间套种蛇床子 1 200 多亩,桃树 200 亩。

(3)经果林节水灌溉栽培示范区

根据市场需求,本着"以短养长"的原则,园区引种名特优新果树品种 7 个,营造经果林 450 亩;同时投资 40 万元,安装了全自动智能化控制喷灌和滴灌系统,由远程控制室环境参数进行设定和实时监控,对喷灌系统设备进行控制,根据果林生长需要实行自动喷灌。

(4)水土保持林草措施试验区

为了进一步提高园区水土保持工作的科技水平,寻求经济价值大、生态效益高、蓄水保土效果好的优良林木，园区从山东引进碧玉杨翠绿-Y6号进行试验，分析该树种在本地不同立地条件下的适应性，包括抗冻、抗旱、耐瘠、耐碱的能力，分析根系分布、固土能力、林地入渗等综合水土保持效益。通过试验，解决水土保持林木的各种造林技术问题，为皖北水土流失地区提供科学依据。

（5）水土保持监测科研区

为深入研究茨淮新河大堤水土流失问题及其综合治理的对策，增强广大群众的水生态保护意识，丰富宣传内容，园区于2009年修建了坡面径流观测场，建设了不同坡度和不同植被覆盖的径流小区6个，配备了全自动气象站。主要监测内容为降雨量、径流量、侵蚀量，气象监测指标主要有降雨、气温、相对温度、风速、地温。泥沙分析配有水位尺、取样瓶、铝盒、电子天平、电热恒温干燥箱和过滤分析设备等。园区多次邀请水土保持科学实验站技术人员赴现场指导工作，通过学习、交流、培训等方式培养技术人员，提高水土保持监测理论知识和实际操作水平，确保数据的精确性。园区监测数据从2013年开始已加入省监测总站资料整编。以园区为平台撰写的多篇水土保持论文在期刊上发表。

（6）科普宣传教育区

园内设置各种宣传标语、宣传牌和水土保持知识介绍牌10余处，通过广播、电视、网络、微信、报刊等形式，在省、市、县级新闻媒体多次报道，宣传辐射面较广，并聘请中央、省电视台为园区制作专题风光片，用于加强新闻媒体及广播电视的宣传（曾在CCTV-7频道“十一”黄金周前连续播出）。青年团员、中小学生、干部群众和部队官兵等共2万余人次参观了示范园，建设了“青年林”“政协林”等多种纪念林工程。

落实2011年中央一号文件（《中共中央 国务院关于加快水利改革发展的决定》）关于把水情教育纳入国民素质教育体系和中小学教育课程体系的要求，林牧场于2013年在水土保持科技示范园的基础上建设了“中小学生水土保持教育社会实践基地”，以适合不同年级学生认知水平的体验和实践方式，针对水土保持教育分类，为中小学生开展水土保持教育提供了资源和平台。园区定期和当地的中小学校联系，开展多种形式的户外科普教育实践活动。

水土保持教育基地分为室外水土保持科技示范防治区、室内水土保持科普教育展示区、坡面水土流失监测区三个部分。室内水土保持科普教育展示区总面积350 m^2，包括墙面宣传板、水土流失体验厅、成果展示影厅、互动触屏、毛细透排水带生态排水系统模型、水土流失治理投影沙盘以及污水净化流程演示、地表水渗透演示实验设备；室外水土保持科技示范区包括九种典型水土流失防治措施，分为护坡形式、水土保持教育宣传、坡面径流监测三部分。

（7）国家水利风景区

凤台县按照水利部关于水生态文明建设的要求和安徽省委、省政府统一部署，积极开展以水利风景区为支撑的水生态文明建设活动，依托八一林牧场水土保持示范园丰富的水体资源、万亩水土保持林，建设了“淮上明珠风景区”，成为凤台县发展水利风景区的核心地带。景区先后建成了亲水木屋别墅、茨淮知青缘八景、知青文化园、亮剑CS、果园采摘、水上乐园等工程项目；重修了景区6 m宽的水泥主道路、完善了景区生态路面；建设了生态环保公厕；按照国际通用标准制作了景区全景图、导览图，景点指示牌、景点说明牌和公共信息指示牌;积极与电信、邮政部门联系,增设手机充电站,设置邮政投递信筒;更换了垃圾桶;新建了购物中心;增添了游客中心、医务室、治安办公室等。2009 年,凤台县茨淮新河水利风景区被批准为“国家水利风景区”,2011 年成为国家 AAA 级旅游景区,年接待旅游人次达 30 万以上。

3.园区管理

“管理是第二生产力”。园区实行目标管理责任制,以岗定人、定酬,充分调动干部职工的积极性和主动性。园区加强组织领导,成立了以县水利局局长为组长的园区建设领导小组,下设办公室。年初研究制订年度计划工作,年底对年度计划完成情况进行检查评比,奖优罚劣,保证园区各项任务高标准按期完成。

(1)依靠科技带动

发展离不开科技支撑。园区视“科学技术是第一生产力”,始终将科技视为生命,以科技为先导,向科技要效益。积极开展“科技兴林,结对帮扶”活动,鼓励职工与生产单位和农民签订合同,实行技术承包。要求每个园区干部至少帮扶一个单位和农户,提高林农经济收入。建立激励机制,把科技兴林纳入园区年度岗位考核范畴,并与技术干部的技术津贴、评先评优、职称评聘挂钩,以此激发科技人员的积极性、主动性。加强科技支撑,聘请安徽农业大学为技术依托单位,为园区建设提供技术咨询和指导;成立技术指导组,聘请农、林、牧、水等方面的专家为专家成员,开展咨询和指导;加强技术培训,采取“请进来,走出去”的方式,举办各类培训班,培训园区职工和周边群众。

(2)创新管理制度

改进园区生产管理机制。园区采取统一供应生产资料、统一进行技术培训和技术指导、统一进行病虫害综合防治,提高了生产的组织化和标准化程度。

完善资金管理制度。园区资金由办公室设立专户,严格执行财经纪律和财务制度,财务人员及时向办公室报送财务报表和分析报告,年底聘请审计部门进行审计,确保建设资金专款专用。

建立现代企业制度,引入竞争机制。园区建立了产权明晰、自主经营、自负盈亏、独立核算、自我约束和自我发展的企业经营管理模式和明确的利益分配机制,实行政企分开,为园区建设营造一个良好的发展环境。

4.建设成效

园区除在治理水土流失方面取得了显著的成效外,还在发展林下经济、开展多种经营及示范带动群众致富等方面也取得了显著的成绩,多次获得省市等有关部门的表彰,先后获得“淮南市水土保持基地”“市级造林绿化先进集体”等荣誉,被授予“省级林业产业化龙头企业”“省级农业高新科技示范园区”“全国退役军人工作模范单位”等称号。2007 年 11 月,中央电视台《新闻联播》、中央电视台军事报道(CCTV-7)及安徽电视台,对园区 18 名退伍军人艰苦创业、兴办林场和水土保持科技示范带动事迹予以深入报道;中央人民广播电台、《人民日报》、《安徽日报》两次头版头条报道 18 名退伍军人的先进事迹。安徽省政府、安徽省军区作出《决定开展向凤台茨淮新河八一林牧场 18 名退伍军人学习的活动》。安徽省水利厅发出了《关于学习凤台县水利局八一林牧场艰苦创业精神的通知》。园区已发展成为以水利生态旅游、水土保持综合防治及监测、科普教育等为一体的综合性旅游景区,实现了经济效益、社会效益和生态环境效益的有机统一,促进了全县生态文明建设。

(1)生态环境得到明显改善。通过园区的建设实施,园区坡耕地全部得到治理,目前该园区林草覆盖已达3.5 km^2,林草面积占宜林宜草面积的95.2%。园区每年防治水土流失43 000 t,制氧10 500 t,呼吸二氧化碳3 600 t,水土流失综合治理率95%。水土流失得到有效控制,水土资源得到充分保护和利用。

(2)示范辐射效益明显。在凤台县水土保持项目实施过程中,园区派出技术人员到各乡镇水利站授课,为各乡镇水利站培训建设和管理人员,有力推动了全县水土保持工作的开展。园区交通便利,地形地貌丰富、典型,各项设施设备齐全,有效发挥着"水土保持户外教室"的作用。

(3)成为科学教育的典范。园区普及水土保持意识,强化科技支撑和示范推广。示范园中小学水土保持教育社会实践基地的建设为增强社会的水土流失忧患意识、展示水土保持成果、促进生态文明建设发挥了积极作用,是增强中小学生节水意识和水土保持意识的主要途径。

5.主要经验和做法

(1)明确指导思想。园区始终以水土保持科技工作为主,整体规划以人与自然和谐相处的理念为指导思想,走水土保持产业化发展之路。通过合理规划和建设,把园区打造成为特色鲜明、设施配套、功能健全、作用明显的水土保持示范园,展示水土流失防治水平、提升水土保持科技含量,宣传水土保持科技和治理成果,发挥典型带动和示范作用,为水土保持事业的可持续发展作出积极贡献。

(2)加强组织管理。科技园成立专门的领导机构,完善工作机制,全场职工形成合力,密切配合、协调联动,形成各负其责、齐抓共管的良好局面。确定专职人员,建立沟通机制,协调解决园区发展中存在的问题,确保科技园各功能区的示范作用取得实效。

(3)统筹协调发展。抢抓机遇,积极争取国家和省、市政策、资金和项目的支持,促进固定资产投资快速增长。对照国家支持的方向和领域,结合园区经济社会发展的实际,加强衔接,及时跟进,做好项目谋划,扎实开展申报工作,以争取更多的项目列入国家投资计划。

(4)坚持综合治理。科技园建设实行合理规划,因地制宜,分区建设。园区分为生态保护区、科研监测区、苗木培育区和生态旅游开发区四大功能区,实行水田林路综合治理。在水土流失治理措施方面,宜治理面积全部得到治理:按照《水土保持综合治理技术规范》(GB/T 16453)系列标准要求,园区耕地全部修成了护坡,种植中草药,配合截水沟、排水沟等各种小型拦蓄工程,形成完整的水土流失综合防御体系。对不宜布施水土保持工程措施的地方,以植物措施治理为主,栽植杨树、柳树等树种,并应用雨洪利用技术,恢复自然植被。在面源污染控制及垃圾处理方面,园区建设公共厕所8处、垃圾中转站1个、垃圾桶50余个,并每天打扫道路、广场、小径,垃圾及时归站、及时清理,按照县统一规定,到指定地点进行处理。

(5)科技推广应用。为合理开发利用水土资源,园区在建设中应用先进科技与水土保持工程相配套,增加了工程的科技含量。在花卉、果园和苗木的种植和管理上,广泛应用管灌、喷灌等节水灌溉技术，具有良好的经济效益和节水效益，并为先进技术的推广起到了积极的示范推动作用。加强新品种、新成果的推广应用，仅县城周边地区已发展苗木繁育面积 2 500 余亩、果园 1 500 余亩，促进了周边农村经济的发展。

(6)争取多方融资。积极拓宽融资渠道，加快园区工程建设。目前，园区共投入资金 1 100 多万元，其中省水利厅投入水土保持经费 140 万元，县水利局投入 550 万元，争取农业部门投入 40 万元，争取林业部门投入 100 万元，其他渠道筹资投入 270 万元。

(7)实行多业并举。建设立体种植、养殖循环经济，根据园区实际，因地制宜，发展产业。目前，园区基本上形成了以苗木、花卉培育为主的绿化产业，以有机蔬菜为主的种植业，以山羊、生猪和土鸡为主的养殖业，以黄桃为主的水果业，以有机粉丝为主的现代化食品业，以木材加工为主的生产业，以国家水利风景区为主的生态旅游业及农家乐餐饮业等多业并举势头。

(8)增加创新机制。为了切实抓好水土保持科技示范园建设，少走弯路，园区经常组织人员到外地学习考察，并聘请专家到现场指导。通过引入市场竞争机制，成立了凤台县兵玲工贸有限责任公司，建立全新的经营管理模式，走公司化、专业化、规范化、现代化的管理道路。

十五、现代化科普馆示范园：昆明市百草园国家水土保持科技示范园

云南省昆明市百草园国家水土保持科技示范园于 2021 年命名。园区位于昆明市空港经济区(官渡区大板桥街道小哨社区)，土地面积 33.34 hm^2。距昆明主城区 30 多 km，距昆明长水国际机场仅 13 km，交通便利，位置优越。园区依托民营公司的“百草园”升级建设，省、市级水务部门投入资金 8 232 万元。园区建设运用景观生态学、园林生态学和系统工程等理论，汇集云南省水土保持经验和科研成果，全方位展示具有云南山区特色的水土保持技术体系与治理模式。示范园拥有现代声、光、电技术的“水土保持科普体验馆”和秉承中国传统文化的“云南滇南本草植物博物馆”，两座风格迥异的专业博物馆形成了“一园两馆”文化体系，成为云南省水土保持科普教育与建设生态云南、魅力云南的重要宣传窗口。

园区定位于科普教育，建设了水土保持科普体验区、生态修复区、植物科普展示区、生态环保试验区和休闲观光区五个功能区。建立了人、水、植物亲密联系的新秩序，达到生态美、科学美、文化美和艺术美的融合，构筑了一个生态良性循环的自然环境，山、水、林、田、湖、草和谐，人与自然共融。

水土保持科普体验区：建设了人工降雨模拟水土流失和现代化的水土保持科普馆。科普馆外观呈梯田造型，建筑面积 2 335 m^2，能同时容纳 100 ~150 人。科普馆大量采用高科技手段，广泛应用全景技术、幻影成像技术、多级互动技术、三维数字沙盘技术、历史影片复原、CAVE 体验、弧幕 5D 影院、人造风雨雷电系统(首创示范园风雨体验)、双球幕、聚音罩、体感空控技术等现代声光电技术。寓教于乐，寓教于技，生动形象地展示了水土保持基础知识、法律法规，瑰丽的云南水土保持特色、直观展示水土保持治理措施、感受生态环境的沧桑巨变，真实体验强风暴雨天气和自然灾害等，掌握水土保持的相关知识，增强保护水土资源的理念。

生态修复区:园区内设置水土保持径流观测小区进行水土流失强度、生物生长量、生物多样性等方面的监测,为生态修复设计提供科学依据。建设了下凹式绿地,植被覆盖率达85%。

植物科普展示区:建设了植物园和云南滇南本草植物博物馆。博物馆是云南首个以植物文化为展示主题的博物馆,传承云南丰富的植物文化。集“馆、圃、园”于一体,把传统博物馆的展陈和活植物的收集、展示与研究相结合,传统植物文化和大健康产业相结合,既是云南自然植物资源、高原特色植物标本的收藏中心、展示中心、研究中心,也是植物文化的传承之地和体验中心,对生物多样性保护教育发挥着积极作用。

生态环保试验区:试验并示范生态节能、适用于小流域生态环境修复的环保技术应用成果,如生态填料污水处理系统、小型一体化生活污水处理装置、小型生活垃圾磁化热解设备等,为水土流失治理模式复合生态环境保护提供应用示范。配套建设了小型实验室、阶梯报告厅、丰富多样的体验教室等,让更多的科普参与者收获一场妙不可言的学习盛宴。

休闲观光区:包括步行长廊、荷花池、绿茵课堂以及园区道路、休闲设施等,配套本草生活馆、望湖雅筑、香味之室、谐趣园、澄心斋等就餐、购物、娱乐、住宿区域。该区域还利用原有的狭窄坡地,在保留原有植物的基础上,建设具有文墨风雅气息的书院,供参观者墨画、弹琴、读书。

昆明市百草园国家水土保持科技示范园优越的自然生态环境和丰厚的教育文化储备,营造了一个极佳的触摸自然的空间,是集水土保持科普、水生态环境保护、水法规宣传、水情文化教育为一体的示范平台和室外课堂,已成为建设生态云南、魅力云南的重要宣传窗口。园区由云南利鲁环境建设有限公司负责运行管护,专设项目运管部,配备了7名讲解人员。2021年共科普17 000人次,开展了世界水日、中国水周、水法宣传周、节水宣传周等宣传活动。荣获中国科普研学联盟优秀品牌、国家水情教育基地、云南省科普教育基地、昆明市环境教育基地等称号。

十六、水土保持直管示范园

(一)流域直管示范园

1.辛店沟国家水土保持科技示范园

陕西省绥德县辛店沟国家水土保持科技示范园于2021年命名,是黄河上中游管理局直属的两个国家水土保持科技示范园之一。园区面积144 hm^2,拥有独立自主产权,位于黄河一级支流无定河中游左岸。园区从1952年以来就是黄河水利委员会绥德水土保持科学试验站水土保持科学研究、试验示范和科普教育的重要基地和对外交流的窗口,是我国最早开展水土保持科学试验基地之一。

园区基本形成水土流失观测试验区、坝系集雨节灌区、科普交流示范区、高效水土保持植物展示区、农业高效利用区和生态自然修复区等六个功能区。区内拥有可利用房屋120间、大型集雨工程3处;拥有淤地坝22座,淤地面积270亩,梯田及台地365亩;拥有经济林119亩、苗圃33亩、水土保持林879亩、人工草地160亩、生态修复246亩。建设水土保持多功能遥测演示系统1处,坡面径流小区37个(含4个全坡面径流小区),七要素全自动气象园 1 个,17 座淤地坝工程特征监测,坝系减蚀监测断面 18 个,土壤水分养分监测点 10 个,林草植被覆盖度监测点 8 个。园区建有国内一流的水土流失规律观测体系站网、全国水土保持监测网络典型监测站点和“水土保持科技数据资源共享平台”;建有黄土高原最为典型的沟道坝系示范工程;建有“从峁顶到沟底,层层设防、节节拦蓄”的黄土丘陵沟壑区“三道防线”治理模式的典型示范;建有“水利部重点观测试验基地”“水利部黄土高原水土保持野外观测研究站”“黄土高原水土保持与生态修复国家林业局重点实验室”“水利部水土保持生态工程技术研究中心野外观测试验基地”“水利部黄土高原水土流失过程与控制重点实验室”“绥德真实性检验站”,以及黄委多项水土保持科研项目,清华大学、北京师范大学等 11 所科研院所合作的多个试验基地;建有陈祖煜院士“黄土高原淤地坝风险孕育机理与洪决仿真、预警分析及抗冲加固技术研究”院士坝;建有不同类型的节水灌溉设施和苗木温室;建有“黄土高原水土保持高效植物园”、苗圃及当地稀有水土保持树种繁育区。园区持续开展水土流失规律、水土保持综合治理措施、水土保持效益等试验研究和示范推广工作,进行了 600 多项专题的试验研究,取得了 130 多项科研成果,其中国家级科研成果 6 项,省(部)级科研成果 40 多项,极大地推动了黄土高原地区水土保持和生态建设发展。两次被国务院水土保持委员会树立为“全国水土保持先进典型”,享誉国内外。

园区由黄河水土保持绥德治理监督局负责运行管理。现有乔灌树种 100 多种,草种 30 多种,治理度达 80%以上,林草植被覆盖率达 75%以上(曾经植被覆盖率不到 5%),拦沙率高达 98%。园区生态良好,风光秀美,成为科研院所、高等院校、中小学生等社会各界的生态环境教育基地。

2.南小河沟国家水土保持科技示范园

甘肃省庆阳市南小河沟国家水土保持科技示范园于 2012 年命名。园区位于西峰区境内,面积 480 hm^2,距庆阳市区 13 km。

园区为科学研究型,是黄河水土保持西峰治理监督局的科学试验地。园区始建于 1954 年。目前,已建成科学试验基地、技术示范基地、科普教育基地和生态观光基地等四个功能区。园区建有 1 个中心站、1 个中继站、4 个遥测径流泥沙观测站、14 个遥测雨量站、2 个遥测土壤含水率站、1 个遥测气象园;结合侵蚀动态及效益观测布设 1 个全坡面径流场、1 个全坡面分段径流场的南小河沟水土流失原型观测自动化测报系统;布设了标准径流小区 16 个、坡面林地径流小区 6 个、红土泻溜侵蚀观测区 1 处;建有花果山水库出口测站和杨家沟治理小流域与董庄沟非治理小流域径流测站。长期开展水土流失规律、综合治理措施、综合治理模式、农林牧经济开发、集雨造林、节水灌溉以及优良植物引进繁育等科学研究,积累了丰富的观测数据,为黄土高塬沟壑区的水土保持提供了科技支撑。

园区由黄河水土保持西峰治理监督局管理,取得一系列丰硕的成果。累计取得科研成果 100 多项(次),其中获得国家级奖励 5 项(次),省部级奖励 40 多项(次),出版专著 10 余部。多次受到国家部委和地方各级政府的表彰奖励,四次被评为“全国水土保持先进单位”,两次被评为“全国绿化先进单位”,被甘肃省人民政府先后评为“精神文明建设先进单位”“科技示范先进单位”和“植树造林先进集体”。2009 年,被授予“全国野外科技工作先进集体”和“全国绿化模范单位”等荣誉称号。2022 年,荣获“第十一届中华环境奖”。经过几代人的辛勤付出而倾力打造的南小河沟流域,成为闻名全国的水土保持小流域综合治理样板，曾被誉为“黄河中游上的一块翡翠”，在国内外水土保持界享有较高声誉。

（二）省直管示范园

1.江西水土保持生态科技园（九江市德安县）

江西国家水土保持生态科技园是水利部2007年命名的首批25个国家水土保持科技示范园，也是江西省首批3个国家水土保持科技示范园之一，是全国最早开始建设的水土保持科技示范园，拥有全球最大、设备最先进的坡耕地水量平衡试验区。园区位于江西省德安县城郊工业园区，占地面积1 200亩，距南昌市70 km，距九江市50 km，昌九高速、京九铁路、105国道等依园而过，毗邻南昌昌北国际机场，地理位置优越，交通便利。

园区设科研试验、推广应用、示范教学、生态建设和科研展示五大功能区共23个小区。建设各种径流小区44个，引进安装了土壤水分自动测量仪、地表径流泥沙自动监测仪、气象数据全自动监测设备、视频监控设备等一批先进科研设施。其中，利用土壤渗漏装置（Lysimeter）研究壤中流在我国尚属首次。2009年，园区承担了水利部公益性行业科研专项“红壤侵蚀区坡面水土综合整治技术集成与示范”项目。主要探索蓄水保土的坡耕地坡面整治技术、坡耕地坡面水系工程优化配置技术和坡耕地水土保持耕作关键技术等，解决坡耕地开发利用引起的水土流失问题，为红壤区坡面水土流失综合整治提供科学技术支撑。园区引种水土保持优良草种40余种、园林绿化苗木80余种，以及名、优、特、新果树品种30余种。作为科研试验基地，有关科研院所和高等院校在此开展了20多项重大课题的研究和试验，依托科技园已开展国家和省部级等各级各类科研项目190余项，其中省部级以上87项，获江西省科技进步奖一等奖、大禹水利科学技术奖二等奖等科技奖励32项，获授权国家新型实用专利33项，出版专著4部。作为宣传的窗口，先后接待来自国际、国内的代表300余批，共计8 000多人次。依托科技园取得的成果总结出了小流域综合治理10大治理模式，7项实用技术被水利部列为推广指导名录。作为人才培养的平台，被华中农业大学、河海大学、江西农业大学等十余所高校列为联合培养研究生、实践教学基地，并被九江市委党校列为生态文明教学实践基地。以科技园为平台联合培养博士后、博士、硕士研究生近百名，超6 000名本科生来园开展实地学习或实习。在国内外学术期刊公开发表科技论文60余篇。示范园建设成为集水土保持科研试验、推广示范、科普教学、生态修复、生态观光研学旅行于一体的综合性示范园区。目前，跻身为国内一流的水土保持科研创新基地，为我国南方红壤丘陵区和太湖流域的水土保持生态建设提供的技术支撑和示范样板，成为国内外水土保持科学研究的平台、推广示范的基地、人才培养的摇篮、科普宣传的窗口和水土保持生态文化主题公园。

气象观测站：建设气象观测站采集地面气象因子的基础数据。地温因子采集设备：主要测定草地、裸地的地表温度（每个有3根温度计），以及不同土层深度（5 cm、10 cm、15 cm、20 cm）的土壤温度。降雨因子采集设备：主要配备了漏斗式雨量计、虹吸式雨量计和翻斗式雨量计三种。雨滴雨速因子采集设备：主要测量雨滴大小和雨速，自动传感到数据采集系统。温度、湿度因子采集设备：主要配备了常规干湿球温度计、常规毛发湿度计和温度、湿度自动传感器等。风向、风速因子采集设备：主要配备了风向、风速自动传感器两种。太阳辐射因子采集设备：科技园配备一套太阳辐射标准观测站，根据实际需要，主要观测指标包括总辐射、净全辐射、直接辐射和反射辐射，同时提供了大气压传感器一套。水面蒸发因子采集设备：主要测定水面蒸发量。

人工模拟降雨展示区：建设三个降雨因子展示小区（相同土壤、相同坡度、不同雨强）、四个坡度因子展示小区（相同土壤、相同雨强、不同坡度）和五个土壤因子展示小区（相同雨强、相同坡度、不同土壤，包含江西五种典型土壤：鄱阳湖滨湖沙土、第四纪红土发育的红壤、花岗岩发育的红壤、红砂岩发育的红壤和紫色土发育的红壤）。

坡面侵蚀示范区：直观演示不同水土保持措施的坡面在降雨条件下的产流产沙情况，达到示范、教学和科普等多重目的。共有五个小区，每个小区面积为 3 m×10 m（水平投影面积 30 m^2）。两个工程措施+植物措施小区，分别是水平梯田+梯壁植草和前埂后沟+梯壁植草水平梯田。其中，前埂后沟+梯壁植草水平梯田集成了多种水土保持技术，蓄水保土效益良好，而且造价也较经济，目前已在国家水土保持重点治理工程中得到大面积的推广和应用。

生态沟道示范区：开展了生态沟道试验研究，设计坡度为 12°、沟长 20 m、沟宽 2 m、沟深 30 cm 的抛物线断面西向坡地的 3 条排水沟；沟面三种处理分别是土沟、草沟（假俭草）和混凝土沟，进行对比试验，研究土沟、草沟、混凝土沟在适当流量和断面下的渠道稳定性及水流特性，以选择出适合我国南方红壤坡地的灌排系统。根据多年研究，生态沟道在坡度≤12°条件下可以消能防冲、安全排水，而且造价经济，可在红壤坡地农业基础设施建设中大力推广。

现代坡地生态果园研究示范区：共包含 15 个坡度为 12°的试验小区（其水平投影面积 100 m^2）。通过种植代表性经济作物——柑橘，对不同水土保持措施下各小区的产流产沙、水质、土壤环境、柑橘产量和品质等进行评价研究。

水土保持科普馆：2022 年 7 月 1 日正式开馆。科普馆布展面积 1 200 m^2，以“一方水土”为主题，全方位展示水土保持领域相关知识与江西水土保持特色。通过实物、模型、互动、游戏、动画、视频、交互操作等多种表现形式，生动直观地向观众普及水土保持科学知识，宣传生态文明理念，强化水土保持意识，传承水土保持人精神。科普馆采用回字形布展方式，按水土之殇、问诊水土、智慧水土、情系水土与水土之美等五个分区展示水土流失概念、现状与成因、防治措施、科学研究与防治成果等内容。水土保持科普馆以先进的设计理念、丰富的表现形式、生动的视听效果再现了江西省水土保持工作取得的优异成绩和典型经验，展现了江西乃至全国水土保持、水情文化及思想的独特魅力。

坡耕地水量平衡试验区：共布设 20 个径流小区，建成全球最大、设备最先进的坡耕地水量平衡试验区，其宽度为 5 m、水平投影长 20 m。地表土体 8°径流小区 12 个，地表土体 15°径流小区 8 个。支撑土体的混凝土底板分别采用和土体坡度平行以及递增 2°两种情况进行配对试验。地表土体 8°、底板 8°的径流小区 6 个，地表土体 8°、底板 10°的径流小区 6 个，分别为 A 区、B 区；地表土体 15°的试验区为 C 区，其中 4 个小区底板 15°，4 个小区底板 17°。选取江西省坡耕地成土母质最高的第四纪红色黏土发育的红壤作为填土土壤，在全省进行大量地勘。为了保持坡地水量平衡小区填筑土壤与自然土体相近，采用分层开挖和分层回填工艺施工，并在每个小区的不同坡位与深度埋设传感器，实时监控土壤的温度、湿度、水势等情况。

人工模拟降雨大厅:建成高度22.5 m、跨度40 m的人工模拟降雨大厅,有效降雨面积786 m^2,划分为四个独立的降雨区,每个独立区可以单独开展降雨试验,也可不同区域同时开展降雨试验。其所模拟的降雨接近天然降雨,并且可以模拟从小雨到暴雨以及几十年一遇的大暴雨等各种雨型,从而大大缩短试验周期,可尽快产出科研成果,指导生产实践。

弃土弃渣试验区:共设置8种弃土弃渣类型,花岗岩发育的红壤、红砂岩发育的红壤、第四纪红土发育的红壤、紫色页岩发育的紫色土、稀土尾矿、煤矸石、房渣土及电厂灰渣,试验区共24个径流小区,每个小区50 m^2。试验以南方红壤区不同成土母质发育的土壤和主要生产建设弃土(渣)为对象,通过对径流泥沙、土壤植被以及弃土弃渣中的渗透水进行观测,研究在生产建设实践中弃土(渣)区域的水土流失规律和面源污染情况,探索生产建设活动造成的“迹地”快速恢复技术和弃土(渣)区渗透水污染防治技术。

水生植物资源圃:具备水质净化、景观美化的30余种乡土沉水植物、挺水植物、浮叶植物科普教学展示区。

中央景观:打造露天江西省微缩地形图,直观地展示江西省地形地貌、水系分布及水土流失分布情况。微缩地形图平面比例为1:7 000、竖向比例为1:2 000。通过微缩模型与外围展示橱窗相结合,向广大社会群众展示水利水土保持的科普知识。该图展示了江西的主要水系——一湖五河(鄱阳湖、赣江、抚河、信江、饶河及修河)的位置关系,省内主要的水利枢纽模型以及省内不同地域的水土流失情况,鄱阳湖湖口与长江连通处拟建的鄱阳湖水力枢纽以及位于赣江上、峡江县的峡江水利枢纽工程。采用红、黄、青三种不同颜色的植被直观动态展示:红色代表需重点治理的区域,黄色代表需重点监控的区域,绿色代表水土保持效果较好的区域。

综合实验楼:是科技园室内开展土壤理化分析、水质分析、微生物培养和植物培养研究等实验分析的场所,建筑面积近2 700 m^2。物理实验室主要开展土壤物理性质测试,包括微团聚体、大团聚体、机械组成、饱和导水率、容重、含水量等指标。预处理室/恒温室主要进行水质和土壤的加热消解、震荡提取等前处理工作。化学分析室主要开展化学分析实验,如径流泥沙养分分析、水体面源污染分析,土壤的有机质、氮、磷、钾等元素分析等。

园区由江西省水利科学院负责管理。配备科普教育观光车4台,室外讲解扩音设备10台。园区场地开阔、设备设施完备,具备同时接待超过800名学生的能力,常年有人驻守,并有由20名博士、硕士、本科多层次人才构建的专业科普教育团队,对外开放时间超过200 d。园区跻身为国内一流的水土保持科研创新基地,为我国南方红壤丘陵区和太湖流域的水土保持生态建设提供技术支撑和示范样板,成为国内外水土保持科学研究的平台、推广示范的基地、人才培养的摇篮、科普宣传的窗口和水土保持生态文化主题公园。建园至今,接待国际、国内各类管理和技术人员及社会群众来园参观2 000多批次5万余人次,接纳高等院校在读学生和中小学生来园开展实习、见习和研学实践活动200余批次6万余人次。园区先后荣获全国中小学水土保持教育社会实践基地、国家水情教育基地、全国科普教育基地、全国水土保持科普教育基地、全国气象科普教育基地、全国青少年生态教育基地、中国水土保持监测网络固定观测场、国家水利风景区,江西省首批生态文明示范基地、江西省首批示范性研究生联合培养基地、江西省行业企业与高校研究生联合培养基地、江西省科普教育基地、江西省青少年生态教育基地、中共九江市委党校现场教学基地等称号,博士后科研工作站,北京林业大学、河海大学、华中农业大学等研究生联合培养基地和实践教学基地等20多项荣誉。

2.羊鸡冲国家水土保持科技示范园

贵州省龙里县羊鸡冲国家水土保持科技示范园于2007年命名,是贵州省第一个国家水土保持科技示范园。园区位于黔南州龙里县东城郊,面积1 189 hm^2,距贵阳市35 km,离贵阳机场25 km,位置优越,交通便利。园区属西南土石山区水力侵蚀区,土壤类型为黄壤,呈现出喀斯特的地质地理环境和典型的贵州山地地形地貌特征。园内建有可供150人食宿的三星级酒店、多媒体会议大厅,篮球场、停车场、通信、电视、互联网等基础设施配套齐全,可开展水土保持户外教育、写生、绘画、摄影、户外运动、拓展活动等各种形式的教育活动。

园区按规划建成了水土流失治理示范区、水土保持监测区、科普宣教区、生态自我修复区、种苗培育区、休闲观光区和生态种养殖区等七个功能区,功能分区清晰。园区宜治理水土流失面积全部得到治理,水土保持措施布设齐全,水土流失得到有效控制,生态效益、经济效益和社会效益明显。园内设置的水土保持监测站点是全国水土保持监测网络和信息系统的骨干站点之一,设有不同种植模式的坡面径流小区18个,涵盖乔木种植模式、灌木种植模式、耕地模式、草地模式、经济林种植模式等径流小区;设置不同石漠化等级的人工模拟径流场3处;设置小型气象站1处,可同步观测降雨、气温、蒸发量等;示范园还设置卡口站一处,可同步测量各项水文资料;建设有石漠化人工模拟降雨模型。园区建设了水土保持种苗培育、节水灌溉示范、盆景观赏园、高效生态农业示范等科研试验基地;设置有水土保持大型宣传展板和宣传标识牌;建设有大型培训中心、室内多功能演示厅和室外实践教育场地,可进行观摩教学,随时随地都能让参观者接受直观、生动的水土保持科普知识教育。示范园配合北京师范大学、贵州大学、长江科学院等院校和科研单位,开展水土保持及相关科学试验研究,取得了阶段性成果,成为国家"973"重点基础研究发展计划的试验基地以及现代高效生态农业的研究基地。园区推广应用覆膜集雨、雨水集蓄、新型润湿灌溉节水技术,积极培育名、优、特、新经果林和水土保持林种苗,发展生态种养殖和优质蔬菜、瓜果,形成"猪-沼-果、菜"生态循环模式,有效防控了面源污染,发挥了积极的示范带动作用。

园区由贵州省水土保持科技示范推广中心(原水土保持科技示范园管理处)负责管理。组织机构健全,管理制度完善,人员职责明确,安排有专人负责中小学水土保持教育社会实践工作,并公开了接待时间和联系方式,制订了安全应急预案,具备基本的安全保障和医疗救护能力。配备有篮球场和网球场等运动场地。园区内山林青翠,景色宜人,人文与自然景观协调有致,集科普教育、科技示范、娱乐休闲、观光旅游为一体,成为贵州旅游的一道亮丽风景和宣传贵州水利旅游文化的重要窗口。示范园相继被命名为"国家水利风景区""全国中小学水土保持教育社会实践基地""全国水土保持科普教育基地"。每年接待省内外水土保持科技人员、大中专院校、中小学生、社会公众教育实践和参观交流等活动5 000人次以上,成为展示贵州水土保持生态文明建设成果的一道窗口。

附

中小学水土保持教育社会实践活动方案

1.活动目的

通过社会实践活动,在学生心里播下水土保持理念的种子,让学生更加了解自然、感恩自然、保护自然、爱护家园;通过社会实践活动,让学生加深对水土保持的认识和理解,提高水土保持意识,培养学生“保持水土,人人可为,保护生态,从我做起,从现在做起”的观念,积极做水土保持的宣传员和小卫士,并通过小手拉大手、学校带家庭、家庭联社会,促进全社会树立水土保持意识和生态文明理念,从而使我们的家园天更蓝、山更绿、水更清、土更洁!

2.活动内容

(1)多媒体学习:在培训中心多功能会议室,播放水土保持相关知识,包括我国及贵州省水土流失现状、类型、成因、危害、治理成效等,让学生对水土保持有一个初步印象。

(2)参观水土保持图片展览,了解贵州水土保持相关知识。

(3)游览参观园区:主要参观游览生态修护区、水土流失治理示范区、水土流失监测区、种苗培育区、科普宣教区、休闲观光区、生态种养殖区等功能区。

参观坡面径流小区、卡口站、气象站、石漠化人工模拟降雨试验观测场等监测设施,了解水土流失发生、发展情况及水土流失监测技术和方法。

参观水土保持工程措施,了解排水沟、挡土墙、土坎坡改梯和石坎坡改梯的结构。

参观水土保持植物措施,了解水土保持优良树种种质资源,名、优、特、新经果林种苗,参观贵州省常用水土保持树种,了解其生物学和生态学特征。

参观高效生态农业和生态养殖,了解无公害禽(畜)生态养殖和蔬菜、瓜果,认识“猪-沼-果、菜”生态循环模式,充分利用动物粪便生产沼气,沼气作为替代能源,沼液用于植(作)物肥料,能很大程度上减少面源污染,彻底有效处理动物粪便,让土壤肥力得到持续提高。

参观节水灌溉示范,了解节水灌溉技术:滴灌、喷灌和石漠化地区覆膜集雨技术,利用人工集雨面有效汇聚降雨,蓄水池蓄存,以及运用新型润湿灌溉节水技术,有效利用雨洪。

(4)体验活动

小学生:

土壤 pH 简易测定,了解土壤类型及土壤酸碱性对植物生长的影响。

制作植物标本,加深对植物相关知识的认识和了解。

开展“我是水保宣传小卫士”绘画比赛及水土保持相关知识有奖竞答活动。

中学生:

根据季节开展“栽种爱心树”“种植绿色蔬菜”活动。

体验采摘茶叶及加工制作过程,了解茶知识、茶文化。

开展水土保持知识竞赛或以宣传水土保持为主题的演讲比赛。

举办“水土保持教育实践”夏令营活动,采取实践体验、集中培训、组织演讲等方式将水土保持科普教育活动引向深入,增强学生水土保持意识。

3.二龙山国家水土保持科技示范园

黑龙江省宾县二龙山国家水土保持科技示范园于2009年命名，是黑龙江省首批(2个)国家水土保持科技示范园之一，也是全国首个建在典型黑土区的国家水土保持科技示范园。园区面积为50.48 hm^2，位于黑龙江省宾县城西4.5 km，距哈尔滨约55 km，地貌属于典型的丘陵漫岗区。示范园区的地形类型占黑龙江省黑土区治理面积的80%以上，是黑龙江省水土流失治理的重中之重。

园区已建成水土保持科研及科普教育区、综合治理示范区、生态修复区、水土保持苗木展示区和水土保持主要治理措施效益监测区五个功能区。按3°、5°、8°三个不同坡度布设21个径流小区，为不同坡度、不同地形黑土区水土流失治理提供了研究模式和科学数据。建设了水土保持展厅和水土保持科普馆，建成水土保持重点实验室。园区聚焦科研功能，依托省重点实验室和国家级监测站点平台，多次召开国际学术研讨会、全省水土保持技术培训、监测培训等会议。园区作为科研平台完成国家及省级课题十余项，近三年开展"十四五"国家重点研发项目3项、黑龙江省自然科学基金项目2项、水利部重大科技项目1项、哈尔滨工业大学国家重点实验室开放基金项目1项。与中国水利水电科学研究院、西北农林科技大学、东北林业大学等签订战略合作协议，有硕博研究生20余人在本园开展试验，并完成学位论文，在校本科生约500人次来园区开展教学实习。2012年2月被教育部、水利部联合命名为"全国中小学水土保持教育社会实践基地"，2019年11月设立黑龙江省水土保持重点实验室，2021年被中国水土保持学会评为"全国水土保持科普教育基地"。2023年5月，园区内监测站点升级为国家水土保持监测重点站。园区由黑龙江省水利科学研究院负责运行管理，每年接纳近2 000人次来园区参观学习，开展课外实践活动。

4.木棉麓国家水土保持科技示范园

广西南宁市木棉麓国家水土保持科技示范园于2014年命名。园区位于南宁市良庆区那马镇坛福坡木棉麓小流域，面积约41 hm^2，为借用土地(无偿借用大王滩水库管理处土地)。园区交通便利，建有会议室、客房、球场等基础设施。

园区分为水土保持科研观测试验区、水土保持技术示范区、水土保持生态建设区和水土保持休闲观光区等四个功能区。建设了水土保持科普展厅、实验室、监测径流小区和气象站，以及植物温室大棚，示范了水土保持梯田和经果林。依托示范园水土资源，积极开展科研合作与技术交流工作，分别与广西大学、桂林理工大学、广西水利电力职业技术学院、广西水利科学研究院、广西农业科学院等高校和科研院所建立科研合作平台，建设学生实训基地，开展科研项目研究，提升示范园科技功能内涵。2021年与广西农业科学院以广西木棉麓水土保持科技示范园为载体联合申报广西重点研发项目《生态脆弱区特色药食同源植物赤苍藤资源高效可持续利用研究示范》，同年12月获得广西壮族自治区科学技术厅立项批复，目前正在组织实施；积极开展科普宣教工作，先后接待中国水土保持生态建设网站通讯员、中国科学院亚热带农业生态研究所、广西大学、桂林理工大学、广西水利电力职业技术学院等团体到园区进行考察调研以及教学实习等。

园区由广西水土保持监测站进行管理。2016年，经区编委批复同意增挂广西木棉麓水土保持科技示范园牌子，新增编制2人。园区2017年获批"广西水利科技示范园"称号;2020 年获批“全国水土保持科普教育基地”称号;2023 年入选广西“十四五”第二批“广西科普教育基地”;2023 年,木棉麓水土保持监测站点升级为国家水土保持监测重要站点。

5.杏木国家水土保持科技示范园

吉林省东辽县杏木国家水土保持科技示范园于 2014 年命名,是吉林省第一个国家水土保持科技示范园。园区面积 54.01 hm^2,是吉林省水土保持科学研究院的科学试验基地,土地归其所有并长期使用。园区位于东辽县安石镇杏木小流域,地处长白山余脉,地貌类型为低山丘陵,属东北黑土区,水土流失类型为水力侵蚀。园区距长春市 100 km,距辽源市 30 km,距东辽县城 50 km,交通便利。

园区划分为水土保持科研试验区、黑土区水土保持治理技术示范区、生态修复技术示范区、水土保持科普宣教园等四个功能区。水土保持科研试验区建有径流观测场、人工模拟降雨实验室、土壤水分均衡实验场、气象观测场、卡口站等水土保持试验设施。自主研发径流泥沙自动监测设备,实现了径流泥沙量、气象数据、土壤水分的实时动态监测。黑土区水土保持治理技术示范区和生态修复技术示范区布设了梯田试验区、侵蚀沟道治理新技术试验区、埂带植物试验区及水土保持植物引种试验区等试验区域,为开展水土保持科技攻关提供试验平台。水土保持科普宣教园建有科普宣教展厅及水土保持植物园,作为大、中、小学生生态环境建设科普宣教基地。园区引进安装了 3D 激光地表轮廓仪、自动气象站、Norton 降雨模拟器、H-F-1 地表径流测量系统、视频遥控遥测系统等先进科研设备,研发径流泥沙自动监测系统、土壤蒸渗实验室开展水土流失规律研究。与吉林大学、吉林农业大学、东北师范大学、长春工程学院等高校建立产学研教学实习基地,与中国水利水电科学研究院、中国科学院东北地理与农业生态研究所、吉林大学、东北师范大学、吉林省环境科学研究院等高校和科研单位联合开展 20 余项课题的研究,获得 10 余项省部级科技奖励,在国内核心期刊公开发表学术论文 200 余篇。

吉林省水土保持科学研究院设立杏木水土保持科学试验站,负责园区日常的建设管理运行工作。园区与东辽县中小学校共建水土保持与生态教育基地,年参观学习达 2 000 人次。

6.鸿兴国家水土保持科技示范园

吉林省通榆县鸿兴国家水土保持科技示范园于 2021 年命名,位于吉林省白城市通榆县境内,定位为科学研究型,是吉林省第二个国家水土保持科技示范园,由吉林省水土保持科学研究院负责管理。园区地处东北黑土区松辽平原防沙农田防护区,采用近自然理念,打造成融水土保持科学研究、水土保持科技成果展示、水土保持科技宣教及休闲观光为一体的综合型示范园区。

园区水土流失以风力侵蚀为主,土地利用类型包括盐碱地、草地、耕地、林地、坑塘及沙地等,土壤以风沙土、盐碱土、草甸土、淡黑钙土为主。园区占地 62 hm^2,划分风蚀沙地治理区、盐碱地改良试验区、湿地保护与恢复区、退化草地生态修复区、科研试验管理区等五大功能区。建有实验室和管理用房 740 m^2、科研试验样地 60 个、风蚀观测场 2 处,安装风蚀气象站、风蚀环境监测仪、土壤水分分析仪、土壤原位 pH 计、土壤原位盐度计等各类科学试验观测设施设备 30 台(套),引种抗逆植物 50 余种。

园区经过系统规划与综合治理,形成了旱地-草原-湿地三级防治体系,使流域汇流分级净化,达到良性循环。园区水土流失治理度达到90%,植被覆盖率达到85%以上,生物多样性得到改善,以前光秃秃的盐碱地恢复了生机,周边生态环境得到很大改善,白琵鹭等国家二级保护动物在此栖息。在保护湿地、沙地资源的同时也开展了养殖业和垂钓、绿色农产品采摘、湿地游憩观光等特色产业。

示范园围绕筑牢吉林西部生态屏障、加强黑土地水土流失治理研究与示范,为水土保持学、土壤学、生态学等学科提供联合攻关的综合研究平台。以风蚀沙地科研为主,开展了风蚀耕地整治、沙化土地生态修复、退化草地改良与复壮、湿地保护与恢复及盐碱地治理开发利用等方面的研究工作。已开展八项课题研究,其中两项课题分别获吉林省科技进步奖二等奖、三等奖,授权专利1项,在省级以上学术期刊发表论文9篇,成果显著。与中国科学院东北地理与农业生态研究所、水利部水土保持植物开发管理中心、长春工程学院等单位开展了科技攻关与项目合作,并为吉林大学、吉林农业大学、吉林省水利科学研究院等单位提供教学科研基地。积极发挥园区宣传平台作用,为公众提供示范宣传和技术展示场地,带动周边地区的水土流失治理工作,为保护东北黑土地提供技术支持。

7.克山县国家水土保持科技示范园

黑龙江省克山县国家水土保持科技示范园于2022年命名。园区位于齐齐哈尔市克山县古北乡跃进村,地理坐标东经125°49′19″、北纬48°03′20″,是全国最北端的国家科技示范园。示范园属于东北漫川漫岗土壤保持区,为典型黑土区的核心区域。示范园总面积41.1 hm^2,其中耕地22.14 hm^2,林地12.16 hm^2,草地0.53 hm^2,侵蚀沟2.61 hm^2,塘坝0.43 hm^2,监测设施0.67 hm^2,生活区0.21 hm^2,道路2.35 hm^2。园内建有规范完善的梯田径流小区3个、标准小区15个,分为3°、5°、8°三组坡度,小流域控制站1处,气象观测场1处;配备自动气象站1台,虹吸式雨量计1台,径流泥沙仪18台,小流域泥沙自动监测系统1套,已取得连续十余年的观测数据资料。

示范园内水土保持率达到94%,林草覆盖率达到30.88%,林草配置合理,水土流失得到有效控制,生态环境良好,景色优美,治理效果显著。示范园内有各类水土保持示范措施面积28.7 hm^2,其中水平梯田1.28 hm^2,地埂植物带8.88 hm^2,植物篱1.48 hm^2,横坡垄作4.90 hm^2,侵蚀沟防护林7.25 hm^2,护埂林2.16 hm^2,护路林0.11 hm^2,护坡林1.79 hm^2,分水岭防护林0.71 hm^2,树篱0.14 hm^2。截流沟1.5 km,塘坝1座,土柳谷坊2座,生态袋谷坊8座,生态袋跌水4处。多年来,依托示范园区开展科研试验,完成国家及省级重大科技攻关项目十余项,有2项成果达到国际先进水平,9项成果达到国内领先水平,被编入高等院校的相关专业课程教材。编写出版学术专著3部,参与编制人力资源和社会保障部、水利部发布的行业规范、技术规程、培训教材十余部。近5年来,发表博士和硕士学位论文3篇,获专利8项,发表SCI论文2篇。

(三)市直管示范园:清西陵国家水土保持科技示范园

河北省易县清西陵国家水土保持科技示范园于2012年命名,是河北省第二个国家水土保持科技示范园。园区位于海河流域大清河水系白洋淀上游河北省保定市易县梁格庄镇境内，核心区面积 76.60 hm^2。园区土地为易县清西陵管理委员会所有，保定市水土保持试验站与原管理单位河北省林业示范场已签订 30 年的长期使用合同。该区属太行山典型的低山丘陵区，土壤以沙壤土为主，水土流失为水力侵蚀。园区地理位置优越，区位优势明显，距北京市 110 km，距保定市 80 km，距易县县城 10 km，紧邻 112 国道，附近京昆高速、京赞线、易定线、易保线组成境内主要交通网，交通十分便利。区内道路布局合理，水电房建等基础设施配套齐全，通信网络设施完善，天泰度假村就坐落在园区，园内环境优美，景观良好，垃圾和污水处理设施完善。

园区类型为科学研究型。功能分区清晰合理，共划分为水土保持科研监测区、水土流失防治示范区、科普宣传教育展示区和旅游观光休闲区四个功能区。

1.水土保持科研监测区

园区布设有水土保持监测设施，建成了自动化气象场、坡面试验场、沟道径流观测站等观测设施，均实现了数字自动化采集。已开展 40 多年的水土流失试验研究，积累了大量试验资料，取得了相关科研成果。扩大试验内容和规模，增建不同措施径流小区并安装人工降雨设施，对园区出口断面观测设施进行修建，并配置监测仪器设备。新建径流小区和集水区 7 处，包括重力侵蚀小区 4 个、侧柏人工径流小区 2 个，配套地表、壤中、地下三层径流人工、自动观测设施设备 2 套；自然坡面集水区 1 处，配套自动观测设施设备 1 套。2023 年被水利部确定为国家水土保持监测重点站点。通过园区示范基地推广精品示范小流域的成功经验，探讨各个区域间水土保持综合治理的方法和模式。

园区与中国科学院、北京师范大学等十余家科研院校开展了长期技术合作，并签订了长期合作协议，建立了联合实验平台。在省内先后与河北农业大学、河北师范大学、省水文水资源勘测局、省水利科学研究院、省林业科学研究院、省水资源研究与水利技术试验推广中心等单位开展了项目合作。承接国家级、省级科研项目 20 余项，起草河北省地方标准 2 项，获国家发明专利 3 项、实用专利 8 项，河北省科技进步奖三等奖 2 项，山区创业奖 3 项，河北省水利科技进步奖一等奖 1 项、三等奖 1 项。发表 SCI 论文 2 篇，EI 论文 2 篇，30 万字论著 1 部，核心期刊论文 10 篇，博士和硕士论文十余篇。园区建立了科研协作机制，可发挥各自优势，针对技术性难题进行联合攻关。自合作以来，来基地实践的博士生 10 名、硕士生 26 名。为一大批博士、硕士研究生提供了广阔的实践平台，而且开展了实验研究和科技推广。加强国际技术交流与合作，先后有日本、澳大利亚、美国、德国、挪威、俄罗斯等 20 多个国家的专家学者 300 多人次来园区考察交流和开展技术研究。如，与日本筑波大学合作开展“悬移质泥沙自动监测实验研究”，与美国弗吉尼亚大学合作开展了“生物滤池实验研究”等。通过科技合作，不但引进了先进的监测设备、技术人才和监测方法，提高了园区监测水平，还大大丰富了监测内容，使水土保持监测由单纯的“水-土”监测发展为“气圈、土圈、生物圈、水圈”全方位监测，使监测工作更全面、更深入，更能反映水土保持的综合效益。

2.水土流失防治示范区

科学合理应用径流调控、节水灌溉、植物与工程治理、生态修复、景观美化技术、生态旅游开发技术，综合集成，优化配置，分类施治，形成水土保持综合防治体系，促进生态旅游开发，实现人与自然和谐相处、水土资源永续利用。按照生态、安全、节能、环保、经济的要求，在工程示范方面，积极探索采用新材料、新工艺、新方法。采用三种护坡形式进行了沟道治理，结合景观美化、绿化，栽植了景天、萱草、石竹等观赏植物，沟道底部采用防渗处理，集蓄雨水，积极打造水景观。沟道内还布设了干砌石谷坊坝、铅丝笼谷坊坝等工程；梯田田坎在原有干砌石田坎基础上，采用植生袋新工艺修筑，边坡采用“废弃轮胎+萱草”护坡，田内栽植了观赏牡丹，因水源短缺，实施了节水灌溉滴灌技术。试验示范了“生态砖叠置+苜蓿”田坎。目前，植生袋田坎修筑已广泛应用到阜平土地开发整理及部分公路边坡防护中。引进文冠果、欧李、龙牙楤木、美国香豌豆、树莓、淡竹等各种植物新品种，结合景观美化，对广场或道路边坡采用了植物或仿生态景观防护，道路两侧修建了植草沟，园区内栽植了核桃、杏树、桃树、山楂、李子等各种经济林，配置了松树、连翘等乔灌木，生态景观进一步提高。

3.科普宣传教育展示区

主要是向社会尤其是青少年宣传水土保持知识，增强人们珍惜水土、爱护自然、保护生态的水土保持意识，展示各项水土保持治理技术。在各项治理技术的示范方面力求先进、全面、系统，在演示教育方面要求直观感性、形象逼真。已建 200 m^2 的水土保持科教馆，共 16 个模块 42 块展牌，室内展牌与多媒体展示相结合、室外实物与人工模拟演示相结合。设置了展示牌、宣传牌、标识牌共计 80 多块，通俗易懂，可视性强，并与当地旅游和生态景观相协调。园区路标完备，路线清晰，并配有专职解说人员。2020—2023 年，园区积极响应科学技术部、省科技厅及市科技局“科普活动日”“科普活动周”等活动号召，连续 4 年筹办水土保持相关主题“科普活动月”，面向高校、中小学及社会大众积极组织公益宣讲活动，获得较好反响。园区在对社会开放宣传的同时，重点对青少年进行宣传，作为“保定市青少年水土保持教育基地”和课外教室，与易县教育局签订协议，开展科普教育实践活动；与保定市十七中开展了水土保持进课堂活动。将园区开展情况在网站发布，利用当地新闻、报刊等媒体大力宣传。每年中小学生参观人数达 3 000 人以上。

4.旅游观光休闲区

主要是依托森林公园为人们提供人与自然和谐相处的好去处，在体验森林氧吧、享受大自然的同时，亲身感受水土保持治理的成果。建设两座仿生桥梁、两座仿古观测亭和生态走廊工程，增景添色。园区带动并促进了清西陵区生态环境和生态旅游发展，已形成了以发展绿化苗木和生态旅游、果品采摘为主的特色产业，当地所育苗木不仅满足自身需要，还远销北京、天津等大城市，出现了许多育苗大户和果品采摘园，大大激发了广大群众治山的积极性。依托清西陵旅游资源，发展生态旅游，对园区进行升级改造，在原有功能的基础上，增加旅游景观要素，装点镶嵌，努力打造清西陵生态科技主题公园。

园区由保定市水土保持试验站管理，现有员工 17 人，其中 5 人为易县清西陵国家水土保持科技示范园专职科普工作者，12 人为兼职人员。成立了示范园管理办公室，具体负责园区的运行管理。建立了完善的管理制度和水土保持监测制度，明确职责。园区多方面落实管理经费，主要有河北省监测总站每年拨付的水土保持监测资金，以及技术合作争取的中国科学院等院校支持，还可通过申请科研项目解决。园区免费向社会开放，每年开放 100 d 以上。园区设施与环境协调，生态环境良好，年吸纳休闲观光、生态旅游游客 5 000人以上，印发宣传材料 1 000 多份。

(四)县直管示范园

1.攸县水土保持科技示范园

湖南省攸县水土保持科技示范园于2007年命名,是湖南省第一个国家水土保持科技示范园。园区位于攸县上云桥镇杨柳村,邻近106国道,距攸县县城3.5 km,园区总面积620亩,其中600亩为租赁,租赁年限为40年;20亩为水土保持监测站办公楼,土地使用权归攸县水土保持局。

园区形成了集水土保持科普示范、小流域技术推广、休闲观光、采摘果品为一体的综合性园区。园区开发水平梯田155亩,种植以南方早熟梨、东魁杨梅为主要品种的名优水果,作为开展小流域综合治理的典型示范和种苗服务基地;依托水利工程优势,开发养殖水面146亩;兴建多功能综合楼900 m^2,科普展示厅1座,民族风情楼6栋,特色景点6处,水上垂钓台亭12个,水上乐园1处,综合办公楼1栋及其他辅助配套设施;硬化衬砌塘坝4座,硬化园区公路、人行便道共12 km;架设葡萄走廊488 m。园区依托水土保持科普展示厅,开展水土保持科普教育。展厅呈十二边形,占地面积105 m^2,展厅四周采用灯箱式壁挂展板,从前言(后语)、警示篇、发展篇、成效篇、应用篇等五部分介绍了攸县水土流失现状、水土保持事业发展历程、开展水土流失综合治理取得的成效以及水土保持措施应用;展厅中央是攸县水土保持现状沙盘图,展厅还陈列了6个浓缩的实景模型。通过图文并茂、实景布置等展示,让游客切身感受水土流失所造成的危害、水土保持生态环境建设的重要性以及怎样做好水土保持工作。

水土保持科技示范园展示水土保持科普知识、水土保持工作成效、水土流失危害等,为参观者提供一个“立足攸县,面向全国”的学习、了解和掌握水土保持知识的平台,是攸县水土保持工作的窗口。通过这个窗口体现当代水土保持人在水土保持生态环境建设中的艰辛努力和执着追求,警醒人们在新的历史发展时期更要坚持习近平生态文明思想,合理开发利用水土资源;通过这个窗口呼吁全社会共同关心、关注、参与和支持水土保持事业,共同保护人们的生存环境,共同建设人们的美好家园。

2.安吉县国家水土保持科技示范园

浙江省安吉县国家水土保持科技示范园于2009年命名,是浙江省第一个国家水土保持科技示范园。园区位于安吉县县城西郊,距县城约8 km。园区土地面积57.88 hm^2(租赁),地貌类型属低山丘陵,土壤以红壤为主,其地形地貌、水土流失类型等,在浙江大部分地区尤其是中北部地区具有典型性。园区功能划分清晰,分为预防保护区、工程措施示范区、植物措施示范区、水土流失监测试验研究区、科研教育展示区等五个功能区块。园内拥有蓄水量5万 m^3 的山塘1座;配套建设500多 m^2 的管理用房和1 040 m^2 的科普教育楼,保证了科普科研和日常办公需要。2012年被命名为“全国中小学水土保持社会实践教育基地”。2016年,设立安吉县水土保持科技示范园管理处,与县水土保持管理站合署办公,主要负责园区日常运行维护工作。2020年开始,园区推行物业化日常管理。

(1)水土流失防治示范

在生态修复方面,园区通过封育保护,适当补植林木,发挥生态自我修复能力,实现了园区生态环境的整体改善;在坡面水系调控方面,采取布设排水沟、截水沟、沉沙池、蓄水池,修建各类梯地,种植植物等综合措施,有效地控制了坡面水土流失;在水土保持植被引种筛选繁育和推广方面，与上海市农业生物基因中心合作，进行引种筛选研究，并繁育和推广，建成了国内品种最齐全的茶花(梅)园之一，繁育了多种水土保持植物、城市绿化植物，应用于水土流失防治和城市园林绿化；通过持续开展园区生态修复建设、坡面水系调控、沟道措施设置、梯地梯田整修、生物措施布设、废弃矿山整治和水土流失监测试验与研究区建设等七方面综合治理措施，建成完善的水土流失防治体系。园区开展了多项水土流失措施和治理模式研究。其中，发明专利"一种生态筑坎结构"被水利部列入水土保持概(估)算编制规定和定额修编的水土保持措施，在全国范围内推广。

(2)水土保持监测

在水土流失监测与研究方面，建成了目前浙江省最先进的水土流失监测试验区，引进了国内领先的野外人工模拟降雨系统和人工气象站，布设了各类径流小区，安装了水土流失在线监测系统，安装了 GS-137 用于水土流失监测应用研究。山湖塘水土保持综合观测场位于园区内，为国家重点监测站，承担水利部下达的全国水土流失动态监测与公告项目任务，已连续十余年向水利部、省水利厅报送降水和径流泥沙等监测数据。在此基础上，进行了富营养元素 N、P 含量的检测。测站相关监测成果直接推动安吉县林区"禁药限肥"政策落地实施。

(3)水土保持科普教育

展示馆应用图文、模型、实物和现代声、光、影科技手段，全方位展示水土保持成果，反映水土流失危害，传播水土保持知识。安吉县水利局编辑出版的《安吉县水土保持科普教育小学读本》已纳入全县小学课程教育体系。目前，已基本构筑了以园区为水土保持户外实践基地，以《吉安县水土保持科普教育小学读本》为水土保持课堂教学载体的水土保持科普教学平台，取得良好的科普教育效果。园区开展了一系列水土保持科普教育活动，每年前来园区参观的学生逾千人。园区也先后接待了国内外水土保持和生态专家 1 500余人次，省内外参观考察人员 10 000 余人次。

(4)水土保持科学研究

充分利用园区这个平台，先后与浙江大学合作完成了浙江省科学技术厅立项《丘陵山地果园高效、生态种植模式及产业化研究、示范和推广》项目，该成果获浙江省教育厅科研成果一等奖；与中国水稻研究所合作完成了由浙江省水利厅立项的《应用旱稻进行节水保土和增产增效研究》以及由浙江省科学技术厅立项的《望天田旱灾保收丰产新途径开发》，该成果获浙江省水利科技创新奖二等奖。以园区为主要试验基地，与上海市农业生物基因中心合作的《栽培稻节水抗旱种质评价、创新与新品种选育研究》，获上海市科学技术进步奖一等奖。在水土保持实用技术上，进行了生态护坡、橡胶袋蓄水池、生态高效果园栽培、针叶林改阔叶林等多项实用技术研究。

(5)示范推广

园区的水土保持实用技术和科研成果的推广应用，产生了较好的示范辐射效果。生态果园种植模式在省内外推广 30 余万亩；应用旱稻进行节水保土种植模式在省内外推广近 20 余万亩；坡面水系整治技术，在安吉县多条小流域水土流失综合治理工程中得到应用，也在全省水土流失治理项目，特别在落叶经济林治理中得到推广；生态护坡技术、生活污水生态处理技术在安吉县"中国美丽乡村"建设中广泛应用，成为工作亮点。

(6)提升完善

园区不断推陈出新,提升服务能力和水平。2017 年,修建打通园区环线道路,新建传达室和园区大门,对园区内山塘大坝进行除险加固,坝下景观进行了统一规划布设。2018 年,新修建了 6 000 多 m^2 的梯田梯地建设示范区,采用了不同类型挡墙结构和排水沟措施;完成山湖塘综合观测场标准化建设,同步更新人工模拟降雨系统。2019 年,在城区东部同时增加了一处小流域自动化泥沙监测卡口站,更新了一部分区域标识牌。2022 年,完成园区示范提升工程建设,进一步提升园区基础设施。

3.黄土梁子水土保持科技示范园

天津市蓟州区黄土梁子水土保持科技示范园于 2011 年命名,是天津市第一个也是目前唯一一个国家水土保持科技示范园。园区隶属于蓟州区水务局,总面积 190 hm^2。示范园位于蓟州区下营镇黄土梁子小流域,属蓟运河上游的淋河支流,北邻蓟州区梨木台风景区,距蓟州城区 22 km。

园区建成小流域综合治理技术示范与推广、水土保持监测与科学试验、生态休闲与观光、科普宣传与教育等四个功能区。建成科研试验径流监测小区 10 个,小型气象站 1 个,卡口观测站 1 处,人工模拟降雨 1 处;植物措施有生态修复 90 hm^2,水土保持林 20 hm^2,经济林与果园 20 hm^2;工程措施有梯田 150 亩,塘坝 3 座,水池 5 座,水窖 10 座,谷坊 75 座及其他水土流失治理措施示范工程;园内建有水土流失监测小区、气象站、卡口观测站,纳入全国水土保持监测网络。园区内水土保持措施布设科学,累计治理水土流失面积 118 hm^2,减少土壤侵蚀量 0.42 万 t,治理度达到 63.1%,植被覆盖率达到 90%,年拦蓄水能力达到 3.2 万 m^3。园区内科研试验径流监测小区为研究燕山山区的水土流失状况及水土保持措施效益提供了大量的观测数据,为全市水土流失状况监测提供了基础支撑。示范园与科研部门和高校等合作,开展了水土保持及相关科学试验研究。园区引进种植大樱桃、李子、核桃等优质适生品种经济果木,并开展了以鹿、鸡、羊、鱼为主的特色养殖。园内景观的改善为野生动物和鸟类栖息创造了适宜的自然环境条件,为人们游憩提供了优美的环境,成为一处“天然氧吧”,满足了人们向往绿色和美好生态环境的愿望。

园区由蓟州区水务管理服务中心水土保持工作站管理,制定了管理制度,安装了监控系统,设置了安全警示牌,值班人员 24 h 对整个园区进行巡查,全方位保障园区的安全运行。

4.长汀县国家水土保持科技示范园

福建省长汀县国家水土保持科技示范园于 2012 年命名。园区位于龙岩市长汀县河田镇露湖村,面积 151.5 hm^2,原为河田世纪生态园。2001 年 10 月 13 日,时任福建省省长习近平在河田世纪生态园为捐种的香樟树浇水、培土。园区距长汀县城 28 km,距龙岩市 118 km,距连城冠豸山机场 50 km,交通便利。

园区建设了五个功能区:一是中心区(面积 20 hm^2)。主要包括中国·长汀水土流失治理科教馆和项南纪念广场。科教馆总建筑面积 2 300 m^2,分序厅、百年忧患艰辛历程、光辉思想普照大地、长汀经验旗帜高扬、进则全胜不进则退及尾厅等六大板块。二是公仆园区(面积 20 hm^2)。近十多年来,各界人士共捐款 100 多万元,种植纪念树 4 608 株。三是试验区(面积 20 hm^2)。建有水土保持径流监测小区 12 个、气象观测场 2 个、土壤墒情监测1处、碳通量监测塔1个、根箱展示区24个、固定样地26个。四是水土保持物种园区（面积40 hm^2）。全国各省市水利部门及省、市、县共20个单位在该园种植纪念林1 000余亩，共植树1.5万株。五是对照区（面积20 hm^2）。建有边坡治理展示区6个、崩岗警示区1处、废旧稀土矿警示区1处、自然坡面警示区1处等。园区与中国科学院南京土壤研究所、中国科学院水土保持研究所、福建农林大学、福建师范大学、厦门大学、中山大学、北京林业大学、华中农业大学、西北农林大学和中国科学院武汉植物研究所等科研院所协作，开展水土保持科学研究与试验。长汀县依托园区建立了长汀县水土保持院士专家工作站、长汀水土保持生态文明研究站、水土保持博士科研工作站、水土保持博士后研究站、南方红壤水土保持研究院、南方水土保持与绿色发展研究院、福建省（长汀）水土保持研究中心、福建省级专家服务基地等"四站二院一中心一基地"的水土保持科研平台。

园区由长汀县水土保持中心负责管理，具体运行管护由福建省古韵汀州文旅集团有限公司运营（长汀县县属国企）。2012年以来，长汀国家水土保持科技示范园先后被授予"全国中小学水土保持教育社会实践基地""国家水利风景区""福建省中小学生研学实践教育基地""习近平新时代中国特色社会主义思想实践示范基地"和"水利部第四批国家水情教育基地""全国水土保持科普教育基地"等荣誉称号。每年到示范园参观考察人数达8万余人次。

十七、中国科学院示范园

（一）安塞水土保持综合试验站

中国科学院安塞水土保持综合试验站于2007年命名，是水利部首批国家水土保持科技示范园。园区位于陕西省延安市安塞区墩滩（安塞城郊），离延安城区30 km。园区依托单位为中国科学院水土保持研究所。示范园位于黄土高原中部典型丘陵沟壑区，始建于1973年，是中国科学院在黄土高原设立的野外长期综合试验台站。园区建有综合楼4 992 m^2，附属楼1 341 m^2，试验楼1 200 m^2，试验辅助用房798 m^2，可满足260人同时开展工作。试验区包括山地综合观测场75 hm^2和川地试验场6.07 hm^2，拥有纸坊沟（8.27 km^2）、县南沟（46 km^2）、马家沟（70.0 km^2）和铁龙湾（2.7 km^2）四个试验示范流域。

园区定位科学研究。观测项目多样，监测设备齐全，科学研究基础好、实力强。观测平台主要包括山地综合观测场、川地试验场和小流域生态水文监测体系。山地综合观测场设有气象站、CO_2/H_2O通量塔和160个径流观测小区。建有全长100 m的大坡长侵蚀研究小区，为水土保持监测过程中尺度转换问题提供了可靠的数据支持。主要观测内容包括水土流失规律、全坡面土壤侵蚀特征、农田水土保持复合耕作与养分流失过程、坡耕农地养分循环过程、林地和草地水文循环及水土保持效益、植被恢复与人工调控及环境效应、水碳通量、地下水位变化等。川地试验场设有气象站和旱地农业小区。主要观测和研究内容包括作物轮作与养分循环、农业面源污染和小杂粮选育与栽培、优良牧草培育等。纸坊沟流域和宜川县松峪沟流域设有生态水文监测体系和降雨特征观测系统。主要观测内容包括天然与人工植被恢复演替过程、典型生态系统水文过程、坡耕地长期施肥与作物产量监测，流域出口设有卡口站，观测流域径流泥沙变化。两个流域为陕西省径流泥沙监测流域。示范园始终以国家和区域生态安全需求为目标，重点研究土壤侵蚀和生态系统修复过程及机制，集成研发水土保持、生态修复和旱地农业可持续发展技术，开展试验示范和推广，是具有监测—研究—示范—服务为一体的野外科学观测研究平台，为国家生态建设提供战略决策和科技储备。自“七五”以来连续40年主持国家科技攻关、科技支撑、重点研发等国家重大项目、中国科学院及陕西省重点项目。近5年承担科研项目共计23项，包括“十三五”和“十四五”国家重点研发项目3项，国家基金重点项目1项，面上和青年基金15项。

在合作交流方面，中国科学院安塞水土保持综合试验站与中国科学院生态环境研究中心、北京师范大学、西安理工大学等科研机构和高校有密切的科研合作。同时，中国科学院安塞水土保持综合试验站是中美水土保持与环境保护研究中心和中韩沙漠化防治生物技术联合研究中心的野外试验基地。与美国、荷兰、日本、韩国等国家的科研机构有密切的合作和交流。中国科学院安塞水土保持综合试验站每年接待参观、考察、访问的国际同行20~60人次，国内同行上百人次。

在社会服务方面，中国科学院安塞水土保持综合试验站围绕黄土丘陵沟壑区生态经济发展中的技术瓶颈，在水资源高效利用、农果生态经济模式、高效设施型农业和林草植被建设等方面开展关键技术研究和试验示范。在水土保持型生态农业、人工林群落天然化培育、山地苹果栽培关键技术、中草药标准化生产关键技术、红枣旱作栽培技术的示范推广方面取得显著的社会效益、经济效益和生态效益。

在科普教育方面，中国科学院安塞水土保持综合试验站是“全国中小学生水土保持教育社会实践基地”。每年接待中小学生、政府部门和社会团体参观、访问和学习，担负着向社会宣传水土保持和生态保护方面的科普任务。

中国科学院安塞水土保持综合试验站为国家和政府部门提供了多项咨询建议，向国家提交的咨询报告先后获得朱镕基、温家宝和李克强总理批示，提出的黄土高原水土保持与生态修复建议报告被水利部采纳，并在相关规划中得到落实和推广。建站以来，中国科学院安塞水土保持综合试验站获得国家科技进步奖一等奖（1993年，排名第2）、国家科技进步奖二等奖（2001年，排名第1）、国家自然科学奖二等奖（2005年，排名第4）、国家科技进步奖一等奖（2012年，排名第9）、国家自然科学奖二等奖（2013年，排名第3），独立获陕西省科技进步奖一等奖5项。近3年，获中国林学会梁希自然科学奖二等奖（2021年）和陕西省科技进步奖一等奖（2022年）各1项。中国科学院安塞水土保持综合试验站科研人员获全国劳模、全国扶贫先进个人、全国生态建设突出贡献先进个人、CERN科技贡献奖、何梁何利奖等10人次；获青年拔尖人才、国家“百千万”人才、国家林草局领军人才和拔尖人才、陕西省顶尖人才7人次；每年培养硕士、博士研究生60余名，支持200多名科研人员、研究生和本科生在中国科学院安塞水土保持综合试验站开展工作。

园区由中国科学院安塞水土保持综合试验站负责运行管理。中国科学院安塞水土保持综合试验站荣获科技部国家重点野外观测台站（2006年）、教育部水利部全国中小学生水土保持教育社会实践基地（2012年）、农业部农业生态基础数据监测站点（2017年）和农业部农村司第二批“国家农业科学观测实验站”（2019年）等称号。园区水土保持教育有专人管理，开放条件便利，具备同时接待100名以上学生的能力。积极发挥毗邻城市的优势，充分向社会公众特别是广大青少年开展水土保持科技、防洪减灾和生态安全科普教育。延安、安塞和榆林等地的中小学校先后组织学生到园区参观、学习。据统计,每年到科技园接受科普教育的中小学生达到200人以上。

附

中小学水土保持教育社会实践活动方案

活动内容按照年级进行划分,其中小学生主要是参观和听取讲解,中学生在参观和听取讲解的同时,安排参与式实践活动事件,具体如下。

1.小学生

主要是具有对水土流失危害和水土保持重要性的感性认识,初步了解气象观测、水土保持型生态农业和生态环境建设的意义。具体参观路线与内容包括:

(1)站内:观看相关宣传片,了解水土流失危害和水土保持重要性。

(2)墩山综合试验场:①沿途参观水土流失造成的沟壑地貌,直观感受水土流失危害;②参观小气候站,初步了解气象观测的过程;③参观坡地土壤侵蚀小区,初步了解水土保持观测的重要性。

(3)县南沟流域:参观山地苹果优质高效栽培和设施蔬菜大棚,增强对农业的认识和了解。

(4)纸坊沟流域:参观水土保持综合耕作模式和植被生态恢复类型,了解水土保持和生态环境建设的作用与重要性,了解一些基本的农业知识与生产方法,增强学生对农业生产重要性、艰苦性的认识。

2.中学生

认识水土流失过程与危害,了解水土保持措施的作用,掌握基本的水土保持知识,增强其对水土保持和生态环境建设的认识。具体参观路线与内容包括:

(1)站内:观看相关宣传片和展板,了解水土流失危害和水土保持重要性,掌握基本的水土保持知识。

(2)墩山综合试验场:①沿途参观水土流失造成的沟壑地貌,直观感受水土流失危害;②认识黄土高原丘陵区主要植被类型,加强对植物学基础知识的消化吸收;③参观小气候站,了解气象观测和数据采集的过程;④参观坡地土壤侵蚀小区,了解水土保持观测的内容和重要性,加深对水土保持的认识。

(3)县南沟流域:①参观秀山大坝和集水过程,了解水利工程在水土保持中的作用,增强学生节约用水的意识;②参观山地苹果优质高效栽培和设施蔬菜大棚,通过参加简单的农业生产活动,提高学生的动手能力,增强学生的节约意识,加强学生对农业生产重要性、艰苦性的认识。

(4)纸坊沟流域:参观水土保持综合治理工程样板和生态恢复类型,进一步了解水土保持和生态环境建设的内容与作用,使学生认识到保护自然环境和生物多样性的重要性,树立水土保持和生态文明理念。

3.时间安排

根据中国科学院安塞水土保持综合试验站地处黄土丘陵区腹地的自然环境特点、野外工作安排和实际参观需要的时间。园区每年最佳开放时间是4—9月,每天的接待时段上午为8:30—11:30,下午为2:30—5:30。其中小学生主要是参观与听取讲解,在基地一次2.0~2.5 h;中学生在参观和听取讲解等基础上,需要一定的参与实践时间,在基地需要3.0~4.0 h。

(二)中国科学院成都山地灾害与环境研究所忠县生态试验站国家水土保持科技示范园

中国科学院成都山地灾害与环境研究所忠县生态试验站国家水土保持科技示范园于2012年命名。园区位于重庆市忠县石宝镇,面积321 hm^2,距忠县县城30 km,距三峡库区著名景点石宝寨仅500 m。

园区始建于2007年,定位为科学研究型。建成了水土流失试验研究、坡耕地整治综合效益观测、经济果园试验观测、消落带侵蚀与生态重建观测、面源污染迁移规律与控制技术观测、生态农业试验示范等六大功能区。布设了相应的水土保持和生态恢复措施,建设了气象站、卡口观测站、样品分析测试实验室,64个试验观测小区和小区—坡面—支沟—小流域不同空间尺度的水土流失与面源污染综合监测体系,正在建设三峡库区生态文明科普馆。

园区积极开展水土保持科学研究,积累了三峡库区紫色土水、土、气、生等生态要素的观测数据和三峡紫色土区农田生态系统和农林复合生态系统的物质循环、能量转化、生态系统结构与功能变化和区域环境动态等大量科研数据,取得了一系列的水土保持和生态恢复科技成果。主要针对三峡库区水土流失、面源污染、消落带生态环境退化等问题,开展水土保持、面源污染减控技术集成研发与试验示范,先后承担了水利部、科学技术部、国家自然科学基金、中国科学院和重庆市重要科研项目,在库区水土流失与水土保持、农业面源污染来源与生态减控技术、消落带植被重建等领域取得阶段进展,建设了核心研发基地和试验示范流域。

(三)长沙农业环境研究基地国家水土保持科技示范园

中国科学院长沙农业环境研究基地国家水土保持科技示范园于2012年命名。园区位于长沙县金井镇,面积321 hm^2,距长沙市区50 km。园区定位为科学研究型,由中国科学院亚热带农业生态研究所与湖南湘丰茶业有限公司共同建设管理。

园区建成水土保持与农业环境监测、试验、科普示范等三大功能区。建有坡面径流观测场、标准气象观测场、河流及沟渠水文自动观测系统,地下水、土壤温度和含水量、温室气体、大气干湿沉降等观测系统。长期开展坡地水土保持与环境保育综合观测、红壤旱地氮磷消纳与土壤培肥、红壤旱地土壤-生物系统调控、稻田地力培育与固碳减排、稻田化肥减控与农业废弃物消纳、稻田土壤-生物系统调控以及径流氮磷生态拦截等试验研究。积累了丰富的观测数据,在农业生态与水土保持等方面的科技成果丰富。

十八、农业科研机构示范园:金雷国家水土保持科技示范园

云南省元谋县金雷水土保持科技示范园于2021年命名。园区定位为科学研究型,面积217 hm^2,由云南省农业科学院热区生态农业研究所牵头建设并负责运行。园区地处

楚雄州元谋县黄瓜园镇,坐落于我国横断山区干旱河谷——金沙江干热河谷典型区。

1.基础设施设备装备完善

建成气象站 2 个,各类水土流失过程监测与机理研究小区 126 个,其中包括标准监测小区 24 个、小流域卡口站 2 个,为开展典型生态区的水土流失状况等野外观测研究数据收集奠定了坚实基础。建有管理房、培训中心等设施 2 000 m^2。

2.科技支撑能力加强

中国科学院成都山地灾害与环境研究所、元谋县水务局等单位在园区联合开展干热河谷水土保持与生态治理机理研究及技术示范等工作。截至 2021 年,示范园先后开展国家、省部级项目 20 余项,获省部级科技进步奖 7 项,编写专著 5 部,授权专利 20 余项,发表论文 160 余篇(含 SCI/EI 24 篇);建立了气象、面蚀、沟蚀、土壤水分等专业数据库多个,在沟蚀崩塌机制研究方面处于国际领先地位,形成侵蚀区水土流失治理、农业健康高效发展等"一揽子"配套技术。

3.示范带动水平提高

示范园聚焦长江上游流域干热河谷生态环境脆弱、土壤侵蚀严重、农业产业发展受限等问题,以区域生态治理及产业发展需求为导向,开展相关技术示范,保障园区持续高效运营。建成旱坡地坡改梯综合治理、水土保持与设施农业综合技术示范区等技术示范平台 2 000 余亩,支撑覆盖面积达 1.2 万 km^2。

4.科普、教育、培训影响力增强

定期开展专业人才及中小学科普为主题的科普教育活动,年均科普培训 200 人次。与十余家科研院校形成长期稳定的科教合作关系,成为中国西南干热河谷区域水土流失和生态农业学科人才聚集的重要平台。示范园实行行政+科研联合管理模式,鼓励支持外单位专家院士到示范园任职。目前,示范园拥有科研人员及辅助管理人员 27 人,其中副高以上专业技术职称人员 9 人。

十九、政府直管示范园

(一)县政府直管示范园:大泉山国家水土保持科技示范园

山西省阳高县大泉山国家水土保持科技示范园于 2023 年命名,因 1955 年毛主席《看,大泉山变了样子》的 139 字按语而闻名,是全国目前唯一拥有两个水土保持馆的示范园。园区位于阳高县大白登镇大泉山村,被誉为"新中国水土保持第一山""中国水保发祥地"。示范园面积 38.9 hm^2,地处北方土石山区,北距县城 12 km,交通便利。大泉山村是山西省农业旅游示范点、首批省级特色旅游名村、山西省第三批省级爱国主义教育基地、第四批省级水利风景区、山西最美乡村、山西最美旅游村、山西省旅游扶贫示范村、山西省科普示范村。

园区以水土保持综合治理工程为依托,建成了工程示范、生态体验、杏果采摘、科普教育、红色记忆、径流观测、节水示范、林草试验、流金岁月等九大功能区,并建有水土保持展览馆和水土保持科普馆两个水土保持馆。"十三五"以来,大泉山累计投资 2.1 亿元,对区域 2.5 万亩困难造林地进行了大规模的治理,栽种乔灌木林 2 万亩,栽种杏树、李树、苹果、沙棘、文冠果等经济林 5 000 亩,修建道路 40 km,完成了调水上山工程,实现了旧村搬迁和旧村改造,大泉山水土流失得到了彻底治理,山村面貌发生了翻天覆地的变化。继20世纪50年代首创出水土流失治理“挖坑、开渠、培埂、填沟”的八字经验后,又探索出更加全面的“挖鱼鳞坑、修水平阶、建土谷坊、筑沟头埂、筑沟边埂、修引水渠、建澄沙池、建蓄水池”水土流失治理的“八连环”模式,还探索出“山顶戴帽,山腰束带,山脚穿靴”的荒山治理模式,形成了梁峁沟坡川综合治理、山水林田路系统整治的完整防治体系,进一步实现了土不下坡、水不出沟、宜治理的水土流失区域全部得到治理。园区绿水青山,森林覆盖率达到85.36%。

园区建设了建筑面积3 870 m^2 的大泉山水土保持展览馆。展厅分为序篇、艰苦奋斗绿色创举、治山治水久久为功、生态文明绿色兴阳、尾篇五个单元。特别是电影《江山多娇》、纪录片《看,大泉山变了样子》等视频资料,张凤林、高进才治理荒山先进事迹等大量史实资料首次呈现在观众面前。展览馆通过丰富的文字、图片、影像、模型、雕塑、字画、刺绣、实景实物及现代化声、光、电等多种形式和展示手段,全面系统地反映出阳高县从新中国有效治理水土流失发源地到新时代努力打造水土保持新高地的历程,展示了大泉山由“秃岭荒山”到“花果满山”的生态版的中国梦,讴歌了大泉山自力更生、艰苦奋斗、群策群力、久久为功的精神,展现了大泉山“从群众中来,到群众中去”的工作方法,再现了大泉山铺就的生态与产业相结合的转型之路。展馆另设人之源、文之脉、名人厅、长寿坊、景如画和党旗红等配厅六个,从不同侧面反映了阳高的人文史迹、历代先贤、养生资源、自然景区等。园区布设了毛主席为大泉山首创的水土保持治理经验文章所亲笔写下按语的文化墙,建设了高进才水土保持功臣纪念碑、廉政文化教育基地,创作出品了《绿满大泉山》《老农民》《作答》等歌曲。通过敬读碑文、敲廉政警示钟、讲述大泉山廉政故事等,成为全省廉政教育“打卡”地、山西省爱国主义教育基地、山西省高校思想政治教育实践基地。此外,为凸显研学和科普教育功能,示范园新增水土保持科普馆,以知识性、体验性、趣味性的展陈,通过投影、多媒体、交互展示系统等设备和技术,强化参与和互动,让观众在沉浸式观展中获得多维度的感知体验,增长知识、接受教育、增强水土保持和生态文明意识。示范园建成了中心游园、民宿、休闲广场、红色记忆馆等设施,拓展了生态旅游和休闲娱乐等功能。

园区由阳高县政府管理,大白登镇政府代管。大泉山水土保持科技示范园,既是康养旅游绝佳之地,也是水土保持宣传示范和党性教育引领之地,先后被国务院评为“改造山区的榜样”,被山西省命名为省级水利风景区、省级森林公园、省级农业旅游示范点、省级爱国主义教育基地等。“绿色”是大泉山的底色,“红色”是赓续大泉山精神的本色,古色是大泉山的历史回声。以绿色书写治理新篇,以红色塑造旅游品牌,以古色赋能文化底蕴,今日大泉山真的又变了样!每年,慕名而来的游客达20多万人。

(二)乡镇政府直管示范园:梁家河国家水土保持科技示范园

陕西省延川县梁家河国家水土保持科技示范园于2015年命名,是全国第一个拥有知青文化的水土保持科技示范园,也是第一个由乡镇政府负责管理的水土保持科技示范园。园区位于延安市延川县文安驿镇,涉及上驿、下驿和梁家河三个行政村,总面积27 km^2,属典型的黄土高塬丘陵沟壑区。园区距文安驿镇5 km,距延川县城15 km,属于中心城镇建设向农村建设拓展辐射地带,毗邻210国道和延延高速,交通条件便利,区位优势明显。

梁家河从20世纪六七十年代开始水土保持生态建设，当时全村建设淤地坝14座，开创了全村治理水土流失、改善生态环境的先河。80年代以来，梁家河村持续开展小流域综合治理、退耕还林、治沟造地等水土保持综合治理工程。2011年，开始创建国家水土保持科技示范园。采取部门联动、项目捆绑、资金整合、持续投资等办法进行建设。按照“山顶戴帽子、坡面栽林子、湿地铺毯子”的治理思路开展规划设计和建设，建成了沟道治理工程体系示范区、坡面综合治理体系示范区、村庄清洁美化示范区、生态休闲旅游示范区、宣传教育示范区、苹果产业开发示范区、荒坡水土保持造林推广区、生态修复区等八个功能区。园区完善配套淤地坝工程，建成淤地坝43座（总库容565万 m^3，拦泥库容424万 m^3，已淤积344万 m^3）、淤地1 650亩，石砌排洪渠4.5 km；建成苹果产业开发区400亩、低产果园156.53 hm^2；新修梯田315亩，治理盐碱地56亩，建设排灌沟渠13 km、农桥3座、生产道路12.5 km；栽植各类苗木21.36万株、景观林100亩；建设200 m^3 蓄水池1座，修建小型抽水站3座，建成环山观光道路8 km。园区年蓄水量12万 m^3，年保土量6.57万t，林草覆盖率由20%提高到45%；人均基本农田达2.5亩，粮食亩产由300 kg提高到800 kg，人均纯收入达到21 634元。园区加强水土保持、乡村文化和知青文化宣传教育，建成梁家河村史馆和水土保持科普馆，设置了知青旧居、知青井，陕西省第一个沼气池和面铺、小卖部、铁业社、民间艺术馆等景观景点和旧址，制作水土保持科普知识宣传牌和导引标识20个。后来，园区开展了多次提升建设，成为全国典型的村庄水土保持科技示范园。

示范园由延川县文安驿镇政府负责管理，面向全国，发挥了很好的示范辐射作用，年参观旅游人数超100万人次，取得了显著成效。2014年，梁家河村入围“第四批全国一村一品示范村镇”；2017年，梁家河村获评“中国最美乡村”；2019年，梁家河村被列入第五批“中国传统村落”名录，并被授予“陕西省级历史文化名村”称号；2020年，梁家河村入选文化和旅游部第二批全国乡村旅游重点村名单；2021年，梁家河村被司法部、民政部命名为第八批“全国民主法治示范村”；同年，梁家河村党支部被中共中央授予“全国先进基层党组织”称号。

二十、国企示范园：大柳塔煤矿国家水土保持科技示范园

神东煤炭集团大柳塔煤矿（陕西省神木市）国家水土保持科技示范园于2017年命名，是全国第一个央企创建的水土保持科技示范园，也是全国首个以采煤沉陷区水土流失生态治理为主的水土保持科技示范园。园区面积50 km^2，是全国面积最大的水土保持科技示范园。示范园位于榆林市神木市大柳塔镇，距神木城区60 km，距鄂尔多斯市50 km。园区定位为技术推广型，建设单位为神东煤炭集团生态环境管理中心，运营管理单位为神木市大柳塔试验区兴柳实业集团有限公司。

园区地处毛乌素沙地和黄土高原过渡地带，具有三个典型性，即位于典型丘陵沟壑水土流失区、典型风沙侵蚀区和典型大型井工采煤沉陷区。园区坚持以“黄土丘陵沟壑水土流失区水土保持防治”“风沙侵蚀区风沙治理”“大型井工采煤沉陷区水土保持综合治理”“废弃物资源化利用”为主题，以“打造生态矿区、建设绿色矿井、生产清洁煤炭”为宗旨，依托园区的独特优势，建成了集“采煤沉陷区综合治理、水保原型观测、生态环境监

测、科普教育、技术推广、休闲旅游”为一体的综合性水土保持科技示范园。

园区2006年开始建设，源于大柳塔煤矿塌陷区综合治理和生态恢复。大柳塔煤矿每年制订沉陷区生态治理重点规划，确定建设项目和资金投入，2015年以来，投资1.3亿元实施水土保持工程35项。示范园绿化率逐年提升，至2020年，沉陷区治理率达到90%，治理区植被覆盖率达90%。“被开采过的矿山并没有‘满目疮痍’，反而更像是一座大公园。”方圆50 km^2，青翠相接、鸟语花香，参观过大柳塔煤矿水土保持科技示范园的人不由地感慨。园区合理布设各项水土保持措施，形成综合防治开发体系，拓展了水土保持生态系统功能与范围，形成了集建设区、生产区、公益区和科普展示核心区为一体的“三区一核”体系。建有沙棘、微生物复垦、长柄扁桃（野樱桃）三个水土保持经济林试验示范基地，栽植沙棘943 hm^2，建设微生物复垦基地1 000亩；建设了气象站；布设不同坡度和不同植被措施的径流观测小区、风蚀观测系统和无线自动生态监测系统，持续监测植物-微生物-环境因子的相互作用，实现13项生态指标实时监测、无线传输的方式和网上共享；开展了水土保持径流、风蚀、根系观测、生态环境4个监测项目，建设了品种展示、污泥培肥池、矸石利用、水土保持工程、微生物试验5项示范工程；先后开展了30多项沉陷区水土保持治理科学研究；加强水土保持科普宣传，设有科普宣传长廊2处，布设水土保持植物措施、工程措施、宣传标语等宣传牌45块；编制宣传册1本，主要介绍园区的建设基础、建设规模、建设历程、已开展的研究等内容，重点展示园区的基础设施、建设特色和所开展的相关活动等；推广应用微生物复垦技术，发展沙棘产业，对周边地区起到了辐射示范作用。

二十一、民营示范园

（一）九水沟生态园国家水土保持科技示范园

山东省青岛市崂山区九水沟生态园国家水土保持科技示范园于2007年命名，是全国第一个民营水土保持科技示范园。园区位于崂山区大石村水库水源地上游，面积600 hm^2，距离青岛市中心20 km。

综合治理前，区域内植被稀疏，土壤裸露严重，无蓄水灌溉设施，自然资源条件较差。自2001年起，园区通过科学规划、稳定投入、连续治理和有序管理，在短短的6年时间里，先后投资3 000万元，按照治山先治水的思路，采取拦、提、挖、蓄、存、调等水利工程技术措施，增加用水保障能力2万 m^3，加之利用风能提水工程措施，改善了区域的灌溉条件；补疏密植了雪松、银杏等50余个品种的生态林40万株，种植了崂山冬枣、大樱桃等近20个品种2 000亩经济林，流域内的植被覆盖率由承包前的46%增加到80%以上；沿沟涧垒石固土开出100余亩茶园地，既种出了优质有机崂山茶，又减少了沙石风化流失，保护了下游水源。目前，园内建有水土流失径流观测场、气象站、生态自然博物馆，布设宣传标示牌，发展茶叶和经济林果业，安装了大风车三级提水灌溉系统，完成水平梯田2.16亩，采摘园20.6亩，营造水土保持林8 655株，封育治理面积450 hm^2，整修及新建干砌石护坡塘坝2座，拦沙坝1座，排水管道170 m。随着环境的不断优化，还带动了园区生态观光旅游和高效农业的发展。

园区为生态产业型园区，由青岛九水生态园林有限公司建设管理。园区已成为山谷旅游观光基地，成为促进农民增收的再就业基地，并成为科普示范基地，被批准为“全国中小学生环境教育社会实践基地”“全国青少年农业科普示范基地”，彰显了良好的生态效益、社会效益和经济效益。

（二）金牛国家水土保持科技示范园

湖北省大冶市金牛水土保持科技示范园于2009年命名，是湖北省第一批3个国家水土保持科技示范园之一。园区前身为金牛生态基地，由民营企业家王志猛于2005年办理50年林地使用权证后开始建设。2009年，金牛生态基地正式更名为金牛水土保持科技示范园。园区位于长江中游南岸，黄石市大冶市金牛镇西郊，面积75 hm^2。示范园距大冶市区约35 km，距黄石市区约65 km，距武汉约70 km，离天河机场110 km。示范园地处江汉平原与江南丘陵山地的过渡地带，为多水域、多山场的鄂南低缓丘陵地形。园区土壤为棕红壤和水稻土。根据园区现状景观资源、地形、地貌、土壤、植被等条件及园区经营权属情况，示范园分为四大功能区域：水土保持措施示范区、水土保持科技展示区、生态保护区、附属配套区。

1.水土流失防治示范

示范园2009年命名之后，分别于2012年和2017年等多次开展提升建设，在园区实施了坡改梯示范区和坡面径流小区建设等提质工程。园区完成了水土保持措施示范区、生态保护区、水土保持科技展示区（科普展厅除外）所有水土保持设施建设内容。从山顶到沟谷，已形成层层设防、节节拦蓄的多功能综合防护体系。共治理水土流失面积71.70 hm^2，其中梯田改造5.08 hm^2，经济林14.00 hm^2，水土保持林9.00 hm^2，苗木绿化18.00 hm^2，生态修复25.62 hm^2。排水沟、沉沙池等小型水利水土保持工程9处。完成土石方量约8万 m^3，治理程度达96.8%，土壤侵蚀模数由原有的2 136 t/(km^2·a)降到500 t/(km^2·a)，拦沙率达86.5%，植被覆盖度达到80%以上，林草面积达宜林宜草面积的90%以上，宜治理水土流失面积全部得到治理。

2.生态产业示范

园区根据现代生态农业和水土保持生态的需要，充分利用现有生态产业优势，开发花卉苗木、无公害蔬果、水产养殖等，实行“蓄、禽、果”配套的立体生态产业开发模式，走出一条水土保持科技园特色产业之路。培育了集猕猴桃种植、实验基地、采摘、游园观光、作物科普教育等为一体的科普研学型生态旅游观光区。

3.水土保持科学研究

园区建成三组不同坡面标准径流观测小区18个，配备了科研观测设备，具有水土保持科研野外试验的条件；建设8种类型护坡展示，气象站、卡口站各一个。园区承接了长江水利委员会委托的“大冶市金牛水土保持科技示范园水土流失规律观测及植被恢复效果研究”等科研观测项目，并取得了观测成果，提交了观测报告，为南方红壤低丘区域植被恢复措施及水土流失综合治理模式分析研究提供了科学依据。

4.水土保持科普教育宣传

园区建有人工模拟降雨水土流失演示设施1处，布设了水土保持措施展示及文化长廊等科普资源，对社会公众尤其是对广大青少年开展水土保持科普教育。近年来，园区进行科普教育、社会实践及党员创建等各类参观活动不断，年接待人员约1 000人次。

5.园区管理

园区由民营公司负责具体运行管理,实行公司管理机制,内设种植部、养殖部、旅游开发部、工程部、财务部及综合部六个部门。现有工作人员6人,其中总经理、副总经理各1名,全面负责园区各项工作;临时人员4名,主要从事园区日常维护工作。园区内制定了档案管理制度、资料借阅制度、财务管理制度,做到专人负责、资料齐全,账目清楚、整理规范。运管费以公司为主,财政补助为辅。

(三)吴楚庄园国家水土保持科技示范园

辽宁省凌海市吴楚庄园国家水土保持科技示范园于2012年命名。园区总面积2 333 hm^2,位于锦州市凌海市白台子乡兴隆村,距市区26 km,距省级公路1 km,位置优越,交通便利。园区属北方低山丘陵水土流失类型区,具有典型代表性。

园区定位为生态产业型,由锦州吴楚庄园集团有限责任公司建设管理。按功能划分为生态修复区、径流观测区、有机养殖区、绿色种植区、娱乐度假区和商务洽谈区等六个功能区。园区综合布设各项水土保持措施,治理与开发相结合,宜治理的水土流失面积基本得到治理,水土流失得到有效控制,生态效益、经济效益和社会效益明显改善。园区被纳入省级水土保持监测网络,建设了径流观测小区、卡口站等有关水土保持监测设施。园区种植无公害蔬菜,栽植优质苹果、李子、大枣、葡萄,发展蔬菜采集和果品采摘,推广节水灌溉、果树栽培等先进实用技术。园区共栽植了10个系列100余品种果树,培育了“岳华”省级品牌苹果,建成千亩绿色水果种植基地,其中有900亩得到国家绿色食品认证,年产优质水果75万kg。带动农村果品生产专业合作社认证绿色食品800亩,解决农村就业150人,成立农业专业合作社5个,发展生态农业,带领周边农村脱贫致富。园区设置了水土保持宣传牌(碑),编制了园区宣传册,积极利用媒体进行宣传报道,被命名为锦州市中小学科普教育基地,开展了面向社会公众尤其是广大青少年的科普教育活动,每年接待中小学生4 500人次以上。园区构建了拓展训练区、网球场、垂钓中心等设施,成为国家AAA级旅游景区和“锦州市文化产业示范基地”,年接待游客4万多人次。园区已基本形成集科普教育、技术推广和休闲观光于一体的示范基地,先后被批准为全国休闲农业与乡村旅游示范园区(四星级)、辽宁省水利风景区、辽宁农业产业化重点龙头企业、辽宁省生态文化教育示范基地。

(四)百合国家水土保持科技示范园

山东省新泰市泰山百合水土保持科技示范园于2021年命名。园区位于新泰市羊流镇(泰安市泰山东麓,羊祜故里),区位优势明显,交通便利。园区面积160 hm^2,其中土地面积153 hm^2,水域面积7 hm^2。

园区遵循生态为基、文化为魂、产业为体的合和发展理念,政府、社会、群众等资本系统发力,山水林田湖草综合治理,建设了休闲农业区、和合文化宣传区、林下茶产业区、有机茶产业区、山地特色种植产业区五个功能区,打造集技术推广、产业带动、文化宣传和生态休闲等功能于一体的国家水土保持科技示范园。

园区建设着眼高标准、系统化治理。以高效生态产业园为依托,多措并举、系统推进、综合治理,形成了完备的水土流失防治体系。建成高标准石坎梯田115 hm^2,干砌石护坡

400 m^2、六棱砖护坡 600 m^2、路面促渗 10 800 m^2、边坡防护工程 1 500 m、植草砖 750 m^2，干砌石排水沟 2 000 m、生态排水沟 600 m、蓄水池 9 座、沉沙池 10 座、塘坝 2 座、谷坊 1 座；栽植经济林 40 hm^2、景观树 3 500 株，种植百合 78 hm^2。

园区建设着眼高效益、科技化提升。率先在园区推广山丘区水土资源综合利用技术、持续高效水土保持生态工程综合治理技术、生态清洁型小流域水土保持综合治理模式、土石山区水土保持植被优化配置技术、旱地果园微孔渗灌节水技术、管道微喷灌技术、水肥一体化、绿色防控、BePCCS 农法等先进技术，探索科学防治水土流失、美化人居环境、提高群众生活水平的有效途径和优化模式，达到水土资源的合理高效利用和复合农林业生产经营的高效益。

园区建设着眼长效性，融入乡村振兴大局。带动配套完善周边村、路、桥、水、电等基础设施，培育百合良种繁育基地 2 万亩，建成全国最大的百合种质资源库；种植无磷百合、有机茶、藜麦、四叶参、何首乌等特色高效农产品，建成紫藤长廊、竹林风情园、观景台、百合体验馆等特色景点。获得“国家 AAA 级旅游景区”“国家林下经济示范基地”“国家创新创业示范基地”“国家一二三产业融合示范区”“山东省休闲农业与乡村旅游示范点”等十余项荣誉称号。打造生态、产业和农村农民增收互促互融的良性循环，激发了企业、镇村、群众开展水土保持的工作热情和美丽乡村建设的内生动力。新泰市每年依托园区举办中国新泰百合节，有效促进了地方经济社会发展。

（五）镶月湖国家水土保持科技示范园

山东省淄博市淄川区镶月湖国家水土保持科技示范园于 2022 年命名。园区位于淄川区东南部山区西河镇，总面积 177.69 hm^2，距在建的沾临高速出口 800 m，距淄博中心城区 40 km，区位优势明显，交通条件便利。园区定位为科普教育型示范园，分为科普宣传展示区、植物观赏区、生态产业型经济作物区、生态防护林区等 4 个功能区，已完成投资 7 000 万元。园区采用“龙头企业+合作社+基地+农户”的合作方式，建成了集水土流失防治、科普宣传教育、林果产业发展、乡村旅游观光等多功能于一体的水土保持科技示范园区。

1.分区明确，功能清晰

园区整修梯田 2 900 亩；栽植水土保持林 97.69 hm^2，经济林 56.89 hm^2，封禁治理 10.90 hm^2；新建塘坝 3 座，生产道路 8.3 km，发展节水灌溉 56 hm^2。形成了较为完善的水土流失防治体系。

科普宣传展示区面积 14.95 hm^2，围绕在 3 座水库周边。通过规划游览线路，让大众在欣赏蓝天碧水美景的同时，了解水土保持知识、水土保持措施等，接受水土保持教育。

植物观赏区面积 47.90 hm^2。该区域主要种植观赏树种，建设径流小区，展示植物对水土保持的作用。

生态产业型经济作物区面积 56.89 hm^2。通过不同种植环境下经济作物生长的优劣差别，展示高效农业。

生态防护林区面积 57.95 hm^2。在梯田整修的基础上，因地制宜，种植水土保持林、经济林，对植被条件较好的地段采取封育治理，展示传统小流域山水林田路草的治理效果。

2.多维体验,增强意识

园区建设了丰富多样的科普设施,可向社会开展不同形式的科普宣传活动。建有坡面径流小区1处,人工模拟降雨水土流失演示1处,建设科普馆1处,设置了VR实景模拟、答题互动等形式,综合声音、视频、三维动画给人以深刻的视听感受,潜移默化普及水土保持科技知识。对各种花草树木悬挂标牌并制作二维码,线上线下同时展示花草树木名称、习性等内容。

3.校企合作,共谋发展

园区先后与南京林业大学、山东农业大学、黄河三角洲生态环境中心、淄川区中小学校等院校合作,成为集科普教育、科学研究、培养人才等多功能于一体的水土保持基地。园区全年对社会免费开放,普法宣传影响人数达5万余人。

4.加强创新,提升效益

园区积极推广应用新技术、新材料、新工艺、新方法。在整地方面,就地取材、因地制宜,充分利用地形建设挡土墙;在护坡方面,大量推广使用多种形态生态护坡;在水系规划建设方面,结合地势建设3座蓄水塘坝,实现景观绿化打造的同时满足供水需求;在经济林选择方面,适地种树,种植了丁香、映山红等观赏品种,达到了三季开花、四季常绿的景观效果。园区的森林覆盖率达96%,水土流失治理程度达98%,实现了安全、经济、生态、美观。

(六)永昌国家水土保持科技示范园

山东省青岛市永昌国家水土保持科技示范园于2023年命名。园区面积1 078亩,位于即墨区担山。南邻崂山,北靠青岛汽车产业新城,东接中国蓝谷新区,西依即墨创智新区,距即墨城区5 km,距青岛城区52 km。地理位置优越,区位优势明显。

园区定位于技术推广型,是社会资本参与水土保持的典范。全园划分为水土流失综合治理技术示范区、生态自然修复示范区、生态产业示范区、宣传科普区四个功能区。示范园一专多能,以动静水景与山林野生态为主题,旨在打造回归田园的自然风貌,是登山健身、生态观光、休闲垂钓的好去处。园区南北建筑主轴线贯穿永昌阁、金鳌亭、中海、南海大坝中心,东山主峰建有六和塔,西山主峰建有望海亭,北海有钓鱼台。健身场地设施有高尔夫练习场、网球场、篮球场、乒乓球室、台球室、健身房、室内外游泳池、健身场、山地自行车运动线路,主建文化博物馆、农林植物科研中心、综合办公楼等设施。园区以水土保持、研学教育、科普教育和高效农业为主导,充分利用生态农业空间,将水土保持、生态高效农业、观光旅游、科普教育有机融合,创新形成了农、科、游互为资源、协调互补,相互促进,均衡可持续发展的新业态水土保持科技示范园运营模式。

1.水土流失综合治理技术示范区

园区坚持系统治理、综合治理和源头治理,布设了生态修复、径流调控、沟道治理、生态产业和人居环境整治等相关水土保持措施,形成了从预防保护到综合治理、从山顶到山脚、从山上到村庄的完整的水土流失综合防治体系。园区推广应用了高标准梯田、小塘坝拦蓄调控、生态沟道系统治理、生态护坡、雨水花园、坡地径渗流生态集蓄灌溉等实用技术,打造了梯田高效开发、水肥一体化灌溉、边坡生态治理、雨水积蓄利用、民办公助、农业标准化管理等治理和建设模式,发挥了很好的探索创新和引领示范作用。结合山坡梯田建设,配套拦、引、蓄、灌、排等工程和小型水利工程,建设引排水沟渠、雨水花园、沉沙池、塘坝、谷坊等，布设3 000 m生态沟，2座雨水花园，沟岸配套建设可渗透性生态驳岸，搭建水与人的桥梁，建设绿色沟道，科学调控坡面水系，做到泥不下山、水不乱流。共建设6座塘坝，园区总蓄水能力30万m^3，有效调控径流，提高水资源利用效益。土壤侵蚀模数由原来的1 000 t/(km^2·a)降低到200 t/(km^2·a)以下，有效治理了水土流失，涵养了水源，改善了生态，促进了区域内人与自然和谐，为群众生产生活创造了良好条件。

高标准梯田集成技术：修建石坎梯田、干砌石排水沟，钢筋混凝土压顶，配套水肥一体化节水灌溉系统。保水保土保肥效果好，防御标准高，能蓄能排，旱涝保收，稳产高产。配套硬化生产道路，实现农机到地头；配套高价值的茶叶、葡萄等经济作物，发展采摘和观赏农业，提高土地产值，促进群众增收致富。

生态沟道系统治理技术：治理与开发相结合，安全与亲水并重，提高沟道水土流失综合治理效益。建设3座连续谷坊、12处沉沙设施，层层蓄水拦沙，减少沟道下切扩张；建设6座拦水堰坝，集蓄坡面径流，既可作为灌溉用水，也可形成生态景观。

生态护坡技术：园区边坡防护示范采用了框格植草护坡、生态护坡、浆砌石护坡、植草袋护坡、假山塑石护坡等护坡技术。水土保持效果好，增强生态景观，形成一道绿色风景线。

雨水花园技术：建设雨水花园两处，利用原有荒沟种植树木或灌木后，形成低洼区域，雨水通过花园滞留沉淀后汇入塘坝内。雨水花园将雨水滞留下渗来补充地下水并降低暴雨地表径流的洪峰，还可通过吸附、降解、离子交换和挥发等过程减少面源污染。

坡地径渗流生态集蓄灌溉技术：包括集雨面、截流截渗沟、汇水沟、雨水花园、蓄水池和灌溉输水管道。集雨面布置在园区坡地的高处荒地上，截流截渗沟沿等高线布置在集雨面上。流域内雨水经地下管涵汇集在园区北海内，园区南坡3座阶梯式塘坝通过机械提水、自然溢流相互贯通，形成连环水面，雨季蓄水，旱季灌溉，流域内常年水源充足。

水肥一体化技术：建立科技助农效益平台，将水肥一体化技术成功应用于农业实践。园区水肥一体化滴灌率达到80%，使菜果茶产量平均提高10%以上，节约肥料30%、节水60%、节约人工成本180元/亩，促进园区建设步入规范化、制度化、标准化发展轨道。

新材料、新品种、新工艺：采用新式PE防草膜和PE新材料滴灌管相结合，应用于水肥一体化灌溉系统。积极应用超强透水砖、植草砖，增强降水就地入渗和储蓄，形成"海绵"道路、"海绵"园区；通过与高校和科研院所合作，进一步优化果树品种，提高果品科技含量，实现园区果品产业健康持续发展；园区推广果树宽行密植新式栽培技术、果树大苗栽植技术，采用纺锤形修剪方法，加快新老枝更新，兼作豆科植物，提高土地利用率，增加植被覆盖率，保水保肥，减轻面源污染和水土流失。

2.生态自然修复示范区

园区在稀疏林地采取封育措施，封禁、补植补种与抚育管理相结合，自然恢复林草植被、提高林草水土保持功能。采用界桩围栏，减少人为干扰。在醒目位置设立封禁标志牌；制定护林护草乡规民约，成立护林护草组织，固定专人看管，有效防止人为破坏；封育面积600多亩，补栽黑松2万余株，栽种经济林1万余株，植保林、经济林600余亩，环山松林连绵不断。园区水土保持林、经济林、茶园、果蔬、绿地错落有致，道路通畅，水系环绕，植被覆盖率达到95%以上，打造了"人在绿中行、路在景中建"的优美自然环境。

3.生态产业示范区

园区加强水土保持综合开发,大力培育特色农业产业,形成了经济林果、培训研学、乡村旅游等特色产业。建设了蔬菜育苗中心和果树育苗中心。山坡上梯田层叠,栽种了桃树、苹果树、葡萄树等新品种果树 1.5 万余株,栽植茶叶 30 余亩。常年从上夼、解家村等村用农民工近 50 人,从事田间管理和植保养护,直接增加了农民收入。园区的新农业开发、教育培训、生态观光旅游等项目年可创收 600 余万元,为园区日常经营及后续投入奠定了良好基础。示范园年使用农村劳动力 2 万余人次,每年为周边村民增加工资收入 300 余万元。园区先进的技术、模式和优良果树品种等辐射周边区域,示范带动周边村庄产业结构的调整,流域内新建果园 1 000 余亩,果蔬大棚 60 余个,各种渔家宴、农家乐等餐饮项目 100 余户,户年增收 2 万元,加快了周边群众增收致富的步伐。

4.宣传科普区

园区建设了丰富多样的科普设施,可向社会开展不同形式的科普宣传活动。建有百米科普宣传长廊,水土保持科普馆、文化博物馆、植物科普馆,形成一园三馆。在路边和人流密集区等重要位置布设了水土保持工程措施和各类植物科普牌。建设了教学楼、科研楼、多媒体教室等,可同时开展 200 人以上的培训和教学研究等活动。

即墨区水利局成立了青岛永昌水土保持科技示范园管理领导小组,由水利局分管领导及公司主要负责人担任组长,园区总经理为小组办公室主任。园区日常运行管理由青岛永昌实业集团生物科技有限公司具体负责。园区管理资金由示范园的母公司青岛永昌集团支持,同时政府农林水部门实行了"以奖代补"的激励政策,每年都根据园区的建设投入和实施效果情况给予适当补助。通过多元化的资金筹措机制,有力保障园区良性运转。

(七)云集国家水土保持科技示范园

陕西省永寿县云集国家水土保持科技示范园于 2023 年命名。园区地处素有"中国天然氧吧"美誉之称的咸阳市永寿县甘井镇,毗邻 312 国道、G70 福银高速、银西高铁,距西安市 110 km,距永寿县城 20 km。园区占地面积 8.67 km^2,2017 年被认定为全国就业扶贫基地和国家 AAAA 级旅游景区。

一是党建引领,政企融合,注入发展强大动力。云集水土保持科技示范园由陕西云集农业科技有限责任公司负责园区建设管理。2016 年,在永寿县县委指导下,由甘井镇党委与西安蓝溪科技投资控股有限公司党委共同组建了甘蓝联合党委,全面统筹蓝溪驻永寿企业党建扶贫工作。甘蓝联合党委坚持"围绕扶贫抓党建、抓好党建促脱贫"的思路,搭建起镇、村、企三位一体脱贫攻坚工作平台,按照党课同讲、党日同过、政策同学、理念同新、设施同用、规划同谋的"六同"工作方法,探索出"龙头企业+基地+合作社+贫困户"的产业扶贫模式和"三变"(资源变资本、资金变股金、农民变股东)改革的云集模式,形成了集现代农业、生态休闲、文化旅游于一体的经营格局,为园区的快速发展提供了源源不断的活力。

二是科学规划,综合治理,构筑生态发展空间。立足"生态优先、绿色发展"定位,园区在各级政府和水利部门的大力支持下,以《永寿县云集水土保持示范园区总体规划》为引领,以水土流失治理与生态环境保护为目标,根据园区地形地貌、水土流失等特点,按照

“山、水、林、田、湖、路”统筹建设的思路，从“东南西北”四大功能分区布局，建成了集水土流失防治、科普宣传教育、科技示范推广、林果产业发展于一体的水土保持科技示范园。

三是发挥优势，深度融合，做强生态文化旅游。以建设乡村田园式慢生活体验地为宗旨，将自然环境与人文景观有机融合。建成蓝溪书院、“两当起义”岳御史村红色文化馆、柿子主题研展中心、云集酒庄、玻璃栈道和游客中心等。现有以柿子、核桃为主的特色经济林 1 500 余亩，以白皮松、雪松、木槿、樱花等近 30 个品种的水土保持生态林 2 000 余亩，原生态次生槐林 2 000 余亩，林草覆盖率达 80%以上，绿色已成为园区最靓的底色，极大地带动了当地生态旅游和红色旅游的发展，年接待游客 30 万人次以上，实现旅游收入 3 000 余万元。

四是产业引领，联农带农，小柿子成就大产业。2011 年，园区以柿子全产业链作为产业发展的突破口，投资 3 000 余万元，建成了年产 120 t 柿子酒的现代化生产线，配套建设了 1 200 亩柿子标准化种植示范基地，辐射带动周边县区农户种植柿子 80 余万亩，形成了集种苗组培繁育、标准化种植、精深加工和销售于一体的柿子全产业链。自主研发的蓝溪金炫柿子酒，作为 2023 年中亚峰会国宴指定用酒，迈出国门，走向世界。在此基础上，以柿子全产业链为主导，累计投资 1.2 亿元，实施了彬州馨香柿子醋(500 t)、永寿甘井荞麦醋深加工体验中心(1 000 t)及菜籽油精榨(5 万 kg)深加工等项目，年均提供就业岗位 120 个，取得了显著的经济效益和社会效益。蓝溪金炫柿子酒、云集馨香柿子醋、秦丹荞麦醋、甘井牌精榨菜籽油等绿色有机产品已走向全国市场，受到消费者青睐。

五是科技支撑，教学结合，打造一流科教基地。为充分发挥科技支撑、典型引领和宣传教育功能，示范园投资 650 多万元，建成了集“水保科教体验馆+水保科普长廊+水保生态景观展示+涝池水保景观”为一体的水土保持科普馆，面向公众全方位、多元化普及水土保持知识，年均接待中小学生 15 000 余人次。2022 年，投资近 300 万元重点用于水土保持导视系统建设，从园区导视系统、水土保持标识系统和生态景观小品系统三方面，全面提升园区数字化、信息化运用水平，营造浓厚的水土保持文化氛围，着力打造省内一流、国内先进的水土保持科普教育基地。

第十章　走向远方

既然选择了远方
便只顾风雨兼程

——汪国真《热爱生命》

水土保持科技示范园是水土保持功能提升的成功经验和模式、先进理念和技术、有效作法和成效的集中反映与综合集成，是水土保持典型示范和科普教育的重要平台与窗口，是水土保持工作的重要抓手，发挥了推进水土保持和生态文明建设的重要作用。历经20年积极探索和发展，水土保持示范园已发展成为生态文明建设的一张亮丽名片。20年，在历史的长河中宛如一簇浪花；20年，在水土保持科技示范园的发展中，是起好步打基础的关键时期。“求木之长者，必固其根本；欲流之远者，必浚其泉源”。历经20年的探索和发展，水土保持科技示范园取得了积极进展和显著成效，积累了宝贵经验，找到了成功作法，创建了一批精彩纷呈的示范园，发挥了园区的综合示范作用，成为生态文明建设的中坚力量，成为科普宣教的新生力量，成为开拓创新的促进力量，成为水土保持高质量发展的建设力量。花自向阳开，园区向前走。20年勤耕不辍，夯实了水土保持科技示范园的发展基础，积蓄了水土保持科技示范园的发展力量，增强了水土保持科技示范园的发展后劲，为水土保持科技示范园走向远方创造了条件、提供了动能。没有比脚更长的路，没有比人更高的山......

一、发展条件

水土保持科技示范园是新时代水土保持创新发展的重要成果，是水土保持高质量发展的代表，是水土保持功能提升的典范，是优质水土保持生态产品的典型，是提高水土保持服务的标杆，是宣传和落地习近平生态文明思想的样板。随着中国式现代化的持续推进，特别是生态文明的深入发展和国家对水土保持工作的大力推动，社会和公众对水土保持科技示范园有着更多更高的需求和期待，示范园面临着新的发展形式、发展要求、发展机遇和发展前景。

（一）中央有要求

生态文明建设是关系中华民族永续发展的根本大计，是关系党的宗旨使命的重大政治问题，是关系民生福祉的重大社会问题。贯彻落实习近平生态文明思想，加快推进人与自然和谐共生的现代化，全面推进美丽中国建设，是当前和今后一个时期的重要战略任务。二十届三中全会强调，要进一步深化生态文明体制改革，聚焦建设美丽中国。中共中央、国务院《关于全面推进美丽中国建设的意见》指出，通过建设美丽中国先行区、美丽城市、美丽乡村，开展创新示范，打造美丽中国建设示范样板。中共中央办公厅、国务院办公厅《关于加强新时代水土保持工作的意见》（中办发〔2022〕68 号）明确提出：开展国家水土保持示范创建，加强水土保持科普宣传和文化建设。国家水土保持示范创建是经国务院审核批准的示范创建项目，其中包括国家水土保持科技示范园。进入新时代，我国社会主要矛盾已经转化为人民日益增长的美好生活需要和不平衡不充分的发展之间的矛盾。习近平总书记在《努力建设人与自然和谐共生的现代化》中指出：建设生态文明、推动绿色低碳循环发展，不仅可以满足人民日益增长的优美生态环境需要，而且可以推动实现更高质量、更有效率、更加公平、更可持续、更为安全的发展，走出一条生产发展、生活富裕、生态良好的文明发展道路。水土保持是生态文明建设的必然要求和重要内容，水土保持科技示范园是践行习近平生态文明思想、加深人民群众对习近平生态文明思想理念和实践理解认识的有效平台，是水土保持高质量发展的典型，是水土保持的主题公园。习近平生态文明思想的深入推进和系列部署，赋予了水土保持科技示范园更艰巨的时代使命，对示范园提出了新的更高要求。示范园具有美丽性、亲和性、先进性、兼容性、多样性等特性，可以优美生态环境、促进经济发展、提高群众收入，具备满足人民日益增长的美好生活和优美生态环境需要功能。示范园要全面落地习近平生态文明思想，落地新要求新任务，积极利用良好的发展环境和条件，加快建设、加大覆盖、加强示范、加强服务，提供更多更优水土保持功能和产品，为推进中国式现代化作出更大贡献。

（二）法律有规定

2011 年 3 月 1 日实施的修订后的《中华人民共和国水土保持法》第六条明确规定，各级人民政府及其有关部门应当加强水土保持宣传和教育工作，普及水土保持科学知识，增强公众的水土保持意识。水土保持科技示范园，具备丰富的宣传教育和科学普及措施与资源，是水土保持的户外教室、宣传教育的固定阵地、科学普及的载体平台。全国共有 24 个国家水土保持科技示范园，被教育部和水利部联合命名为“全国中小学水土保持教育社会实践基地”，有组织地对中小学生开展水土保持和生态文明宣传教育，并通过小手拉大手、学校带家庭、家庭联社会，对全社会产生了广泛有效的宣传影响和科普教育；总体来看，由于水土保持工作专业性较强，比较抽象，社会公众对其认知有一定困难。需要有水土保持科技示范园这样一个综合性社会实践基地，让公众能够去看、去听、去认识、去动手参与，增强感性认识，增强亲身体验，这样才能从根本上提高宣传教育和知识普及效果，切实提高公众的水土保持意识和理念，营造水土保持生态建设的良好氛围和环境。水土保持科技示范园具有很重要的宣传教育和科学普及功能，是生态文明理念宣传和培养的重要实践基地，发挥着显著增强公众水土保持和生态文明意识的作用。据统计，每年到示范园参观的公众达数百万人，亲眼所见、亲身感受、耳濡目染，受到了生态文明理念培育和教育。各地做好水土保持科技示范园建设，积极开展内容丰富、形式多样的宣传教育和知识普及工作，是贯彻落地《中华人民共和国水土保持法》的责任和举措。

近年来，国家接连颁布了多部自然资源方面的法律，进一步强化生态文明建设。2021 年 3 月 1 日，《中华人民共和国长江保护法》施行；2022 年 6 月 1 日，《中华人民共和国湿地保护法》施行；2022 年 8 月 1 日，《中华人民共和国黑土地保护法》施行；2023 年 4 月 1 日，《中华人民共和国黄河保护法》施行；2023 年 9 月 1 日，《中华人民共和国青藏高原生态保护法》施行。这些法律都有水土保持方面的专项条款,都对防治水土流失、加强水土保持提出了具体要求,也就宣传教育和科学普及提出了要求。这些法律规定,为水土保持科技示范园建设提供了新的机遇和条件,示范园面临更大建设任务和更重服务任务。

(三)行业有需要

骏马自知前程远,无须扬鞭自奋蹄。水土保持的生命力在于创新发展,在于与时俱进。水土保持科技示范园,就是水土保持开拓创新的作品,是水土保持适应经济社会发展要求为社会提供的水土保持优质产品和公共服务。水土保持科技示范园不断创新发展,拓展外延,丰富内涵,增色提质,提升服务,满足人民和社会的需要。同时,水土保持科技示范园也是水土保持创新的试验田和样板间。示范园不断开拓创新,丰富了水土保持理念方针,完善了技术路线,探索了成功模式,积累了丰富经验,为水土保持高质量发展进行了积极探索;示范园集中展示水土保持的发展成果和水平,提供了引领示范,加强了辐射带动,促进水土保持水平提升和改革创新。

进入新时代,高质量发展是全面建设社会主义现代化国家的首要任务,要求贯彻创新、协调、绿色、开放、共享新发展理念,塑造发展新动能、新优势,实现质量变革、效率变革、动力变革。水土保持科技示范园是水土保持高质量发展的窗口,是落实高质量发展的典范。中共中央办公厅、国务院办公厅《关于加强新时代水土保持工作的意见》(中办发〔2022〕68号)明确要求,要以推动高质量发展为主题,促进人与自然和谐共生。水利部贯彻落实《关于加强新时代水土保持工作的意见》(中办发〔2022〕68号)的实施方案也明确提出,要高标准开展国家水土保持示范创建工作,形成一批有示范作用的水土保持科技示范园,引领带动全国水土保持高质量发展。时不我待只图强,善做善成为人先。水土保持科技示范园贯彻高质量发展要求,在提升示范园质量、做大示范园总量、优化示范园总体布局、做活示范园服务等方面,面临着更大的责任和任务;在促进水土保持行业新发展、提高水土保持贡献,促进人与自然和谐共生的中国式现代化建设方面,责任重大、任务艰巨。

(四)公众有需求

党的二十届三中全会通过的《中共中央关于进一步全面深化改革、推进中国式现代化的决定》中有46处提及“人民”,强调:坚持以人民为中心,尊重人民主体地位和首创精神,人民有所呼、改革有所应,做到改革为了人民、改革依靠人民、改革成果由人民共享。以人民为中心,是我们所有工作的出发点和落脚点,水土保持科技示范园亦是如此。公众对美好生活和优美生态环境日益增长的需求,是示范园努力工作的方向和重点。人民群众希望身边有园区,可以生态观光,可以休闲娱乐,可以亲近自然,可以增长见闻。水土保持科技示范园要加快建设,不断发展、不断提升,提供更多园区和更优服务,让群众看得见、进得去、能融入、可休闲、可参与,寓教于美、寓学于技、寓知于乐,让人民共享生态文明建设成果,切实增强人民群众的获得感、幸福感、安全感,满足人民群众日益增长的美好生活和优美生态环境需要。

弘扬习近平生态文明思想,深入推进生态文明,要求在全社会树立生态文明理念。水土保持是生态文明建设的必然要求和重要内容,是生态文明的重要载体。生态文明理念的形成和树立是一个持续推进的培育过程,需要营造良好的社会氛围予以引导,社会公众需要有看得见、摸得着的文明平台,来加深对生态文明理念的认识和理解,使理念生长于心、体现于行。水土保持科技示范园为公众提供了一个开放的生态文明户外教室,公众在这里可以看到什么是水土流失、什么是水土保持、什么是生态文明;可以动手参与和亲身体验,从理论到实践,感知水土保持,领略生态文明。

2022 年,中共中央办公厅、国务院办公厅印发《关于新时代进一步加强科学技术普及工作的意见》要求,“到 2025 年,科普公共服务覆盖率显著提高,公民具备科学素质比例超过 15%”“完善科普基础设施布局。加强科普基础设施在城市规划和建设中的宏观布局,促进全国科普基础设施均衡发展。鼓励建设具有地域、产业、学科等特色的科普基地。”水土保持科技示范园是水土保持宣传教育和科学普及的重要平台及户外教室,成为全国生态文明教育的重要基地和窗口,为中小学和社会公众开展水土保持和生态科普提供了实践基地和研学基地。中共中央办公厅、国务院办公厅《关于加强新时代水土保持工作的意见》(中办发〔2022〕68 号)明确要求“开展国家水土保持示范创建,加强水土保持科普宣传和文化建设”。水土保持科技示范园是国家水土保持示范创建的主要内容,是开展水土保持科普宣传的主要平台。要贯彻科普工作要求,科学布局水土保持科技示范园,为完善全国科普基础设施布设、提升全民科学素质贡献水土保持力量。

(五)社会有诉求

水土保持科技示范园具有很好的生态性、经济性和社会性等特点,架起了水土保持与社会的桥梁。2021 年,国务院办公厅《关于鼓励和支持社会资本参与生态保护修复的意见》(国办发〔2021〕40 号)要求:“引导当地居民和公益组织等参与科普宣教、自然体验、科学实验等活动和特许经营项目。”水土保持是生态文明建设的必然要求,是生态保护修复的重要内容,是社会资本参与的主要渠道和重要选择。水土保持作为国家补助项目,长期以来国家投资不足,同时水土流失治理任务繁重艰巨,需要社会积极参与,国家着重加强示范建设。为加强社会引导示范,在新的发展时期需要对水土保持已有成果进行集成和提升,为社会提供示范样板,充分发挥辐射带动作用。据统计,全国 166 个国家水土保持科技示范园,其中有 50 多个由社会资本创建。在社会力量的参与下,近 5 年来,全国每年完成水土流失治理面积 6 万多 km^2,加快了治理进度,提高了治理规格。

2024 年 9 月,水利部、自然资源部联合印发了《关于鼓励和支持社会资本参与水土流失治理的指导意见》,鼓励和支持社会资本参与水土流失治理,全面提升水土保持功能和生态产品供给能力,促进人与自然和谐共生的中国式现代化建设。党的十八大以来,我国水土保持工作取得显著成效,全国水土流失面积减少 11 万多 km^2,水土流失面积和强度持续呈现“双下降”态势,但我国水土流失面积依然有 262.76 万 km^2(2023 年),防治成效还不稳固,水土保持功能还有待提升,防治任务仍然繁重。加快推进水土流失综合治理,提升水土流失治理能力和水平,迫切需要拓宽水土保持领域资金筹措渠道。坚持两手发力,在继续加大政府投入的同时,充分发挥社会资源和力量,逐步推动形成市场作用和政府作用有机统一、相互补充、相互协调、相互促进的格局,健全完善水土保持多元化投入机制,激活释放政策红利,加快推进水土流失重点治理,增加优质水土保持生态产品供给,对助力乡村振兴和美丽中国建设具有重要意义。水土保持科技示范园的显效益和多目标,成为社会资本参与水土保持的重要平台和主要途径。全国已由社会力量创建了 50 多个国家水土保持科技示范园,且参与态势呈增长趋势,建设数量呈增加趋势。水土保持科技示范园作为社会参与的热点,成为践行绿水青山就是金山银山的理念,厚植水土保持生态产品价值,促进产业生态化和生态产业化,促进水土保持高质量发展的新动力。

二、发展展望

回望征途千山远,翘首前路万木春。

建设生态文明,关系人民福祉,关乎民族未来。党的十八大把生态文明建设纳入中国特色社会主义事业五位一体总体布局,明确提出大力推进生态文明建设,努力建设美丽中国,实现中华民族永续发展。党的十九大要求加快生态文明体制改革,建设美丽中国。党的二十大提出中国式现代化是人与自然和谐共生的现代化。党的二十届三中全会要求,聚焦建设美丽中国,深化生态文明体制改革。环境就是民生,青山就是美丽,蓝天也是幸福。良好生态环境是最公平的公共产品,是最普惠的民生福祉。水土保持是生态文明建设的必然要求,是生态建设的主要载体。国家水土保持科技示范园作为水土保持高质量发展的典范和习近平生态文明思想的实践样板,全国已经建成166个,发挥了引领示范、辐射带动、宣传教育、科学普及、生态休闲、产业培育作用,搭建了水土保持与社会的桥梁,建立了水土保持与公众的纽带,构建了水土保持产学研的平台,成为水土保持的新赛道和"金字招牌"。水土保持科技示范园广为社会和行业接受和称道,每年接待人数达数百万人,产生了积极广泛的影响。发展永无终止日,奋斗永远进行时。水土保持科技示范园建设成效显著,发展可期。不独有声流出此,会归沧海助波澜。

(一)做好顶层设计

凡事预则立,不预则废。要以全国水土保持规划为遵循,按照统筹规划、突出重点、序时实施、全面推进的原则,做好水土保持科技示范园顶层设计,扎实有序推进创建工作。顶层设计包括制订规划、出台制度、编制标准,明确目标任务,确定园区布局,突出重点,有序建设,做好发展引领。

一是编制国家水土保持科技示范园建设规划。科学确定示范园规模数量,合理确定园区布局,规范园区建设任务,明确园区运行和服务任务,有序指导全国水土保持科技示范园区建设和发展;省级编制全省水土保持科技示范园区建设规划,明确本省任务、布局和建设安排等工作。规划要统筹做好与水情教育基地、水利风景区、水利展馆,农业农村、林草等相关园区(基地),科研机构和高等院校相关实习基地的衔接,加强共建共享。

二是完善示范园制度。建立健全水土保持科技示范园各项制度,包括从规划、建设、申报、评定、运行、检查、评估等全环节全过程的制度,规范水土保持科技园全生命周期的管理,加强示范园制度保障。

三是健全示范园标准。建立健全水土保持科技示范园各项标准,特别是建设标准、评定标准、运行标准和评估标准。增强标准的多样性,以行标为主,辅以团标。加强地方标准建设,强化标准体系。

四是优化示范园类型。优化水土保持科技示范园类型,在现有技术推广型、科学教育型、科学研究型的基础上,补充增加综合型、城市型、校园型和监测型等类型。进一步增强示范园分类的广泛性、代表性和科学性。准确定位,丰富园区类型,突出园区特色,实行分类指导、分类建设,加快示范园建设。

五是分级建设。推动示范园分级建设,参照其他类似园区,可分为国家级和省级两级,实行分级建设,逐级推进。地方可根据实际情况和需要,细化分级,如赣州开展市级示范园建设。

(二)做大园区总量

目前,水土保持科技示范园数量不大,全国人均数量太少(约850万人1个),省级尚无全覆盖,地市和县级更是空白太多,远不能满足人民群众日益增长的美好生活需要和优美环境需求。人民对美好生活的向往,就是我们的奋斗目标。做大水土保持科技示范园总量,让更多地方、更多群众共享水土保持生态建设的成果。水土保持科技示范园建设应统筹考虑流域、区域、行政区、水土流失类型、水土保持区划、城乡等要素,科学布设,增多园区数量,实现应覆盖尽覆盖。同时,应突出重点,在重点地区或有条件的地方,予以加密,实现布局合理、质量提升和数量增长的有机融合。

一是推进行政区域逐步覆盖。水土保持科技示范园应做到省、市、县三级科学覆盖。首先是省级全覆盖。上海应该抓紧建设,消除省级空白,实现全国省级全覆盖。其次是地级市基本覆盖。全国300多个地级市,目前114个地级市分布有水土保持科技示范园,应逐步实现地级市基本覆盖。最后是不断扩大县级覆盖。优先考虑水土保持重点县和有条件的县,加大水土保持科技示范园建设力度,实现更多县覆盖。

二是推进水土保持三级区划基本覆盖。全国水土保持三级区划共115个,已有63个分布有国家水土保持科技示范园,占比约55%。水土保持科技示范园应继续扩展,基本实现水土保持区划三级区全覆盖,展示不同类型区水土保持发展特色。

三是推进城市覆盖。国家水土保持科技示范园分布在城市的只有7个,占示范园比例约4.2%,占全国城市比例约0.24%。城市水土保持科技示范园分布较少,与其人口数量不相适应,应逐渐扩大示范园城市覆盖面。尤其是北京市、天津市、上海市、重庆市、石家庄市、呼和浩特市、沈阳市、长春市、合肥市、广州市、海口市、贵阳市、银川市等13个省会城市和大连市、宁波市、厦门市等3个计划单列市,人口众多、辐射面广、影响甚大,应作为重点加强建设。积极推动城市内示范园建设,依托水利风景区、生态清洁小流域、水利展馆、科普公园(如北京市紫竹院公园内设科普小屋,武汉市解放公园内设湿地科普馆)、生态公园、有条件的大学校园等优质资源,进行嫁接和提升。

四是推进重点工程覆盖。依托有影响力的工程,高位嫁接、高点起步,建设国家水土保持科技示范园,做到工程即示范、工程即宣传、工程即科普。可优先考虑水土保持三大古梯田(湖南省新华县紫鹊界梯田、云南省红河州哈尼梯田、广西龙胜县龙脊梯田)、国家水土保持监测站点优化布局工程、砒砂岩区沙棘生态减沙等水土保持工程,以及三峡工程、南水北调工程、小浪底和大藤峡水利枢纽工程、三北工程等重大工程。

五是加强共建共享。水土保持科技示范园发展应加强共建共享,不求所有但求所用,充分发挥其他行业优势和社会积极性,扩展建设资源,促进园区建设速度。要积极利用现有水情教育基地、水利风景区、湿地公园、森林公园、沙漠公园、矿山公园、地质公园,农业科技示范园、林业科技示范园、林草科普基地等园区和基地,共建水土保持科技示范园。同时,加强与科研单位和高校的合作,在相关科研基地或教学实践基地的基础上,积极共建水土保持科技示范园,加快示范园发展。

六是推动流域机构建设。目前,七大流域管理机构只有黄河水利委员会有辛店沟和南小河沟两个水土保持科技示范园,其他尚无自己直属的水土保持科技示范园。流域管理机构应全面发挥自己的优势,充分利用所属资源和已有条件,结合水利等建设,积极创建属于流域的国家水土保持科技示范园。

(三)做强园区质量

质量是水土保持科技示范园的生命,美丽是示范园的底色,文化是示范园的灵魂。提升水土保持科技示范园质量,建设高水平的水土保持科技示范园,建设与人民群众日益增长的美好生活和优美生态环境相适应的水土保持科技示范园,是水土保持科技示范园发展永恒的主题。发展永无止境,示范园没有最好,只有更好。必须与时俱进,高起点、高标准建设水土保持科技示范园,不断提升建设质量和服务水平,为社会提供更多优质水土保持生态产品,为公众提供更多优质水土保持服务,为中国式现代化贡献更多水土保持底色。

一是提高建设水平。随着经济社会的发展和公众不断增长的需求,不断完善水土保持科技示范园理念,优化规划设计,积极利用新技术、新设备、新产品、新手段,从硬件到软件,不断提升建设水平和质量,体现时代脉络,打造精品示范园,展示水土保持最新发展成果,切实发挥引领示范作用。加强现代化、信息化技术与水土保持融合,积极利用声、光、电等信息技术和产品,提高水土保持科技示范园科普展示、演示、体验水平,提高水土保持科技示范园科技含量。要增强服务理念和意识,不断完善基础设施系统、标识系统和导视系统,设计好参与互动,提高休闲观光水平,提升服务社会的能力。完善提升互动能力,通过网站、公众号、二维码、宣传册和发放小纪念品等方式,加强与公众的互动,提高社会参与度,发挥宣传教育效应。

二是推动花园化、公园化。爱美之心,人皆有之,水土保持科技示范园亦同。美丽中国建设正在全面推进,水土保持科技示范园要为美丽中国奉献水土保持力量。要树立美的观念,用美的理念贯穿水土保持科技园建设管理全周期,将示范园建成美丽之园、生态之园。加强园区美化,提高景观质量,增强示范园观赏性。要树立花园理念,增强水土保持科技示范园“颜值”,常年有绿,四季花香。建设花园式示范园,让水土保持科技示范园成为祖国大地上的花园,把祖国大地装扮得美丽多姿。要树立公园理念,增强水土保持科技示范园“姿色”和内在美,突出知性美。观光游憩、休闲娱乐、参与体验,具备公园的基本功能,打造水土保持主题公园,让公众在优美的环境中融入自然、了解自然,寓教于美,寓知于乐。

三是推动创新和个性化。示范园评定有统一的标准和要求,示范园建设需要八仙过海,各显神通,打造各具特色、精彩纷呈的园区。创新是水土保持科技示范园高质量发展的根本要求,要在完成示范园规定动作的同时,加强自选动作创新。如,昆明市百草园水土保持科技示范园,在科普体验馆大量采用全景技术、幻影成像技术、多级互动技术、三维数字沙盘技术、历史影片复原、CAVE体验、弧幕5D体验、人造风雨雷电系统、体感空控技术等现代声光电创新技术,特别是人造风雨雷电系统,在全国水土保持科技示范园中为首创;深圳市水土保持科技示范园首创园区5D影院;南京市浦口区象山湖水土保持科技示范园第一个在水土保持科普馆内应用机器人进行引导和讲解。要加强个性化设计和建设，彰显特色，突出特点，提升吸引力。要想让人记住，要想给人留下深刻印象，要想吸睛，就必须得有自己的特色，有自己的与众不同之处。要突出地方特色，强化本土优势，把示范园的文化基因挖掘好、开发好、包装好，塑造特色鲜明、多姿多彩的个性化示范园。福州市金山、建瓯市闽北和四川省青神县天河沟国家水土保持科技示范园，分别打造在大学、中学和小学校园内的示范园，具有校园特色。山西省阳高县大泉山水土保持科技示范园展览馆内播放全国首部水土保持科教片《大泉山变了样》(1957 年公映)。江西水土保持生态科技园(九江市德安县)打造了露天江西省微缩地形图。苏州市吴中区旺山和海南省儋州国家水土保持科技示范园在原来景区和植物园的基础上打造园中园。深圳市国家水土保持科技示范园开展了水土保持科技示范园吉祥物评选活动，“水土宝宝”当选，成为科技示范园一张亮丽的新名片。海南省呀诺达水土保持科技示范园，首个在园区布设负氧离子和 $PM_{2.5}$ 监测，电子显示屏实时显示。江西省赣州市赣县区金钩形水土保持科技示范园，从室外到室内，突出展示崩岗，是全国第一个崩岗主题水土保持示范园。要加大个性化创新，做到人无我有，增强首创。如，建设降雨体验屋，让公众在体验屋内，身穿雨衣雨鞋，亲身感受不同强度的降雨，变雨强数字为实际下雨，变抽象概念为切身体会。积极应用多媒体互动等高新技术，增强水土保持科普教育沉浸式体验和互动效果。

四是推动提升建设。发展永无止境，提升永在路上。水土保持科技示范园不是一劳永逸，需要随着社会的发展、科技的进步、公众的需求、行业的要求，适时进行提升建设，打造与时代同步的示范园。特别是早期建设的示范园，受发展阶段和科技条件等因素所限，存在建设标准不高、建设内容缺项、信息化技术应用不多、花园化现代化不浓等情况，迫切需要提升和完善，提高示范园的本底和服务能力。西安市汉城湖国家水土保持科技示范园水平居于全国前列，依然百尺竿头更进一尺，开展了科普馆提升工程。北京投资数千万元，对密云石匣、延庆县上辛庄、门头沟龙凤岭、房山云居寺等 4 个园区开展了提质升级建设。江西实施了水土保持科技示范园(德安)二期工程，于 2021 年建成高水平的水土保持科普馆。湖北省大冶市金牛国家水土保持科技示范园 2009 年命名之后，分别于 2012 年和 2017 年等，多次开展提升建设，在园区实施了坡改梯示范区和坡面径流小区建设等提质工程。山东省新泰市泰山百合水土保持科技示范园，在水利局指导下进行补充完善、提质升级，推广应用了先进水土保持技术，发展壮大了百合等特色产业，建设了水土保持科普展室、知识长廊、人工降雨水土流失演示设施，完善标识、宣传、导视、展示、景观、休闲等系统。园区旧貌换新颜，三季花香、四时开放、全年有绿，知性与颜值齐升，是一幅山水田园图画。园区提升完善应着眼于查遗补缺，着眼于提质升级，着眼于创新创意。重点要提升现代化和信息化、智能化水平，利用高新技术，展示和科普水土保持；完善解说体系和牌示标识，加强导视系统，强化参与互动和科普活动设计。园区之大不在大小，不求大而全，可以小而精、小而特、小而美。条件许可，发展一专多能，丰富园区内容，涵盖水土流失、综合治理、预防监督、生态修复、监测预报、科普教育、科研科技、特色产业和休闲观光等各个方面，体现全面性。增强水土保持科技示范园知性美，用知性活化示范园，既有颜值又有气质，既有美丽又有知性，既有知识又有趣味。寓教于美，寓知于乐。打造水土保持主题公园、水土保持户外教室、水土保持科普窗口和生态文明实践教育基地。序时开展提质升级，让水土保持科技示范园成为一颗璀璨的明珠。让一颗颗明珠与水土保持红线相连,形成一串串精美的项链,美丽祖国大地。

(四)做活园区示范

示范是水土保持科技示范园的基本功能与核心作用。建设要高点定位抬头发展,示范要高点起步低头服务。水土保持科技示范园建设完成后,不是完工画句号,而是开门服务新的开始。水土保持科技示范园的根本作用跟公园一样,是让人看的,要有人气。如果门前冷落鞍马稀,则失去了建设初衷和存在价值。水土保持科技示范园要做好全方位示范工作,服务全社会全地域全领域,为经济社会和人的全面发展作出贡献。

首先,面向行业示范。水土保持是生态文明建设的必然要求和重要内容,有其专业性和特殊性。怎样做好做优水土保持,都有哪些模式、哪些技术、哪些工艺、哪些材料、哪些方法……如何助力乡村振兴战略、美丽中国战略、水安全战略实施,发挥水土保持最大作用……都可以在示范园找到借鉴,受到启发。水土保持科技示范园为水土保持和生态建设行业高质量发展提供了样板间和示范田。其次,面向社会示范。水土保持有着较强的专业性,听起来有些抽象。什么是水土流失,怎么做水土保持？百闻不如一见。水土保持科技示范园为社会提供了活教材和户外教室。通过丰富的现场、多样的展示、科学的模拟、趣味的科普、亲身的参与、彼此的互动,公众可以多角度增强认知和了解,可以更好地关注水土保持、参与水土保持。建立多部门协作机制,如与教育部门和中小学、组织部门和党校、大专院校和科研院所等联和,发挥园区作用,增强园区示范。要发挥好中小学水土保持教育社会实践基地的作用,通过与教育部门和学校的协作,积极开展形式多样的水土保持主题活动和研学活动,并发挥好小手拉大手、学校带家庭、家庭联社会的联动效应。要加强与高等学校和科研单位的合作,发挥水土保持科技园区实践优势,共同开展科学研究,提升示范园科技含量和科研贡献。最后,面向世界示范。习近平总书记提出,要共谋全球生态文明建设,讲好中国故事。水土保持科技示范园是水土保持系统治理高质量发展的典范,是习近平生态文明思想的模范践行者和积极传播者,是讲好中国故事的水土保持代表。不少园区成为外宾考察的热门。北京密云石匣水土保持科技示范园成为国际水土保持大会全体代表考察地。中国科学院安塞水土保持综合试验站,几乎每年都有国际同行前来考察合作。要积极推动水土保持科技示范园走出去,编辑示范园英文宣传材料,介绍中国水土保持科技示范园的建设理念、建设机制、建设标准、建设模式、建设路径、示范内容、建设成效等,展示中国水土保持新赛道、新发展、新业态,为世界水土保持贡献中国智慧和力量。

(五)做优园区管理

建设有时,管理无穷。水土保持科技示范园,建设完成之后,建设工作就阶段性告一段落。然而,接下来的开门示范、管理运行,是一个长期的过程。管理出效益,管理见水平,管理决定示范园的成效,管理决定示范园的未来。优化水土保持科技示范园管理,特别是加强监督管理、强化自我管理、推行专业管理,从而提升管理能力,提高管理水平,事半功倍,尽显园区风采。

一是加强监督管理。要把示范园作为水土保持高质量发展的重要赛道,切实加强管理。加强制度建设,制定出台示范园管理办法,明确示范园规划、建设管理、申报评定、运行管理、考核评估等相关要求，明确各级责任，规范全过程管理。强化激励机制，严格退出机制，激励约束都真刀真枪，刀下见菜。健全技术标准制定，增强标准的建设运行引领。强化监督检查，特别是日常检查，强化“四不两直”，发现问题严格处理。严格评定评估，严把园区标准，守住底线，严格准入，对不合格示范园坚决取消资格，确保园区质量。发布园区年度公报，提高园区社会影响力。二是加强园区交流评比。搭建园区交流平台，定期举办园区培训、管理座谈会或园长座谈会，开展培训、提高能力，交流经验、研讨工作，取长补短、相学共长。汇编园区画册和小学生游园作品（文章、绘画等）等。开展最美水土保持科技示范园、年度之星、最佳科普方案、最佳讲解员、最优创新、示范园摄影和征文等活动，以评比促管理，打造科技园品牌。三是强化园区自我管理。增强水土保持科技示范园自主性和能动性，提高管理效能。建设示范园网站和公众号，提高管理信息化水平，扩大宣传影响。积极申请更多荣誉称号，不在荣誉，重在发挥作用，提升边际效益。编写好讲解词，培训好讲解员，讲好园区故事，讲好水土保持故事。以水土保持科技示范园为平台，积极开展各种水土保持主题活动。招募培养水土保持科技示范园志愿者，扩大水土保持宣传科普队伍。多渠道解决运行管理和建设费用，充分调动社会力量参与水土保持科技示范园工作的积极性，共建共享共赢，增强园区自我运行和可持续发展能力。四是推行专业管理。专业的事情，交给专业的人办。积极推动财政购买服务，由专业运营公司负责水土保持科技示范园运行管理。园区管理单位提出要求，加强监督和指导。园区管理单位和专业运营公司强强联手，各负其责，实现水土保持科技示范园最优管理，发挥最佳效益。

（六）做广园区范式

传统与现代技术结合，充分利用网络技术，打造多维水土保持科技示范园。一园变三园，建立地上、网上、纸上等三个水土保持科技示范园，多维度、全方面提供产品和服务。地上水土保持科技示范园为实体，耳闻目睹、参与互动、吹风沐阳，现场体验；网上水土保持科技示范园为信息（掌中园），有历史、有现实、有档案，有文字、有图片、有视频，图文并茂，与网同行；纸上水土保持科技示范园为读本，文字洋溢、图片跃然、书芳墨香，随手可及。

积极开展数字示范园建设，打造数字园区，实现网上游园。大力推进水土保持科技示范园数字化发展，线上线下同步推进，拓宽园区存在维度，拓展园区展示形式，开拓园区参观模式，扩展园区受众对象，提升园区服务效益。

（七）做齐园区标准化

水土保持科技示范园要实现高质量发展，需要走标准化发展之路，开展标准化规范化建设，按标准建设高质量高水平的示范园，打造水土保持的高端品牌和“形象大使”。一是设计水土保持科技示范园标志，统一示范园标志，统一形象，形成示范园品牌。二是规范水土保持科技示范园门牌和园牌等标志性构件，统一质地、形状、大小、颜色、字体、字号等，保持一致性、统一性。三是统一规范水土保持科技示范园宣传介绍材料的结构、内容、样式、大小等，一体化宣传对外。四是规范水土保持科技示范园品质，对主要建设内容和设施应当设定最低品质标准，比如水土流失面积和强度、水土保持功能、科普介绍牌数量或密度、演示设施的数量、导视牌的设立、参与互动项目的设计、休憩设施的布设密度等，从数量、质量、频次等方面统一标准要求。

(八)做美"两山"转化

绿水青山就是金山银山。党的二十届三中全会要求"加快完善落实绿水青山就是金山银山理念的体制机制。健全生态产品价值实现机制"。国务院印发的《2030年前碳达峰行动方案》提出实施"碳达峰十大行动",将水土流失综合治理纳入碳汇能力巩固提升行动。中共中央办公厅、国务院办公厅2021年印发了《关于建立健全生态产品价值实现机制的意见》,要求"推进生态产业化和产业生态化,加快完善政府主导、企业和社会各界参与、市场化运作、可持续的生态产品价值实现路径,着力构建绿水青山转化为金山银山的政策制度体系,推动形成具有中国特色的生态文明建设新模式"。2022年中共中央办公厅、国务院办公厅《关于加强新时代水土保持工作的意见》(中办发〔2022〕68号)要求"建立水土保持生态产品价值实现机制,研究将水土保持碳汇纳入温室气体自愿减排交易机制。"2024年9月,水利部、国家发展改革委、中国人民银行《关于建立健全生态清洁小流域水土保持生态产品价值实现机制的意见》(水保〔2024〕249号)印发,要求"全面落实习近平生态文明思想,牢固树立和践行绿水青山就是金山银山的理念,坚持保护优先、合理利用,厚植水土保持生态产品价值,以体制机制创新为核心,完善政府主导、企业和社会各界参与、市场化运作、可持续的生态产品价值实现路径,促进产业生态化和生态产业化,培育经济高质量发展新动力,塑造城乡区域协调发展新格局"。

我国全面进入高质量发展新阶段,生态产品价值实现是贯彻落实习近平生态文明思想的重要制度,是生态文明建设的价值取向,是人与自然和谐发展的新动力。于水土保持而言,生态产品价值实现是水土保持可持续发展的新质生产力和新业态,形成与时俱进的水土保持发展新场景。水土保持颜值由价值变产值,水土保持生态优势转化为经济优势形成发展优势,水土保持生态产品可"生金"可变现,水土保持投入有回报可回收,水土保持链条延长,水土保持效益提升,水土保持发展迎来新的"政策红利"和时代机遇。2023年以来,水土保持生态产品价值实现自取得零的突破后,如雨后春笋,如火如荼蓬勃发展,呈现出亮点纷呈、全面开花的大好形势。据统计,截至2024年12月10日,全国水土保持生态产品价值交易已完成27单,额度共8.7亿多元。其中:安吉县石门坑生态清洁小流域生态产品价值交易12单,3.23亿多元;长汀县罗地河小流域综合治理水土保持碳汇交易等10单,2 000多万元;陕西省千阳县水土保持梯田新增产能(耕地)交易等2单,1 415万元;北京横向生态补偿河北生态清洁小流域建设资金1单,1 140万元;宁化县水土保持碳汇绿色金融贷款等2单,50 200万元。

水土保持科技示范园是水土保持高质量发展的典型,是水土保持优质生态产品的重要载体和重要供给者,是水土保持生态产品价值实现的重要标的。全国166个国家水土保持科技示范园,总面积约828 km^2,拥有内容丰富、品质优良的物质供给、调节服务和文化服务等生态产品,具备良好的价值转化条件。目前,从全国已交易的27单水土保持生态产品价值转化来看,福建省长汀县、陕西省绥德县辛店沟和甘肃省庆阳市南小河沟3个国家水土保持示范园参与其中,这是良好的开端。应进一步加大水土保持科技示范园生态产品价值转化,推进生态产品价值核算,加强核证,推动交易,总体或部分、综合或单项均可,让水土保持科技示范园充分发挥其本底好的优势,让水土保持好颜值变成好产值。

大事记

1999年5月，福建省水土保持委员会办公室、福建农林大学、福州市水土保持委员会办公室与台湾农村发展基金会决定合作在福建农林大学校内建设“福建金山水土保持科教园”。1999年6月16日，福建水土保持学会和台湾水土保持学会达成合作建设福建金山水土保持科教园协议。

2000年9月13日，中宣部、水利部联合印发《关于加强水土保持宣传工作的意见》（水保〔2000〕421号），要求切实把水土保持国策意识和法制观念普及到广大人民群众中去。

2000年12月19日，水利部召开全国水土保持科技工作会议，翟浩辉副部长在会上提出，要在全国建立一批集科研、试验、推广三位一体的科技含量高的示范工程。

2001年3月12日，水利部印发《关于加强当前水土保持科技工作的通知》（保规〔2001〕5号），要求各省（区、市）开展科研、示范、科技推广三合一示范基地（科技示范园）建设，作为水土保持宣传窗口和户外教室。

2001年5月14日，水利部原部长杨振怀考察福建金山水土保持科教园。

2001年10月26日，水利部组团到台湾考察水土保持户外教室。

2002年4月20日，水利部副部长陈雷考察福建金山水土保持科教园，给予充分肯定，指出这是一项新生事物，应积极支持并加以推广。

2002年，水利部命名全国十佳水土保持科研基地。

2003年5月，福建省第20次省水土保持委成员会议通过了水土保持科教园建设初步规划，这是全国第一个省级水土保持科技示范园区规划。

2003年7月24日，贵州省编办印发《关于建立龙里水土保持科技示范园区管理处的批复》（省编〔2003〕124号），成立了全国第一个省级水土保持科技示范园管理机构。

2004年4月14日，水利部印发《关于开展水土保持科技示范园区建设的通知》（办水保〔2004〕50号），正式启动了水土保持科技示范园区建设工作。

2004年6月22日，全国水土保持科技示范园区建设工作座谈会在广东省茂名市召开。

2004年9月，全国水土保持宣传及水土保持科技示范园区建设工作座谈会在北京召开。

2004年11月18日，水利部总工程师刘宁考察贵州龙里水土保持科技示范园区。

2005年3月8日，全国水土保持科技示范园区研讨会在福建省福清市召开。

2005年4月22日，北京市第一个“水土保持户外教室”在门头沟区妙峰山镇岭角小流域建立，由门头沟区人民政府和北京市水务局共同创建。

2005年11月13日，水利部副部长鄂竟平考察建设中的建瓯水土保持科技示范园并题词：研究水土流失机理，评价修复治理成效，服务水土保持事业。

2006年3月15日,全国水土保持科技示范园区评估标准研讨会在江西南昌召开。

2006年4月,水利部办公厅印发《关于开展水土保持科技示范园区申报工作的通知》(办水保〔2006〕63号),附《水利部水土保持科技园区评定办法(试行)》。

2006年5月25日,全国水土保持工作会议在宁夏银川召开,水利部副部长鄂竟平在讲话中要求,“十一五”期间,全国建成100个水土保持科技示范园区。

2006年9月1日,黄河水利委员会主任李国英考察青海省水土保持局长岭沟试验场(现为水土保持科技示范园),检查指导青海省水土保持生态建设工作。

2006年11月2日,水利部印发《关于开展第一批水土保持科技示范园区申报活动的通知》(水保函〔2006〕28号),开展首批水土保持科技示范园区申报工作。

2007年3月5日,水利部印发《关于命名第一批水利部水土保持科技示范园区的决定》(水保〔2007〕73号),命名首批25个国家水土保持科技示范园区。

2007年7月21日,中纪委驻水利部纪检组原组长张印忠考察青海省西宁市长岭沟水土保持科技示范园区。

2007年11月2日,水利部印发《关于开展第二批水土保持科技示范园区申报活动的通知》(水保函〔2007〕28号)。

2009年3月13日,水利部印发了《关于命名第二批水利部水土保持科技示范园区的决定》(水保〔2009〕157号),命名了第二批24个水土保持科技示范园区。

2009年3月17日,全国水土保持宣传教育工作座谈会在江西南昌召开,与会代表参观了江西水土保持生态科技园(九江市德安县)。

2009年4月12日,水利部部长陈雷考察重庆市万盛区水土保持科技示范园区。重庆市委常委、副市长马正其,水利部党组成员、办公厅主任陈小江,长江水利委员会主任蔡其华等领导陪同考察。

2009年8月18日,由人力资源社会保障部和水利部共同组织的水土保持新理念新技术高级研修班,考察北京市延庆县上辛庄水土保持科技示范园。

2009年,山西省水利厅印发了《关于加速我省水土保持科技示范园区建设的通知》(晋水保〔2009〕894号),对加速山西全省水土保持科技示范园区建设提出要求。

2010年1月21日,水利部部长陈雷考察江西水土保持生态科技园。陈雷部长对科技园取得的成效表示祝贺,并归结为模式好、机制好、成果好、队伍好、研究内容好、思路好等“六个好”。

2010年2月5日,水利部印发《关于开展第三批水土保持科技示范园区申报活动的通知》(水保规函〔2010〕2号)。

2010年3月28日,深圳市水土保持主题日活动在深圳市水土保持科技示范园举行。水利部副部长刘宁出席活动并讲话,倡议大家积极行动起来,携手努力、共同参与,防治水土流失,关爱水土资源,呵护我们的家园。

2010年4月10日,水利部副部长周英考察深圳市水土保持科技示范园区。

2010年5月5日,水利部印发《关于开展水土保持科技示范园区中期评估的通知》(办水保函〔2010〕350号),对已命名的第一批25个水土保持科技示范园区进行中期考核评估。

2010 年,水利部技术推广项目开始在国家水土保持科技示范园实施,共在国家水土保持科技示范园实施部级水土保持科技推广项目十多个。

2010 年,河南省开展省级水土保持科技示范园区创建活动。

2011 年 2 月 22 日,水利部印发《关于命名第三批水利部水土保持科技示范园区的决定》(水保〔2011〕64 号),命名了第三批 18 个水土保持科技示范园区。

2011 年 3 月 3 日,参加全国水土保持工作会议的代表参观了昆明市晋宁县大春河水土保持科技示范园区。

2011 年 3 月 4 日,全国水土保持工作会议在昆明召开。水利部副部长刘宁在讲话中明确,“十二五”时期水土保持工作的任务之一是加快水土保持科技示范园区建设,充分发挥其在科研、教学、示范、宣传等方面的作用。

2011 年 3 月 9 日,水利部印发《关于开展第四批水土保持科技示范园区申报活动的通知》(水保函〔2001〕4 号)。

2011 年 6 月 1 日,教育部、水利部、全国节约用水办公室联合印发《关于建立中小学节水教育社会实践基地和水土保持教育社会实践基地开展节水教育、水土保持教育的通知》(教基一函〔2011〕9 号),要求依托现有的水土保持科技示范园区,积极建立中小学水土保持教育社会实践基地。

2011 年 9 月 15 日,全国水土保持科技示范园区工作座谈会在辽宁省鞍山市召开。

2012 年 1 月,湖南省水利厅印发《关于推进我省水土保持科技示范园建设的通知》(湘水保〔2012〕1 号)。

2012 年 2 月 8 日,水利部印发《关于命名第四批国家水土保持科技示范园区的决定》(水保〔2012〕46 号),命名第四批 17 个国家水土保持科技示范园区。

2012 年 2 月 14 日,教育部、水利部联合印发《关于公布首批全国中小学水土保持教育社会实践基地名单的通知》(教基一函〔2012〕1 号),命名第一批 24 个全国中小学生水土保持教育实践基地。

2012 年 5 月 17 日,水利部部长陈雷考察福建省长汀县长汀水土保持科技示范园,并在纪念林区植树。

2012 年 7 月,由国际风景园林师联合会(IFLA)评选的第九届风景园林奖揭晓,深圳水土保持科技示范园项目摘得管理类最高奖项——主席奖,这是广东省、深圳市首次有项目获此殊荣。

2012 年 9 月 8 日,水利部部长陈雷、青海省委书记强卫一行考察了青海省长岭沟水土保持科技示范园区。

2012 年 12 月 11 日,水利部副部长李国英考察深圳水土保持科技示范园,对园区工作予以充分肯定。

2013 年 1 月 15 日,水利部水土保持司印发《水利部水土保持司关于开展第五批水土保持科技示范园区申报活动的通知》(水保监测函〔2013〕2 号)。

2013 年 3 月 6 日,水利部办公厅印发《关于开展第二批水土保持科技示范园区中期评估的通知》(办水保函〔2013〕153 号),对第二批 24 个水土保持科技示范园区进行中期评估。

2014 年 2 月 12 日，水利部办公厅印发《关于公布第二批水土保持科技示范园区中期评估的通知》（办水保〔2014〕63 号）。

2014 年 2 月 13 日，水利部印发《关于命名第五批国家水土保持科技示范园区的决定》（水保〔2014〕65 号），命名第五批 21 个国家水土保持科技示范园区。

2014 年 7 月 8 日下午，陕西省委书记赵正永在西安市汉城湖调研，考察西安水土保持科普体验馆。

2015 年 2 月 13 日，习近平总书记考察陕西省延安市延川县梁家河村（国家水土保持科技示范园）指出："淤地坝是流域综合治理的一种有效形式，既可以增加耕地面积、提高农业生产能力，又可以防止水土流失，要因地制宜推行。"

2015 年 2 月 28 日，水利部印发《关于公布国家水土保持科技示范园区的通知》（水保〔2015〕104 号），批准陕西省延川县梁家河和米脂县高西沟为国家水土保持科技示范园。

2015 年 4 月 16 日，江西省委书记强卫率省人大常委会副主任冯桃莲、省直有关单位主要负责同志考察江西水土保持生态科技园。

2016 年 5 月，深圳水土保持科技示范园被水利部批准成为首批国家水情教育基地（共 8 个），成为全国第一个被命名国家水情教育基地的国家水土保持科技示范园。

2016 年 6 月 22 日，水利部印发《水利部关于公布国家水土保持科技示范园区的通知》（水保〔2016〕228 号），批准 9 个园区为国家水土保持科技示范园。

2016 年 10 月 10 日，水利部办公厅印发《水利部办公厅关于开展第三批水土保持科技示范园区中期评估的通知》（办水保函〔2016〕1227 号），对第三批 18 个国家水土保持科技示范园进行中期评估。

2016 年 12 月 15 日，《水利部办公厅关于印发〈国家水土保持科技示范园区评定办法〉的通知》（办水保〔2016〕223 号）印发，修订了《水利部水土保持科技示范园区评定办法（试行）》（办水保〔2006〕63 号），明确国家水土保持科技示范园分综合防治型、生态产业型、特色展示型、科普教育型和科研试验型五种类型。

2016 年 12 月 22 日，水利部办公厅印发《水利部办公厅关于公布第三批水土保持科技示范园区中期评估结果的通知》（办水保〔2016〕226 号），17 个园区通过评估，1 个园区未通过评估被撤销。

2017 年 2 月 15 日，水利部印发《水利部关于公布国家水土保持科技示范园区的通知》（水保〔2017〕70 号），批准 8 个园区为国家水土保持科技示范园。

2017 年 2 月 15 日，水利部印发《水利部关于公布国家水土保持科技示范园区的通知》（水保〔2017〕93 号），批准陕西省 7 个园区为国家水土保持科技示范园。

2017 年 2 月 24 日，水利部办公厅印发《水利部办公厅关于开展国家水土保持科技示范园区定期评估的通知》（办水保函〔2017〕192 号），对第一批（2007 年）25 个和第四批（2012 年）17 个共 42 个园区开展定期评估。

2017 年，西安汉城湖等 3 个国家水土保持科技示范园被评为首批中国水土保持学会全国水土保持科普教育基地。

2017 年开始，中期评估改为定期评估，时间还是五年一次。

2018 年 2 月 27 日，水利部办公厅印发《水利部办公厅关于公布国家水土保持科技示范园定期评估结果的通知》(办水保〔2018〕30号),40个园区通过定期评估,2个园区未通过评估被撤销。

2018年2月27日,水利部印发《水利部关于公布国家水土保持科技示范园的通知》(水保〔2018〕58号),批准5个园区为国家水土保持科技示范园。

2018年12月8—9日,国家水土保持科技示范园区技术交流会在江西水土保持生态科技园(九江市德安县)召开。

2019年9月,水利部办公厅印发《水利部办公厅关于开展国家水土保持科技示范园定期评估的通知》(办水保函〔2019〕1058号),对第二批(2009年)21个和第五批(2014年)21个共42个国家水土保持科技示范园开展定期评估。

2019年11月18日,水利部印发《水利部关于公布2019年度国家水土保持科技示范园的通知》(水保〔2019〕302号),批准6个园区为国家水土保持科技示范园。

2020年1月,水利部办公厅印发《关于公布2019年度国家水土保持科技示范园定期评估结果的通知》(办水保〔2020〕5号),39个园区通过评估,3个园区未通过评估被撤销。

2020年9月18日,贵州省水利厅批复《贵州省水土保持科技示范园发展规划(2020—2030年)》,规划到2030年,全省水土保持科技示范园总数达到30个,其中国家级水土保持科技示范园10个,省级水土保持科技示范园20个。

2021年1月13日,水利部印发《关于开展国家水土保持示范创建工作的通知》(水保〔2021〕11号),明确国家水土保持科技示范园为其中一种类型,不再单独开展国家水土保持科技示范园建设工作。废止《水利部关于开展水土保持科技示范园区建设的通知》(办水保〔2004〕50号)和《水利部办公厅关于印发国家水土保持科技示范园区评定办法的通知》(办水保〔2016〕223号)。

2021年2月13日,水利部水土保持司印发《关于申报2021年国家水土保持示范有关工作的通知》(水保规划便字〔2021〕11号),其中包括国家水土保持科技示范园。

2021年6月2日,水利部办公厅印发《国家水土保持示范创建管理办法》(办水保〔2021〕171号),其中包括国家水土保持科技示范园,明确国家水土保持科技示范园分技术推广型、科普教育型和科学研究型三种类型。

2021年9月13日,习近平总书记考察陕西省榆林市米脂县高西沟村(国家水土保持科技示范园)。

2021年12月23日,水利部印发《关于公布2021年度国家水土保持示范名单的通知》(水保〔2021〕396号),公布2021年度90个国家水土保持示范名单,其中国家水土保持科技示范园18个。

2022年2月13日,水利部水土保持司印发《关于申报2022年国家水土保持示范有关工作的通知》(水保规划便字〔2022〕4号),其中包括国家水土保持科技示范园。

2022年4月19日,陕西省市场监督管理局以地标公告2022年第12号文件发布《水土保持科技示范园建设规范》(DB61/T 1543—2022),自2022年5月19日起实施。

2022年10月26日,习近平总书记考察陕西省延安市安塞区南沟村(陕西省省级水土保持科技示范园)。

2022 年 12 月 26 日，水利部印发《关于公布 2022 年度国家水土保持示范名单的通知》（水保〔2022〕443 号），公布 2022 年度 102 个国家水土保持示范名单，其中国家水土保持科技示范园 6 个。

2022 年 12 月 28 日，中共中央办公厅、国务院办公厅印发《关于加强新时代水土保持工作的意见》（中办发〔2022〕68 号），要求“开展国家水土保持示范创建，加强水土保持科普宣传和文化建设”。国家水土保持示范创建包括国家水土保持科技示范园。

2023 年 3 月 17 日，水利部水土保持司印发《关于做好 2023 年度国家水土保持示范申报有关工作的通知》（水保规划便字〔2023〕3 号），其中包括国家水土保持科技示范园。

2023 年 12 月 28 日，水利部印发《关于公布 2023 年度国家水土保持示范名单的通知》（水保〔2023〕371 号），公布 2023 年度 123 个国家水土保持示范名单，其中国家水土保持科技示范园 9 个。

2024 年 6 月 23 日，参加全国水土保持工作局（处）长会议的代表，考察阳高县大泉山国家水土保持科技示范园。

2024 年 11 月 6 日，第五届中国水土保持学术大会在昆明举行，会议授予浙江省德清县东苕溪等 8 个国家水土保持科技示范园为第八批“全国水土保持科普教育基地”。

结　语

心有所信,方能行远。

历经20年,水土保持科技示范园从无到有、从少到多、从多到精,不断探索创新,不断蓬勃发展,精彩纷呈。

历经20年,水土保持科技示范园覆盖全国、入村进城、全面开花,不断拓展范围,不断扩大受众,星火燎原。

历经20年,水土保持科技示范园引领示范、服务社会、服务公众,不断丰富内容,不断扩展服务,为人称道。

一路走来,一路探索;一路走来,一路耕耘;一路走来,一路收获;一路走来,脚步愈发坚定,信心更加坚定,目标更加宏伟。水土保持科技示范园,一张白纸,从零做起,燎原全国,璀璨大地。因为相信,所以看见。雄关漫道真如铁,而今迈步从头越。一路走下去,扬帆新时代,奋进新征程,描绘"感知水保、分享经验、文明生态、美丽中国"的图景,在这幅画卷上,充满着阳光的色彩。不独有声流出此,会归沧海助波澜!

行远自迩,踵事增华。

花会沿路盛开,以后的路也是。

后　记

因为感恩,所以珍惜。

本书有成,离不开各方面的给力支持。

在成书过程中,中国水利水电科学研究院泥沙研究所王昭艳博士、陕西省水土保持和移民工作中心潘宣处长、福建省水土保持监测总站林敬兰副站长、安徽省水利厅水土保持处陶春姐副处长、重庆市水土保持监测总站张志兰副站长、辽宁省朝阳市水土保持局原局长丁福俊、黄河水土保持绥德治理监督局局长刘立峰和总工党维勤、宁夏水土保持监测总站站长张国军、广西水土保持监测总站站长宁春鹏、江苏省苏州市水利局农水水土保持处处长吴岳芳、吉林省水土保持研究院副院长张瑜、江西省水土保持科技示范园主任李峰森、新疆水利厅水资源中心副主任卢刚、天津水土保持监测总站主任笪志祥、河北水土保持监测总站站长贾立海、水利部牧区水利科学研究所召河基地主任王健、贵州水土保持科技示范推广中心主任李勇等,给予了资料支持;水利部松辽水利委员会水土保持处孟令钦教授提供了尼泊尔国际山地发展中心和西班牙瓦伦西亚大学生态培训中心材料;水利部景区办汤勇生和董青处长、中国水土保持学会崔建国常务副秘书长和宋如华教授,分别提供了全国水利风景区和全国水土保持科普教育基地材料;浙江省水利河口研究院赵明博士提供了图表制作支持;福建长汀县水土保持事业局局长岳辉、海南省儋州市水务局原局长李猛、青岛即墨永昌水土保持科技示范园管敦家董事长、昆明市百草园水土保持科技示范园苏一江教授,分别提供了示范园资料和图片支持;北京圣海林生态环境科技股份有限公司张培先生提供了图片支持;黄河水利委员会水土保持局朱小勇局长提供了出版支持;张雪莲女士帮助完成文字校对。

感恩有您,一路同行;感恩有您,共同收获。

铭感五内,言语难表。在此,一并致以诚挚的谢意!